本书由
中央高校建设世界一流大学（学科）
和特色发展引导专项资金
资助

中南财经政法大学"双一流"建设文库

数|字|经|济|系|列|

数字图书馆利用作品的著作权限制研究

何蓉 著

长江出版传媒
湖北人民出版社

图书在版编目(CIP)数据

数字图书馆利用作品的著作权限制研究 / 何蓉著.
武汉：湖北人民出版社, 2020.7
ISBN 978-7-216-09940-0

Ⅰ. 数… Ⅱ. 何… Ⅲ. 数字图书馆—公共图书馆—著作权—研究 Ⅳ. D913.404
中国版本图书馆CIP数据核字（2020）第066194号

责任编辑：余兆伟
封面设计：陈宇琰
　　　　　张　弦
责任校对：范承勇
责任印制：肖迎军

数字图书馆利用作品的著作权限制研究
SHUZI TUSHUGUANG LIYONG ZUOPIN DE ZHUZUOQUAN XIANZHI YANJIU

何蓉　著

出版发行:湖北人民出版社	地址:武汉市雄楚大道268号
印刷:武汉首壹印务有限公司	邮编:430070
开本:787毫米×1092毫米　1/16	印张:23.75
字数:401千字	插页:2
版次:2021年6月第1版	印次:2021年6月第1次印刷
书号:ISBN 978-7-216-09940-0	定价:96.00元

本社网址：http://www.hbpp.com.cn
本社旗舰店：http://hbrmcbs.tmall.com
读者服务部电话：027-87679656
投诉举报电话：027-87679757
（图书如出现印装质量问题，由本社负责调换）

总　序

"中南财经政法大学'双一流'建设文库"是中南财经政法大学组织出版的系列学术图书,是学校"双一流"建设的特色项目和重要学术成果的展现。

中南财经政法大学源起于1948年以邓小平为第一书记的中共中央中原局在挺进中原、解放全中国的革命烽烟中创建的中原大学。1953年,以中原大学财经学院、政法学院为基础,荟萃中南地区多所高等院校的财经、政法系科与学术精英,成立中南财经学院和中南政法学院。之后学校历经湖北大学、湖北财经专科学校、湖北财经学院、复建中南政法学院、中南财经大学的发展时期。2000年5月26日,同根同源的中南财经大学与中南政法学院合并组建"中南财经政法大学",成为一所财经、政法"强强联合"的人文社科类高校。2005年,学校入选国家"211工程"重点建设高校;2011年,学校入选国家"985工程优势学科创新平台"项目重点建设高校;2017年,学校入选世界一流大学和一流学科(简称"双一流")建设高校。70年来,中南财经政法大学与新中国同呼吸、共命运,奋勇投身于中华民族从自强独立走向民主富强的复兴征程,参与缔造了新中国高等财经、政法教育从创立到繁荣的学科历史。

"板凳要坐十年冷,文章不写一句空。"作为一所传承红色基因的人文社科大学,中南财经政法大学将范文澜和潘梓年等前贤们坚守的马克思主义革命学风和严谨务实的学术品格内化为学术文化基因。学校继承优良学术传统,深入推进师德师风建设,改革完善人才引育机制,营造风清气正的学术氛围,为人才辈出提供良好的学术环境。入选"双一流"建设高校,是党和国家对学校70年办学历史、办学成就和办学特色的充分认可。"中南大"人不忘初心、牢记使命,以立德树人为根本,以"中国特色、世界一流"为核心,坚持内涵发展,"双一流"建设取得显著进步:学科体系不断健全,人才体系初步成型,师资队伍不断壮大,研究水平和创新能力不断提高,现代大学治理体系不断完善,国际交流合作优化升级,综合实力和核心竞争力显著提升,为在2048年建校百年时,实现主干学科跻身世界一流学科行列的发展愿景打下了坚实根基。

习近平总书记指出:"当代中国正经历着我国历史上最为广泛而深刻的社会变革,也正在进行着人类历史上最为宏大而独特的实践创新。……这是一个需要理论而且一定能够产生理论的时代，这是一个需要思想而且一定能够产生思想的时代。"①坚持和发展中国特色社会主义，统筹推进"五位一体"总体布局和协调推进"四个全面"战略布局，实现"两个一百年"奋斗目标、实现中华民族伟大复兴的中国梦，需要构建中国特色哲学社会科学体系。市场经济就是法治经济，法学和经济学是哲学社会科学的重要支撑学科，是新时代构建中国特色哲学社会科学体系的着力点、着重点。法学与经济学交叉融合成为哲学社会科学创新发展的重要动力，也为塑造中国学术自主性提供了重大机遇。学校坚持财经政法融通的办学定位和学科学术发展战略，"双一流"建设以来，以"法与经济学科群"为引领，以构建中国特色法学和经济学学科、学术、话语体系为己任，立足新时代中国特色社会主义伟大实践，发掘中国传统经济思想、法律文化智慧，提炼中国经济发展与法治实践经验，推动马克思主义法学和经济学中国化、现代化、国际化，产出了一批高质量的研究成果，"中南财经政法大学'双一流'建设文库"即为其中部分学术成果的展现。

文库首批遴选、出版两百余册专著，以区域发展、长江经济带、"一带一路"、创新治理、中国经济发展、贸易冲突、全球治理、数字经济、文化传承、生态文明等十个主题系列呈现，通过问题导向、概念共享，探寻中华文明生生不息的内在复杂性与合理性，阐释新时代中国经济、法治成就与自信，展望人类命运共同体构建过程中所呈现的新生态体系，为解决全球经济、法治问题提供创新性思路和方案，进一步促进财经政法融合发展、范式更新。本文库的著者有德高望重的学科开拓者、奠基人，有风华正茂的学术带头人和领军人物，亦有崭露头角的青年一代，老中青学者秉持家国情怀、述学立论、建言献策，彰显"中南大"经世济民的学术底蕴和薪火相传的人才体系。放眼未来、走向世界，我们正以习近平新时代中国特色社会主义思想为指导，砥砺前行，凝心聚力推进"双一流"加快建设、特色建设、高质量建设，开创"中南学派"，以中国理论、中国实践引领法学和经济学研究的国际前沿，为世界经济发展、法治建设做出卓越贡献。为此，我们将积极回应社会发展出现的新问题、新趋势，不断推出新的主题系列，以增强文库的开放性和丰富性。

"中南财经政法大学'双一流'建设文库"的出版工作是一个系统工程，它的推进得到相关学院和出版单位的鼎力支持，学者们精益求精、数易其稿，付出极大辛劳。在此，我们向所有作者以及参与编纂出版工作的同志们致以诚挚的谢意！

因时间所囿，不妥之处还恳请广大读者和同行包涵、指正！

中南财经政法大学校长

---

① 习近平：《在哲学社会科学工作座谈会上的讲话》，2016年5月17日。

摘　要

　　数字图书馆是建立在计算机技术和信息网络传播技术之上的新兴产物，它突破了传统实体图书馆的物理边界，使图书馆不限于空间和时间而长久存在，并因在馆藏、检索和服务等方面的优势使其赢得了更多青睐，因此具有重要的文化价值和社会意义。然而，由于传统的著作权法无法完全适应网络环境，且信息网络传播权相关制度尚未成熟，数字图书馆在数字资源的开发过程中缺乏可适用的著作权限制，使得数字图书馆的建设受到了现有著作权法的制约。本书的主要研究对象是网络环境中的数字图书馆，既包括有与实体图书馆相配套的数字图书馆，还包括没有实体图书馆的纯虚拟的数字图书馆。本书的主要研究内容为数字图书馆利用作品的著作权限制，研究范围针对著作权权利行使和著作权权利内容的限制，主要包括无需取得权利人同意亦无需支付使用费用的方式和无需取得权利人同意但应支付使用费用的方式，即合理使用和法定许可。此外，还包括针对数字图书馆专门设置的限制著作权人的权利内容、著作权权利行使方式、保护期限和管辖等限制方式。全书共分为五章。

　　第一章主要阐释关于数字图书馆及其著作权限制的基本问题。数字图书馆以现代信息化和数字化技术为技术支撑，它是信息技术发展的产物，更是整个社会信息变革的必然结果。数字图书馆是传统实体图书馆在数字技术环境中的一种延伸，虽然数字技术改变了二者的作品传播方式和服务方式，但是二者具有相同的文化使命，扮演着相同的社会角色，那就是作为著作权人和用户之间的传播媒介。在解决数字图书馆的著作权问题时，应坚持数字图书馆的公益性主体性质不动摇，同时对数字图书馆所提供服务的性质作细致分析，根据不同的消费需求，对数字图书馆的部分营利性服务作特性处理。一方面，尽管数字图书馆开展了部分的有偿服务，但是根据数字图书馆的公益性使命，数字图书馆的本质属性仍然为公益性质；另一方面，数字图书馆不是具有单一法律地位的简单主体，而是具有多重属性的权利主体，根据数字图书馆所提供的不同性质的服务，它既是最终用户，还是网络内容提供者和数字内容的传播者。

本书选取"著作权限制"一词，研究范围针对著作权权利行使和著作权权利内容的限制，包括著作权法定性限制和著作权声明性限制。著作权法定性限制主要包括法律明确规定的合理使用和法定许可，以及针对数字图书馆专门设置的其他限制。著作权声明性限制指依据著作权人自我意愿作出的让渡著作权某项专有权利的意思表示，即著作权授权许可机制。

从目前各国的立法现状和司法实践来看，数字图书馆利用作品的著作权限制之适用困境主要体现为：各国著作权法中数字图书馆的合理使用空间狭窄、数字图书馆被排除在法定许可情形之外、数字图书馆实施授权许可成本高，以及技术保护措施给数字资源开发带来障碍。所以，研究数字图书馆利用作品的著作权限制问题也应当着重从这几方面入手寻求解决路径。

第二章对数字图书馆利用作品的著作权限制展开正当性分析。从利益平衡的法理学角度来看，利益平衡是现代著作权法律制度的基本精神，在数字图书馆法律关系中，著作权制度应维护的利益关系包括创作者、使用者和传播者之间的利益平衡，以及著作权人私益与社会公众利益之间的平衡。著作权在数字环境中的扩张以及著作权的强保护趋势导致了数字图书馆法律关系中各方利益的失衡。在数字图书馆的著作权问题中，无论是从古希腊、古罗马法学家之利益权衡的正义乃较强需求的体现的角度来看，还是斯多葛派法学家之利益权衡的正义乃集体幸福的必要条件的视角出发，我们认为在处理著作权人利益和公众利益的平衡问题上，应关注较强利益群的呼声，或着说更关注集体幸福的实现。在给予著作权人基于其创作成果的专有权保护的同时，也应考虑针对集体幸福和社会共同福利的实现途径。为维护著作权人私人利益和公众利益之间的平衡、实现著作权法之保护作者权益和维护公共利益的双重目的，应完善与构建数字图书馆利用作品的著作权限制。

从文化自由的宪法学角度来看，著作权和公民文化权是两项基本的人权，在本质上具有同等重要的法律地位。文化自由是民主政治的一个必要条件，也是其他基本人权和自由的重要保障。根据哈耶克的自由主义思想，一项政策是否体现和保障文化自由，表现为人类是否有机会考虑多种可能性、是否有能力对自己的生活方式进行选择。数字图书馆所负有的公益使命决定了其必然承载着保障公众文化自由和文化权利的重任，然而出版商等传播媒介通过运用法律使文化禁锢合法化，通过运用技术使文化隔离规模化，侵害了民众的文化自由和文化权利，违反了著作权法之增加知识、提升社会福利、促进文化与科学事业发展的宪法性目的。如何对抗文化的极端主义和信息的封建主义思想，是当代文化发展的一大担忧。通过理论辨析和欧洲国家的司法实践分析得出，在数字图书馆的著作权利益关系中，对著作权人的保护不得损害公众的文化自由，不得成为公民行使基本文化权利的人为阻碍。构建数字图书馆利用作品的著作权限制有利于发挥文化在人类发展和社会上层建筑建构中重要作用，有助于回应著作权保护和公众文化自由之间平衡的现实需求。

从著作权制度效率的经济学角度来看，根据法经济学中效率评价的两种标准，无论是帕累托最优原则所宣扬——真正的效率对各方都具有效益，还是卡尔多-希克斯效率原则所主张——借助补偿的可能性来实现社会总体财富的最大化，构建数字图书馆利用作品的著作权限制都是具有效率的。对现行数字图书馆著作权制度效率进行分析认为：从著作权制度的本身效率来看，由于著作权法律制度无法通过自我修复以适应数字技术的发展，以及著作权法律制度自身所具备的垄断性特征导致了其制度运用的低效结果；从著作权制度的社会效率来看，著作权制度在数字图书馆建设中不仅没有起到积极的促进作用，反而阻碍了馆藏资源数字化的进程；从著作权制度的结构配置效率来看，存在的主要问题为著作权制度耦合度低、著作权制度缺失和著作权制度冲突。通过采用经济学外部性理论进行分析得出：与数字图书馆数字资源开发共享的正外部性成正相关的影响因素为著作权授权许可模式、著作权合理使用的适用范围和著作权制度结构的耦合度，与数字图书馆数字资源开发共享的正外部性成负相关的影响因素为著作权保护力度和著作权交易成本。具体体现为：第一，著作权授权许可模式越具有多样性、著作权合理使用制度的适用范围越广泛、著作权制度结构的耦合度越高，则著作权制度越促进数字图书馆数字资源的开发共享；相反地，著作权授权许可模式越严苛越单一、著作权合理使用制度的适用范围越狭窄、著作权制度结构的耦合程度越低，则著作权制度对数字图书馆数字资源开发共享越具有阻碍和抑制作用。第二，著作权法对著作权人的保护力度越强，著作权交易的成本费用越高，则著作权制度对数字图书馆数字资源的开发共享越起到阻碍作用；相反地，著作权法对著作权人的保护力度越弱，著作权交易成本费用越低，则著作权制度对数字图书馆数字资源开发共享越具有促进作用。有鉴于此，应促进和加强与数字图书馆建设正外部性成正相关的影响因素、减少和降低成负相关的影响因素，具体改善建议为：坚持著作权人利益保护和成果共享的利益平衡原则，秉持著作权适度保护原则，拓宽著作权限制的适用范围，整合各种著作权制度，拓展多样的著作权授权许可模式，减少著作权交易成本，加强著作权制度的耦合性。

第三章对面向数字图书馆的合理使用制度进行分析探讨。合理使用制度在数字环境中遭遇适用困境，导致数字图书馆著作权纠纷在世界范围内频发，从法律制度方面解决数字图书馆资源开发困境的最有效方式之一，是重构面向数字图书馆的合理使用制度。通过对上述制度的正当性进行分析，我们认为：第一，基于洛克劳动财产理论得出的著作权的根本目的乃保护作者之天然权利的观点是具有瑕疵的。从整体全局来看，著作权法是保护创作者、传播者和消费者的法律，著作权根本目的的实现还有赖于著作权利益平衡的维系，构建面向数字图书馆的合理使用制度从根本上不存在对著作权人利益的损害，而是矫正著作权强保护导致的著作权人权利扩张的失范局面；第二，构建面向数字图书馆的合理使用制度不仅有助于推动数字版权产业的发展，带动整个文化产业的繁荣，还有助于回应参与式文化的需求，鼓励社会大众参与文化民主进程当中；第三，面向数字图书馆的合理使用制度不具有可替代性。

经过对合理使用制度立法模式和合理使用判定标准的域外研究和比较分析得出，合理使用规则主义立法模式缺乏应对数字环境中著作权纠纷的灵活性，合理使用因素主义立法模式中的合理使用"四要素"判定标准和转换性使用理论为数字图书馆著作权问题的解决提供了新的出路。在重构面向数字图书馆的合理使用制度的指导思想方面，应坚持著作权利益平衡原则、著作权适度保护原则和知识文化社会共享原则。在合理使用立法模式的选择上，应采取规则主义与要素主义相结合的立法模式，从而将法律解释的自由空间与法律明文规定的稳定性有机结合。在要素主义和规则主义的关系选择上，要素和规则之间应是补充关系，即要素是规则的补充。在合理使用判定标准的完善方面，应引入合理使用"四要素"判定标准和转换性使用理论。首先，在列举式规定的基础上增加合理使用的一般性判定规则；其次，明确转换性使用的目的是为了增加作品新的表达形式，着重实现新的功能和价值，在判定使用者使用作品的行为是否构成转换性使用时，应着重分析使用行为是否对作品具有替代性，是否赋予了作品新的价值和新的功能；再次，明确著作权法是关系到作者、传播者和使用者权利的法律，改善使用者的弱势地位，在保护作者著作权的同时，也不能忽视对使用者的表达自由和文化权利的维护；最后，应逐渐将转换性使用规则转化为体系化的标准，将判例规则发展成为法律制度规则。此外，为应对技术措施对合理使用空间造成的碾压，应设置图书馆规避技术措施著作权例外，以满足数字图书馆建设发展的需求。

第四章探讨针对数字图书馆专门设置的限制著作权人的权利内容、著作权权利行使方式的其他著作权限制，授权许可机制作为著作权权利行使的一种限制，是本章所要讨论的重点内容。面对信息网络环境中的海量作品，授权许可问题成为数字版权产业发展中的一个棘手问题，此问题在数字图书馆数字资源建设的过程中尤为突出。传统著作权许可模式的低效率和高交易成本阻碍了数字图书馆的发展，无法改善数字时代中著作权占有规则与传播规则的不平衡局面。有鉴于此，应根据新技术条件、结合新技术环境的特点对著作权法律规则进行改革，构建一个数字时代中作者、传播者和使用者之间合宜的秩序，以达到网络环境中作者、传播者和使用者三方利益的平衡。需要强调的是，数字环境中的著作权问题发生在市场经济条件下，数字环境中著作权问题的解决除了依靠现有著作权法律规则之外，也应该综合考量市场运作的规律。因此，解决数字环境中的著作权问题应聚焦于如何在法律制度的框架内，运用市场手段构建一种符合市场经济规律的著作权许可机制，以促进作品有效快捷地流通。

通过对面向数字图书馆的法定许可制度的适用现状进行检视得出，这种许可方式可以有效地降低著作权授权许可的交易成本，解决海量作品的获权问题，为数字图书馆大规模的数字资源开发提供便利，还能大力发展以中文信息为核心的中文文献资源库，促进我国科技、教育、文化等事业的传播与交流，极大地维护我国利益，增进我国的文化软实力。因而可以根据信息网络技术的特征，构建专门面向数字图书馆的法定许可，并且严格限制其适用范围，详细规定其适用方案。面向数字图书馆的法定许可制度的适用主体应限制为由国家财政资金支持的公益性数字图书馆，而针对营利性数字图书馆，具体解决办法应从授权许可模式方面进行创新和改良，具体包括：面向数字图书馆的著作权集体管理模式、著作代理模式、授权要约模式、著作权补偿金模式、数字权益管理模式、开放存取模式和创作共用模式。

解决数字图书馆的授权许可问题不仅需要依靠法律制度来进行规制，还需从文化意识层面进行观念的转变，将强调著作权私权保护的观念逐渐转化为重视信息资源共享和社会福利的增加。就创作而言，它是一项关乎社会福祉增进的团体工作，团体工作的目的不是零星出现的作品，不是图书馆里尘封的书籍，也不是埋没于土地中沉睡的雕像，而是文化，也就是被分割开的全部，和所有文化作品都聚集在一起的生机勃勃的统一。但这种统一不存在于作品自身之中，而是存在于对它加以总结的意识之中；它不存在于不能充分接受它的个体意识之中，而是存在于包含所有个体意识、并连接隔代人的民族意识的总和之中。在完善著作权法律制度的同时，还应开拓多元化的著作权授权模式，扫清数字版权产业发展的法律制度障碍，才能将数字技术与文化传播深度融合，形成文化繁荣的新局面。

第五章是本书的落脚点，也是本书的主要研究难点之一。本章首先阐述分析我国数字图书馆发展状况及建设过程中的著作权问题，整合我国现有数字图书馆发展模式，在我国现行著作权法律制度的基础上，探寻针对我国数字图书馆利用作品的著作权限制的改良方案。目前而言，我国的著作权法律法规尚未直接对数字图书馆进行规定，但是相关的法律法规为数字图书馆的建设提供了一定的法制环境。并且伴随着数字图书馆经营者的不断探索，也形成了许多成功的数字图书馆经营模式，或在现行著作权法框架内采用法律允许的方式解决获权问题，或创造性地在合同法或者民法范畴内开创新的授权许可机制，以此解决数字图书馆数字资源建设和用户服务中的著作权问题。但是，从本质上来看，这些数字图书馆运作模式更多地是一种策略选择，采取通过优化授权模式解决权利获取问题也是出于对法律缺失这一现实所迫的无奈选择。从实践来看，还需从法律制度革新中寻求对问题的根本解决。

从目前情况来看，在没有法律支持的情况下，我国数字图书馆建设困难重重。因此，为建设我国现代化的公共文化服务体系，构建信息资源文化共享工程，应大力发展数字图书馆，丰富数字图书馆的信息资源，应改良面向数字图书馆利用作品的著作权限制。具体措施包括：第一，完善信息资源共享语境下的数字图书馆合理使用制度。首先，完善合理使用一般条款，重构合理使用的立法模式，完善合理使用判定标准，引入转换性使用理论；其次，改进面向数字图书馆的合理使用制度，明确规定享有著作权限制的主体资格条件。第二，构建面向数字图书馆扶助贫困的法定许可制度。首先，数字图书馆应深入参与到农村文化扶贫之中，发挥公共文化服务机构的文化扶贫作用，打破城乡文化的不平衡发展，加快文化下乡进程，以文化带动发展；其次，拟定面向数字图书馆扶助贫困法定许可制度的具体方案，严格限制该制度适用的地域范围、群体范围和作品范围，明确规定使用方式。第三，构建面向数字图书馆的著作权延伸性集体管理制度。在不断完善我国著作权集体管理制度的同时，明确制定著作权延伸性集体管理的具体内容，指定执行主体，严格限制适用条件，详细规定操作程序，确立公平合理的许可使用费收取办法和利益分配机制。第四，构建针对数字作品传播的信息网络传播权权利穷竭制度。通过对欧美的相关判例和我国的相关立法及司法现状研究分析认为，应构建数字环境中的权利穷竭制度。由于首次销售原则实质上是对作品原件和复制件所有权的确认，是对发行权和所有权冲突问题的处理，它并不是著作权法一种独立的限制制度，而是针对发行权的行使作出的必要补充和合理解释，因此，首次销售原则仅适用于传统的发行权。进一步地，从语义学、历史学、法律解释学和所有权转移的角度分析得出，"发行"不能延伸至虚拟的数字环境，数字作品的转售不属于发行行为的范畴，故而不能适用传统的首次销售原则。为维护著作权人、使用者和消费者之间的利益平衡，为建立知识产权法与市场之间的良性互动机制，应改良适用首次销售原则，创设信息网络传播权有限用尽原则，即附条件或附期限的用尽原则，以满足数字作品二手市场的发展需求。第五，整合数字图书馆的授权许可机制，可以采取优化授权要约模式、著作权补偿金制度、著作权代理模式，以及结合新的区块链技术来为我国数字图书馆的授权问题提供新的解决途径。

目 录

导 论

第一章　数字图书馆利用作品的著作权限制概述
　　第一节　数字图书馆的基本问题　　20
　　第二节　数字图书馆利用作品的著作权限制　　39
　　第三节　数字图书馆利用作品的著作权限制的适用困境　　65

第二章　数字图书馆利用作品的著作权限制的正当性分析
　　第一节　法理学考量：利益平衡　　74
　　第二节　宪法学考量：文化自由　　90
　　第三节　经济学考量：著作权制度效率　　102

第三章　面向数字图书馆的合理使用制度研究
　　第一节　面向数字图书馆的合理使用制度的正当性分析　　120
　　第二节　面向数字图书馆的合理使用判定标准研究　　136
　　第三节　重构面向数字图书馆的合理使用制度　　174

第四章　数字图书馆的其他著作权限制研究
　　第一节　数字图书馆的著作权许可模式之拷问　　192
　　第二节　面向数字图书馆的特殊性法定许可探析　　201
　　第三节　数字图书馆著作权许可模式的整合分析　　210

第五章 我国数字图书馆利用作品的著作权限制的现状检视与改良路径

第一节　我国数字图书馆发展现状及相关著作权问题　　230

第二节　我国数字图书馆利用作品的著作权限制的改良路径　　256

结　　语　　323

参考文献　　325

附　　录　　349

导 论

一、研究背景和意义

（一）研究背景

数字时代的到来和信息技术的兴盛使互联网成为继报纸、广播、电视后的第四大传播媒介，据此，一种全新的传播方式迅速崛起，数字图书馆的概念也应运而生。数字图书馆是建立在计算机技术和信息网络传播技术之上的新兴产物，它突破了传统实体图书馆的物理边界，使图书馆不限于空间和时间而长久存在，并因在馆藏、检索和服务等方面的优势赢得了更多青睐，因此具有重要的文化价值和社会意义。然而，由于传统的著作权法无法适应网络环境，而信息网络传播权相关制度还尚未成熟，这使得数字图书馆的建设受到了现有著作权法的制约，发生在网络媒体和作家之间的"著作权战争"早已兴起。从这些纠纷中可以看出，著作权保护与利用作品的需求出现了一系列新的变化，网络侵权纠纷所涉及的作品类型和利用方式呈现多样化，受著作权保护的主体和客体范围也逐渐扩大，这导致使用作品的代价和风险的增加以及知识传播的社会成本的提高。然而针对这些频发的数字图书馆著作权纠纷，似乎无论是在理论界还是实务界，都没有找到较好的解决办法。产生这些纠纷的主要原因在于数字图书馆在数字资源开发与建设过程中，缺乏可适用的著作权限制。

（二）理论意义

首先，数字图书馆在建设过程中对传统作品享有的合理使用空间十分狭窄。我国《著作权法》第二十二条第一款第（八）项为传统图书馆提供了实现其功能的合理使用之豁免，但使用目的仅限于陈列或保存版本之需要。《信息网络传播权保护条例》第7条专门针对数字图书馆设立了信息网络传播权的合理使用条款，这是我国著作权法律法规首次针对图书馆数字版权合理使用进行的立法设置，具有重要的立法价值和意义。然而该条文对数字图书馆的合理使用范围作了极狭窄的设定，对合理使用的目的和对象都进行了严格限制。根据该条规定，合理使用的目的仅为陈列和保存版本之需要,合理使用的对象仅针对本馆馆舍内的服务对象,使用作品的方式为通过信息网络以数字化形式复制作品,这显然与数字图书馆的设立初衷相违背,无法发挥数字技术超越物理空间和时间限制以及海量储存的优势,使数字图书馆无法发挥其重大的社会文化价值。

其次,数字图书馆获取资源的授权许可方式该何去何从,也是数字图书馆建设过程中必须面对的问题。建立数字图书馆,首先要有海量的数字资源,数字资源的来源包括直接的数字作品和传统作品数字化,无论是哪一种,要将作品数字化之后置于网络进行传播,都必须首先取得作品权利人的相关授权,这必然涉及海量许可的问题。倘若以合同形式进行一一授权,将耗费巨大的时间和经济成本,并且违背了互联网技术的快捷特征,大大降低了知识信息传播的效率,并不利于社会的进步。所以寻求一种更加高效又合理的著作权授权许可机制也成为当下学界的讨论热潮,而现有各种模式的利弊还有待进一步的考证与研究。

对于著作权人而言,数字技术给他们带来了更加便捷的作品传播途径,同时使他们面临着更容易被非法复制的风险。但是对著作权人给予过强的保护,又将影响数字版权产业的发展,对社会公众利益带来损害。在数字环境下,一方面著作权人为维权疲惫不堪,另一方面数字图书馆的建设又因为数字资源开发获取问题,不断地在"守法"与"违法"的夹缝中艰难前行,甚至一些出于公众利益的图书馆计划被搁置,公众无法享受到这样一个人文主义成就,著作权人的个人保护和社会公众利益处于极度的冲突与矛盾之中。著作权利益平衡是现代著作权法的核心,数字图书馆利用作品的著作权限制研究成为一个重大的社会课题,社会着实应当考量探求新的规则和制度。

(三)现实意义

现在正值我国经济转型和供给侧结构性调整的关键时期,应从经济发展模式、发展要素和路径进行调整,提高经济增长的质量和数量。《国家"十三五"规划纲要》中指出,在现代互联网产业体系发展方面,实施"互联网+"行动计划,促进互联网深度广泛应用,带动生产模式和组织方式变革;在社会主义精神文明建设方面,要丰富文化产品和服务,推进文化事业和文化产业双轮驱动,实施重大文化工程,构建现代公共文化服务体系,加快发展现代文化产业,推进文化业态创新。以先进技术为支撑、内容建设为根本,推动传统媒体和新兴媒体在内容、渠道、平台、经营、管理等方面深度融合，建设"内容+平台+终端"的新型传播体系，打造一批新型主流媒体和传播载体。[①]我国 2017 年的政府工作报告提出，要推动"互联网+"深入发展，促进数字经济加快成长，扩大在线教育等信息消费，让群众普遍受惠。在这一背景下，建设与发展数字图书馆对我国经济结构转型和文化产业升级具有重要推动作用，围绕数字图书馆利用作品的著作权限制展开研究，对我国构建现代公共文化服务体系、推动文化产业变革具有重大现实意义。

二、研究现状综述

本书选取主要学术信息数据库，以 2000—2017 年为目标时间段，根据研究主题，结合相关的标题关键词和主题关键词，配组进行专指性检索，得出"2000—2017 年研究主题在主要学术数据库中的中文文献数量分布情况"和"2000—2017 年研究主题在主要学术数据库中的英文文献数量分布情况"两组数据，分别制成表 1 和表 2。其中表 1 选取的学术信息数据库包括中国知网期刊数据库、中国知网博士论文数据库、维普期刊资源整合服务平台、超星发现系统和万方数据知识服务平台，表 2 选取学术文献信息数据库包括 SSCI、ProQuest 博士学位论文全文库和 LexisNexis，同时还利用 Google、Google Scholar，国际图联官方网站、世界知识产权组织官方网站等网络资源获取最新的在线学术资源。检索使用语言包括中文、英文和法文，检索最新截止日期为 2017 年 5 月 15 日。

（一）国内研究现状

笔者以"数字图书馆"为主题，"著作权例外、著作权限制、合理使用、法定许可、强制许可、版权获取、授权"为篇名关键词，分别进行组配检索，检索范围包括所有学科，获得表 0-1 检索结果。经过综合分析得出，针对数字图书馆的著作权法律问题研究主要集中在以下方面。

---

① 《中华人民共和国国民经济和社会发展第十三个五年规划纲要》，中华网。http://news.xinhuanet.com/politics/2016lh/2016-03/17/c_1118366322.htm。

表0-1 2000—2017年研究主题在主要学术数据库中的中文文献数量分布情况

数据库	数字图书馆+著作权例外	数字图书馆+著作权限制	数字图书馆+合理使用	数字图书馆+法定许可	数字图书馆+强制许可	数字图书馆+版权获取	数字图书馆+授权
中国知网期刊数据库	3	4	148	30	1	5	37
中国知网博士论文数据库	0	0	0	0	0	1	0
维普期刊资源整合服务平台	2	5	118	25	1	6	32
超星发现系统	3	2	138	29	1	5	46
万方数据知识服务平台	4	7	184	33	1	4	45

1. 以"数字图书馆的著作权法律问题"为主题，以宏观研究为方法

该类主要对数字图书馆建立过程中出现的著作权问题进行宏观研究，包括但不限于以下方面：资源获取、开发运营、数字作品馆藏等。采取的方法为分散式分析，即将数字图书馆从建立到经营管理各个阶段出现的著作权问题一一列举，然后进行一对一分析。这方面的文章主要包括有：张平在《中国数字图书馆工程中的著作权问题》一文中指出我国在开展数字图书馆工程过程中，应妥善处理好有关著作权问题，避免侵权的发生，呼吁就我国的著作权集体管理制度进行完善，并使图书馆可以享受更多的法定许可和合理使用；张平还在《数字图书馆建设中的法律问题及对策研究》一文中就数字图书馆的主体性质展开分析，进一步指出集体管理制度在解决数字图书馆法律问题中的局限性，提出放宽合理使用的范围，并分析了法定许可制度的可行性；彭双武在《数字图书馆的著作权法律问题研究》一文中就数字图书馆建设和运营过程中的各种著作权问题一一进行了分析；许燕在《数字图书馆著作权问题若干法律研究初探》一文中对图书馆数字化资源建设与网络服务过程中有关复制权和传播权的著作权问题进行了分析；郑永田在《数字图书馆建设中的著作权问题及对策研究》一文中介绍分析了数字图书馆的性质特征、法律地位以及所面临的著作权问题；丁旭芳在《论数字图书馆著作权问题的解决》一文中就数字图书馆建设中所面临的著作权问题展开分析，认为应以法定许可使用方式解决数字图书馆的著作权问题；陈万忠在《关于数字图书馆著作权问题的研究》一文中对数字图书馆在资源收集、资源数字化、信息传输以及信息资源服务过程中的著作权问题进行了探讨，认为解决数字图书馆著作权问题应遵循著作权集体管理制度、构建适用于网络信息资源开发利用的合理使用制度，建立一套完备的数字图书馆著作权制度；张敏和刘可静在《数字图书馆和有关著作权问题的思考》一文中从现有图书馆的馆藏数字化、数字图书馆的网络传播、资源共享以及数据库的著作权问题等方面对数字图书馆的一系列问题展开了探讨；李菊梅在《数字图书馆著作权问题解决方案探析》一文中对数字图书馆建设与运行过程中可能发生侵权的诸环节逐一进行了分析，指出应从合理使用和法定许可制度方面规避侵权风险。

2. 以数字图书馆某一项业务活动为视角进行研究

结合数字图书馆开发经营过程中出现的现实问题，就业务活动中的某一项展开研究是图书馆界探讨数字图书馆著作权问题的常规手法，其中包括但不限于数字作品馆藏、数字文献传递、馆际互借、数字作品转售等切入点。这方面的文章主要包括：周丽霞在《数字图书馆版权获取研究》一文中对数字图书馆资源获取的各种授权许可模式进行了整合分析；韩冰和王太平在《图书馆馆藏资源数字化利用的著作权解决方案》一文中提出解决图书馆馆藏资源数字化问题的主要途径是合理扩充合理使用的范围和引入法定许可制度；庞跃霞和丁申桃在《数字图书馆信息资源建设中的著作权问题探讨》一文中就数字图书馆信息资源建设过程中会涉及的馆藏资源数字化、数据库建设等著作权问题进行了深入探讨，并在此基础上提出了相应的解决办法；王爱霞在《数字图书馆用户服务中的著作权问题》一文中对数字图书馆用户服务中的网络导航、信息检索、参考咨询以及信息网络传播等环节的著作权问题进行了梳理与分析。

3. 以著作权某一权项为视角研究数字图书馆的相关权利限制问题

针对数字图书馆所选取的著作权专有权项主要有复制权、发行权、信息网络传播权等，该类文章主要从数字图书馆业务活动中可适用的著作权专有权项限制为切入点展开研究。这方面的文章主要包括有：刘庆国在《网络环境下的作品复制权与数字图书馆的著作权保护》一文中强调数字图书馆应当在资源建设过程中对资源采集、作品数字化、作品信息网络传播及数据库的著作权问题予以充分的重视；周丽霞等在《数字图书馆信息网络传播权博弈研究》一文中指出，应扩大我国《信息网络传播权保护条例》第9条的适用范围，将数字图书馆纳入到默示许可的适用范畴内；王英在《面向数字图书馆的信息网络传播权优化研究》一文中指出应优化信息网络传播权制度，以此推进数字图书馆的发展；刘淑琴在《论信息网络传播权与数字图书馆版权保护》一文中从信息网络传播权的角度探讨了数字图书馆的版权保护，指出应减少对数字图书馆合理使用范围的限制，引入面向数字图书馆的法定许可制度；张敏勤在《信息网络传播权保护与数字图书馆信息资源建设》一文中论述了在数字图书馆资源建设过程中该如何维护作品的信息网络传播权；吕炳斌在《数字时代版权保护理念的重构——从以复制权为中心到以传播权为中心》一文中强调，在信息网络时代，应将著作权保护的中心从以复制权为中心转变为以传播权为中心。

4. 以著作权限制制度的某一情形为视角研究数字图书馆的适用问题

《保护文学和艺术作品的伯尔尼公约》《保护表演者、录音制作者和广播组织的罗马公约》《TRIPs 协定》《世界知识产权组织版权条约》以及《世界知识产权组织表演和录音制品条约》中均提到了著作权的限制与例外，但是上述文件未就"限制"和"例外"做精确界定，有些文件在二者中选其一单独适用，有的则将二者混同适用。在此，笔者将"限制"与"例外"视作同义语，选取"限制"一词以便保持主题阐述和文章撰写的连贯性与统一性。广义的著作权限制包括著作权的时间限制、地域限制、权利穷竭、合理使用和非自愿许可等。本书选取"著作权限制"一词，研究范围针对的是著作权权利行使和著作权权利内容的限制，包括有：无须取得权利人同意亦无须支付使用费用的方式和无须取得权利人同意但应支付使用费用的方式，即合理使用、法定许可和强制许可，以及针对数字图书馆专门设置的限制著作权人的权利内容、著作权权利行使方式、保护期限和管辖等其他限制方式。从调研的结果看来，无论是法学界还是图书馆学界的研究人员，都热衷于以著作权限制制度的某一情形为研究视角来探寻解决数字图书馆资源建设和版权获取中的著作权问题。其中选取的主要视角包括但不限于：数字环境下合理使用制度的判断标准是什么，数字环境下著作权的边界在哪里，数字图书馆资源获取的著作权制度效率优化，数字图书馆与法定许可、合理使用的冲突与融合，数字图书馆资源获取的授权许可模式等。从数量上来看，这方面的文章占据了调研文章中的绝大多数，具有代表性的文章包括有：张力在《合理使用、法定许可抑或其他——论数字图书馆使用作品的行为模式选择》一文中指出合理使用不再是数字图书馆使用作品理想的行为模式，兼顾当前与长远发展考虑，应当选择作者授权许可机制；于玉在《著作权合理使用制度研究》一书中认为，现有的合理使用判定标准无法应对数字网络技术发起的挑战，应当重构数字网络环境中的著作权合理使用制度；周丽霞在《数字图书馆版权获取研究》博士论文中着重对数字图书馆的各种版权获取模式的优势与不足展开了探讨,并强调数字图书馆在版权获权方面应当具有特殊的合理使用权限;马海群在《数字图书馆信息网络传播的法定许可制度研究》一文中就数字图书馆信息网络法定许可制度构建的必要性进行探讨,并借鉴著作权补偿金制度对数字图书馆法定许可制度具体方案进行了设计,在此基础上阐述了数字图书馆应负有的配套义务,例如实施严格的实名用户注册、限定并发用户数量、限制使用时间、范围及方式等;张平在《数字图书馆版权纠纷及授权模式探讨》一文中认为面对数字图书馆法律问题,既然法律已经遭遇尴尬,我们必须考虑在现行法律框架内寻求可行的解决方案,进一步推动著作权授权制度的改革;陶鑫良与袁真富在《网络时代著作权许可制度的创设》一文中提议尽快建立特殊性法定许可制度、引进延伸性集体管理制度,以此回应网络时代的著作权交易需求;吉宇宽在《数字图书馆信息网络传播合理使用的规制、困境与诉求》一文中强调为促进数字图书馆发展,必须要对数字图书馆信息网络传播适用的合理使用法条进行修改;张离在《网络环境下著作权的合理使用与法定许可》一文中对法定许可制度进行批判,认为在网络环境中应当审慎考量著作权法定许可制度的设置问题。

(二) 国外研究现状

表 0-2 2000—2017 年研究主题在主要学术数据库中的英文文献数量分布情况

数据库	Digital library+ exception/ limitation	Digital library+ Fair use/ Fair dealing	Digital library+ Statutory license	Digital library+ Compulsory	Digital library+ copyright
SSCI	22	29	6	5	138
ProQuest 博士学位论文全文库	2	1	0	0	4
LexisNexis	37	45	3	2	6

笔者以 "Copyright" "Exception/Limitation" "Fair use/Fair dealing" "Statutory license" "Compulsory" 为摘要关键词,分别与 "Digital library" 形成配组进行检索,获得表 0-2 检索结果。经过综合分析得出,国外针对数字图书馆利用作品的著作权限制的研究主要呈现以下特征。

1. 以数字环境下著作权限制制度为研究主题，而不局限于数字图书馆利用作品的著作权限制

从检索到的外文文献来看，专门针对数字图书馆利用作品的著作权限制进行研究的文章的数量很少，多数文章选择数字环境这一视角，探讨著作权限制的各种情形。由澳大利亚墨尔本大学的 Sam.Ricketson 教授于 2003 年提交给世界知识产权组织的题为《关于数字环境下著作权限制与例外的研究报告》（*M.Sam Ricketson. Étude de l'OMPI sur les limitations et les exceptions au droit d'auteur et aux droits connexes dans l'environnement numérique. SCCR/9/7. 5 avril 2003*）是第一份专门针对数字环境下著作权限制问题进行的较为详细和系统的研究报告。报告首先对《保护文学和艺术作品的伯尔尼公约》《保护表演者、录音制作者和广播组织的罗马公约》《与贸易有关的知识产权协定》《世界知识产权组织版权条约》以及《世界知识产权组织表演和录音制品条约》中的著作权限制与例外做了清晰的归纳与分析，分别对相关文本中具体条文涉及的著作权限制、著作权例外以及基于公众利益的其他限制进行了梳理。其次，报告对《美国 1976 年版权法》第 107 条、《欧洲议会和欧盟理事会关于协调信息社会中版权和相关若干方面的第 2001/29/EC 号指令》第 5 条以及澳大利亚相关立法中的"三步检验法"进行了归纳比较，并结合私人复制、公共利益、图书馆和档案馆的文献保存、教育机构的复制、专门针对视障和听障人士的例外情形、时事新闻报道、评论引用、数字环境下的作品使用、临时复制、网络即时传播、P2P 分享等角度对"三步检验法"的具体适用情况进行了全面系统的分析。

由巴黎政治学院的 Anne-Laure Brochet 等人于 2003 年撰写的题为《数字化与著作权》的论文（*Numérique et droits d'auteur. 2003*）从数字化的历史发展与未来展望两部分，分别阐述了数字化对著作权发起的严峻挑战和未来著作权法的改良路径，文章通过分析欧洲与美国著作权限制的相关立法，指出应加强著作权集体管理，构建数字权益管理制度，并且以技术措施控制著作权扩张与滥用的趋势。由法国艾克斯马赛大学创新与专利讲坛成员的 Pierre-Dominique CERVETTI 撰写的《数字化侵权和著作权》（*Contrefaçon numérique et droits d'auteur. 2006*）一文从文化自由的角度出发指出，一个建立在现代民主原则之上的多元融合和相互交融的社会，不应以著作权这一特权的扩张妨碍公众的文化自由，同时文章又强调，这种文化自由不可以跳出法律的框架。法国巴黎索邦大学的学者 Lionel Maurel 指出数字时代是一个创作解放的时代，印刷术解放了人们读书的权利,而数字技术解放了人们写作的权利。然而网络环境中著作权问题的紧张局面正使个人的文化权利逐渐被瓦解,当务之急必须重新构建著作权利益平衡机制,以解决数字环境中的利益分配问题(Droit d'auteur et création dans l'environnement numérique: des conditions d'émancipation à repenser d'urgence. Mouvements, La découverte, 2014, (Contre-) Pouvoirs du numérique, 3 (n79), p.100-108.)。比利时布鲁塞尔自由大学的 Mireille Buydens 教授和法国巴黎政治学院的 Séverine Dusollier 教授共同撰文,就著作权限制制度的开放模式、封闭模式结合公共利益和基本人权保护进行讨论,指出现有著作权限制制度对数字图书馆建设、网上教育以及作品的使用造成了障碍,应重构网络环境下著作权限制制度,维系著作权利益之平衡。

2. 以图书馆的著作权问题和著作权限制为研究主题,将非纯公益性的虚拟数字图书馆排除在研究范围之外

该类文献主要就已经存在的公益性实体图书馆构建配套数字图书馆的情形进行研究,所涉及的数字图书馆主要为实体图书馆的附庸项目,因而未就广义上完全虚拟的网络数字图书馆进行研究。该类文献的主要代表有美国哥伦比亚大学的 Kenneth Crews 于 2008 年 8 月 26 日向世界知识产权组织提交的题为《图书馆和档案馆可适用的著作权限制与例外研究》的研究报告(Études sur les limitations et exceptions au droit d'auteur en faveur des bibliothèques et des services d'archives. SCCR/17/2. 26 août 2008.),该文献是迄今针对图书馆著作权限制研究最为全面系统的一项成果。文章以图书馆的著作物限制和例外的起源为切入,对《保护文学和艺术作品的伯尔尼公约》《TRIPs 协定》以及历史、地缘政治等因素对该制度造成的影响展开论述,进而对图书馆著作权限制的结构进行分析,特别针对图书馆可适用的复制权例外、以研究和学习为目的的例外、以保存和替换为目的的例外以及馆际互借问题重点阐释,并列举剖析了 149 个国家和地区的著作权法中涉及图书馆和档案馆的著作权限制的相关条款。2015 年 6 月,受世界知识产权组织委托,Kenneth Crews 又编拟了题为《关于图书馆和档案馆的版权限制与例外》的研究报告,报告侧重于在其国内著作权立法中明确制定适用于一般图书馆或适用于类别广泛的某种图书馆的著作权限制的有关规定。该研究报告所涉国家总数为 188 个,报告显示,其中没有设置可适用于图书馆的著作权限制的国家有 32 个,仅有一种一般性限制的国家数目为 31 个,针对研究或学习目的设置限制的国家有 98 个,针对保存目的设置限制的国家有 99 个,针对替代目的设置限制的国家有90个，针对文献传递设置限制的国家有21个，针对馆际互借设置限制的国家有9个，专门设置针对图书馆的反技术措施的规避的国家有52个。该报告为针对图书馆可适用的著作权限制研究提供了丰富的原始资料，具有重要参考价值。法国学者Mathilde Vergnaud指出，图书馆业的线上服务和发展受到了现有著作权法的阻碍，出于对言论自由、文化资源和公共利益的考量，应重构数字环境下面向图书馆的著作权利益平衡机制。

3. 以图书馆著作权限制的某一情形为研究主题

该类文献主要就数字图书馆建设和运营中的某一业务活动，或者针对数字图书馆利用作品的著作权限制中的某一情形展开研究。例如，Clarice Castro认为谷歌数字图书馆计划是一个非凡的图书馆扫描项目，旨在建立一个数字化全文搜索索引。然而伴随谷歌图书和解协议（Google Book Settlement，GBS）及其修正案（Amended settlement agreement，ASA）的出台，谷歌图书项目的性质逐渐发生了改变，文章将谷歌数字图书馆案比作警报之声，它不仅关系到互联网未来的各个方面，也涉及知识私有化问题。虽然关于ASA协议的谈判失败了，但是谷歌图书馆计划已经帮助美国意识到数字时代中改革版权规则的迫切需求，如何将数位科技、数以万计的图书文化遗产与法律规范融合起来，建立一个可行的自由信息平台是未来迫切需要解决的问题。法国巴黎政治学院的Séverine Dusollier教授强调通过技术措施解决数字环境中的著作权侵权问题，并就技术措施的正当性和合理性展开了分析。美国学者Wendy J. Gordon教授对合理使用的性质作出界定，指出合理使用原则可以并且的确被用来救济市场失灵。美国学者John Palfrey教授针对数字图书馆提出两个问题——著作权集体管理和个人隐私，指出用集体管理或其他授权方式解决数字图书馆数字资源获取问题，实施数字权益管理来处理社交网络背景下的隐私风险。美国学者Laura N. Gasaway教授从数字图书馆的创建、使用及数字作品的管理进行论述，提出应当对图书馆的著作权限制进行修改，从而允许图书馆以数字方式保存作品。美国学者Hannibal Travis教授从法学和经济学角度对合理使用制度展开研究，指出对版权作品的简短预览并结合退出程序的运用，构成合理使用。但是这种推理很大程度上回避了自然法和道德论，对任何一种商业价值来源的剥削都是不公平的，谷歌没有播种却可以收获，作者也完全可以因为其创造力获得补偿。但是谷歌图书计划又会给公众提供更多接触先进文化的机会。他强调，需要思考的是如果解决作者补偿的问题，作家和艺术家们，留给后世的是最为珍贵的精神财富，即使未来数字图书馆不习惯于付给作者报酬,难道他们不会因为无私的启蒙精神重燃对文学创作的热爱吗?因此,这一伟大的计划应跳出思想的狭隘圈子,不再仅仅只是强调利润动机。

(三)当前研究的特点及不足

(1)以宏观研究数字图书馆的著作权问题为主,较少系统研究相关著作权限制。研究的问题涉及数字图书馆的资源建设、开发运营、数字化馆藏等各个方面中具体情形,对这些问题大多采取列举式梳理,进而一一对应找寻相关著作权解决方案,缺乏系统的归纳分析,缺乏对数字图书馆资源建设中可适用的著作权限制的专门研究,较少有文献阐明数字图书馆在著作权限制方面的立法诉求。

(2)以公益性实体图书馆为研究对象,少有文献从网络内容提供者(Internet Content Provider,ICP)的角度对数字图书馆利用作品的著作权限制进行研究。传播方式和服务方式的改变使得数字图书馆的性质不同于传统图书馆,不仅只是纯公益的性质,部分数字图书馆的公益性已经逐渐模糊。数字图书馆已不仅仅只是最终用户的角色,它已然是一个多重权利的主体,在多数情况下还扮演着网络内容提供者和著作权人的角色。数字图书馆到底具有怎样的法律性质和法律地位,这些问题也应做重点研究。

(3)现有文献或选取著作权限制的某种情形或选取著作权某一项专有权项、或选取数字图书馆某一业务活动为视角进行研究,缺乏将数字图书馆建设和著作权限制结合起来的系统研究。在著作权专有权项选取上,多有复制权、汇编权、信息网络传播权等;在著作权限制的情形选取上,多为合理使用、法定许可等;在数字图书馆业务活动选取上,主要有馆藏数字化、馆际互借、文献传递等。专门针对数字图书馆利用作品的著作权限制的系统研究较为鲜见。

三、研究内容、思路及方法

(一)主要内容

本书的主要研究对象是网络环境中的数字图书馆,既包括有与实体图书馆相配套的数字图书馆,还包括没有实体图书馆的纯虚拟的数字图书馆。主要研究内容为数字图书馆利用作品的著作权限制,研究范围针对著作权权利行使和著作权权利内容的限制，主要包括无须取得权利人同意亦无须支付使用费用的方式和无须取得权利人同意但应支付使用费用的方式，即合理使用和法定许可。此外，还包括有针对数字图书馆专门设置的限制著作权人的权利内容、著作权权利行使方式、保护期限和管辖等限制方式。

第一章主要阐释关于数字图书馆及其著作权限制的基本问题。数字图书馆的基本问题包括有数字图书馆的内涵、数字图书馆的性质及其特殊的法律地位剖析，相关著作权限制的基本问题包括有数字图书馆利用作品的著作权限制的内涵、类型、适用困境及未来发展诉求与趋势等。在着手解决关于数字图书馆的著作权问题之前，首要环节是厘清数字图书馆的性质和法律地位，这是解决其他问题的前提和基础。数字图书馆是传统实体图书馆在数字技术环境中的一种延伸，数字技术改变了图书馆的作品传播方式和服务方式，但是仍然扮演着相同的社会角色，那就是作为著作权人和用户之间的传播媒介。传播方式和服务方式的改变使得数字图书馆的性质不同于传统图书馆，不仅只是纯公益的性质，部分数字图书馆的公益性也已经逐渐模糊，出现如此偏差一定程度也是因为在现有技术环境下针对营利性的判断标准发生了改变，商业性和非商业性之间的界限也不再明确。数字图书馆复杂的性质和特殊的法律地位使其无法在传统的著作权法律制度中找到法律保护的依据，而信息网络传播权制度也尚未构建成熟。因此，在分析和研究数字图书馆的相关法律问题之前，应首先对数字图书馆的具体法律性质进行梳理，并明确界定数字图书馆特殊的法律地位。在此基础上进一步对数字图书馆利用作品的著作权限制的适用困境与解决路径展开分析。

第二章从法理学、宪法学和经济学的角度对数字图书馆利用作品的著作权限制展开正当性分析，认为构建数字图书馆利用作品的著作权限制有利于维护作者、使用者和传播者之间以及著作权人私人利益与公众利益之间的平衡，有利于发挥文化在社会发展中的重要作用，维护公众的文化自由，有利于降低数字图书馆数字资源建设的著作权交易成本，提高著作权制度效率。从目前各国的立法现状和司法实践来看，数字图书馆利用作品的著作权限制之适用困境主要体现为：各国著作权法中数字图书馆的合理使用空间狭窄、数字图书馆被排除在法定许可情形之外、数字图书馆实施授权许可成本巨大，以及技术保护措施给数字资源的开发造成阻碍。所以，构建数字图书馆利用作品的著作权限制也应当着重从这几方面入手寻求解决路径。

第三章着重对面向数字图书馆的合理使用制度进行分析与探讨。合理使用制度作为一项重要的著作权限制，是维护著作权利益平衡的重要基石，也是传统图书馆建设的基础制度之一。然而在数字环境下，传统著作权法合理使用无法发挥作用，针对数字图书馆的信息网络传播权合理使用范围又极其狭窄，加之技术措施的非法律性控制，合理使用的范围被逐步侵蚀。为争取数字图书馆信息资源的获取，保障公众平等自由共享信息的理念不沦为空想，应重新构建面向数字图书馆的合理使用制度，使数字图书馆发挥应有的价值。

第四章探讨数字图书馆的其他著作权限制，主要针对法定许可和各种授权许可模式进行展开。网络和数字技术的发展使传统的著作权授权模式和作品共享方式无法满足数字图书馆建设中的海量资源开发需求。据此，新的著作权授权模式应运而生，其中大部分为现有数字图书馆的商业模式，因其成功运行，使得相应授权模式逐渐被公众所接受。本章以数字著作权授权方面遭遇的困境为切入点，梳理和分析了现行授权许可模式的利弊，认为应调整现有著作权法定许可制度，构建针对数字图书馆的法定许可制度。

第五章是本书的落脚点，也是本书的主要研究难点之一。本章的重点是结合我国数字图书馆建设和发展的具体实际情况，在我国现行著作权法律制度基础上，探寻针对我国数字图书馆利用作品的著作权限制优化方案。文章首先归纳总结我国数字图书馆发展状况及建设过程中的著作权问题，整合我国现有数字图书馆发展模式，最终提出切合我国实际的数字图书馆建设的发展路径。从目前情况来看，在没有法律支持的情况下，我国数字图书馆建设困难重重。因此，为建设我国的公共文化服务体系，构建信息资源文化共享工程，应大力发展数字图书馆，丰富数字图书馆的信息资源，应改良面向数字图书馆利用作品的著作权限制。具体措施包括有：完善信息资源共享语境下的数字图书馆合理使用制度，构建面向数字图书馆扶助贫困的法定许可制度和针对数字作品传播的信息网络传播权权利穷竭制度，不断完善我国的著作权集体管理，构建面向数字图书馆的著作权延伸性集体管理制度，并且整合数字图书馆的授权许可机制，可以采取优化授权要约模式、著作权补偿金制度、著作权代理模式，以及结合新的区块链技术来为我国数字图书馆的授权问题提供新的解决途径。

（二）基本思路

本书首先从数字图书馆的法律性质、特殊性法律地位以及数字图书馆利用作品的著作权限制的适用困境着手进行分析。其次对构建数字图书馆利用作品的著作权限制的正当性进行阐释，归纳总结数字图书馆在建设和发展中遇到的著作权阻碍体现在哪几个方面，分析探究出现以上问题的根本原因和影响因素。进一步对以上分析得出的各种影响因素的改革路径展开分析：一方面，对面向数字图书馆的合理使用制度进行分析与探讨；另一方面，对针对数字图书馆的其他著作权限制方式进行整合，尝试建立面向数字图书馆的法定许可制度，并整合各种数字图书馆授权许可模式。最后，回到本书的落脚点，即如何根据我国数字图书馆发展情况完善和构建我国面向数字图书馆利用作品的著作权限制，这也是本书的研究重点和难点之一。

（三）研究方法

本书立足于利益平衡理论的价值理念，秉持尊重理论，结合实际问题，在合理论证的基础上，分析问题，解决问题。以数字环境下的著作权制度为出发点，紧紧围绕数字图书馆利用作品的著作权限制进行研究，力求将利益平衡精神贯穿于每一个制度设计之中。具体研究方法如下：

（1）历史分析方法。对数字图书馆的发展史、著作权及相关限制制度的立法史、立法背景和立法宗旨等进行历史性的考察和研究，将制度置于特殊历史时期和时代背景下进行解剖，分析其局限性及相关原因。

（2）比较研究方法。对作为著作权法起源地的西方诸国的相关立法制度进行比较研究，对我国的立法活动具有重要的参考价值。本书通过对西方发达国家的立法以及相关国际条约的比较研究，尝试对我国相关立法活动和司法实践提供可资的借鉴。

（3）经济分析方法。本书采用了经济分析法，主要通过外部性理论分析方法找出数字图书馆信息资源共享中的著作权制度的影响因素，在此基础上强调应增加各因素中的积极因素，减少阻力、缓和矛盾，最终寻求提高数字图书馆信息资源共享中著作权制度正外部性因素的途径，以提高著作权制度效率。

（4）法律解释和法律逻辑演绎方法。通过实证分析的方法，以经验为依据，研究现象的客观规律和内在逻辑。在梳理问题的基础上，对现有立法进行制度分析，找出立法中的缺失，通过法律解释学和法律逻辑演绎的方法对问题进行合理论证，并提出解决方案和立法建议。

（5）案例分析法。选择相关典型案例，如美国 Google 数字图书馆案、法国

Micofor c. Le Monde 案和 Syndicat National De L'Edition（SNE）v. Google 案、德国 Google 缩略图案以及我国数字图书馆相关案例，对其中的判决考量因素、数字图书馆运营模式、成功经验等进行解剖分析，为我国数字图书馆建设提出建议。

四、创新点

（一）理论创新

我国现有关于数字图书馆著作权问题的研究多散见于各类期刊论文，成系统的研究尚少。本书以数字图书馆利用作品的著作权限制为出发点，尝试从法理学、宪法性和经济学理论的角度对数字图书馆利用作品的著作权限制展开正当性分析。

从利益平衡的法理学角度来看，我们认为无论是从古希腊、古罗马法学家之利益权衡的正义乃较强需求的体现的角度来看，还是斯多葛派法学家之利益权衡的正义乃集体幸福的必要条件视角出发，在处理著作权人利益和公众利益的平衡问题上，应关注较强利益群的呼声，或者说更关注集体幸福的实现。在给予著作权人基于其创作成果的专有权保护的同时，也应考虑针对集体幸福和社会共同福利的实现途径。为维护著作权人私人利益和公众利益之间的平衡、实现著作权法之保护作者权益和维护公共利益的双重目的，应完善与构建数字图书馆利用作品的著作权限制。

从文化自由的宪法学角度来看，根据哈耶克的自由主义思想，一项政策是否体现和保障文化自由，表现为人类是否有机会考虑多种可能性、是否有能力对自己的生活方式进行选择。数字图书馆所负有的公益使命决定了其必然承载着保障公众文化自由和文化权利的重任，在数字图书馆的著作权利益关系中，对著作权人的保护不得损害公众的文化自由，不得成为公民行使基本文化权利的人为阻碍。构建数字图书馆利用作品的著作权限制有利于对抗文化的极端主义和信息的封建主义思想，有利于发挥文化在人类发展和社会上层建筑建构中的重要作用，有助于回应著作权保护和公众文化自由之间平衡的现实需求。

从著作权制度效率的经济学角度来看，根据法经济学中效率评价的两种标准，无论是帕累托最优原则所宣扬——真正的效率对各方都具有效益，还是卡尔多-希克斯效率原则所主张——借助补偿的可能性来实现社会总体财富的最大化，构建数字图书馆利用作品的著作权限制都是具有效率的。对数字图书馆的著作权制度效率展开分析得出，现有著作权制度运行效率低，存在着著作权制度耦合度低、著作权制度缺失和著作权制度冲突的问题。通过采用经济学外部性理论进行分析得出：与数字图书馆数字资源开发共享的正外部性成正相关的影响因素为著作权授权许可模式、著作权合理使用制度的范围和著作权制度结构的耦合度，与数字图书馆数字资源开发共享的正外部性成负相关的影响因素为著作权保护力度和著作权交易成本。在此基础上强调，应增加各因素中的积极因素，减少阻力、缓和矛盾，寻求提高数字图书馆信息资源共享中著作权制度正外部性因素的途径——提高著作权制度效率、扩展面向数字图书馆的著作权合理使用制度适用范围、增加面向数字图书馆的法定许可情形、优化面向数字图书馆的授权许可模式。

本书认为，数字图书馆利用作品的著作权限制问题不仅涉及法律制度问题，还涉及市场规律和观念转变的问题。一方面，数字环境中的著作权问题发生在市场经济条件下，数字环境中著作权问题的解决除了依靠现有著作权法律规则之外，也应该综合考量市场运作的规律。因此，解决数字环境中的著作权问题应聚焦于如何在法律制度的框架内，运用市场手段构建一种符合市场经济规律的著作权许可机制，以促进作品有效快捷地流通。另一方面，解决数字图书馆的授权许可问题不仅需要依靠法律制度来进行规制，还需从文化意识层面进行观念的转变，将强调著作权私权保护的观念逐渐转化为重视信息资源共享和社会福利的增加。就创作而言，它是一项关乎社会福祉增进的团体工作，团体工作的目的不是零星出现的作品，不是图书馆里尘封的书籍，也不是埋没于土地中沉睡的雕像，而是文化，也就是被分割开的全部，和所有文化作品都聚集在一起的生机勃勃的统一。但这种统一不存在于作品自身之中，而是存在于对它做以总结的意识之中；它不存在于不能充分接受它的个体意识之中，而是存在于包含所有个体意识、并连接隔代人的民族意识的总和之中。在完善著作权法律制度的同时，还应开拓多元化的著作权授权模式，才能将数字技术与文化传播深度融合，形成文化繁荣的新局面。

此外，本书搜集包括美国、欧盟、加拿大等数字图书馆发展蓬勃的国家及地区的研究资料，以美国、法国、加拿大这三个数字图书馆发展范式国家的数字图书馆建设与运营实况为佐证，并到我国国家图书馆进行实地调研，对数字图馆利用作品的著作权限制进行较为系统的研究，尝试为我国数字图书馆建设奠定理论基础，扫清著作权制度障碍。

（二）制度创新

对数字图书馆利用作品的著作权限制进行研究的主要目的，在于扫清数字图书馆建设过程中遇到的资源获取障碍，解决数字图书馆这一具有重要文化价值的人文主义成就因著作权法律制度制约而无法付诸现实的尴尬境况。文章提出完善信息资源共享语境下的数字图书馆合理使用制度，构建面向数字图书馆扶助贫困的法定许可制度和针对数字作品传播的信息网络传播权权利穷竭制度，不断完善我国的著作权集体管理，构建面向数字图书馆的著作权延伸性集体管理制度，并且整合数字图书馆的授权许可机制，提出采取优化授权要约模式、著作权补偿金制度、著作权代理模式，应用于数字图书馆数字资源的开发、管理与保护之中。

第一章
数字图书馆利用作品的著作权限制概述

数字图书馆的建设肇端于 20 世纪 90 年代初期的美国，随着互联网技术和信息科学的逐步发展，数字图书馆的概念和兴建浪潮逐渐蔓布至英国、法国、日本乃至全球范围。数字图书馆的建设水平也成为现当代国际社会之间衡量一个国家文化发展水平和信息化建设程度的重要指标之一。我国作为重要的发展中国家，也在 20 世纪末期加入数字图书馆的建设与研究之中，虽然我国的数字图书馆事业发展起步较晚，但是短时间内也取得了卓越的成绩。

数字图书馆是建立在计算机技术和信息网络传播技术之上的新兴产物，它突破了传统实体图书馆的物理边界，使图书馆不限于空间和时间而长久存在，并因其在馆藏、检索和服务等方面的优势赢得了更多用户读者的青睐，因而具有重要的文化价值和社会意义。数字图书馆是传统实体图书馆在数字技术环境中的延伸，计算机信息技术的发展改变了数字图书馆的服务方式和传播、使用作品的方式，并赋予了其愈加复杂的法律性质和愈加特殊的法律地位。基于此种情形，有必要首先就数字图书馆的概念作出阐释并梳理有关问题，从而对数字图书馆有一个全面且准确的认识。

第一节 数字图书馆的基本问题

一、数字图书馆的内涵

伴随信息网络社会的不断发展，文化信息服务机构与数字技术不断融合，数字图书馆的概念被逐渐普及并深入民众心中。然而，究竟什么是数字图书馆，数字图书馆的业务范围和服务边界在哪里，针对这些问题，理论界尚未有一致的答案。造成此种结果的原因主要在于：一方面，数字图书馆本身具备明显的跨学科特征与时代性，此种特质决定了其必将涉及诸多不同的领域和学科，数字图书馆是一个具有时代性征以及多种特性与功能的复杂集合体；另一方面，人的认识总是具有片面性，任何时代的理论思维都是历史的产物，它们的形式、它们的内容，在各个时代与时代之间都是相异的，①或与时代结合，或受特定的认知结构的限制，不同学科领域和行业的研究人员往往从自身的知识结构和学科视角出发来对数字图书馆作出定义，进而在对数字图书馆的概念界定上往往烙上了专业的片面性，缺少全面、辩证的认识。因此，应当辩证地看待数字图书馆的内涵问题，将科学当作一个总体的种种交互关系和各学术部门相互间的转化来认识。

（一）数字图书馆的起源

有关数字图书馆的描述最早可追溯到 20 世纪 40 年代中期。1945 年，正值第二次世界大战结束，时任美国罗斯福总统科学顾问的 Vannevar Bush，顶着科学研究与发展办公室主管的头衔，在《大西洋月刊》上发表了题为 As we may think（诚如我思）的文章，该文章主要讨论了第二次世界大战后的技术发展方向。Vannevar Bush 掌握了包括原子弹研究在内的一系列有关先进技术的丰富知识，他一直致力于如何利用技术为人类提供服务的研究之中。在 As we may think 一文中，首次出现了有关数字图书馆的描述，Vannevar Bush 将其命名为"Memex"，文章从功能介绍、资源组成、操作方式以及具体物理样式对 Memex 进行了描述。

在功能方面，文章指出 Memex 是一种人脑的机械化辅助设备，相较于人脑，它具备能够无限扩大的储存能力，它可以存储人们所有的书、记录和信件，并且以极高的运算速度和极强的灵活性完成检索，即使用户每天输入 5000 页的材料，也需要几百年才能把它的存储库填满。Memex 还可以通过索引功能给人们提供咨询查找服务，假使用户想要找寻某一本书，只需要在键盘上敲打出这本书的代码，这本书就会马上投射到浏览页面上，从而省去了烦琐的查找过程。此外，Memex 还有一个游标可供使用，把游标向右拉，这本书就可以自动以匀速翻页，并且自动投射到浏览页面上，将游标再向右移动，翻页速度则变成每次 10 页滚动，继续向右，则变成每次 100 页匀速滚动，将游标向左移动，则可以回看。用户个人图书馆中的所有书都能以这种方式调出，这样比在书架上一本本找书要方便得多。在资源组成方面，Memex 可以通过直接插入、直接输入的

---

① 恩格斯：《自然辩证法》，郑易里译，生活・读书・新知三联书店 1950 年版，第 30—32 页。

方式将买来的大部分内容，包括书籍、图片、期刊、报纸、信函等在内的资料塞进设备之中。输入的具体方式是，将材料放置到一个特殊的透明平板上，按下一个特制按钮，平板就开始对材料进行拍照，并保存到 Memex 的内存之中，所使用的拍照设备采用了改进的微缩胶片。那么 Memex 到底是什么样子呢？文章中对 Memex 是这样描述的，它其实就是一张普通的桌子，桌子上有一个倾斜的半透明的屏幕供投影资料进行阅读，一个键盘，一系列按钮和把手，仅此而已，但是通过这张桌子，人们可以对资料进行远距离操作。此外，Vannevar Bush 还在文中讨论了什么是"超链接（hyperlinking）"，甚至使用了"网络创新（web of trails）"一词。[①]

尽管在今天看来，Memex 的装备有些原始，还停留在干式微缩胶片[②]的技术，与真正的数字图书馆还有很远的距离，甚至根本称不上一个数字化系统。但是 Memex 的功能描述正体现了当时人们对数字图书馆的设计构想，它所具备的信息加工储存、信息检索、强大内存、远距离操控、纸质书影像化、屏幕投影和键盘操控相结合等理念，构成了数字图书馆最早的设计描述和初步雏形，为日后将计算机技术与数字图书馆的结合发展起到了重要的指导作用。不仅如此，Vannevar Bush 还在文中指出，信息技术的全新任务包括向最终用户提供更多的内容服务。然而在过去的七十年里，我们到底走了多远？信息技术的发展确实带来了数字资源演变和记录方式的多样性，我们能够更好地通过数字化技术识别、选择、组织、搜索和传播知识。[③]但是 Vannevar Bush 没有想到的是，信息所有权的概念和各国著作权法成为了当代数字图书馆发展的一个巨大障碍。

直到四十多年后，数字图书馆（Digital Library）一词才真正出现，并且逐渐成为理论研究的对象。1988 年 3 月由 Robert E.Kahn 和 Vinton G.Cerf 联合发表的题为 *The Digital Library Project Volume I：The world of Knowbots（DRAFT），an Open Architecture For a Digital Library System and a Plan For Its Development* 一文成为最早出现"数字图书馆（Digital Library）"一词的正式书面文字资料。文章对数字图书馆的未来发展、技术架构、技术应用和数字图书馆计划的实施规划进行了详细的

[①] 范内瓦尔·布什:《诚如我思》,《大西洋月刊》1945 年 7 月。
[②] 微缩胶片顾名思义，是把书籍或文字类出版物汇集制作为一个小胶片。该胶片有 16mm 和 35mm 两种型号。因为微缩胶片保存时间长，便于查阅，方便分类及在以后的电子化过程中占有绝对的优势。此种方法大量的应用于图书馆、档案馆等机构中。
[③] 托马斯·R.科赫塔涅克:《我们离实现范内瓦尔·布什的 Memex 梦想有多近？》，哥伦比亚大学。

研究，①是现代数字图书馆技术理论研究最早的文献之一。

（二）数字图书馆的概念

伴随信息网络技术的快速变革，人们对数字图书馆有了更加深入的认识。但是由于数字图书馆本身具有的跨学科特征，使得不同学科领域和不同行业的研究人员对数字图书馆给予了不同的解释。这里将对各种具有代表性的数字图书馆概念进行一个梳理，文章并非支持或否定其中某一或某些观点，而是尽可能多地展示数字图书馆的诸种概念，以求达到一个更加全面的认识。

国际图书馆协会联合会（IFLA）②在提交给 2011 年 2 月举行的全民信息计划（IFAP）政府间理事会主席团第十八届会议和联合国教育、科学及文化组织第三十六届巴黎大会审议通过的《数字图书馆宣言》中，对数字图书馆作出的定义如下：数字图书馆是高质量数字化馆藏的在线汇集，依据国际普遍接受的馆藏发展原则制作、收藏和管理，以协调统一和可持续的方式开放馆藏，并辅以必要的服务，使读者能够借阅和使用其资源。数字图书馆是图书馆服务的组成部分，它应用新科技使人们能够获取数字化馆藏，数字图书馆馆藏的制作、管理和开放，使某一特定群体或一系列群体能够简易、经济地获取这些资源。数字图书馆是对数字档案和信息资源保护行动的有益补充。③

美国国家科学基金会（NSF）④将数字图书馆定义为，在网络世界中将一系列数据、信息资源组织起来的技术手段，数字图书馆涵盖了现在分布式网络中所有数字媒体类型的存储与检索系统。数字图书馆可以是多种形式的，但是它们应具备相同的基础设施和目标。⑤

美国研究图书馆协会（ARL）对数字图书馆的诸多定义进行归纳，得出以下五个要素：（1）数字图书馆是一个复杂的集合体；（2）它需要技术支撑使其能够在各种信息资源之间产生链接；（3）各数字图书馆与信息机构之间的链接应是公开开发的；（4）数字图书馆可使用户在全球范围内享受信息存储与服务；（5）

---

① 罗伯特·E.卡恩、文顿·E.瑟夫：《数字图书馆项目第一卷：知识世界，数字图书馆系统的开放架构及其发展计划》，国家研究计划公司 1988 年 3 月。
② 国际图书馆协会联合会是联合各国图书馆协会、学会共同组成的一个机构，是世界图书馆界最具权威、最有影响的非政府的专业性国际组织，也是联合国教科文组织"A 级"顾问机构。
③ 《数字图书馆宣言》，国际图书馆协会联合会，36C/20，2011 年 10 月 6 日。
④ 美国国家科学基金会（National Science Foundation，United States）是美国独立的联邦机构，相当于中国国家自然科学基金委员会，成立于 1950 年。任务是通过对基础研究计划的资助，改进科学教育，发展科学信息和增进国际科学合作等办法促进美国科学的发展。
⑤ 《数字图书馆》，美国国家科学基金会，2002 年 11 月 11 日。

数字图书馆的馆藏应不局限于传统文献馆藏的数字化替代品，还应包括以数字化形式产生的全新作品。①

联机计算机图书馆中心（OCLC）②的创始人 Eric Hellman 从图书馆的主要任务和目标对数字图书馆的特征作出了两点总结，他指出数字图书馆应对数字资源进行集合管理，并以为特定公众不断优化馆藏使用效益为目标。他还强调，仅仅以出售数字资源为第一目的，或只提供资源的链接入口，而不对数字资源进行管理的，不构成数字图书馆。③

美国总统信息技术咨询委员会（PITAC）在 2001 年 2 月向总统提交的题为 Digital Libraries: Universal Access to Human Knowledge 的报告中，将数字图书馆定义为通向人类知识的通用路径。报告中指出，数字图书馆允许所有公民在任何地点和任何时间均可以使用任意互联网数字链接设备搜寻所有的人类知识。通过互联网，他们可以进入到由传统图书馆、博物馆、档案馆、大学、政府机构、专门组织，甚至是全世界各地的任何个人所创设的数字藏品库中访问查询人类知识。这个全新的图书馆提供传统图书馆、博物馆、档案馆所掌握的馆藏资源的数字版本，包括有文本、文档、视频、声音和图像。数字图书馆所提供的强大的新技术能力可以改善针对用户的查询服务，通过对查询结果进行分析，改变信息的形式，实现信息交互。高速的网络操作可以使各数字图书馆的用户实现交互协作，数字图书馆采用环境仿真模拟技术、科学遥感仪器、流式音频和视频等技术使用户之间就各种发现进行相互交流。无论数字信息库的物理存放位置在何处，先进的搜索软件都能迅速找到相关知识，并且及时提供给用户。任何一间教室的学生或者任何一个群体甚至任何一个人都可以与人类知识的丰富库存形成近在咫尺的交流，这是一件多么美好的事情啊！④

中国工程院院士高文把数字图书馆视作是以数字方式储存大量多媒体信息资源并能对其进行高效操作的平台，具体操作方式包括输入、删除、修改、检索、提供访问接口的信息保护等。⑤在他看来，数字图书馆具有三个重要的使

---

① 美国研究图书馆协会（Association of Research Libraries，简称 ARL），成立于 1932 年，是由北美地区（包括美国和加拿大）120 余家研究机构图书馆联合组成的非营利性协会组织。参见美国研究图书馆协会官方网站 http://www.ala.org/。
② OCLC，即 Online Computer Library Center, Inc.，联机计算机图书馆中心，总部设在美国的俄亥俄州，是世界上最大的提供文献信息服务的机构之一，它是一个非赢利的组织，以推动更多的人检索世界上的信息、实现资源共享并减少使用信息的费用为主要目的。
③ 《什么是数字图书馆？》
④ 美国总统信息技术咨询委员会：《给总统的报告：数字图书馆——通向人类知识的通用路径》，2001 年 2 月。
⑤ 高文：《数字图书馆——概念与挑战》。

命，它既是一个国家的数字文化平台，又是一个国家的数字教育平台，还是一个国家的数字资源中心。高文院士主要从数字图书馆的操作方式和文化、教育、资源管理三方面的定位给数字图书馆进行了界定。

由于描述者的专业、角度、观点和方法的差异，上述对数字图书馆作出的多种概念和定义的侧重各有不同。一千个人眼中有一千个哈姆雷特，正如美国北卡罗莱纳大学的 Gary Marchionini 教授所认为的，数字图书馆在不同群体看来具有不同的概念。对于工程和计算机领域的人员看来，数字图书馆是一个具有结构化管理的多媒体数据的新型分布式数据库服务设施。对于政治家和商人们看来，数字图书馆则是一种新的情报资源和全新的服务市场。在未来派群体眼中，数字图书馆代表着一个全新的、自由的、综合的、权威的和永久的世界百科全书的表现形式。[①]根据以上各种论述，经过归纳总结，笔者认为数字图书馆的概念具有以下几层意思。

第一，数字图书馆以现代信息化和数字化技术为技术支撑。数字图书馆应具有丰富的数字化资源和开放的体系结构，作为数字环境中的信息文化服务体，数字图书馆以计算机信息技术为基础，通过数字化手段对人类知识进行加工整合，形成新的知识和信息服务方式，并且使全社会都能享受到人类知识。信息技术和数字技术远远不满足于让数字图书馆成为图书馆在网络世界的延伸和附庸，数字图书馆不仅仅只为了管理好书籍和文献，而是借助网络知识经济的理念，以知识服务为目标，以网络环境为依托，进而构建全新的文化产业传播和服务平台，它是新技术时代下一个全民的文化基础设施。

第二，数字图书馆是信息技术发展的产物，更是整个社会信息变革的必然结果。数字图书馆是数字时代中人类知识的重要载体和信息服务的重要枢纽。物质基础决定上层建筑，物质条件的改善和发展带来精神层面的丰富与进步。如果没有整个社会的信息革命，数字图书馆根本没有发展的土壤；如果没有数字化技术的演进，数字图书馆计划将是无水之木。

第三，数字图书馆与传统图书馆具有相同的文化使命，却不同于传统的图书馆。从知识信息的附着载体来看，数字图书馆与传统实体图书馆有着非常直观的差异，后者主要依托具有物质实体的载体；而前者的数字资源则依托于以字节表示的一段 0 和 1 的数字流二进制虚拟的数字介质。从业务活动范围来看，传

---

① 加里·马乔尼尼、赫尔曼·毛雷尔：《数字图书馆在教学中的作用》，《ACM 交流》1995 年 4 月，第 67—75 页。

统数字图书馆以图书馆馆藏的管理为主要业务,包括图书的采集、整理、馆藏和流通等;数字图书馆的多功能决定了其业务范围的广阔性,包括对各类信息资源的采集、整理、加工、编辑、组织、传播、保存和开发利用,为用户提供数据库访问,提供多媒体信息的检索、线上阅读、文献传递和相互转化,提供原始信息或索引,提供超文本链接以及远程教育等。从机构与广大用户的关系来看,传统的图书馆和读者之间是明确的服务与被服务的关系;而在互联网环境中,人与人之间的沟通变得简单又快捷,固有的社会关系被突破,读者可以在网络上实时发表最新的知识和信息,网络可以更大限度地汇集公众的智慧和知识财富。在这样的环境下,数字图书馆不再仅仅只是一个服务机构,而将变成一个服务平台,用户也将从单纯的被服务者演变为参与者甚至建设者。从这方面来看,数字图书馆既是社会信息变革的产物,也是这一变革持续向前的动力,数字图书馆将对人类的智识生活产生革命性的变化,从而反作用推动人类的继续发展。因此,数字图书馆与传统实体图书馆具备相同的文化职责。

二、数字图书馆的性质界定

厘清数字图书馆的性质和法律地位,是解决其他问题的前提和基础。数字图书馆是传统实体图书馆在数字技术环境中的一种延伸,数字技术虽然改变了图书馆的作品传播方式和服务方式,但是数字图书馆仍然扮演着与传统实体图书馆相同的社会角色,那就是著作权人和用户之间的传播媒介。但是,传播方式和服务方式的改变使得部分数字图书馆的公益性逐渐模糊,造成如斯情状一定程度是因为当下针对图书馆之公益性质的评判因素和标准趋向复杂化,不仅需要考虑数字图书馆的主体性质,还要全面剖析其提供的服务性质。营利性判断标准的改变使商业性和非商业性之间的界限已不再明确,数字图书馆复杂的性质和特殊的法律地位使其无法在传统的著作权法律制度中找到法律保护的依据。

(一)关于数字图书馆性质的争论

作为信息技术革新的产物,数字图书馆必然伴随信息技术发展而诞生,这说明它还是一个年轻的新鲜事物,并不具有如同传统图书馆一般的悠久历史。对于数字图书馆的性质,理论界和学术界并未作出定论,其营利性和公益性之辩成为数字图书馆法律问题的争论焦点。

人们普遍的认识是,传统图书馆被纳入合理使用等著作权限制之范畴的前提是其具有公益性主体性质。但数字技术的发展使情况发生了改变,在数字环境中,数字图书馆的业务能力和服务范围得到了极大的提升。业务能力的提升使得其提供增值服务变为可能,服务范围的拓展导致其开展部分营利性业务成为必须。从运营成本来看,管理和维护一个数字图书馆所需要的资金、人力、物力和技术成本都要远远高于传统的图书馆,即便如此,我们必须认识到数字图书馆所带来的长远的社会效益。因此,对于建设和维护数字图书馆这样一个庞大且复杂的工程而言,大量的投入实乃必须,完全杜绝一切营利性服务是不现实的。

部分图书馆的公益性逐渐模糊,数字图书馆业务范围的拓展和性质的改变造成了其特殊性的法律地位。关于数字图书馆的性质,目前研究的主流观点主要分为:(1)认为数字图书馆可以明确划分为公益性、营利性和混合性三类;(2)认为数字图书馆的公益性和营利性界限逐渐模糊,因此数字图书馆具有多重属性;(3)认为数字图书馆和传统图书馆一样,始终是一项公益性事业。

第一种主流观点认为数字图书馆可以明确地划分为三类:公益性数字图书馆、商业性数字图书馆和混合性数字图书馆。公益性数字图书馆是指为保障公民的基本文化权利、缩小社会文化鸿沟,不以营利为目的,主要由国家财政支持,以追求社会效益、服务社会大众为目的的数字图书馆,这种数字图书馆免费向用户提供部分数字资源,或对用户进行实名制等分级注册管理,或对一定局域网内的特定用户进行个性化服务。商业性数字图书馆是指以追求经济收益、赚取利润为主要目的、追求社会效益为间接目的,基于电子商务模式采取商业化运作手段,以市场为导向向社会公众提供有偿服务的数字图书馆,这类数字图书馆其本质上一般是由独立的企业法人、数据库公司、网络内容提供商(ICP)或者网络服务提供商(ISP)所经营。混合性数字图书馆是指兼具公益性和营利性双重性质,只向公众提供少量的免费服务,以向公众提供有偿内容、赚取盈利为主要目的的数字图书馆。[①]这种划分太过绝对和简单,若仅以数字图书馆建设之资金来源的单位性质作为数字图书馆性质划分的唯一要件,并得出如此泾渭分明的分类结果,是对实践中数字图书馆之业务范围、所提供服务之复

---

① 任宁宁:《数字图书馆版权利益平衡机制研究》,经济管理出版社2012年版,第10—12页。

杂性质这些影响因素的疏漏，是对数字技术特性、数字资源服务、数字管理成本等各种要素的欠考虑。据此，单纯地将数字图书馆的收费服务定性为以获取利润为主要目的，此种划分方法的恰当性值得商榷。

第二种主流观点认为数字图书馆的公益性和营利性划分不再是一条将数字图书馆一分为二划在平行两岸的楚河汉界。有学者指出在网络环境中，数字图书馆饰演多重角色，因此在讨论相关著作权问题时，应从不同的层面和角度进行全面分析、区别对待。例如，数字图书馆在作品采集和内容服务时，完全属于作品的传播者，将其视作网络内容提供者（ICP）较为适宜。[①]数字图书馆超越了传统图书馆的服务范围，其功能的强大性使其在传播方式和服务方式上都和传统图书馆有着很大的区别，数字图书馆服务的高效性、便捷性、包容性、整合性、多元性特质使得数字图书馆既提供营利性服务又提供非营利性服务，既提供书店式服务又提供图书馆式服务，既提供数字内容服务又提供网络超文本链接服务，既提供文字服务又提供各式多媒体服务。所以，不能像对传统图书馆一般对数字图书馆作出简单的性质界定，也没有必要必须将数字图书馆化为这一类或者那一类，因为它本身就不属于任何一类，它就是一个多重属性的集合体。此种观点更加切合数字图书馆的实际情况，既考虑到了数字技术所带来的数字图书馆与传统图书馆的差异性，也全面地分析了数字图书馆的多重属性。然而得出的复杂结果并不能更加有效率地解决数字图书馆利用作品的著作权限制的缺位问题。如果无法对数字图书馆的性质作出厘清，而是将其置于一种复杂的解释之中，仍然无法在面对数字图书馆著作权纠纷时，从著作权法律制度中找寻具有效率的解决方法和法律依据，因此得出这样的结论，对解决数字图书馆的著作权法律纠纷和构建数字图书馆利用作品的著作权限制并无太大作用。混乱的还是混乱，理不清的还是理不清。

第三种主流观点认为数字图书馆也是图书馆，它始终是一项公益性事业，即使出现了部分的收费服务，也改变不了数字图书馆与生俱来的公益性质。这种观点认为，对数字图书馆公益性的各种扭曲认识是我国数字图书馆建设过程中出现的经费暂时性困难和市场经济初级发展阶段所持有的急功近利思想引起的畸形产物而已，[②]这是一种非正常状态，并不能因此说明数字图书馆的根本性质就因此发生了改变。由于数字化技术的复杂性，数字图书馆的建设和经营需要

---

① 张平：《数字图书馆建设中的法律问题及对策研究》，《国家图书馆学刊》2004 年第 4 期。
② 云凤羽：《数字图书馆公益性的秉持》，《科技情报开发与经济》2007 年第 4 期。

比传统图书馆高出数倍的花费，我国的数字图书馆还处于发展阶段，建设经费短缺等问题使得数字图书馆的部分业务逐渐变成有偿性质，这是因数字图书馆建设、维护成本之高，但又必须维持其正常运营所致。然而这些暂时性的客观困难并不能改变数字图书馆的基本性质。相比较之前建立在经济解释基础上的观点而言，此种观点更多是建立在规范解释之上。经济解释，是指借助经济学的方法，更多的是通过寻找经济依据、经济理由来解释原因。规范解释则是通过找寻背后的目标和利益追求来说明原因。[1]基于规范解释来看，数字图书馆的使命是保障公民获取信息和知识的自由、保障公民阅读学习和受教育的权利，这才是在解决数字图书馆法律问题中所应该遵循的根本基点和追求。此外，还有学者结合美国的"Napster案"从不同的角度对数字图书馆的法律地位作出分析，指出数字图书馆所提供的服务的性质并不能决定其主体性质，且其主体性质也不是判断其使用行为是否属于合理使用的决定因素，对数字图书馆是否符合合理使用判定标准，应该根据具体的服务情况作具体分析。[2]第三种主流观点没有将眼光仅仅停留图书馆有偿业务的商业性质之上来解释数字图书馆的性质，而是通过分析数字图书馆作为图书馆的根本目标和利益追求，即促进文化传播、共享人类知识这一使命来解释数字图书馆始终应当具有公益性。此种观点更加具有说服力。

（二）数字图书馆性质辨析

数字图书馆性质的复杂之处在于：一方面，它依托于网络而生，向公众提供网络内容服务，这些服务不仅只是传统图书馆具有的文献内容提供，还包括数字技术支持下的检索、路标、在线阅读、下载、在线购买、链接等信息服务，其本身具备了网络内容提供商和网络服务提供商的一些特征；但是另一方面，又不能仅仅因为这些新增的功能和业务范围就将整个数字图书馆的性质和使命改变，它仍然如传统图书馆一般，是一项公益性事业，它兼具了公益性质和特殊的社会职责——传授知识、传播文化、传承文明以及保障文化自由。那么到底应该依据什么来判定数字图书馆的性质，依据数字图书馆的财政支持的单位性质，还是数字图书馆网站的备案性质，抑或是其他，将是下文重点讨论的问题。

普遍地将数字图书馆分为公益性数字图书馆与营利性数字图书馆，认为公

---

[1] 朱理：《著作权的边界——信息社会著作权的限制与例外研究》，北京大学出版社2011年版，第24页。
[2] 陈传夫、冉从敬：《数字图书馆法律属性初探》，《图书论坛》2003年第12期。

益性数字图书馆是由国家财政支持免费面向公众的数字图书馆,如中国国家图书馆。营利性数字图书馆主要是指网络服务提供商、数据库公司等民营企业,如知网、超星、读秀等。从实证考察来看,笔者分别登录了我国目前的各大数字图书馆网站,主要包括有中国国家数字图书馆、超星读书、万方、读秀专题图书馆和中国知网,得出以下发现:中国国家数字图书馆的登记号为京 ICP 备 05014420 号,[①]超星的登记号为京 ICP 备 10040544 号,[②]读秀的登记号为 ICP 备 07013879 号,[③]万方的登记号为京 ICP 证 010071 号,[④]知网的登记号为京 ICP 证 040431 号。[⑤]参照我国现行法律法规,根据《互联网信息服务管理办法》(中华人民共和国国务院令第 292 号,2000 年 9 月 25 日)第三条、第四条、第十一条和第十二条的规定,互联网信息服务被分为经营性和非经营类,国家对经营性互联网信息服务实行许可制度,对非经营性互联网信息服务实行备案制度。[⑥]概言之,可以根据经营许可证编号或者备案编号即可判断其是否为营利性机构。

通过以上结合比对我们发现,按照上述条款之规定,使用"备"的超星、读秀和国图都是非经营性网站,但是从实践来看,登录超星网站,确实存在部分的收费项目。由此可以得出两点结论:第一,根据数字图书馆建设资金来源的单位之性质来划分数字图书馆之性质的做法,不符合我国相关法律法规的具体规定;第二,我国法律法规对互联网信息服务分类的规定与我国现有各大数字图书馆网站性质划分的实际情况不具有一致性,在数字图书馆的建设和经营实践中,数字图书馆的性质逐渐模糊,数字图书馆的服务范围也逐渐超越了备案登记的服务范围。

国际图联在 2001 年作出的《关于世界贸易组织的立场声明》中表示,"数字图书馆是公共的财产,它是一项公益性的事业。它作为一种独一无二的社会组织,致力于向公众提供最宽广范围的信息和思想,无分年龄、宗教、身心健康、

[①] 参见中国国家数字图书馆官方网站 http://www.nlc.cn/。
[②] 参见超星读书官网 http://book.chaoxing.com/。
[③] 参见读秀专题图书馆官方网站 http://zt.duxiu.com/。
[④] 参见万方官方网站 http://www.wanfangdata.com.cn/。
[⑤] 参见中国知网官方网站 http://www.cnki.net/。
[⑥] 《互联网信息服务管理办法》第三条规定:互联网信息服务分为经营性和非经营性两类。经营性互联网信息服务,是指通过互联网向上网用户有偿提供信息或者网页制作等服务活动。非经营性互联网信息服务,是指通过互联网向上网用户无偿提供具有公开性、共享性信息的服务活动。第四条规定:国家对经营性互联网信息服务实行许可制度;对非经营性互联网信息服务实行备案制度。未取得许可或者未履行备案手续的,不得从事互联网信息服务。第十一条规定:互联网信息服务提供者应当按照经营许可证或者备案的项目提供服务,不得超出经营许可证或者备案的项目提供服务。非经营性互联网信息服务提供者不得从事有偿服务。第十二条规定:互联网信息服务提供者应当在其网站主页的显著位置标明其经营许可证编号或者备案编号。

社会地位、种族、性别或言语。图书馆长期建立起来的传统，包括思想自由和公平地接触信息的权利，以上构成了保证图书馆目标实现之根基。各种类的图书馆共同组成了一个相互联结的网络，从国家到地方层面，从科研机构到公共服务机构和教育机构，服务全体公民。健全的图书馆系统，对于保证用户可以接触到人类表达的所有范畴，帮助用户借助技术获取和利用有关内容，至为重要"。[1]不论是传统图书馆还是数字图书馆，根据国际图联的立场看来，它们都具有公益性使命——传播人类知识、保障文化思想自由。国际图联的声明为问题的解决提出了一个全新的思路。

对于数字图书馆的性质问题，我们不能片面地看待。一方面，从数字图书馆的使命来看，它与生俱来具有公益性质；另一方面，离开使命这种悬在空中的话题，从实际情况来看，数字图书馆能够备受青睐并占领知识服务市场的关键优势在于它能够提供知识增值服务。数字图书馆能够通过具备无限延展性的知识服务网络系统，对具有高价值的信息进行高质量的加工处理，从而实现知识的增值。数字图书馆还可以根据市场需求，提供具有个性化的有偿服务，为个人、企业和机构的发展带去高价值的专业化服务，获得"双赢"效果。此外，数字图书馆还可以通过增值服务弥补国家财政资金投资不足的问题，一方面解决自身生存与运用问题，另一方面，通过加强自身的发展能力，从而带动国家经济和文化的发展。从数字图书馆的实际运作来看，数字技术使数字图书馆的运行成本增加、服务范围拓宽，同时数字化技术也带来了巨大优势的和社会效益，如果为了公益性质而强行将数字图书馆局限在传统图书馆的狭窄物理范围之内，那么数字技术就失去了价值，也是不具有效益和不明智的。笔者认为，数字图书馆应秉持公益性，坚持公益性质不动摇，但是在对数字图书馆的权利义务的设置过程中，在相关利益权衡的设计考量中，应斟酌数字图书馆的不同性质的信息服务，将其提供的服务按照不同的性质进行区别讨论。

三、数字图书馆的特殊法律地位

权利主体的法律地位，常用作表示权利和义务之间的分配与相应程度，是指法律上的人格或者权利能力，是法律主体能够享受权利与承担义务的资格，也

---

[1] 国际图联：《关于世界贸易组织的立场声明》，2001年。

可以指法律主体在法律关系中所处的位置。正如上文所述，数字技术的运用使得数字图书馆的业务范围和部分服务性质发生了变化，数字图书馆与传统图书馆之间具有本质上的区别。数字图书馆不仅仅扮演着传统图书馆最终用户的法律地位，它在平衡作者与出版商、作者与读者之间利益方面发挥着不可估量的作用，它同时还是连接作者与读者、先进知识与普罗大众需求之间的沟通桥梁。因此，数字图书馆也具有了比传统图书馆更重要、更复杂也更加特殊的法律地位。

（一）数字图书馆多重法律地位的认识

对于数字图书馆的法律地位，学术界存在不同的认识，这些认识主要包括有：（1）将数字图书馆视为具有单一法律地位的权利主体，例如：最终用户、信息传播媒体、作品传播者；（2）将数字图书馆看作是一个多重权利的主体。

客观事物与事物之间的客观规律存在着千丝万缕的普遍联系和永恒的变化性，永远不变的就是不断地变化。数字图书馆作为图书馆的法律地位也会随着数字环境的改变而发生变化。如果法律无法对这些新的社会法律关系作出回应与调整，势必导致各主体之间利益的失衡，从而阻碍数字图书馆的发展。

学者郑成思认为，图书馆必然是具有公益性质的，一切单纯以营利为目的的都不能称之为图书馆，而只能被视为营利性数字公司，[①]即使它自称为"图书馆"，也不能享有图书馆的著作权侵权豁免。[②]基于公益性的天然优势，图书馆可以享有最终用户这一法律地位。在数字环境下，数字图书馆的公益性受到了质疑，其中一个主要原因在于，数字图书馆所具备的数字技术优势和丰富的信息资源使知识信息不断增值，数字图书馆构建的馆藏资源的价值不仅只是资源被采集时的同等价值，当作品被经过了数字化加工、整合和编排之后，被赋予了更高的附加价值，而这些价值的增加需要数字图书馆投入大量的增值服务。因此，根据著作权法的原理，对这些增值服务收费是合理的。例如，英国国家图书馆文献提供中心（DSC）和法国国家图书馆文献提供中心（BnF）就将数字图书馆提供的服务分为了基本的免费服务和收费服务，其中法国国家图书馆还在官方网站上详细规定了对相关文献（包括文档、图片、视频、期刊）使用的具体收

[①] 郑成思：《图书馆、网络服务商、网络盗版与"利益平衡"——中国社科院七位学者维权实践的理论贡献》，《社会科学管理与评论》2005年第3期。

[②] 郑成思：《"数字图书馆"还是"数字公司"》，《人民法院报》2005年7月11日。

费办法，使用方式包括复制①、多媒体传播、展览、广告使用、装饰使用和衍生品制造②等。表1-1和表1-2分别为法国国家图书馆公布的数字化文档复制收费办法和数字化图片复制收费办法。对于附加了成本消耗的增值服务，不可能完全依靠国家财政支出，因此采取增值性服务和著作权有偿使用的办法，可以形成对数字图书馆维持正常运行的有效补偿。此类数字图书馆也并非单纯完全以营利为目的，其主要属性还是公益性的。

表1-1　黑白数字文档复制收费办法

内　容	价格（欧元）	格　式	详细介绍	交付期限
数字文本（以页计算）	0.70	PDF	黑白色或灰色数字文本的部分页	1至3周（根据申请的页码数量）
数字文本（整本）	45	PDF	黑白色或灰色数字文本的整本	2至3周（根据申请的页码数量）

表1-2　数字化图片复制收费办法

内　容	价　格（欧元）	格　式	详细介绍
高清图片	25	JPEG 或者 TIFF（最多72M）	彩色图像（由于技术限制，优先图片只能以黑白形式呈现）
超清图片	50	JPEG 或者 TIFF（最多360M）	彩色图像（由于技术限制，优先图片只能以黑白形式呈现）

有学者指出，数字图书馆与传统图书馆的区别在于：数字技术和网络技术的运用使得数字图书馆能够提供更高效快捷的服务，能够使其为读者发挥更大的信息传播功能，现实中存在的部分收费现象并不能将数字图书馆抽离图书馆的范畴，以剥夺其公益性本质。恰好相反的是，数字图书馆功能的强大使其公益性法律地位愈显增强，不论是数字技术还是图书馆，抑或是这两者结合，其最终目的都是为人类的进步而服务。③对于数字图书馆的多重法律地位，张平教授指出，数字图书馆是一个具有多重法律地位的主体，它不仅是作品使用者、著作权人，还是网络内容提供者和数字内容的传播者，即领接权人。④

对于以上各种观点，有学者进行了归纳总结，指出图书馆法律性质和法律地

---

① 《复制收费标准》，法国国家图书馆。
② 《文档使用程序和收费标准》，法国国家图书馆。
③ 王爱霞、王鸿信：《数字图书馆的法律地位及数字作品的权利归属》，《情报杂志》2005年第12期。
④ 张平：《数字图书馆建设中的法律问题及对策研究》，《国家图书馆学刊》2004年第4期。

位问题中应明确七方面的重点：第一，解决数字图书馆著作权问题的前提基础是要明确数字图书馆的主体性质，这两者具有紧密的联系；第二，数字技术使数字图书馆具备了更多的增值服务，图书馆具有了网络内容提供者和网络服务提供者的主体性质，这将对数字图书馆的公益性主体性质和法律地位产生较大的冲击；第三，数字图书馆的公益性本质不会发生动摇；第四，解决数字图书馆著作权问题应坚持数字图书馆的公益性主体性质，同时考量到其附属性质作出调整；第五，增值服务和有偿使用不会影响数字图书馆的公益性主体性质，并且数字图书馆的公益性并不与有偿服务相冲突，法律应对数字图书馆的本质属性和服务性质作区别对待，具体情况具体分析；第六，数字图书馆的部分有偿服务有助于维持数字图书馆的正常运转，是数字图书馆建设中不可或缺的重要组成部分；第七，解决数字图书馆著作权问题应将合理使用、授权许可、法定许可、强制许可等基本制度加以综合利用。①

笔者认为，应全面看待数字图书馆的多重法律地位，在不同的场合根据不同的功能正确认识数字图书馆的多重权利主体地位。一方面，坚持数字图书馆的公益性主体性质不动摇；另一方面，在解决数字图书馆的著作权问题时，应对数字图书馆提供的服务性质作细致分析，根据不同的消费需求，对数字图书馆的部分营利性服务做区别处理，从而保障数字图书馆的正常运作和业务的良性开拓。

国际图联在2000年作出的关于数字环境下版权问题的立场声明中表示"数字的并没有不同"，并强调确认现存的著作权例外和限制制度在数字环境下继续沿用和扩充并且允许在适当的地方增加新的著作权例外和限制规定。②根据国际图联的看法，从数字图书馆的主体性质和职责使命来看，它与传统图书馆并无不同，都具有公益性质；从知识信息的传播方式和服务方式来看，我们应该用更加与时俱进的长远眼光来看待问题，不只拘泥于数字图书馆因短期财政困难而产生的部分有偿服务的定性问题，而是应该寻求有效的办法解决数字图书利用作品的著作权问题，使广大公众能够给通过远程登录的方式，自由地浏览和利用更多合法投入市场的著作权资料。

---

① 秦珂：《数字图书馆的法律地位及其版权问题》，《图书馆学刊》2001年第3期。
② 《国际图联关于在数字环境下版权问题的立场》（2000）。

（二）数字图书馆多重法律地位的分析

数字图书馆因其公益性本质属性和部分营利性服务的附加属性而被赋予了多重法律地位，使其在各国的著作权法律体系中都具有一定的特殊性。正因为这种复杂性，当数字图书馆遭遇著作权纠纷时，难以根据适格的权利主体地位找到法律依据。数字图书馆在著作权法中所处的法律地位，决定了著作权法律制度在调整与其相关法律关系时所采用的原则与规则。因此，数字图书馆的诸多著作权问题与其法律地位的模糊性具有重要的联系，解决数字图书馆的著作权问题，首先必须厘清它的法律主体地位，也就是说在各种法律关系中，数字图书馆到底扮演着怎样的角色，这决定了它应该享有怎样的权利和担负怎样的义务。从目前的研究来看，学者们普遍认同数字图书馆法律地位的特殊性，认为数字图书馆扮演着最终用户、网络内容提供者和数字作品传播者的多重角色。

1. 最终用户

对于传统图书馆而言，由于其具有的公益性主体性质，使其享有着科学文化事业单位的法律主体地位，因此传统图书馆在基础设施建设、人事报酬和薪金待遇、信息加工和技术手段运用等方面的成本都基本来自于政府财政资源的拨付。图书馆所享有的这种"特权待遇"在著作权法中体现为，图书馆被视为最终用户（例如读者）。基于此种法律地位，图书馆可能承担的著作权责任也被很大幅度地减小。因为著作权法调整著作权人和最终用户之间利益关系的主要方法是限制著作权或限制作品传播者对作品的使用，而直接追究最终用户责任的情况较少。①

在传统的著作权环境中，对著作权人利益构成威胁的主要是其他创作者或作品的传播者，因为他们可以利用作品获取金钱收益，对著作权人造成竞争性威胁，对著作权人作品的市场经济利益造成损害。所以传统的著作权法对著作权人的保护也多是针对其他创作者和传播者而言的。而最终用户位于作品流通的末端，他们属于市场环境中的消费群体，也是主要经济收益的来源方，并不是著作权保护制度设计时所要重点考虑的对象。即便著作权人考虑到最终用户有可能会对著作权人作品的潜在市场造成威胁，因而对最终用户的使用方式进行控制，也多是采用著作权权利限制的方式。例如，在著作权法中设置首次销售原

---

① 《关于数字图书馆版权保护研究若干重要问题的思考》http://www.doc88.com/p-4435803243487.html。

则，是为了在取得著作权人许可将作品复制件投入市场之前提下，且保证了著作权人从其作品复制件的发行中获得合理对价后，使其不得再干涉复制件之后的转售行为，发行权穷竭的问题只涉及对作品原作或复制品的不断销售的监督。①著作权权利限制一方面限制著作权人的权利，另一方面也是将最终用户使用作品的方式控制在一定的范围之内。例如，法律在首次销售原的基础上又设置了对最终用户的限制，即首次销售原则的地域限制。又如，我国《著作权法》第二十二条第（一）项设置了合理使用之个人使用限制，既是对著作权人权利的限制，也从使用目的和使用范围上对最终用户作出了限制。②

法律作出如此设置主要基于两点原因：一方面是因为最终用户往往是文化产品的消费者和需求者，他们处于消费关系中的末端，他们代表着最广大人民的利益，是公共利益的最重要体现；另一方面，图书馆本身具有的公益属性和所担负的传播文化的公益使命，使其必须考虑最广大群众的根本利益。知识产品属于全社会、全人类的共同财富，立法者试图通过赋予图书馆某些权益，以达到维护著作权人个人利益和社会公共利益之间的平衡。数字图书馆具有和传统图书馆一样的公益性本质属性和公益性使命，因此它也具有着最终用户的法律地位，那么针对享有著作权的作品的利用开发，数字图书馆是否可以适用合理使用制度，对此，还需根据数字图书馆所提供的具体服务做出具体分析，但是不能将数字图书馆排除在合理使用的范围之外。

2. 网络内容提供者

网络内容提供者（Internet Content Provider，简称ICP），是指组织、选择信息内容，并通过自己拥有的互联网主页定期或不定期地向网络用户提供信息内容服务并以此为主要业务范围的网站。③网络内容提供者通过对作品进行筛选、采集、加工、编辑、整合，最终将数字化作品放置在网站上供网络用户登录浏览、阅读和使用。各种互联网网站的拥有者以及利用其他形式在互联网上提供信息的主体只要向互联网络发布信息，都可以成为网络内容提供者。有学者指出数字图书馆同样具备网络内容提供者的性质特征，因此用以规范网络内容提

---

① ［西班牙］德利娅·利普希克：《著作权和领接权》，联合国教科文组织中国对外翻译出版公司2000年版。
② 我国《著作权法》第二十二条第（一）项：在下列情况下使用作品，可以不经著作权人许可，不向其支付报酬，但应当指明作者姓名、作品名称，并且不得侵犯著作权人依照本法享有的其他权利：为个人学习、研究或者欣赏，使用他人已经发表的作品。
③ 薛虹：《网络内容提供者的版权侵权责任》，《知识产权》2000年第2期。

供者的法律法规同样可以适用于数字图书馆。①

数字图书馆具有数字内容提供者的以下法律特征：第一，成立数字图书馆必须严格履行相关的法律程序。根据《互联网信息服务管理办法》（中华人民共和国国务院令第292号，2000年9月25日）第四条的规定，国家对经营性互联网信息服务实行许可制度；对非经营性互联网信息服务实行备案制度。②数字图书馆作为网络内容提供者，其成立必须要履行相关的许可手续或备案程序，否则不得从事互联网信息服务。根据第十二条的规定，数字图书馆还必须履行标识义务，在网站主页的显著位置标明其经营许可证编号或者备案编号。③因此，可以根据经营许可证编号或者备案编号即可判断其是否为营利性机构。第二，数字图书馆突破了传统图书馆的物理限制，实现了远程操作和远程教育，数字图书馆的服务方式具有时间上和空间上的无限性。数字图书馆强大的存储能力、高兼容的信息收集能力和高效的信息检索能力使数字图书馆的服务范围越来越广泛，用户可以在世界的任何一个角落，只要有电脑和网络，就能登录数字图书馆享受服务。第三，数字图书馆的服务具有开放性，数字图书馆在网站上提供的信息资源面向所有公众开放，任何人都可以使用个人电脑登录浏览，每个人都享有相同的权利，只是根据不同的服务类型，有的是免费提供，有的是有偿提供，用户可以根据自身需求和个人情况选择不同的服务类型。第四，数字图书馆的行为并不是不受限制的，即便它具有公益性，也仍然要受到法律的约束。数字图书馆所提供的信息服务属于互联网信息服务，同样应受到《著作权法》《互联网信息服务管理办法》等相关法律法规的约束，数字图书馆要对其所提供信息资源的真实性、可靠性、合法性等承担法律责任。此外数字图书馆开发数字资源的行为不能违反《著作权法》的相关法律规定，不得利用互联网制作、发布和传播违反国家法律、法规的内容。总之，数字图书馆作为网络内容提供者，应对其提供的信息资源内容和利用作品提供内容的行为均承担相应的法律责任、履行相应的法律义务。

我国法律对网络内容提供者的法律责任作出了规定，在网络内容提供者的

---

① 刘茵茵：《网络内容提供者的版权侵权责任研究》，《法制与社会》2009年第12期。
② 《互联网信息服务管理办法》（中华人民共和国国务院令第292号，2000年9月25日）第四条规定：国家对经营性互联网信息服务实行许可制度；对非经营性互联网信息服务实行备案制度。未取得许可或者未履行备案手续的，不得从事互联网信息服务。
③ 《互联网信息服务管理办法》（中华人民共和国国务院令第292号，2000年9月25日）第十二条规定：互联网信息服务提供者应当在其网站主页的显著位置标明其经营许可证编号或者备案编号。

侵权责任方面采取过错责任原则。我国《著作权法》第四十七条采用列举的方式规定了著作权侵权的种类和民事责任承担；①第四十八条采用列举的方式规定了著作权侵权的种类和刑事责任承担；②第四十九条明确了著作权侵权损害赔偿的方式和侵权损害赔偿诉讼中数额确定的进阶顺位，根据该条，规定侵权损害赔偿四种计算方法适用的先后顺位为：权利人实际损失、侵权人获利、许可使用费的合理倍数、法定数额赔偿。③我国《信息网络传播权保护条例》第十四条和第十五条规定了针对网络服务提供者的通知删除规制，即有人利用网络服务实施侵权行为的，权利人有权通知网站平台采取删除、屏蔽、断开链接等必要措施，网站在接到通知后未及时采取必要措施的承担连带责任。④2000 年 11 月 22 日由我国最高人民法院审判委员会第 1144 次会议通过发布的《最高人民法院关于审理涉及计算机网络著作权纠纷案件适用法律若干问题的解释》（法释〔2000〕四十八号）第五条也规定，提供内容服务的网络服务提供者，在明知用户实施网络侵权行为侵犯他人著作权的，或被著作权人明确通知并出示确凿证据予以警告后，仍然不采取任何必要措施移除侵权内容以消除侵权后果的，应追究该网络内容提供者的共同侵权责任。⑤因此，根据我国相关的法律法规之规定，如果发生相关著作权侵权行为，应适用过错归责原则，即数字图书馆作为网络内容提供者，不需要审查数字图书馆本身是否侵犯他人著作权权益，仅需要在相关权利人明确发出通知警告并提出确凿证据证明其著作权益遭受侵害后，数字图书馆应及时履行审查义务，并在核实事实后删除侵权内容，倘若数字图书馆未及时采取任何有效措施移除侵权内容且消除侵权结果的，应承担连带法律责任。

有学者认为数字图书馆实际上就是一个网络内容提供者，将数字图书馆完全归于此列，而否认了数字图书馆的公益性。他指出，在网络时代，数字图书馆不可能提供完全免费的服务，而伴随着数字技术的融入和数字图书馆自身的发展，它将成为资源最丰富、点击率最高的网络内容提供者。⑥这样的观点有失偏颇，仅仅从数字图书馆的部分营利性服务性质得出数字图书馆不可能完全提供免费服务，从而将数字图书馆排除在公益性范围之外，而忽视了数字图书馆本

---

① 原文参见《著作权法》第四十七条。
② 原文参见《著作权法》第四十八条。
③ 原文参见《著作权法》第四十九条。
④ 原文参见《信息网络传播权保护条例》第十四条、第十五条。
⑤ 原文参见《最高人民法院关于审理涉及计算机网络著作权纠纷案件适用法律若干问题的解释》（法释〔2000〕四十八号）第五条。
⑥ 江向东：《〈数字千年版权法〉立法实践及其对图书情报工作的影响》，《福建师范大学学报》2002 年第 2 期。

身的职责和义务——传播文化、共享知识,这样以偏概全的定位,将会造成数字图书馆这项公益性人文主义事业发展的阻碍。不能片面地看待数字图书馆的法律地位问题,应首先肯定数字图书馆的公益性质,也要认识到数字图书馆同时具备了网络内容提供者的附属性质。明确数字图书馆同时兼具公益性法律地位、网络内容提供者和作品传播者的多重法律地位,对有偿服务应当按照相应的著作权法律法规处理。

3. 作品传播者

张平教授指出,数字图书馆是一个具有多重法律地位的主体,它不仅是作品使用者、著作权人,还是网络内容提供者和数字内容的传播者,即领接权人。[①]从数字图书馆的业务实践来看,其确实从事着数字信息资源的传播工作,数字图书馆网站的开放式可以使用户在任何时间和任何地点登录浏览、接受信息资源,其主要使命是向公众传播人类文化知识。因此,数字图书馆也可以被视为继报纸、广播、电视之后的第四大作品传播媒体,而数字图书馆所具有的数字技术的支持使其成为具有独特传播优势的数字传播媒体。数字图书馆作为新一代的信息资源传播媒介,其法律地位和责任与传统传播媒体没有本质上区别,但是由于其本身的技术特性,其被赋予了更多的科学文化知识传播的责任。所以,数字图书馆同时兼具了作品传播者、数字传播媒体的法律地位,在肯定数字图书馆多重法律地位的同时,应继续坚持数字图书馆的公益性不动摇。

第二节 数字图书馆利用作品的著作权限制

著作权是法律赋予作者对其智力成果之上的一种垄断性权利,同时法律设计一种机制——著作权权利限制制度,将这种垄断性权利关入笼子之中。著作权权利限制是著作权法律制度的核心精神——利益平衡的最生动体现和最有力的保障。作品的创造是个人智慧的呈现与个人人格的具化过程,因此作品的创作是具有个人特性的,但是作品的使用却是具有社会性的。著作权限制制度能够在

[①] 张平:《数字图书馆建设中的法律问题及对策研究》,《国家图书馆学刊》2004年第4期。

一定程度上维系鼓励作品创作和作品传播利用之间、著作权人私人利益和社会公众利益之间的协调平衡。

一、数字图书馆利用作品的著作权限制的内涵

（一）著作权限制的释义

提到著作权限制，总是和著作权例外一同出现，在学术界的讨论中，著作权限制和著作权例外要么被等同视之，择其中一个以作描述，要么将二者作为一个短语来使用。对于著作权限制和著作权例外的内涵界定，国内外存在着不同的观点。

1. 国内理论界未就著作权限制与著作权例外作明确区分

我国学者郑成思认为，著作权的权利限制，就其本质而言，指的是有的行为本应属侵犯了著作权人权利的行为，但由于法律把这些行为作为侵权的"例外"，从而不再属于侵权。[1] 根据郑成思的观点，著作权限制和著作权例外是同义词，并且著作权限制的本质性质是一种抗辩著作权侵权行为的侵权阻却事由。在著作权纠纷中，如果被告能够证明自己的行为属于著作权限制诸情形中的一种，那么就可以被免除侵权责任。该观念被称为"侵权阻却说"，即认为著作权限制是著作权侵害的违法阻却事由，此种观点的前提首先将著作权限制范畴内的著作权使用行为假设为违法行为，基于法律的规定，该种行为的违法性失效，因而不再具有侵权性质，不以侵权违法论之。赞成这种观点的代表性学者还有日本的胜本正晃，他认为法律的直接规定可以使违法性失效进而成为非法行为，且这种非法阻却事由必须由法律来进行规定。[2]

学者吴汉东在就著作权限制的正当性依据进行论述时指出，作品应该是人类共同的精神财富，著作权人对作品的控制垄断权不应是绝对的和无边界的，对著作权进行限制有利于防止因过度保护著作权而阻碍了文化的繁荣和科技的进步。[3] 学者崔国斌针对著作权限制的主要内容认为，著作权法上的合理使用、法定许可、强制许可、保护期限和地域限制等制度设计分别从著作权人的权利

---

[1] 郑成思：《版权法》，中国人民大学出版社2009年版，第284页。
[2] [日]胜本正晃：《权利的合理使用》，《独协法学》，1977年，转引自吴汉东《著作权合理使用制度研究》，中国人民大学出版社2013年版，第112页。
[3] 吴汉东：《知识产权法学》，北京大学出版社2014年版，第98页。

内容、著作权权利行使方式、保护期限和管辖限制等不同角度对著作权进行了限制，主要目的在于维持著作权人和社会各群体之间利益的平衡关系。[①]学者朱理专门就著作权限制和例外进行了界定，他认为，"例外"一词仅指合理使用，"限制"一词的含义有狭义的和广义的两种，狭义的"限制"指非自愿许可，即法定许可和强制许可，广义的"限制"包含了"例外"和狭义的"限制"，即包括无须取得权利人同意亦无须支付使用费用的方式和无须取得权利人同意但应支付使用费用的方式。[②]由此看来，著作权限制和著作权例外不是不相干的两个概念，二者是包含和被包含的关系。

由此可见，我国学者在对著作权权利限制展开研究时，普遍未就著作权例外和著作权限制的区别作出解读，也未就二者的概念进行阐释，这其中存在的主流观点主要有三种：第一，在对著作权限制的概念进行阐明时，直接将其定义为一种例外，即将著作权限制与著作权例外作等同概念；第二，直接采用著作权限制加以代替，并未提到著作权例外，因此二者的关系模糊不清，也无法找寻研究依据；第三，将著作权限制和著作权例外看作包含与被包含的关系，著作权限制的范畴大于著作权例外。

2. 国际条约未就著作权限制与著作权例外加以明确区分

在国际性知识产权条约文本中，主要包括《保护文学和艺术作品的伯尔尼公约》（以下简称《伯尔尼公约》）《保护表演者、录音制作者和广播组织的罗马公约》（以下简称《罗马公约》）《TRIPs协定》《世界知识产权组织版权条约》（简称WCT）以及《世界知识产权组织表演和录音制品条约》（简称WPPT），均提到了著作权的限制与例外，但是上述文件未就"限制"和"例外"做精确界定。具体而言，根据1886年制定的《伯尔尼公约》第9条（2）之规定，联盟成员国法律有权允许在某些特殊情况下复制上述作品，只要这种复制不致损害作品的正常使用，也不致无故危害作者的合法利益。英文文本中使用动词"to permit"[③]，法语文本中使用动词"permettre"[④]，均为"允许"的意思。此时，尚未使用"to limit"或者"to except"的说法，"限制"和"例外"尚未成为正式的著作权法律术语。1961年制定的《罗马公约》第15条标题中直接使用了限制和例外的用

---

① 崔国斌：《著作权法：原理与案例》，北京大学出版社2014年版，第576页。
② 朱理：《著作权的边界——信息社会著作权的限制与例外研究》，北京大学出版社2011年版，第12—14页。
③ 《伯尔尼公约》第9条第2款。
④ 《伯尔尼公约》第9条第2款。

法，在法语文本中为"Limitations"和"Exceptions"，①这是"例外"和"限制"首次在著作权法律文件中出现，但是"限制"和"例外"是作为两个词语分开使用，尚未结成一个完整的法律术语。1995 年生效的《TRIPs 协定》第 13 条直接以"例外和限制"为标题，在英文文本中为"Limitations and Exceptions"，②"限制和例外"作为一个法律短语正式进入了著作权国际法律制度之中。1996 年缔结的《世界知识产权组织版权权条约》（简称 WCT）第 10 条在标题中使用"例外和限制"，在英文文本中为"Limitations and Exceptions"。③ 1996 年的《世界知识产权组织表演和录音制品条约》（简称 WPPT）第 16 条在标题中使用"例外和限制"，在英文文本中为"Limitations and Exceptions"。④ 2001 年 5 月 22 日的欧洲议会和欧盟理事会《关于协调信息社会中版权和相关权若干方面的第 2001/29/EC 号指令》（以下简称《欧盟信息社会版权指令》）第 5 条题名为"例外与限制"，法文文本为"Exceptions et limitations"。⑤综上可见，在著作权国际性条约之中，有些在二者中选其一单独适用，有的将二者混同适用，有的将二者视为一个短语合并使用，因此对著作权限制和著作权例外在国际条约中也未形成统一的运用标准和界定规则。

3. 国际组织和国外学者的主流观点

第一种观点未将著作权限制和著作权例外作明确区分。美国哥伦比亚大学的 Kenneth Crews 于 2008 年 8 月 26 日向世界知识产权组织提交《图书馆和档案馆可适用的著作权限制与例外研究》的研究报告中专门就术语的选择使用作出了说明，报告指出，在与著作权相关的立法文本中通常使用"例外""豁免"或"著作权权利限制"等表述，本报告不就各种表述具体内涵和恰当性作论述，为保持研究的清晰性和一致性，报告选取"例外"这一词语，而将不使用其他表述。⑥虽然报告最终选择了"例外"这一表述，但是 Kenneth Crews 并未说明"例外"与"限制""豁免"等表述有何区别，而仅仅出于保持研究统一性之目的作出了这一选择。

第二种观点对著作权限制与著作权例外作区分对待。由澳大利亚墨尔本大

---

① 《罗马公约》第 15 条。
② 《TRIPs 协议》第 13 条。
③ 《世界知识产权组织版权权条约》第 10 条。
④ 《世界知识产权组织表演和录音制品条约》第 16 条。
⑤ 2001 年 5 月 22 日的欧洲议会和欧盟理事会：《关于协调信息社会中版权和相关权若干方面的第 2001/29/EC 号指令》第 5 条。
⑥ 肯尼思·克罗斯：《关于图书馆和档案馆的著作权限制和例外研究》，SC-CR/17/2，2008 年 8 月 26 日，第 11 页。

学的 Sam Ricketson 教授于 2003 年提交给世界知识产权组织的题为《关于数字环境下著作权限制与例外的研究报告》是第一份专门针对数字环境下著作权例外问题进行最为详细和系统的研究报告。他在报告中强调，在某些情况下著作权限制与著作权例外是可以相互替代使用的。如果一定要做区分的话，著作权限制是指作品完全不在著作权保护期限之内或者被排除在了著作权保护范围之外，著作权例外是指作品仍然在著作权保护期限和保护范围之内，但是由于法律的规定，对该作品的使用可免受侵权追究的情形。[①]换言之，著作权限制是指对作品受著作权保护的条件，包括作品类型、保护期限、区域限制等方面进行设置，著作权限制从本质上是著作权保护是否成立的问题，著作权例外则是在作品已经处于了著作权保护这一大前提下，对著作权人行使其专有权进行的权利制约，此时的作品不存在是否成立著作权保护的问题。国际图书馆协会联和会执行委员会在 2001 年 3 月通过的《数字环境下版权和领接权的例外与限制——国际图书馆界的观点》研究报告中表示，在数字环境中被弱化的著作权限制包括著作权保护期限限制、著作权权项限制以及著作权作品类型限制。[②]此项报告虽未正面指出著作权限制的完整内涵和全部内容，但是从侧面对著作权限制个别种类的提及展示了国际图联对著作权限制概念的一些态度。

4. 本书所涉"著作权限制"的术语解读

学者吴汉东在就著作权限制的界定进行论述时指出，知识产权的限制是指对权利人行使专有权利的一种限制，这种限制可以分为对权利存在空间效力、存续期间效力的限制，比如知识产权具有的地域性、时间性特征，还包括有对权利权能效力的限制，亦即是对权利行使和权利内容的限制，比如合理使用、法定许可、强制许可、权利穷竭等。[③]广义的著作权限制包括著作权的时间限制、地域限制、权利穷竭、合理使用和非自愿许可等，本书选取"著作权限制"一词，研究范围针对的是著作权权利行使和著作权权利内容的限制，主要包括无须取得权利人同意亦无须支付使用费用的方式和无须取得权利人同意但应支付使用费用的方式，即合理使用、法定许可和强制许可以及其他诸如著作权授权许可这类针对著作权权利行使的限制。

---

① 萨姆·里克特森：《世界知识产权组织关于数字环境下著作权和相关权利的限制和例外研究》，SCCR/9/7.5，2003 年 4 月 5 日。
② 国际图书馆协会联合会：《数字环境下著作权和领接权的例外和限制——国际图书馆界的观点》，2001 年 3 月。
③ 吴汉东：《知识产权总论》，中国人民大学出版社 2013 年版，第 65 页。

（二）数字图书馆利用作品的著作权限制的含义

1. 数字图书馆利用作品的著作权限制的内涵

所谓数字图书馆利用作品的著作权限制，也有学者将其称为数字图书馆的特权（Library Privilege），指图书馆可以根据用户提出的请求制作和供应出于合理使用之目的的复制件。① 针对其内涵主要有以下两种主流观点。

第一种为"使用者权利说"，该观点认为数字图书馆利用作品的著作权限制是一种允许用户对受著作权保护的作品复制的机制。② 美国学者对此种观点的论述颇多，有学者认为，自由市场体系之下的迫不得已绝非是为了实现著作权之保护作者著作权权利之功能，而牺牲促进学习之著作权目标的原因，现代著作权法乃是平衡作者权利、销售者权利和使用者权利的产物。著作权作为一种使用者权利之法，其服务社会的目的在于通过允许市场决定价格来提升市场约束效应。而否定个人使用的权利将使著作权成为少数人为谋取经济利益而控制大多数人行为的工具，这将使著作权偏离原来的主张。著作权从来不打算创建并保证利润，著作权也是使用者所享有的权利。③

第二种为"专有权限制说"，该观点认为适用于数字图书馆利用作品的著作权限制是在特定情形下对权利人专有权的一种限制。④ 这一观点以行为对象为视角而非立于行为自身主体之上来进行阐述。联合国教科文组织编写的《版权基本知识》中就指出，著作权的授予是对著作专有权有限制的独占，对创作者享有的权利应该在范围和期限上均作出限制。⑤ 学者郑成思指出，法律赋予作者基于其作品之上的专有权利不是绝对的，而应受到种种限制，这种限制包括一般权利限制（地域效力的限制、保护期的限制、合理使用）、我国特有的权利限制（法定许可、强制许可）和其他权利限制方式（权利穷竭、公共利益和公有领域保留）。⑥ 我国台湾地区学者杨崇森也在论述中表现出了对"权利限制说"的倾向，他认为：一方面为保护创造之动力，促进文学艺术之发展，法律需对著作权加以保护；另一方面，为避免知识利用与文化传播受阻滞，亦不宜保护太过，因

---

① 《知识产权：一种平衡》，英国图书馆宣言。
② 特雷莎·哈克特：《数字时代的图书馆：著作权建议》。
③ 莱曼·雷·帕特森、斯坦利·W.林德伯格：《版权的本质：保护使用者权利的法律》，1991年。
④ P.贝恩特·胡根霍兹、露丝·L.奥基迪吉：《版权限制与例外的国际文本之构想》，2008年3月6日。
⑤ 联合国科教文组织编写：《版权基本知识》，中国对外翻译出版公司1984年版，第29—30页。
⑥ 郑成思：《版权法》，中国人民大学出版社2009年版，第285—297页。

此各国法律均对著作权设置种种限制。

不论是"使用者权利说"还是"专有权限制说",实际上是从法律关系中的不同角度进行的论述。笔者认为,数字图书馆利用作品可适用的著作权限制,是指数字图书馆在对数字资源进行收集和组织,在对数字资源数据库进行编排和建构的过程中,在著作权法律制度体系中,依据著作权法律之规定或依据著作权人让渡著作权专有使用权之意思表示,不必要征得著作权人同意取得其许可(可分为无须取得著作权人同意亦无须支付使用费用和无须取得著作权人同意但须支付使用费用两种情形),即可利用受著作权法律保护的作品,并且不承担著作权侵权责任的法律机制。专门针对数字图书馆而言,还包括数字图书馆出于特定目的和特定处境采取技术规避措施而不需要承担著作权侵权责任的法律适用情形,以及针对数字图书馆专门设置的限制著作权人的权利内容、著作权权利行使方式、保护期限和管辖等限制方式。

2. 数字图书馆利用作品的著作权限制的外延

针对数字图书馆利用作品的著作权限制的外延因各国立法模式和立法影响因素的不同,也存在着差异。美国哥伦比亚大学的 Kenneth Crews 于 2008 年 8 月 26 日向世界知识产权组织提交的题为《图书馆和档案馆可适用的著作权限制与例外研究》,该文献是迄今针对图书馆著作权例外研究最为全面系统的一项成果,报告归纳列举了世界范围内 149 个国家著作权法中有关图书馆和档案馆可适用的著作权限制的相关条款,总结得出数字图书馆利用作品的著作权限制主要涉及复制权限制、以研究和学习为目的的限制、以保存和替换为目的的限制以及出于馆际互借可适用的限制,此外,随着技术保护措施被各国法律所承认,图书馆也可在特定目的下享有规避技术措施的著作权限制。[①]

综上所述,数字图书馆利用作品的著作权限制包括:(1)复制权限制,其中包括一般的复制权、数字资源临时复制以及馆际互借和资源传递过程中的复制权限制;(2)以教育、研究和个人娱乐为目的引用著作权作品的限制,适用于教育和科研之目的的著作权限制对社会经济、科技和文化各方面的发展具有极其重要的意义,它既能够为研究活动的持续进行扫清障碍、提供便利,同时还能提升教育和文化传播的效率和质量;(3)出于翻译之利用目的的著作权限制,该种限制利于使读者能够以母语阅读外文文献,对文化传播和价值交流尤其重要;

---

① 肯尼思·克罗斯:《关于图书馆和档案馆的著作权限制和例外研究》,SC-CR/17/2,2008 年 8 月 26 日。

（4）出于残障人士利益之保障的著作权限制，此种限制充分考虑残障人士的特殊性，确保所有公民均能享受阅读和学习的权利，极大地体现了对基本人权的尊重。

3. 数字图书馆利用作品的著作权限制与一般著作权限制的关系

数字图书馆利用作品的著作权限制与一般的著作权限制是一般与特殊的关系。著作权限制根据不同的适用主体、适用条件和适用目的因此种类各异，数字图书馆仅仅是各种适用主体之中的一种，数字图书馆具有自身的特殊使命和性质，因此和其他机构应区别对待。

二、数字图书馆利用作品的著作权限制的类型

国际图联版权和其他法律事务委员会专家顾问 Teresa Hackett 认为著作权限制根据其适用目的可以被分为三大类：第一类以保障用户的基本个人权利为目的，例如发表演讲、引用、实事报道、滑稽模仿、私人非商业性质之复制以及音频或视听作品的家庭内部录制等；第二类是出于行业实践和竞争中之商业利益考量的限制，包括有新闻评论、短时录音、博物馆目录编纂等；第三类限制涉及促进整个社会的知识和信息的传播之目的，包括图书馆馆藏使用、教育与研究目的之使用以及残疾人使用等。[①] 参见世界各国现行著作权法律规定，根据不同的角度可以将数字图书馆利用作品的著作权限制分为不同的类型。

（一）按照著作权限制的性质划分

1. 法定限制

数字图书馆的著作权法定性限制是指由成文法律所规定的限制。例如，在《伯尔尼公约》中，虽没有明文规定专门针对数字图书馆的限制，但是《伯尔尼公约》第9条第2款可适用于数字图书馆。根据条文规定："本同盟成员国法律允许在某些特殊情况下对作品进行复制，只要这种复制不损害作品的正常使用，也不致无故侵害作者的合法利益。"[②]《TRIPs 协议》第13条规定："各成员对于专有权利的限制或例外规定，应限于某些特殊的情况，且不得与作品的正

[①] 特雷莎·哈克特：《南部国家的著作权例外和限制》，2009年3月。
[②] 《伯尔尼公约》第9条第2款。

常利用相冲突，也不得无理地损害权利人的合法权益。"①《TRIPs 协议》继承了《伯尔尼公约》第 9 条第 2 款之规定，并在此基础上有所发展，即将著作权限制不仅限于复制权。《欧盟信息社会版权指令》第 5 条第 2 项 c）专门设置了针对图书馆的著作权限制，条文规定："成员国可以选择在以下情况设置针对复制权的权利限制和例外，例如出于教育和研究目的、为公共图书馆、教育机构、博物馆和档案馆所利用，且不以谋求直接或间接商业利益的特殊复制行为。"② 从适用主体和适用性质为角度，数字图书馆利用作品的著作权限制可划分为三种：（1）明确规定适用主体为图书馆的著作权限制；（2）明确规定了适用主体，但数字图书馆根据其法律性质和职责也可以适用的著作权限制，例如我国《信息网络传播权保护条例》中针对网络内容提供者和网络服务提供者设置的著作权限制，虽然数字图书馆不能完全等同于网络内容提供商，但是在数字环境中，数字

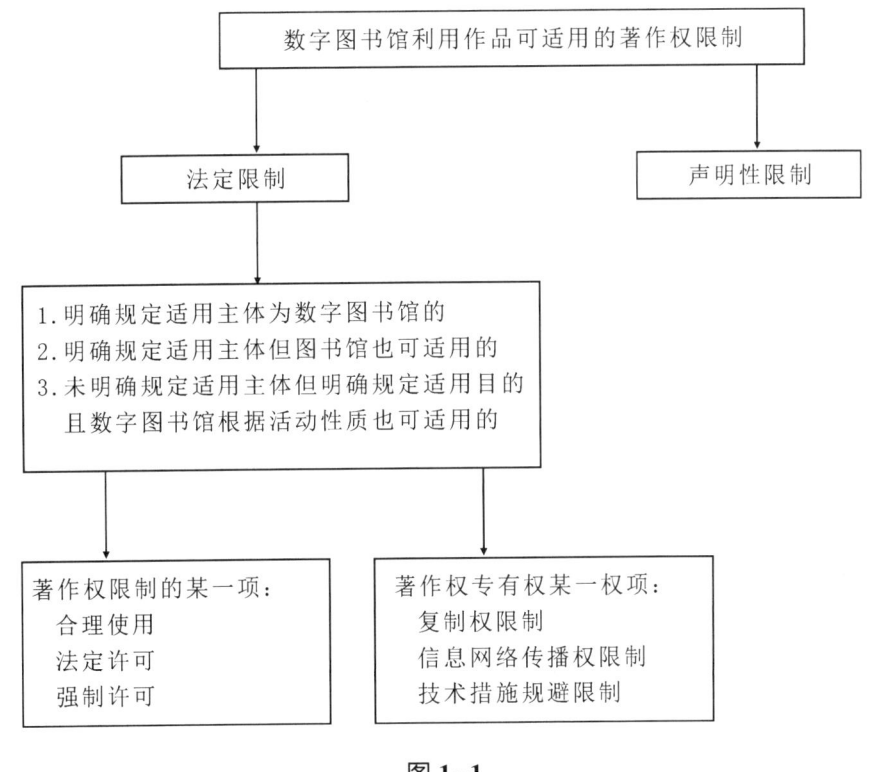

图 1-1

---

① 《TRIPs 协议》第 13 条。
② 《欧盟信息社会版权指令》第 5 条第 2 项 c。

图书馆借助网络提供内容服务，可以被推定为具有网络内容提供者的法律属性，这一点已经在我国司法实践中予以接纳；（3）未明确规定适用主体，仅仅是规定了适用目的，根据数字图书馆从事的具体活动和提供的服务也可以适用的著作权限制，例如合理使用制度，虽未明确指出数字图书馆可以适用，但是通过具体分析数字图书馆提供的不同服务和业务活动，在某些情形下也可成为适用主体。

2. 声明性限制

数字图书馆声明性著作权限制，是指根据权利人作出的版权使用声明，权利人出于自我意愿，作出放弃某项专有权利的意思表示，则著作权作品的利用者可以不经权利人许可亦无须支付使用费用即可利用该作品，数字图书馆可享有此种著作权声明性限制。

（二）按照著作权限制的涵盖范围划分

1. 概括性限制

概括性限制，是指仅涉及原则性的说明，譬如仅针对适用主体、适用目的、作品类型、技术手段等作出原则性的规定，未就具体类别、具体手段进行具体情形的设置，因此在操作中具有较高灵活性。以图书馆出于研究和私人学习之目的对作品进行复制的限制在世界范围内十分普及。在 Kenneth Crews 进行调研的 184 个国家中，有 74 个国家在国内的著作权法律中设置了这一著作权限制。这一类著作权限制具体可以分为三大类：（1）为满足用户需求进行复制；（2）为研究目的对全部或者基本上全部类型的作品进行复制；（3）为研究目的对特定类型作品进行复制。

第一大类限制——为满足用户需求所进行的复制，例如《新西兰著作权法》第 43 条规定，允许出于研究目的对任何类型的作品进行复制，第 50 条至第 57A 对图书馆和档案馆利用作品进行了规制。[①]只有少数国家在著作权法律中规定图书馆可以出于科研之目的对任何类型的作品进行复制，例如《尼泊尔著作权法》规定，图书馆可以为满足用户之需求，对图书馆馆藏中的任何作品进行复制。[②] 针对第二大类的限制——为研究目的对全部或者基本上全部类型的作品进行复制，例如《斯洛伐克著作权法》为减少对著作权人权益的影响，增加了"以科研

---

① 《新西兰著作权法》，2016 年 3 月 1 日修订。
② 《尼泊尔著作权法》。

为目的向图书馆提出复制请求的用户只能在图书馆或者档案馆的机构所在地使用该复制件"的规定。①《瑞典著作权法》允许以研究为目的对文正或简短摘要进行复制，同样允许为文献安全和保存之目的对所有作品进行复制。②《阿拉伯联合酋长国著作权法》同样允许对所有类型的作品进行复制，但是为了保护著作权人的利益，这种复制必须满足严格的条件，即图书馆只能当完全不可能取得许可的情况下才可以以研究为目的进行复制，这样看来以研究为目的的复制成为一纸空文。③针对第三类限制——为研究目的对特定类型作品进行复制，很多国家的法律对作品的类型作出了区分和限制，例如新加坡将作品根据发表和未发表进行了区分，在这些类别内部，著作权法又进行了下一级的划分。

《澳大利亚著作权法》的相关规定稍显不同寻常，只有图书馆馆藏的未发表的论文可以出于研究之目的被复制，同时澳大利亚法律排除了一大部分针对其他未发表作品的限制，给予了图书馆更多的基于研究目的而复制的自由。④更为不寻常的是《黎巴嫩著作权法》中的有关规定，根据规定，允许图书馆对计算机软件进行复制以租借给学生或其他用户。⑤一般来说，针对以研究为目的的复制权限制只允许图书馆对发表作品进行复制，并且限于印刷制品，因此对图画、计算机程序、电影等其他作品的复制被排除在了复制权限制之外。现行的《美国版权法》中也有诸如允许对期刊文章进行全文复制的复制权限制，但法律未就作品属于哪一特殊类别、发表还是未发表进行规定。⑥

2. 单一权项限制

单一权项限制，是指针对著作权专有权中某一权项所进行的限制，例如复制权限制、信息网络传播权限制等。这一类限制因为设计的情形较为细致具体，因此操作的灵活性和适用空间不大。从目前各国著作权立法实践来看，多数国家的著作权法律采取了就著作权某一权项进行限制，很多国家还在国内著作权法律中设置了允许图书馆为满足用户需求对作品进行复制的限制，即便这种使用不是出于教育、研究、馆藏替换保存等目的。⑦目前世界范围内有 27 个国家设置了此种限制，分别有阿尔巴尼亚、安哥拉、奥地利、保加利亚、佛得角、塞浦路

---

① 《斯洛伐克著作权法》，关于著作权和与著作权有关权利的第 618/2003 号法令，(经第 453/2008 号法令修订)。
② 《瑞典文学和艺术作品版权法》。
③ 《阿拉伯联合酋长国关于著作权和相关权利的第 7 号联邦法令》，于 2002 年 7 月 1 日颁布。
④ 《澳大利亚 1968 年著作权法》。
⑤ 《黎巴嫩新著作权法》。
⑥ 肯尼思·克罗斯：《关于图书馆和档案馆的著作权限制和例外研究》，SC-CR/17/2，2008 年 8 月 26 日，第 47—51 页。
⑦ 肯尼思·克罗斯：《关于图书馆和档案馆的著作权限制和例外研究》，SC-CR/17/2，2008 年 8 月 26 日，第 45—46 页。

斯、刚果、克罗地亚、吉布提、希腊、印度尼西亚、肯尼亚、约旦、马里、马来西亚、莱索托、蒙古、尼日利亚、阿曼、葡萄牙、斯洛文尼亚、斯里兰卡、阿拉伯叙利亚共和国、突尼斯和卢旺达①。例如，根据《刚果著作权法》第 33—5 条的规定，针对图书馆的著作权限制，复制应满足图书馆的需求，且复制的数量应至少能使图书馆实现其目的。②与此相对的，冰岛著作权法律制度持一种完全相反的态度，《冰岛著作权法》第 12 条针对一般性复制作出规定，指出政府机构可以采取行政法规的方式对复制实施的条件进行具体规定。③根据《尼日利亚著作权法》附录 2 的第 K 段之规定，允许图书馆和其他机构对任何类型的作品进行复制，且未就复制数量进行限制，唯一限制是复制必须出于公共利益之目的。④

三、数字图书馆利用作品的著作权限制的发展历程与现状

有关著作权限制最早的国际性法律文件可追溯到 1886 年的《伯尔尼公约》，公约首次提出了针对作品复制权限制的"三步检验法"，接下来的相关国际协议均有所发展。1952 年的《世界版权公约》（Universal Copyright Convention，以下简称 UCC）将著作权限制从复制权扩展至公开表演权和广播权，1994 年的《TRIPs 协议》进一步将著作权限制延伸至著作权所有的专有权，1996 年的《世界知识产权版权条约》将技术保护措施和规避技术措施的著作权限制纳入成文法中，2001 年的《欧盟信息社会版权指令》首次将图书馆纳入著作权限制的情形之中，将图书馆列为适用主体之一，并明确指出图书馆可享有规避技术措施之著作权限制。针对著作权限制的国际性著作权法律文件的一步步发展与革新为数字图书馆的诞生与发展建设带来了曙光。

（一）数字图书馆利用作品的著作权限制制度的起源与发展

著作权限制与著作权法律保护基本上是同时产生的，即便最早的著作权限制并非以完整的制度体系所呈现，甚至不具有"限制"这一名分，但是对著作权的限制是著作权制度产生之初就与生俱来的，著作权限制与著作权保护是相伴

---

① 27 个国家中，约旦和马来西亚的文本未在联合国知识产权组织中呈现。
② 《刚果关于著作权和领接权的 1982 年 7 月 7 日第 24/82 号法令》。
③ 《冰岛关于著作权的 1972 年 5 月 29 日第 73 号法令》。
④ 《1990 年尼日利亚联邦法》。

而生的。关于最早的著作权法律雏形要属 1710 年英国颁布的《安娜女王法令》,① 该法于 1709 年由英国议会颁布,1710 年生效,是世界上第一部保护作者权益的法律。有关《安娜女王法令》的记载显示,在 1710 年该法中得以保护的印刷和重印权只能持续一段有限的时间(如果图书是新的,权利保护期限为 14 年;倘若 14 年期限届满,作者尚存人世,则可延续 14 年;如果图书是旧的,权利保护期限为 20 年),此外,作品受著作权保护的条件之一是,作者须向英国七大图书馆提交存储复制本。② 虽然最早的保护作者权利的《安娜女王法令》未就著作权限制进行具体的制度设计,但是该规定成为最早的著作权限制的体现。和其他著作权限制情形一样,针对图书馆的著作权限制的起源与发展总是会受到一国的历史、政治、文化等实践因素的影响,甚至还会受到地缘政治的影响。因此,对著作权限制制度的构建总是取决于一国法律创制中的种种因素。从各国的立法实践来看,从法律的制定到具体实施,需要考量多方的因素和集结多方的力量,才能使一项制度不只停留于纸上。从著作权限制在世界范围内的立法现状来看,各国的国内法制定均在一定程度上受到了《伯尔尼公约》等一系列国际性法律文件的影响。

1.《伯尔尼公约》

保护文学和艺术作品的《伯尔尼公约》是一个极具重要意义的世界性著作权文本,它对其成员国的著作权法制定产生了深远的影响。《伯尔尼公约》中包含了一些著作权限制的规定。值得注意的是,《伯尔尼公约》将新闻排除在了保护范围之外,第 2 条第 8 项明文规定:"日常新闻或纯属报刊消息性质的社会新闻不在本公约的保护范畴内。"③ 有学者认为,该条的规定可被视为是对著作权的一种限制。④ 根据《伯尔尼公约》第 10 条第 1 项之规定,在满足一定条件之前提下,对已经发表作品的引用是合法的。此外,《伯尔尼公约》还规定了一些可由成员国自由决定是否采纳的著作权限制,以及这些限制的具体情形和适用条件也可由成员国决定是否予以采纳。

---

① 该法原名为《为鼓励知识创作授予作者及购买者就其已印刷成册的图书在一定时期内之权利的法》(An Act for the Encouragement of Learning, by Vesting the Copies of Printed Books in the Authors or Purchasers of such Copies, during the Times therein mentioned)。
② [澳]布拉德·谢尔曼、[英]拉昂内尔·本特利:《现代知识产权法的演进——英国的历程(1760—1911)》,金海军译,北京大学出版社 2012 年版,第 12 页。
③ 《伯尔尼公约》第 2 条第 8 项。
④ 萨姆·里克特森:《世界知识产权组织关于数字环境下著作权和相关权利的限制和例外研究》,SCCR/9/7.5,2003 年 4 月 5 日,第 10—11 页。

《伯尔尼公约》没有专门就图书馆、档案馆等机构作出具体的法律条文设置，但却给予了各成员国根据公约之规定可自行订立针对图书馆的著作权限制的空间和权利。《伯尔尼公约》第9条第2项创设了著名的"三步检验法"规则，赋予了各成员国自由制定著作权限制的权利，但是必须满足以下三个条件：（1）限制必须只能适用于某些特殊情形；（2）该限制不得对作品的正常使用造成损害；（3）不得对著作权的合法利益造成侵害。①

"三步检验法"的具体含义及适用方法一直以来是很多学者和立法者关注的重点，"三步检验法"对著作权限制所设置的三个条件也经常受到检视和分析。阿姆斯特丹大学的Martin Senftleben教授对"三步检验法"进行了十分系统的分析，对"三步检验法"在著作权法律体系中的地位性质、在各国立法中的体现、具体解释和使用进行了阐释。②Martin Senftleben教授指出，"三步检验法"提供了一种灵活开放的作品利用的审视方式，使著作权限制可以适用于网络环境，但是这种灵活性已经不足以应付数字环境中需要给著作权限制更多适用空间的要求。③虽然"三步检验法"在各国法律中有不同的设置，但是作为各国著作权限制制度的立法指导原则，成为著作权限制的最基本标准。

实际上，"三步检验法"是一项检验著作权限制制度是否符合《伯尔尼公约》之立法宗旨和要求的法律规则，"三步检验法"的本质作用在于指导立法者制定新的著作权限制，"三步检验法"主要针对的并非当事人的行为，而是成员国的立法，这是本质区别。但是"三步检验法"过于宽泛的解释往往造成具体适用中的不同结果。④此外，《伯尔尼公约》第9条第2项以及其他著作权限制相关规定，多被《TRIPs协议》和其他国际性著作权法律文件所吸收并得以适用。

2.《世界版权公约》

在联合国教科文组织的倡导和带领下，1952年9月6日在瑞士日内瓦召开的各国政府代表会议上通过了《世界版权公约》（Universal Copyright Convention，以下简称UCC），于1955年正式生效，并于1971年7月在巴黎进行修订。UCC旨在协调伯尔尼著作权联盟与泛美版权联盟之间就著作权保护方面存在的争议和冲突，以建立一个各成员国均能接受的国际性著作权保护法律

---

① 《伯尔尼公约》第9条第2项。
② 马丁·森夫特尔本：《版权、限制和三步检验法：国家版权法和欧共体版权法的三步检验法之分析》，荷兰海牙国际法出版社2004年版。
③ 马丁·森夫特尔本：《国际三步检验法：欧盟合理使用立法的范式规定》。
④ 萨姆·里克特森：《三步检验法，图书馆例外》，Strawberry Hills出版社，澳大利亚版权研究中心，2002年。

制度为宗旨。①

UCC 为成员国提出了国内立法的最低要求，因此订立的保护标准较低，规定也并非像《伯尔尼公约》那般具体，多是较为宽泛和灵活的规定，但是公约禁止各成员国做任何保留。《伯尔尼公约》设立了著作权限制的最低标准，但未将图书馆明确纳入著作权限制的范畴内。1956 年英国版权法修改首次将图书馆列为著作权限制的适用主体，为图书馆的建设带来了极大的便利。UCC 是继《伯尔尼公约》之后的又一个重要的国际性著作权公约。根据 UCC 第四条之二的规定，其在《伯尔尼公约》的基础之上，将著作权限制由复制权延伸至公开表演权和广播权专有权利，为图书馆的著作权限制制度进一步拓展了空间，也为各缔约国设置著作权限制制度提供了法律依据。②

3.《TRIPs 协议》

《TRIPs 协议》是世界贸易组织体系下的多边贸易协定，该协议的诞生具有重要的里程碑意义，它不仅将国际贸易与知识产权有机融合，还在继承与发展《巴黎公约》和《伯尔尼公约》中一系列规定的基础上，首次在著作权相关文本中加入了惩罚机制等保障知识产权实施的规定。根据协议内容，成员国必须设置法院等其他保证知识产权法律得以有效实施和执行的机关，成员国政府有义务根据其国内法或者域内法提供必要的知识产权保护和救济方式。③《TRIPs 协议》为 20 世纪处在世纪之交乃至之后更加长远的国家贸易中的知识产权保护奠定并提供了一系列新的标准和制度。

在著作权保护的权利限制方面，《TRIPs 协议》沿袭了《伯尔尼公约》第 9 条第 2 款之规定，并在此基础上进行了延伸与发展，根据《TRIPs 协议》第 13 条之规定可以看出，《TRIPs 协议》中的著作权限制的规范模式包含了三方面的内容：（1）限制具有有限性；（2）限制具有合理性；（3）限制必须符合作品的正常使用之要旨，即不可与作品的正常使用之目的相冲突，不可损害权利人之合法利益。

《TRIPs 协议》第 13 条渊源于《伯尔尼公约》的第 9 条第 2 款。分析《伯尔尼公约》的立法意图得出，倘若复制行为与作品的正常利用发生冲突，则复制行为应作侵权视之。若复制行为与作品的正常使用不相冲突，则可以检视下一步

---

① 《世界版权公约》。
② 《世界版权公约》第 4 条第 2 款。
③ 张乃根：《国际贸易中的知识产权法》，复旦大学出版社 2007 年版，第 97—105 页。

标准是否符合，即复制行为是否不合理地损害了权利人之合法利益，唯有未发生不合理地损害权利人合法利益之情形时，才可以判定为复制行为符合了著作权限制的条件，可以无偿使用。此时，就要对什么是"不合理"进行界定。正如《TRIPs 协议》序言中所述，应认识到知识产权是私权，同时认识到知识产权保护的公共性之本质属性。《TRIPs 协议》一方面承袭了《伯尔尼公约》的部分规定，同时也继承了著作权国际性法律制度中一贯坚持的平衡私权利益与公共利益之立法目标和原则。概言之，一方面要保护著作权，一方面又要加以限制。

《TRIPs 协议》第 13 条在《伯尔尼公约》第 9 条第 2 款的基础上有所发展，具体为：（1）拓宽了著作权限制的权项范围。《伯尔尼公约》的第 9 条第 2 款仅仅只规定了针对复制权的著作权限制，《TRIPs 协议》第 13 条将著作权限制延伸至所有专有权权项，而不仅仅局限于复制权，这为利用作品开辟了更多广阔的途径。（2）加强了法律文本的强制性力度。《伯尔尼公约》中只是规定成员可以将"三步检验法"的条文定性为附加性条款在国内法中得以呈现，《TRIPs 协议》则规定成员国需将著作权限制条文以强制性条款的形式在本国著作权法中进行设定。（3）扩大了合法利益之适格主体的范围。《伯尔尼公约》将"不得不合理地被损害合法利益"的主体局限于作者本人，《TRIPs 协议》其范围扩大至包括作者、权利持有人在内的所有权利人。考虑到著作权转让制度，因此对著作权专有权项的利益受益者不仅仅只限于作者本人，还包括著作权专有权受让人。由此不禁会产生疑问，将合法利益之适格主体的范围扩大至权利持有人是否构成对著作权限制的限缩，因为若根据《伯尔尼公约》第 9 条第 2 款中，仅限于对作者本人实施"不得不合理损害其利益"的著作权限制之做法，使对著作权限制进行有限性约束的规定无法达至保护权利持有人之利益。因此，《TRIPs 协议》扩大合法利益之适格主体的范围，实际上在某种程度是对《伯尔尼公约》所划定的著作权限制的适用限缩。笔者认为其实不然。对合法利益之适格主体范围的扩大，是为了填补著作权法律在著作权转让制度实践方面的法律空缺，倘若不对其进行规定，则此处会产生一个法领域漏洞。与其认为扩大合法利益之适格主体范围之做法是对著作权限制空间的限缩，毋宁说将著作权限制专有权项从复制权延伸至所有权限，是对著作权限制空间的进一步扩展。

《TRIPs 协议》相较于《伯尔尼公约》，对各成员国具有更强的约束力，《TRIPs 协议》因为设置了保障知识产权法律制度实施的执行和惩罚机制，因此具有更强的强制执行力。许多国家均在国内著作权法中设置了"三步检验法"，有些将"三步检验法"设立为独立条款,有些还将其纳入专门适用于图书馆的著作权限制的条款之中。无论如何,以上各种选择都体现了国际性著作权公约、条约和协议等法律文件对世界范围内各国国内著作权法立法具有深刻的影响。

虽然各国在国内立法上参照了国际性法律文件的立法宗旨和立法原则,但是在具体的法律构建和制度设计上,根据本国的实际国情,进行了灵活变化,在遵照国际性法律文件之立法宗旨的前提下,又各具特色且具有实际操作性。具体模式可分为:(1)设立针对图书馆复制的总条款,同时将"三步检验法"以附加条款的形式展现。采取该做法的国家有保加利亚共和国、刚果共和国、吉布提、莱索托、马里、卢旺达、斯里兰卡、约旦、马拉维和坦桑尼亚联合共和国。(2)仅就复制行为作出限制,复制行为不得侵害作品的正常使用,亦不得造成对作者合法利益之损害。采取该种做法的国家有比利时、佛得角、厄瓜多尔、墨西哥和乌拉圭,越南将此规定转换为专门针对以研究为目的的复制行为中。(3)专门设置针对图书馆的"三步检验法"之著作权限制,可以以保障图书馆和档案馆之正常维系和运营之目的设置著作权限制,但必须满足"三步检验法"的条件,代表国家为澳大利亚。(4)将"三步检验法"采以单独条款形式呈现,强调所有著作权限制都必须符合"三步检验法"之标准。采取此种做法的国家有格鲁吉亚、匈牙利、拉脱维亚、波兰、马耳他、塞尔维亚、斯洛伐克、泰国和乌兹别克斯坦。(5)在著作权法中规定适用于图书馆的规避技术措施的限制,即使对技术措施的规避会损害作品的正常使用,并造成权利人的利益损害,仍无须征得权利人之许可,采取此种做法的代表国家有拉脱维亚。(6)以法规或条例的性质规定了针对图书馆的著作权限制,而不是采用著作权立法形式对其予以规制,代表国家为南非。①

4.《世界知识产权版权条约》

得益于国际互联网的飞速发展,国际社会迫切需要对新技术时代数字环境中的著作权加以保护,《世界知识产权版权条约》由此诞生,并在相对较短的时间内就得以生效。正如《世界知识产权版权条约》序言中所提到的:"期望以尽可能有效和统一的方式,推动和维系作者基于其文学与艺术作品之上所享有的著作权保护,有必要制定新的国际规则以及梳理对现有规则的理解,以此解决新的社会、经济、文化和经济发展过程所产生的问题,清楚认识信息通信技术对

---

① 肯尼思·克罗斯:《关于图书馆和档案馆的著作权限制和例外研究》,SC-CR/17/2,2008年8月26日,第23页。

文学艺术作品的利用产生的根本影响，强调著作权保护对文学与艺术创造所产生的重大激励作用，同时应维护《伯尔尼公约》中体现的作者私权与公共利益之间的平衡，尤其是教育、研究和获取信息之权益的平衡。"[①] 世界知识产权组织为《世界知识产权版权公约》的出台和生效作出了巨大努力。为了与国际社会接轨，并顺应新技术时代的发展潮流，各国纷纷对国内著作权法进行修订。美国于1997年通过了《数字千年版权法》（简称 DMCA），欧盟议会和欧盟理事会于2001年通过了《欧盟信息社会版权指令》，我国也于同年对《著作权法》进行第一次修改时明确规定了"信息网络传播权"，并于 2006 年 5 月 10 日颁布了《信息网络传播权保护条例》（2006 年 7 月 1 日开始正式实施），为我国加入《世界知识产权版权公约》做好了立法准备。最终，经过我国全国人大常委会决议，我国于 2006 年 12 月 29 日签署加入了《世界知识产权组织版权条约》和《世界知识产权组织表演和录音制品条约》。

《世界知识产权组织版权条约》是从属于《伯尔尼公约》的特别协议。虽然《世界知识产权版权公约》的条文相对简明，但是却囊括了更多重要的规定，其中许多成为现今学术界所研究的热点和重点。《世界知识产权组织版权条约》和《TRIPs 协议》相比较而言，具有以下几个特点：

第一，《世界知识产权组织版权条约》将著作权限制合法利益的适格主体重新局限于作者。《世界知识产权组织版权条约》第 10 条第 2 款规定："各缔约国可以在某些特殊情形中，在其国内著作权立法中设置针对依据本条约被授予文学和艺术作品著作权的限制和例外，只要该设置不与作品的正常使用想冲突，且没有不合理地损害作者的合法利益。"[②] 该条约将《TRIPs 协议》中规定的合法利益主体之权利持有人排除在外，重申了《伯尔尼公约》的主张，即合法利益的主体仅限于作者。

第二，《世界知识产权组织版权条约》首次提出规避技术措施的著作权限制。《世界知识产权组织版权条约》第 11 条在国际著作权立法中引入了一个完全全新的理念，即"禁止规避技术保护措施"的理念。根据该条文规定：各缔约国应设置合适的法律保护和有效的法律惩罚措施，以对抗在未经作者许可或未经法律所允许的情况下，规避由作者为行使由本条约或《伯尔尼公约》所授予的著

---

① 《世界知识产权组织版权条约》。
② 《世界知识产权组织版权条约》第 10 条第 2 款。

作权而实施的有效的技术保护措施的行为。①具体言之，该条款就是要求各成员国通过立法，禁止各种破译密码、编码等其他可以限制进入受著作权保护作品的方式的技术措施。"反规避"在著作权法领域完全是一个全新的概念，要求成员国在国内著作权法中加入控制对作品之访问的规定也是头一回。有学者认为技术保护措施不是一项著作权专有权，但是它所起到的保护作用使其被视为一项隐性的、间接的著作权专有权，因此它也应是一项独立的数字图书馆利用作品的著作权限制。②笔者认为并非如此，即便对技术保护措施的"反规避"可以有利于作品的利用，但是作为担负公益使命的数字图书馆能否利用作品，首先要考虑的是利用行为是否符合合理使用的判定标准，对作品进行技术措施保护事实上是对合理使用空间进行的一种人为压缩。从"技术保护措施"到"规避技术保护措施"，再到"反规避技术措施"，其中使用了双重否定，虽然结果都是不再使用技术措施，但是却对使用者树立了一道屏障，即便使用者符合了无偿使用作品的标准，但是如果使用者并不精通网络技术，则仍然无法使用作品，抑或者花费大量的人力、财力去解决破解技术的问题。因此，笔者认为，数字图书馆利用作品的著作权限制并非是"允许规避技术保护措施"，而应是作者在面向数字图书馆时不得使用技术保护措施。

第三，《世界知识产权组织版权条约》将著作权限制延伸至网络环境中，提出了针对网络环境中利用作品可适用的著作权限制。技术保护措施是网络环境中重要的信息技术，也是网络环境中不可绕过的重要内容。依据《世界知识产权组织版权条约》有关著作权限制以及反规避技术措施的条款可以看出，国际著作权法律条文已经初步形成了数字图书馆利用作品的著作权限制，针对图书馆的限制已经由传统实体图书馆拓展至网络环境中的数字图书馆，这是一个不可逆的国际趋势，也是未来著作权发展的必然选择。从目前世界各国的立法状态来看，已经有许多国家的立法设置了针对反规避技术措施的著作限制，仍旧有很多国家对此持审慎态度。有研究报告显示，目前有52个国家在其国内著作权法中，专门设置了针对数字环境中图书馆的反技术措施的规避的著作权限制。③

5.《欧盟信息社会版权指令》

欧盟成立于第二次世界大战之后，是一个由27国组成的具有重要经济和政

---

① 《世界知识产权组织版权条约》第11条。
② 肯尼思·克罗斯：《关于图书馆和档案馆的著作权限制和例外研究》，SC-CR/17/2，2008年8月26日，第24页。
③ 肯尼思·克罗斯：《关于图书馆和档案馆的著作权限制和例外的研究综述》，SCCR/30/3。

治的联盟。1952 年，欧洲煤钢共同体建立，1958 年 1 月 1 日，欧洲经济共同体诞生。1993 年欧共体转变为欧盟。在各领域的法律制定和政策决策上，欧盟对其成员国产生了直接的影响。

迄今为止，欧盟已经颁布了多个涉及著作权保护方面的指令，包括有 1991 年欧共体理事会颁布的《计算机软件法律保护指令》（91/250/EEC 号指令）、1993 年 10 月 29 日颁布的《欧共体理事会关于协调版权与某些相邻权保护期限的指令》（96/9/EC 号指令）等。其中对数字环境中著作权立法影响最大的是 2001 年的《欧盟信息社会版权指令》。根据指令规定，一方面欧盟各成员国必须对本国著作权法律进行修订，另一方面指令也给成员国的修法留下了很大的空间，包括适用于图书馆的著作权限制等。①

与《世界知识产权组织版权条约》中针对著作权限制的有关规定相比，《欧盟信息社会版权指令》规定了一系列非强制性的著作权限制，根据规定，各成员国可以选择如何将欧盟的相关规定在本国法律中得以体现。《欧盟信息社会版权指令》十分重视数字环境中的著作权限制，明确将图书馆列为著作权限制的适用主体，并且采纳了技术措施规避的著作权限制。《欧盟信息社会版权指令》为欧盟著作权立法在世界上的影响作出了进一步的努力，也确实起到了显见的效果。世界范围内的各个国家在本国的著作权立法中开始考虑和参考指令的规定，一方面是为了推动国内著作权立法的发展，以适应信息社会著作权立法和版权产业发展的需求，另一方面是出于与欧盟建立更为紧密的合作，以满足国际贸易发展之需要。

（二）世界各国针对数字图书馆利用作品的著作权限制的立法现状

2015 年 6 月，受世界知识产权组织委托，Kenneth Crews 编拟了题为《关于图书馆和档案馆的版权限制与例外》的研究报告，报告研究的重点为国内著作权立法中明确制定的可适用于一般图书馆或适用于类别广泛的某种图书馆的著作权限制的有关规定。该研究报告所涉国家总数为 188 个，报告显示，其中没有设置可适用于图书馆的著作权限制的国家有 32 个，仅有一种一般性限制的国家数目为 31 个，针对研究或学习目的设置限制的国家有 98 个，针对保存目的设置限制的国家有 99 个，针对替代目的设置限制的国家有 90 个，针对文献传递设置

---

① 《2001 年 5 月 22 日第 2001/29/EC 号欧盟信息社会版权指令》，2001 年 6 月 22 日公报，第 10 页。

限制的国家有 21 个，针对馆际互借设置限制的国家有 9 个，专门设置针对图书馆的反技术措施的规避的国家有 52 个。①该报告为针对图书馆的著作权限制研究提供了丰富的原始资料，具有重要参考价值。

从目前各国的针对数字图书馆利用作品的著作权限制的立法现状来看，在经过考虑各种历史、文化、地理等影响因素后，可将目前各国划分为四大板块，分别为：英属殖民地版块、南美和安第斯共同体版块、非洲中部和《班吉协定》版块以及欧盟版块。

1. 英属殖民地版块

1911 年制定的《英国著作权法》不仅适用于城市地区，同时还适用于海外所有英属殖民地地区，之后《英国著作权法》的修订都可波及这些地区。虽然这些地区受到英国立法的影响颇深，但各国立法在细节上仍有所不同，并且具有各自鲜明的特点。

2. 南美和安第斯共同体版块

拉丁美洲区域的相关规定具有十分浓重的地域色彩。1969 年签署的《卡塔赫纳协定》（L'Accord de Carthagène）所组建的安第斯共同体（La Communauté Andine）的四个成员国——哥伦比亚、厄瓜多尔、玻利维亚和秘鲁，在图书馆可适用的著作权限制方面具有相似性。此外，南美的另外三个国家，即阿根廷、巴西和智利均没有相关法律规定。

3. 非洲中部和《班吉协定》版块

非洲中部的 16 个法语国家共同签署了《班吉协定》②，但是其中一些缔约国并没有采纳协议中涉及图书馆的著作权限制的相关规定，因此这些国家的国内著作权法中并没有规定针对图书馆的著作权限制，并且一般性著作权限制也无法适用于图书馆这一主体，但是由于地理因素的影响，《班吉协定》仍在这些国家具有执行效力，③因此这些国家也间接地具有了图书馆的著作限制。虽然这些规定较为简单，但是为图书馆的建设与服务的开展提供了很大的便利，这些限制主要涉及图书馆业务活动中与研究、保存等目的相关的服务。

---

① 肯尼思·克罗斯：《关于图书馆和档案馆的著作权限制和例外的研究综述》，SCCR/30/3。
② 非洲知识产权组织于 1977 年 3 月 2 日在中非共和国首都班吉召开修改《利伯维尔协定》大会，通过了《班吉协定》（Bangui Agreement），其全称是《关于修订〈班吉协定〉及建立非洲知识产权组织的协定》。该协定于 1982 年 2 月 8 日生效。
③ 肯尼思·克罗斯：《关于图书馆和档案馆的著作权限制和例外研究》，SC-CR/17/2，2008 年 8 月 26 日，第 27 页。

4. 欧盟版块

虽然欧盟各国均有较为成熟的国内著作权法律制度，但是 2001 年出台的《欧盟信息社会版权指令》改变了欧盟整体的著作权立法格局，该指令为各国在制定著作权法律时提供了必须协调和遵循的立法指导原则，为欧盟的协调统一产生了巨大的作用。并且，目前许多非欧盟国家也着手研究《欧盟信息社会版权指令》中著作权限制方面的有关规定，以此为本国的著作权修改提供有益的参考。

四、数字图书馆利用作品的著作权限制的未来发展诉求与趋势

人们在自己生活的社会生产中参与一定的、必然的、不依他们本身意志为转移的关系。①事物之间的关系具有一定的规律，并以某类性征所呈现出来，因此在生产关系中只有认清事物不依意志所转移的客观规律和发展趋势，才能更好地研究事物的生长方向，并制定发展方案。预见，即便是不确定，也比不去预见好得多。②对数字图书馆发展而言，技术的发展是瞬息万变的，因此应着眼于未来的规划，抓着数字图书馆的发展脉络和特点，在此基础上掌握数字图书馆的未来发展趋势。

（一）针对数字图书馆利用作品的著作权限制的立法特点

1. 合理使用成为数字图书馆的一项重要著作权限制

著作权保护制度之立法本源为保障公众之利益，著作权合理使用制度之立法动机更是直接源自于维护公共利益。③图书馆本身具有的公益性属性和所担负的传播文化的公益使命，使其必须考虑最广大群众的根本利益，数字图书馆具有和传统图书馆一样的公益性本质属性和公益性使命。思想是信息，信息是知识，而知识是文化的一部分，④知识产品属于全社会、全人类的共同财富，立法者试图通过赋予图书馆某些权益，以达到维护著作权人个人利益和社会公共利益之间的平衡。因此，合理使用制度和数字图书馆之间具有公益性这一相同的

---

① 马克思..:《资本论：政治经济学批判》，人民出版社 1953 年版，第 11 页。
② 亨利·庞加莱:《科学和方法》，巴黎 Flammation 出版社。
③ 吴汉东:《著作权合理使用制度研究》，中国人民大学出版社 2013 年版，第 44—45 页。
④ ［美］莱曼·雷·帕特森，斯坦利·W.林德伯格:《版权的本质：保护使用者权利的法律》，法律出版社，2015 年 9 月版。

联系纽带，数字图书馆对著作权作品的利用开发不应被排除在合理使用的适用范畴之外，应进一步根据数字图书馆所提供的具体服务做出具体分析。总而言之，从数字图书馆与合理使用的本质属性以及利益平衡需求的角度出发，合理使用将成为数字图书馆的一项重要的著作权限制。

2. 数字图书馆利用作品的著作权限制多以成文法形式呈现

通过归纳总结世界范围内各国著作权法律中针对数字图书馆利用作品的著作权限制的立法现状得出，大部分国家采取了以成文法的形式对这一制度作出了设置。大陆法系国家通常在著作权立法中对著作权限制进行明确的规定。例如，《法国知识产权法典》第 L.122—5 条对受著作权保护的作品的利用作出了封闭式的严格规定，针对作品在家庭范围内的使用、私人使用、新闻评论、引用分析、滑稽模仿，以研究、教育、批评等目的之使用列举了一系列著作权限制的情形，其中 L.122—5 条第 7 项专门针对图书馆的著作权限制进行了规定。上述规定一方面体现了对著作权权利限制的立法目的，另一方面也划定了使用者对作品利用的界限，对使用者也形成了一定程度的约束。[①] 英国、澳大利亚、新西兰等其他联邦制国家也在国内著作权法律中设置了基于特定目的的著作权限制之规定，主要适用主体限于个人、教育机构、图书馆、档案馆以及政府职能部门等。《美国版权法》则对著作权限制的立法设计采取了一种开放式的态度，还在第 108 条中专门设置了针对图书馆的著作权限制之规定。[②] 美国《数字千年版权法》（DMCA）第 1201 条 d 款和 404 款规定了非营利性图书馆享有破解技术措施的著作权限制以及免除版权侵犯的损害赔偿金和刑事处罚的豁免条款。

3. 数字图书馆利用作品的著作权限制的类型具有多元性

综上分析，世界各国著作权立法中数字图书馆利用作品的著作权限制根据不同的适用条件、适用主体、适用目的，呈现出多元特征。根据著作权限制的性质可划分为法定性限制和声明性限制，其中法定性限制又可以划分为三类：第一，明确规定适用主体为图书馆的著作权限制；第二，明确规定了适用主体，但

[①] 《法国知识产权法典》第 L.214—1 条. 巴黎 Dalloz 出版社，2015，第 158—182 页。
[②] 《美国版权法》第 108 条为图书馆限制作出了具体规定：（a）本条中的版权限制适用于公众可以解除的图书馆和档案馆，前提是复制件的制作是出于非商业性目的；（b）允许出于保存之目的制作三分数字复制件，只要这些负直接不向图书馆馆之外的公众提供；（c）出于图书馆制作已经损坏、磨损、丢失、被盗以及绝版作品的替代复制件；（d）允许出于个人学习和研究之目的制作作品的一小部分或者其中一篇文章的复制件；（e）允许图书馆为个人学习和研究之目的提供整部绝版作品的复制件；（f）主要公共复印机具有版权通知，就可以免除图书馆在复印机上制作复制件的任何责任，并且保护第 107 条定义的合理使用权；（g）允许图书馆一次制作仅一份复制件，并且为了馆际互借目的只要复制不足以替代作品的订阅或购买；（h）为了保存或研究之目的，允许在版权期限的最后二十年里复制孤儿作品；（i）第 108 条的规定不适用于音乐、艺术作品和电影。

数字图书馆根据其法律性质和职责也可以适用的著作权限制；第三，未明确规定适用主体，仅仅只是规定了适用目的，根据数字图书馆从事的具体活动和提供的服务也可以适用的著作权限制。根据著作权限制的涵盖范围可划分为概括性限制和单一权项限制，其中概括性限制包括为满足用户需求进行复制、为研究目的对全部或者基本上全部类型的作品进行复制和为研究目的对特定类型作品进行复制这三大类。单一权项限制包括有复制权限制、信息网络传播权限制、翻译权限制等。根据著作权限制的适用目的可划分为以个人使用为目的的限制、以教育、研究为目的的限制，以保存替换为目的的限制等。

4. 各国的数字图书馆利用作品的著作权限制具有相异相吸性

由于各国政治、文化、历史等各方面的不同，导致了立法进程、立法方式、立法宗旨、立法模式和立法规定的相异，不同国家数字图书馆可适用的著作权限制之间也具有相异性。虽然在全球一体化的影响下，多数国家都通过缔结公约的方式对著作权限制达成了共识，并且在制定国内著作权法律制度时很大程度上受到了国际性著作权公约的影响。但是毕竟国际性著作权公约仅仅是指导性文件，只给各成员国提供了立法原则，也就是最低标准的规定，各成员国仍然就著作权限制的规制享有很大的自由立法的空间。孟德斯鸠在《论法的精神》中指出，人受气候、宗教、法律、施政的准则、先例、习俗、风尚等多种因素的支配，其结果是由此而形成了普遍精神。书中第十九章第四节中撰写到："法律应与政体性质和原则相吻合，法律还应该顾忌国家的物质条件，顾忌气候的寒冷、酷热或温和，以及农夫、猎人或牧人等民众的生活方式等。法律还应顾忌基本政治体制所能承受的自由度，居民的宗教信仰、偏好、财富、人口多寡以及他们的贸易、风俗习惯等。最后，各种法律还应彼此相关。"[①] 因此，基于以上种种影响因素，各国的著作权立法中数字图书馆利用作品的著作权限制也具有差异性。

与此同时，按照孟德斯鸠的观点，各种法律之间是彼此相关联的。各国的著作权法具有相异性，同时相互关联的各国又会集结成群形成某种著作权法立法模式。各种著作权法律立法模式的形成是由各种不同原因引起的。有的立法模式受到地缘因素的影响，例如非洲中部的 16 个法语国家共同签署了《班吉协定》，但是其中一些缔约国并未采纳协议中涉及的针对图书馆的著作权限制，因

---

① ［法］孟德斯鸠：《论法的精神》，商务印书馆 2014 年版，第 356—357 页。

此这些国家的国内著作权法中并没有规定针对图书馆的著作权限制,并且一般性著作权限制也无法适用于图书馆这一主体,但是由于地理因素的影响,《班吉协定》仍在这些国家具有执行效力。[①] 有的立法模式是由历史原因引起,例如 1911 年的《英国著作权法》不仅适用于城市地区,同时还适用于海外所有英属殖民地地区,之后《英国著作权法》的修订都可波及这些地区。虽然这些地区受到英国立法的影响颇深,但还是各国的法律在细节上仍有所不同。[②] 还有些立法模式是地区间相互协调的产物,例如欧盟地区,虽然欧盟各国均有本国较为成熟的著作权法律制度,但是 2001 年出台的《欧盟信息社会版权指令》改变了欧盟整体的著作权立法格局,该指令为各国在制定著作权法律时提供了必须协调和遵循的立法指导原则,为欧盟的协调统一产生了巨大的作用。

(二)针对数字图书馆利用作品的著作权限制的立法趋势

1. 继续维持动态的利益平衡

著作权保护和著作权限制是一个相辅相成的有机结合体,它一方面保护着著作权人的合法权益,鼓励创作者的创作积极性,另一方面又要维护公共利益,保障公众接触先进文化知识的权利,保障文化的传播与交流。这正是利益平衡之体现,也是著作权法的永恒主题,是著作权立法的基本原则和核心思想。利益平衡是一个动态的、历史性的概念,它总是根据特定时代下利益分配机制的效率和适用性而发生偏移,因此著作权限制总是处在动态的调整之中。而这一特征,也正符合了人类社会进步和人类知识不断演化的客观规律,回应了人类知识信息不断提升的需求。

2. 与数字技术和信息网络技术紧密联系

信息网络技术和计算机技术的发展改变了作品的呈现方式、利用方式和传播方式,数字图书馆是信息技术发展的产物,更是整个社会信息变革的必然结果。数字图书馆是数字时代中人类知识的重要载体和信息服务的重要枢纽。物质基础决定上层建筑,物质条件的改善和发展带来精神层面的丰富与进步。相应的数字图书馆利用作品的著作权限制直接受到信息技术的影响,它的设置回应了数字时代的发展需求,是技术发展与立法进程有机结合的生动体现。在对著作权限制制度进行设计时,必须与数字技术和信息网络技术紧密联系,考量

---

① 肯尼思·克罗斯:《关于图书馆和档案馆的著作权限制和例外研究》,SC-CR/17/2,2008 年 8 月 26 日,第 27 页。
② 肯尼思·克罗斯:《关于图书馆和档案馆的著作权限制和例外研究》,SC-CR/17/2,2008 年 8 月 26 日,第 26 页。

到数字图书馆中的技术特殊性。《世界知识产权组织版权条约》和《世界知识产权组织表演和录音制品条约》确认了技术保护措施的法律地位,《美国数字千年版权法案》是第一部响应《世界知识产权组织版权条约》和《世界知识产权组织表演和录音制品条约》发展趋势的国家性著作权法律,这些都体现了著作权立法将越来越多地受到信息网络技术的影响。

3. 国际融合和影响不断加强

伴随经济全球化和国际贸易一体化的趋势,知识产权法的国际性越来越凸显,甚至很多国家的著作权立法并非出于本国内部的发展需求,更多地是来自于国际贸易的发展需求和发达国家给予的外来压力。著作权国际保护制度已经经历了一百多年的发展历程,世界各个国家和国际组织先后制定并签署了三十多个全球性或者区域性的,综合性或专门性的国际性著作权法律文件,[①]虽然这些法律文本只是给缔约国提供了最低标准,但是进一步与国际接轨已逐步成为各国著作权国内立法的重要趋势,并在各国的著作权限制制度中得以体现。

(三)针对数字图书馆利用作品的著作权限制的未来发展诉求

国际图联在《国际图联趋势报告——2016 新进展》中指出,数字图书馆未来发展的五大趋势包括:(1)新技术将同时扩大和限制谁有权访问信息;(2)网络教育能够普及全球学习,也能干扰全球学习;(3)隐私和数据保护的边界将被重新定义;(4)超链接的社会将聆听新的声音并赋予其群体以力量;(5)新技术将改造全球信息经济。报告强调,未来图书馆应关注原则、数字化机遇和用户的声音。在整个欧洲区域的趋势报告辩论中产生的一个重要问题是,需要确认和定义未来数字图书馆在飞速发展的全球化信息环境下的角色,着重围绕著作权和数字内容获取展开讨论。这些讨论关注图书馆需要彻底改造自身,再振兴成为公众和信息资源之间具有创新精神的横向中介者,利用图书馆服务与生俱来的社交和参与属性。常见的主题是图书馆需要做好倾听用户声音的准备,使图书馆服务适应用户的新兴需求。[②]

对于著作权人而言,数字技术给他们带来了更加便捷的作品传播途径,同时使他们面临着更容易被非法复制的风险。但是对著作权人给予过强的保护,又将影响数字版权产业的发展,对社会公众利益带来损害。在数字环境下,一方面

---

① 吴汉东:《知识产权总论》,中国人民大学出版社 2013 年版,第 330 页。
② 国际图书馆协会联合会:《国际图联趋势报告——2016 新进展》。

著作权人为维权疲惫不堪，另一方面数字图书馆的建设又因为数字资源开发获取问题，不断地在"守法"与"违法"的夹缝中艰难前行，出于公众利益的图书馆计划被搁置，公众无法享受到这样一个人文主义成就，著作权人的个人保护和社会公众利益处于极度的冲突与矛盾之中。著作权利益平衡是现代著作权法的核心，对数字图书馆利用的著作权限制进行研究具有重要的理论意义，社会着实应当考量探求新的规则和制度。

第三节 数字图书馆利用作品的著作权限制的适用困境

在网络版权时代，从作品的复制到传播都发生了巨大变化。数字环境下的网络传播因其传播时间上的自由性、传播空间上的无限性和传播方式上的多样性，使公众获取了相比传统版权时代而言更多接触作品的机会，公众可以更容易并且以更少的成本获取作品，这不仅打破了原有著作权体系的利益格局，也对著作权财产权限制制度发起了严峻的挑战。数字图书馆的建设受到了现有著作权法的制约，导致数字图书馆利用作品的著作权纠纷频发，然而在传统著作权法律制度中并不能寻得有效的解决办法。产生这些纠纷的主要原因在于数字图书馆在数字资源开发与获取过程中，缺乏可适用的著作权限制。主要体现为：数字图书馆的合理使用空间狭窄、数字图书馆被排除在法定许可情形之外、数字图书馆实施授权许可成本巨大以及技术保护措施给数字图书馆的资源建设造成阻碍。

一、数字图书馆的合理使用空间狭窄

面对数字技术的挑战，各国立法积极应对，纷纷对传统著作权制度进行了一系列的调整与改革。世界知识产权组织于1996年通过了《世界知识产权组织版权条约》（简称WCT）和《世界知识产权组织表演和音像制品条约》（简称

WPPT），美国于 1997 年通过了《数字千年版权法》（简称 DMCA），欧盟议会和欧盟理事会于 2001 年通过了《欧盟信息社会版权指令》，我国也于同年对《著作权法》进行第一次修改时明确规定了"信息网络传播权"，但囿于立法的不成熟性和条文的模糊性，导致实践中针对信息网络传播相关法律问题的处理和法律的理解适用出现了较大分歧，我国又于 2006 年颁布实施了《信息网络传播权保护条例》，专门用于规制数字环境下的著作权问题。该条例对数字作品著作权保护的作用是积极的，也是必要的，但是却引起许多认为矫枉过正的呼声，主要表现为著作权客体的逐步增多和新权利的设定似有扩张著作权人权利之态势，这使得以传播文化为宗旨的数字图书馆所享有的著作权合理使用空间在很大程度上被挤压，公众的信息知识公有保留的共享范围被缩小，最终导致社会公众的利益受损，引发著作权人私益与社会公益之间的冲突。

在世界范围内，合理使用判断标准的立法例主要有三种模式，分别为要素主义、规则主义以及要素主义和规则主义的混合式。要素主义是指法律将合理使用的判定标准提炼为若干因素，判断使用作品的行为是否构成著作权合理使用应参照各要素组成的原则性规定，例如对使用行为的性质、目的等进行细致分析，要素主义模式的典型代表国家为美国。规则主义是指采用列举的方式，将可以构成合理使用的具体情形一一列举，如果使用作品的行为不属于列举情形中的任何一种，则不构成合理使用，采取这种模式的典型国家主要是德国、法国、中国、日本等大陆法系国家。要素主义和规则主义的混合式即指将以上两种模式相结合，既规定合理使用的具体情形，又概括合理使用的判断标准，我国台湾地区采用的就是这种折中模式。相比较而言，开放式的要素主义更加具有灵活性和概况性，但是这种灵活性更多则需要依赖法官的自由裁量，因而容易造成司法实践中的不统一和混乱。而封闭式的规则主义更具有稳定性和规范性，使法官在裁判过程中有了更加明确的标准，但是相较于不断发展的客观情况和社会物质条件，调整这些事物之间法律关系的法律总是具有滞后性，封闭式的立法模式很难应对现实中不断出现的新问题，即便再稳定，法官在面对新型著作权问题时，也只能束手无策。在立法过程中应尽量克服滞后性障碍，使法律条文更加具有预见性，进而保障其稳定性。

数字技术和信息网络技术的发展给现有的著作权法带来了不少的冲击，全新的作品传播方式和利用方式改变了传统著作权法所确立的利益格局，打破了原本的生态平衡，原本的利益分配方式已经无法继续适用，各个利益主体之间需要重新进行利益分配,甚至创制一种全新的利益分配方式。合理使用作为重要的著作权限制制度之一,起着平衡利益的重要作用。然而,首先,传统的合理使用制度列举式规定无法预见采用数字技术和信息网络技术使用和传播作品的行为,因此直接将数字图书馆利用作品的情形排除在了列举范围之外。其次,有些行为在传统环境中构成合理使用,但是在网络环境中由于技术的复杂性,则变得不合理,甚至在司法实践中出现了同类型案件却截然不同的判决。技术的推陈出新、更新换代是社会进步所作出的必然选择,也是不变的客观规律,司法必须面对纷繁复杂的新情况,并在法律体系中寻求答案。针对这些棘手的问题和迫切的现实需求,对著作权合理使用制度进行完善和改革实有必要,也是势在必行之事。

二、数字图书馆被排除在法定许可情形之外

以法国数字图书馆为例,20 世纪 80 年代末期,在法国总统 François Mitterrand 的构建"一个全新种类的图书馆"理念的推动下,法国图书的数字化进程开始启动。在计划试验初期,问题慢慢浮现,表现为在与出版社的磋商中越来越难取得许可,且不说一个个去取得授权许可所耗费的时间、人力和财力成本,这种成本的投入可能最后是以被拒绝授权而不具有任何效益的。时任法国国家图书馆数字化工程负责人的 Yannick Maignien 表示:"和出版商的接触进行得十分艰难,他们其中一小部分可以理解电子出版的到来所带来的问题,也愿意加入与国家图书馆的磋商讨论中来,但是还有一大部分人陷入对未来数字出版可能发生的垄断的忧虑之中,因此拒绝磋商。"[①] 本来顺利进行的数字图书馆计划在 20 世纪 90 年代初遭遇了大逆转,其在民众中的支持率也遭受了滑铁卢式的下跌。时任法国国家图书馆法务部负责人的 Valérie Game 对这种逆转作出解释:"在数字图书馆计划试验初期,大部分的出版社、权利人是允许对其作品进行数字化的。但是到了 90 年代末期,随着网络技术的快速发展,人们被网络强大的威力所震慑,并且停止了前进的脚步。他们担心在同意授权后,网络的快捷性、普及性会对他们的商业利益造成损害。"[②] 这场风波最终以一项十分有限的

[①] 马斯·伊莎贝尔:《著作权、复制、数字化》,法国国家图书馆公报。
[②] 盖姆·瓦莱利:《数字化:法律层面》,法国国家图书馆公报。

协议告终。最终，法国国家图书馆和法国国家出版工会订立协议，只能对进入公有领域的图书馆进行数字化。这次事件是一个重要的转折，它也为日后法官作出司法判例奠定了基调，即除了进入公有领域的作品之外，对受著作权保护的作品进行数字化利用不属于《法国知识产权法典》所规定的著作权限制，亦不享有法定许可的优势，在利用之前必须取得权利人的许可。

数字图书馆数字资源的授权许可方式该何去何从，也是数字图书馆建设过程中必须面对的问题。建立数字图书馆，首先要有海量的数字资源，其来源主要包括直接的数字作品和对传统实体作品的数字加工，无论是哪一种，要想对作品进行数字化开发以及将数字资源置于网络进行传播，都必须首先取得作品权利人的相关授权，这必然涉及海量许可的问题。倘若以合同形式进行一一的授权，这将耗费巨大的时间和经济成本，这违背了互联网技术快捷的特征，大大降低了知识信息传播的效率，并不利于社会的进步。所以寻求一种更加高效又合理的著作权授权许可制度也成为当下学界的讨论热潮，而现有各种模式的利弊还有待进一步的考证与研究。

三、数字图书馆实施授权许可成本高昂

数字图书馆是传统图书馆在网络世界的延伸与表现，因此，数字图书馆拥有着数量庞大的待数字化处理的馆藏资源。在数字图书馆利用作品进行数字资源开发的过程中，经常囿于未与著作权人达成利用作品的合意而引起著作权纠纷，根本问题在于，一方面现有著作权法律制度没有给数字图书馆提供足够的著作权限制的空间，另一方面在现有的著作权法律框架下，数字图书馆没有取得权利人的授权许可。加拿大卡耐基梅隆大学的 Carole A. George 在 "2000—2007 年加拿大卡耐基梅隆大学数字图书馆计划"过程中做的一项有关著作权授权许可的调查显示出，在数字图书馆数字资源获取过程中，著作权的授权许可是一大阻碍。Carole A. George 设计调查信函，随机抽样选取著作权持有人，向其发放信函并取得回执。结果显示，在所有收到信函的著作权持有人中，77%给予了回应，其中52%给予了明确的接受或者拒绝的答复，另外48%未表示明确态度，在明确给予答复的权利人中，大家普遍会根据自身情况提出条件和要求，其

中大部分是图书馆可以接受的。①经过统计,也就是说在所有征询授权许可的对象中,能够顺利达至结果的最多不会高于四成,这其中最大的困难包括有:不予反馈、反馈时间过长或者反馈但无法就要求达成合意。这其中消耗的时间成本、人力、物力是可想而知的,而且投入的这些成本不一定就会收回效益。

如上文所述,著作权法对数字图书馆利用作品的著作权限制的规定十分狭窄,甚至缺失,再加上技术保护措施对合理使用的钳制,据此,数字图书馆唯有投入极大的成本实施授权许可。图书馆电子信息委员会(Electronic Information For Libraries,简称 EIFL)在 2008 年 11 月 8 日发布的针对欧盟《知识经济中的版权》(绿皮书)所作回应的报告——《EIFL 的回应:知识经济中的版权(绿皮书)》中表述,为节约建设成本,通常图书馆会组建资源采购联盟与出版商就授权许可的达成、具体条款和价格要求进行磋商。即便如此,图书馆每年仍需支付资源提供商上百万欧元的高昂的许可费。②

以加拿大魁北克的魁北克地区国家图书馆和档案馆计划(Bibliothèque et Archives nationales du Québec,简称 BAnQ)为例。根据魁北克地区国家图书馆的图书馆政策,其数字馆藏资源主要是尚未进入公有领域的作品。魁北克地区国家图书馆在数字资源开发方面采取的是自愿政策,即授权许可方式,图书馆组建专门的资源收集建设小组,负责与作者或者其权利继受人接触、磋商,进而草拟和签署授权许可合同以对受著作权保护的作品进行数字化馆藏开发。③魁北克地区国家图书馆和档案馆数字化项目自 1996 年启动以来,取得了骄人的成绩,已经具有了大量的数字馆藏资源。但是从根本上来看,魁北克地区国家图书馆和档案馆项目对未进入公有领域的作品所采取的数字资源获取方式,更多的是一种政策选择,而非法律制度问题。有加拿大学者谴责魁北克地区国家图书馆不作为、工作效率低,为什么不能像美国 Google 数字图书馆那样开拓更丰富的数字馆藏资源。魁北克地区国家图书馆和档案馆项目的总负责人 Lise Bissonnette 女士在 2007 年 11 月 8 日魁北克的日报《义务报》(Le Devoir)中对上述攻击进行了回应,指出魁北克地区国家图书馆和档案馆计划旨在建立一个包括图书、报纸、期刊、历史文学资料、原稿、电影、声像记录等多种形式在内的,具有丰富馆藏和持久生命力的数字图书馆。④Lise Bissonnette 的话外音似乎在说,Google

---

① 卡罗尔·A.乔治:《数字图书馆的障碍测试:一项针对已出版文字数字化的著作权许可获取研究》。
② 《EIFL 的回应:知识经济中的版权(绿皮书)》。
③ 波里尔·布雷切·维罗尼克:《数字化战略》。
④ 布里松内特·利斯:《魁北克地区国家图书馆不接受错误的建议》,《义务报》2007 年 11 月 8 日。

数字图书馆的做法是具有风险的。也许她并不想攻击 Google 的数字图书馆计划，但是在今天看来，她的说法应验了，Google 确实陷入不断的著作权纠纷中疲于应对，谷歌逐渐泄气。尽管在与美国作家协会的诉讼中，谷歌最终赢得了官司，法庭也宣布谷歌可以继续展示图书的章节片段，但是公司似乎已经无心再受诉累，也几乎停止了它的图书扫描项目。

魁北克地区国家图书馆和档案馆数字化项目同样对受著作权保护的作品进行了数字化开发，但是没有触犯法律的底线。根据魁北克地区国家图书馆和档案馆计划的经验显示，与作者进行一对一的接触与协商，可以达到通过集体协商或者与集体管理机构作为中介协商所无法达到的效果。尽管如此，魁北克数字图书馆能做的却十分有限，除了高昂的许可费之外，还需要付出十分昂贵的间接成本，例如支付给资源收集建设小组员工的工资、各种开销经费，等等。并且当一部作品之上具有多重权利人时，取得授权许可的难度就更大，需要花费的财力、物力和人力也更加繁重。[①]选择一一授权也是出于对法律缺失这一现实所迫的无奈选择，从实践来看，还需从法律制度革新中寻求对问题的根本解决之法。

四、技术保护措施对数字图书馆资源开发形成障碍

随着数字技术的发展，越来越多的著作权技术保护措施被开发出来，并被利用到实践中，技术措施主要用于防止未经许可而对作品进行使用。这些技术措施包括数字加密、数字水印、数字指纹、数据干扰系统（CSS）、高级访问内容系统（AACS）等[②]，这些技术可以对作品的使用情况进行控制、跟踪和监视。据此，著作权人和出版商在享有了著作权法的法律保护之外，又享有了技术措施的非法律式保护。当技术保护措施取代了法律保护时，著作权权利限制就变得更加虚弱。有学者认为，技术保护措施使著作权人可以完全享有独立于法律保护之外的方式来保护自己的作品，即便法律存在着缺失，著作权人可以做到完全不依赖法律，因此，著作权所有的权利限制逐渐沦为鸡肋，在这种情形下，著作权法不应再是"著作权利"法，即著作权人应该享有什么权利，而并变为"著

[①] 莱昂内尔·莫雷尔：《数字图书馆：著作权的挑战》，第 151—160 页。
[②] [美]Joan Van Tassel：《数字权益管理——传媒业与娱乐业中数字作品的保护与盈利》，人民邮电出版社 2009 年版，第 69—78 页。

作义务"法,即著作权人在保障他人能够获得作品中应履行怎样的义务。[1]技术和合同的结合正在逐渐碾压著作权法的空间和地位。[2]如果说法律允许在合理使用情形下规避技术措施,那么对于不懂得技术措施和需要投入才能规避技术措施的人群来说,允许规避技术措施和不使用技术措施具有本质上的差别,技术措施的使用已经在公众与作品之间人为地树立起了一道屏障。此外,对于不符合著作权限制的情形,法律提出禁止规避技术措施的规定,这隐喻着我们采取规避措施而使用作品的行为,就犹如掌握了开锁的小偷撬开了他人的房门非法闯入一样,实际上是将著作权变成一种纯粹的物权,[3]权利人对作品的控制被进一步强化。当作品被获取的机会减少了,被公众接触作品的机会和使用者对作品进行评论、介绍、批评的机会也会减少,数字图书馆对作品进行数字化开发的可能性也相应减少。

本章小结

数字图书馆是一个以现代信息化和数字化技术为技术支撑、以传播文化促进知识交流为主要职责的信息系统和文化服务平台。数字图书馆是信息技术发展的产物,更是整个社会信息变革的必然结果。数字图书馆与传统图书馆具有相同的文化使命,却不同于传统的图书馆。对于数字图书馆的性质问题,不能片面地看待。一方面,数字图书馆具有与生俱来的公益性使命,另一方面,数字图书馆能够通过具备无限延展性的知识服务网络系统,对具有高价值的信息进行高质量的加工处理,从而实现知识的增值。在网络环境中,数字图书馆在数字作品的不同传播环节扮演着不同的角色,在与著作权人、读者、传播者之间建立的不同法律关系中也具有不同的法律地位。尽管数字图书馆开展了部分的有偿服务,但是根据数字图书馆的公益性使命,数字图书馆的本质属性仍然是公益性质的,同时根据数字图书馆所提供的不同性质的服务,它还具备了网络内容提供者和作品传播者的相关性征。因此,数字图书馆不是一个具有单一法律地位的简单主体,而是一个具有多重属性的权利主体,它既是最终用户,还是网络内

---

[1] 斯特凡·贝赫托尔德:《美国和欧洲的数字版权管理》,《美国比较法杂志》2004(52),第323页。
[2] 塞维琳·达索利尔:《数字环境中的版权和信息访问——为第三届联合国教科文组织就网络空间中的伦理、法律和社会问题撰写的研究报告》,《信息伦理》(2000)。
[3] 朱理:《著作权的边界——信息社会著作权的限制与例外研究》,北京大学出版社2011年版,第153页。

容提供者和数字内容的传播者。在解决数字图书馆的著作权问题时，应坚持数字图书馆的公益主体性质不动摇，同时对数字图书馆提供的服务性质作细致分析，根据不同的消费需求，对数字图书馆的部分营利性服务做特殊处理，从而保障数字图书馆的正常运作和业务的良性开拓。

本书选取"著作权限制"一词，研究范围针对的是著作权权利行使和著作权权利内容的限制，包括有著作权法定性限制和著作权声明性限制。著作权法定性限制主要包括法律明确规定的，无须取得权利人同意亦无须支付使用费用的方式和无须取得权利人同意但应支付使用费用的方式，即合理使用和法定许可，以及针对数字图书馆专门设置的限制著作权人的权利内容、著作权权利行使方式、保护期限和管辖等限制方式。著作权声明性限制指依据著作权人自我意愿作出的让渡著作权某项专有权利的意思表示，即著作权授权许可机制。通过对各国著作权法以及国际性著作权法律文件中著作权限制的分类进行研究得出，目前世界范围内针对数字图书馆利用作品的著作权限制的立法特点体现为：合理使用成为数字图书馆的一项重要著作权限制，数字图书馆利用作品的著作权限制多以成文法形式呈现，数字图书馆利用作品的著作权限制类型具有多元性，各国的著作权限制具有相异相吸性。在未来，针对数字图书馆利用作品的著作权限制将呈现出继续维持动态性的利益平衡、与数字技术和信息网络技术紧密联系、国际融合和影响不断加强、适用主体和适用对象类型更加多元化的立法趋势。

从目前各国的立法现状和司法实践来看，数字图书馆利用作品的著作权限制的适用困境主要体现为：各国著作权法中数字图书馆的合理使用空间狭窄、数字图书馆被排除在法定许可情形之外、数字图书馆获权实施授权许可成本巨大，以及技术保护措施给数字图书馆资源开发形成障碍。因此，研究数字图书馆利用作品的著作权限制问题也应当着重从这几方面入手寻求解决路径。

第二章
数字图书馆利用作品的著作权限制的正当性分析

著作权限制制度是一项重要的著作权法律制度，也是数字图书馆开发数字资源过程中解决获权问题最根本、最有效率和最优的途径。数字图书馆利用作品的著作权限制能有效地维护作者作品保护的私人利益和社会科技文化进步的公共利益之间的平衡，使社会公众享有接触作品、分享知识的自由和权利，这不仅使著作权制度之鼓励信息传播，通过增进知识而提升社会福利的根本目的得以实现，还充分展现了著作权制度在调整社会关系中的效率。

第一节　法理学考量：利益平衡

利益平衡是现在著作权法律制度的基本精神，是著作权权利限制制度的基本要旨。在相互矛盾的个人利益之间不可避免地会产生冲突和碰撞，社会中的利益矛盾形式是多样的，不仅存在于个人与个人之间，还体现为个人与群体之间以及群体与群体之间的社会利益冲突。法律的作用在于规范社会关系、调和社会矛盾以及各种相互冲突的利益，不论是个人利益还是社会利益，以求达到各种利益的平衡。著作权法所调整的是著作权人私人利益和社会公众利益之间的关系，著作权限制制度是维护利益平衡的关键。在数字图书馆著作权问题中，传统的著作权权利限制范围过于狭窄，无法调整数字环境中的利益关系，导致了数字图书馆著作权纠纷中各方利益的失衡。主要体现为：著作权人为防止数字技术的发展造成其权利的损害而加强著作权保护，因此造成数字图书馆利用作品开发数字资源可适用的著作权限制空间极其狭窄，直接引起数字馆藏的开发受阻，社会知识传播的渠道受限，公众无法享受到丰富的文化资源。为维护著作权人私人利益和公众利益之间的平衡，应构建数字图书馆利用作品可适用的著作权限制制度。

一、数字图书馆著作权利益平衡的具体内容

平衡是一个抽象性的词语,平衡的标准是什么,我们无法给出一个准确的答案。只有在一定层面上,通过对评估各利益之重要性、各种重要性之间的优先顺位以及调整种种冲突利益的普适性规则进行提炼,才能使平衡具体化。从本质上来说,平衡是一种状态、一个不断变化的状态,但是这种状态并非永恒固定的,只有相对的平衡,没有绝对的平衡。探寻平衡的过程中,应对各方的利益和需求作出细腻的考量,进而对制度进行细枝末节的设计。

(一)作者、使用者和传播者之间的利益平衡

著作权限制制度所调整的范围主要是著作权法律关系中各利益主体和各个利益客体之间的矛盾和冲突。在著作权法律关系中,著作权保护是基础,著作权法律制度首先是建立在作品这一标的之上,没有作品也就谈不上著作权保护。作品是作者智力劳动的创造性成果,作者的劳动价值应受到法律的保护,这也是对作者人格的肯定和对其所付出劳动的激励。同时,著作权法律作为一种社会法律制度,它具有服务社会的工具性属性,著作权是一个功能性概念,著作权的根本目的是鼓励信息传播,通过增进知识提升社会福利。[①]因此,在保护作者权益的同时,还应保护使用者的接触权。在使用者和作者之间,传播者扮演着重要的作品传播媒介的作用,他是沟通使用者和作者之间的枢纽,保护传播者的利益主要在于促进信息传播,拓展作品使用渠道和机会,发挥知识在科技文化发展中的重要作用。作品创作是一个个性展现的过程,但是作品的利用与开发是社会价值得以彰显的过程。所以,一方面通过著作权法律制度保护作者的成果和权益不被侵犯,从而形成一种鼓励创新的激励机制;另一方面,通过著作权限制制度许可他人在特定情形下出于公共利益之考量,可以不取得著作权人许可(这里不区分是否需要支付使用费用的情形),而利用作品。概言之,著作权限制制度调整的是著作权人、使用者和传播者这三方利益主体之间的法律关系。在数字图书馆的著作权法律关系中,则体现为作者、数字图书馆和广大用户

---

① [美]莱曼·雷·帕特森、斯坦利·W.林德伯格:《版权的本质:保护使用者权利的法律》,法律出版社2015年版,第2页。

群之间的利益平衡。

（二）著作权人私人利益与公众利益之间的平衡

从著作权立法的历史溯源中可以发现，从 1710 年《安娜女王法令》问世以来，基本上所有的著作权法均在赋予了著作权人专有权保护的同时，对著作权进行了限制，以此促进对作品的传播和利用。著作权立法强调在通过著作权保护以实现对创作的鼓励和通过设置公有领域保留以促进社会文化交流之间的平衡。著作权法不仅规范作者的权利行使，同时规范传播者和使用者的权利和行为。概言之，著作权法实际上是关于著作权人权利保护和著作权人与包括作者、传播者和使用者所组成的社会整体公众之间的关系的法律制度。传播者，例如表演者、广播电视、录音录像制作者等，本身是广义上的作品使用者，同时也是演绎作品的创作者，而每一个利用者都是潜在的著作权人，创作是一个不断发展延续的事业，只有不断在前人的成果和经验上进行开发探索，才会不断地推陈出新产生新的作品。即便是不对作品进行二次创作的使用者，也同样可以从作品中获得精神享受和文化的灌溉。因此，创造不单是一个新作品产生的过程，还可能是一个作品被利用的过程，这其中涉及被利用作品的著作权人的私人利益和潜在的著作权人——使用者和传播者，所组成的公众利益。在数字图书馆的著作权纠纷中所涉及的各方主体之间，即著作权人和使用作品的公众之间，存在着一种天然的矛盾：著作权人当然希望能够从自己的作品中获得利益，因此需要对作品享有一定的垄断控制权；在使用作品的公众看来，组成一个作品的文化、知识以及各种元素，始终是来自人类公有领域的内容，知识不应该被垄断，这不仅侵害了公众接触文化知识的权利，同时还阻碍了文化的可持续发展。因此，要解决这种矛盾冲突，著作权法就必须寻求两者利益的平衡。著作权限制制度在对著作权人权益进行保护的同时，也对著作权人的权利进行限制，以满足基于公众利益使用作品之需求。所以，著作权限制是一项关于平衡著作权人私人利益和社会公众利益的法律制度。

二、数字图书馆著作权利益失衡之困境

著作权法的发展史在某种程度上是著作权逐渐扩张的历史，它直接体现了

著作权人专有控制权的扩大和使用者可利用作品的部分的减少。作者权利的扩张会直接威胁到公共利益的实现，使作品利用和持续流通的空间被极大地压缩，公共利益的生存空间受到著作权人私权保护强化的碾压和削弱。

（一）信息网络环境中著作权权利扩张之现状

随着数字时代的到来，数字作品交易和传播成为虚拟世界的主流，为满足日益加快的社会节奏和日益旺盛的社会需求，越来越多的作品以数字形式在网络上传播开来。数字形式几乎是无法抗拒的，归结起来主要有三个原因：保真度、便捷度和普遍度。虽然数字技术可以促进作品的自由流通，却伴随着著作权侵权的风险，但是对著作权人给予过多的保护，又将影响数字版权产业的发展以及作品的利用和传播。各国立法纷纷采取措施的信息网络环境中的著作权法律问题进行规制。

美国较早地提出了"信息网络传播权"这一概念。20世纪90年代中期，在美国专利商标局局长布鲁斯·莱曼的主持下，克林顿信息基础设施任务组（IITF）下属的知识产权工作小组（WGIPR）建议修改《版权法》。1995年9月5日，工作小组发布《知识产权与国家信息基础设施》报告（通称《白皮书》），重点阐述了著作权法及其对信息调整公路的应用和影响。《白皮书》的主要任务是将著作权法融入数字环境之中，确立数字环境中的著作权法律制度的地位，并讨论如何对著作权法进行修改，以适应数字技术发展和数字版权产业兴起的需要。《白皮书》所体现的是著作权在数字环境中的扩张，出于防治数字技术的易传播性所导致的著作权人丧失对其作品的控制权之局面，且弥补给著作权人的利益带来的潜在损害，《白皮书》明显地强化了著作权人的权利，却没有规定用户使用作品相关的权利。《白皮书》中最具争议的就是将信息网络传播行为纳入发行权的范畴之中，以发行权的相关法律规定规制信息网络传播行为。《白皮书》指出，信息传输是通过网络将作品以数字代码形式从某一终端传输至另一终端，应被视为发行，由著作权人专有。白皮书还强调，这一修改并未创设新的权项，仅仅是明确了发行权的行使范围。该建议旨在将发行权的界定范围由有形载体所有权转移扩大到无形载体或者载体不转移的作品。[①]虽然国会最终没有采纳这些建议，但法院这样做了。在阿莫唱片公司诉 Napster 一案中，

---

① [美]保罗·戈斯汀：《著作权之道——从古登堡到数字点播机》，金海军译，北京大学出版社2008年版，第170—171页。

法院认为录音的因特网传播是对该录音及其所含之版权音乐的侵权性"发行"。①在美国联邦地区法院于2013年3月30日就Capitol Records v. ReDigi 一案作出的判决中，将网络传播行为中暗含的必要的复制行为抽离出来，从严解释"复制""复制件"等概念，认为复制权不得穷竭，首次销售抗辩仅仅局限于物质载体，因此不可以适用于数字作品的转售。②

无论是从白皮书的建议还是美国的信息网络传播的司法判例中均可看出，著作权在信息网络空间得到了极大扩张。例如，主张信息网络传播权属于发行权的范畴，实质上是忽视了信息网络的技术特性，也没有就作品有形物质载体和无形载体的异处进行区别处理，进而否定了数字环境中权利穷竭原则的适用，这在一定程度上构成了对消费者和使用者权利的压制。对于数字作品复制件的消费者而言，他们和传统物质载体复制件的消费者一样，在支付了合理对价之后，就应当享有对产品的自由处分权，当他们在购买了数字产品复制件之后，日后希望将产品转售也是完全可以的。然而现实的情况是，技术的变革和著作权在信息网络领域的扩张使他们丧失了作为所有者的处分权和作为使用者的合理期待。

国际性著作权法律公约也纷纷对著作权在数字环境中进行了扩张，将著作权的权能延伸至信息网络环境之中。例如，《世界知识产权组织版权条约》和《世界知识产权组织表演和录音制品条约》均强化了传统的著作权和领接权在信息网络环境中的保护。《世界知识产权组织版权条约》对著作权的扩张主要体现为以下方面：首先，它扩大了著作权保护的客体范围，条约第4条将计算机程序纳入《伯尔尼条约》第2条意义下的文学作品的保护范围③，第5条将数据库纳入《伯尔尼条约》第2条意义下的著作权保护范畴。④其次，《世界知识产权组织版权条约》扩大了著作权的权利内容，对出租权、信息网络传播权、技术保护措施和权利管理信息义务作出了规定。条约第7条第1款对出租权作出了规定，⑤条约第8条设置了向公众传播的权利，⑥条约第11条设置了关于缔约双方的技术

---

① [美]谢尔登·W.哈尔彭、克雷格·艾伦·纳德、肯尼思·L.波特：《美国知识产权法原理》，商务印书馆2013年版，第92页。
② CapitolRecords LLC v. ReDigi Inc., No. 12-cv-95（RJS）, F. Supp. 2d 640-661（S.D.N.Y. March 30, 2013）.（本案例的案卷编号）
③ 《世界知识产权组织版权条约》第4条。
④ 《世界知识产权组织版权条约》第5条。
⑤ 《世界知识产权组织版权条约》第7条第1款。
⑥ 《世界知识产权组织版权条约》第8条。

措施义务,① 条约第 12 条设置了关于缔约各方权利管理信息的义务。② 针对《世界知识产权组织表演和录音制品条约》而言,条约第 5 条规定了表演者享有的精神权利③,第 7 条规定了表演者的复制权④,第 9 条规定了表演享有的出租权⑤,第 13 条规定了录音制品制作者享有的出租权⑥,第 18 条设置了缔约各方的技术措施义务⑦,第 19 条设置了缔约各方的权利管理信息保护的义务。⑧

我国的信息网络传播也发展得相当迅猛。在我国 2001 年修改的《著作权法》中,增加了著作权人享有的信息网络传播权。⑨ 在选择使用"信息网络传播权"的提法还是"向公众传播的权利"的提法时,我国在《著作权》修法的过程中曾有过迟疑。对此,《世界知识产权组织版权条约》和《世界知识产权组织表演和录音制品条约》中的用法也不一致,原因在于:《世界知识产权组织版权条约》是在《伯尔尼公约》的基础上制定,沿用了《伯尔尼公约》中的"向公众传播"的概念,因此使用的是"向公众传播的权利"一说⑩,实际上是将"向公众传播"的概念延伸适用于数字环境之中;《世界知识产权组织版权条约》中采用的"向公众传播的权利"包含了信息网络传播的权利,但仍然保留了使用其他方式向公众传播的权利的部分,这是因为《世界知识产权组织表演和录音制品条约》是在《保护表演者、录像制品制作者和广播组织的罗马公约》(简称《罗马公约》)的基础上制定,为了和后者保持一致,因而对两种提法都有使用。我国修改后的《著作权法》采用了"信息网络传播权"一说,对上述两个国际条约中涉及的通过信息网络向公众传播的权利进行了规制。在我国《著作权法》中,除了著作权人享有信息网络传播权之外,领接权人也享有该权利。例如,根据我国《著作权法》第三十八条第(六)项和第四十二条的规定,表演者和录音录像制作者均享有信息网络传播权。⑪ 修改后的《著作权法》逐渐与著作权国际条约接轨,将著作权扩张信息网络环境中,大大地强化了著作权的权利适用范围。

---

① 《世界知识产权组织版权条约》第 11 条。
② 《世界知识产权组织版权条约》第 12 条。
③ 《世界知识产权组织表演和录音制品条约》第 5 条。
④ 《世界知识产权组织表演和录音制品条约》第 7 条。
⑤ 《世界知识产权组织表演和录音制品条约》第 9 条。
⑥ 《世界知识产权组织表演和录音制品条约》第 13 条。
⑦ 《世界知识产权组织表演和录音制品条约》第 18 条。
⑧ 《世界知识产权组织表演和录音制品条约》第 19 条。
⑨ 具体参见《著作权法》第十条第一款第(十二)项。
⑩ 《伯尔尼公约》第 14 条。
⑪ 具体参见《著作权法》第三十八条第(六)项和第四十二条。

（二）数字图书馆著作权利益失衡的具体表现

1. 著作权权利扩张引发利益冲突

信息网络传播权的确立和技术保护措施的合法化使数字环境中的著作权保护不断被强化。《世界知识产权组织版权条约》和《世界知识产权组织表演和录音制品条约》极大地强化了传统的著作权和领接权在信息网络环境中的保护，扩大了著作权保护的客体范围，明确了著作权人和领接权人的信息网络传播权，即通过信息网络传播作品必须取得著作权人的授权许可，且不得损害著作权人的利益。为强化对著作权人的信息网络传播权的保护，法律还规定了缔约各方的技术保护措施义务和权利管理信息保护的义务。著作权人可以使用诸如数字水印技术、数字密钥、信息智能识别技术、信息访问控制技术等筑起一道非法律式的保护屏障，将作品与使用者相隔离，并且这些技术是合法的。

著作权人权项的增加和权利保护的增强，使著作权权利不断扩张，平衡数字图书馆所涉及的著作权人利益和公众利益的合理使用制度的空间不断被挤压，变得越来越狭窄。此外，由于数字环境中一些著作权概念发生了变化，著作权限制制度变得无法直接适用，合理使用制度的判断标准也一再被司法实践所考验，使得数字图书馆利用作品经常陷入合理使用和侵权使用的夹缝之间，连受诉累。数字图书馆的建设方苦于这种现状，唯有放慢或者放弃数字化馆藏开发的进程，造成信息共享的范围相对缩小，公众可接触的作品也被控制在十分有限的范围之内。著作权权利的扩张导致了数字图书馆自由建设过程中著作权私人利益和公众利益之间的失衡。

2. 著作权授权模式单一引发利益冲突

传统的著作权授权方式是采用合同形式达成双方合意从而授权成立。然而这种单一的授权方式在数字图书馆的建设过程中显得笨拙又不奏效。建立数字图书馆首先要有海量的数字资源，数字资源的来源包括直接的数字作品和传统作品数字化，无论是哪一种，要想将作品数字化之后置于网络进行传播，都必须首先取得作品权利人的相关授权，这必然涉及海量许可的问题。倘若以合同形式进行一一的授权，上一章中已经论述过，Carole A. George 在"2000—2007年加拿大卡耐基梅隆大学数字图书馆计划"过程中作的一项有关著作权授权许可的调查证实，传统的授权许可方式将耗费巨大的时间和经济成本，这违背了互联网技术快捷的特征，大大降低了知识信息传播的效率，并不利于社会的进步。

著作权授权许可模式的单一成为数字图书馆数字资源开发过程中的一大障碍，也是引起数字图书馆著作权权利失衡的又一大诱因。所以寻求一种更加高效又合理的著作权授权许可机制也是解决数字图书馆著作权问题的另一条有效途径。

三、数字图书馆利用作品的著作权限制之利益权衡的正义探讨

构建数字图书馆利用作品的著作权限制是解决利益失衡最重要的理论依据，也是回应著作权立法之双重目的——保护著作权人权利和维护公共利益的真实体现。立法应坚持科学原则，克服立法中的主观随意性和盲目性，降低立法成本，提高立法效益，要尽可能选择最佳的立法形式，要顾及全局并做到全面、系统，同时要分清轻重缓急，合理安排先后顺序，做到法律制度内部和各法律制度之间的横向和纵向关系的协调一致。[①]当谈到利益平衡时，不可避免地会出现对利益的权衡和取舍。对利益的取舍往往是立法者结合一定时代社会特征和政策需求所作的回应，因此难免会带有价值取向。但是，在著作权立法过程中，应始终坚持科学立法原则，尽可能理性、合理、合适、全面地考量，以追求利益权衡中的正义价值的体现。

不同的时代、不同的法学流派对正义有各异的解释。认为著作权的根本目的乃保护作者之天然权利的观点多在古典时代的自然法学派思想中可寻得根基。在此，笔者选取古典时代自然法学派的代表性流派——古希腊古罗马法学家和斯多葛派法学家的法学思想展开分析，以图对现代数字图书馆中著作权利益权衡的正义选择作出阐释。

（一）古希腊古罗马法学家：利益权衡的正义乃较强需求的体现

在公众利益和私人利益之间，也许没有所谓的终极正义，法律作何选择，是因为哪一方的需求更强或者在当下的有利可图性更多。在古希腊和古罗马的法学家中就早有此论述，诡辩家卡里克利斯（Callicles）将"强者之权利"视为自

[①] 张文显：《法理学》，高等教育出版社1999年版，第276页。

然法的基本原理。① 柏拉图在其著作《理想国》中也有相同的描述，他在书中写道："正义不外乎是对强者有利的东西。"② 柏拉图认为，在正义出现偏离的情况下，正义者往往比不正义者要生活得更糟，事实上人们经常颠覆正义和非正义的真实价值。我们要去除一切表象，如果只是称赞某个表象，而不看真正的本质的话，那我们只能说赞扬的只是正义的表象，绝非正义本身，同样的，谴责的也不是实质上的非正义，而是非正义之名。③ 斯拉雪麦格认为："如果不正义大到足够程度，那么它就会比正义更有力、更自由、更高明。"如果人能够绕开法律，那么为不正义的行为便是值得的。亚里士多德在《政治学》中指出，原始社会中被人们接受的"自然正义"很有可能违背了高度发展的文明社会中的普遍正义观。④ 随着人类在控制其难以破解的自然力方面、在发展一种更为强有力的道德意识方面和在获得更高的相互理解力等方面的进步，人类的正义感也变得更为精致。⑤

古希腊的法学家们给出了正义的另一种解释，确切地说没有解释，而仅仅只是体现了对正义的中立立场。正义不一定是少数人的利益，也并非就是多数人的利益，正义是一张普罗透斯的脸，它变幻无穷。如果非要下一个定义，笔者认为，正义乃是特定时代下更具有驱动力、更具有持久生命力并且尽可能向善且理性的需求。根据古希腊古罗马法学家的正义观，针对数字图书馆开发资源的过程中所遭遇的著作权纠纷，我们无法权衡著作权人利益和公众利益哪一个更重要，难道我们选择任何一边就是否定了另一边的立场了吗？难道著作权人的利益就不是公众利益吗？笔者认为，解决数字图书馆的著作权纠纷，一味地论述孰是孰非并无太大益处，重点应是厘清在这个大时代下、在新技术时代下，什么才是最强烈最有力量的呼声，我们应该做什么才是尽可能理性且有效率的。著作权人创作作品，也会希望于作品广而告之、广为流传，问题的关键不是讨论对作品的利用和传播是否要控制、该如何控制，而是在数字技术加快作品传播这一既成事实下，该如何进行利益分配，以及如何优化创新激励机制。这不仅是一个法律问题，也是一个观念的转变问题。

---

① [美]E.博登海默：《法理学：法律哲学与法律方法》，邓正来译，中国政法大学出版社1998年版，第6—7页。
② [古希腊]柏拉图：《理想国》，中国华侨出版社2012年版，第57页。
③ [古希腊]柏拉图：《理想国》，黄颖译，中国华侨出版社2012年版，第41页。
④ [古希腊]亚里士多德：《政治学》，颜一、秦典华，中国人民大学出版社1999年版。
⑤ [美]E.博登海默：《法理学：法律哲学与法律方法》，邓正来译，中国政法大学出版社1998年版，第15页。

（二）斯多葛派法学家：利益权衡的正义乃集体幸福的必要条件

斯多葛派的著名论述者西塞罗将正义看作为人类通往集体幸福的一个必要条件，他认为，虽然正义感这一抽象的概念会发展和改进，但是正义是人所固有的人性，是每一个理性人都具备的普遍品格，并且正义绝不能与公用事业相分离。

在阐述利益权衡之正义之前，我们首先要讨论一个前提问题，即何为"利益"。西塞罗在《论义务》中强调，利益的正确性应始终是和道德相关联的。他指出，"利益"这个词已经逐渐地被曲解和滥用，道德的正确和利益逐渐地被割裂，以致人们开始接受，一件事情可以是道德上正确但是无利益的，或者是有利的但是道德上是不正确的。我们在讨论平衡正义时，与"适当的"和"道德的"有关；我们在讨论利益时，便与财产、财富、权势等有关。这两者中，前者是内心的确信，后者是外在的便利。两者看似相互冲突，但是完全将正义与道德相等，将利益与外在便利相等，也不尽然成立。一些斯多葛派的哲学家将道德、正义、利益这三个关键词进行了严格精细的区分，即便也许它们本应该是联成一气的。他们主张，凡是公正的，就也是有利的；同样地，凡是道德上正确的，就也是公正的；因此得出结论：凡是道德上正确的，就也是有利的。①

斯多葛派主张，凡是道德上正确的亦即是有益的，凡是道德上不正确的都不是有益的。仔细阅读会发现，斯多葛派所主张的"有益"，事实上是"有益处"，并不是"有利益"，斯多葛派的哲学家以内心的确信——快乐与不痛苦，作为尺度来衡量事物的可取性，他们认为美德只有作为利益的原因时，才是值得培养的。但是何为快乐和不痛苦？它是否是一种中等的欲望②，对于以上问题，答案当然是否定的。斯多葛派一直主张将德性与理性相联系，驱散想象，克制欲望。人的生活应当不受情感和主观激情的影响，而且应当使自己不依赖于外部世界，不受世俗之物的支配，并用理性的方式支配其本能。③一个理性的人应是弘德和制怒的，是抽离普世欲望和激情的，是具有美德的。他所能达至的快乐和不痛苦是一种基于更高层级、关乎群体的共同快乐。如果将群体之中各种不同的利益相融合，那便是美德。当有的事情在发展的过程中显示出一种中等

---

① [古罗马]西塞罗：《论义务》，张竹明、龙莉译，译林出版社 2015 年版，第 69 页。
② 西塞罗很难表达这类专有名词，他将道德、义务等这一类抽象的概念进行了等级的划分，包括有"正确的"，即"完全的""绝对的"，相反的是"普通的"，即"中等的""不够绝对的""平常的""普通的"。
③ [古罗马]马可·奥勒留：《沉思录》，梁实秋译，中央编译出版社 2008 年版。

的融洽，一般人却把它当作是完满的。因为普通群众一般不理解事物离真正的完善有多远，而是在他们的理解能力所及的范围之内认为事物没有不足之处，可以到此为止。唯有把每个人的利益和所有人的整体利益统一起来，才是所有人的主要目标。当遇到某些似是而非的利益时，我们难免会受到影响。然而只看重似乎有利的东西，断然地不把它和道德正确问题联系起来考虑，这就是那些非真正正直者的错误。[①]经过仔细的考察就能发现，利益不应该违反自然。对于数字图书馆中涉及的利益关系而言，如果只是遵循著作权人创作作品而产生基于其智力成果之上的著作权，因此应加强著作权的保护乃正义之举这一简单逻辑，显然忽视了社会的长远发展与群体的共同福祉。笔者并不是劝导所有人应抽离普世欲望进而抛弃利益，但是在处理数字图书馆建设这一公益性事业时，应立足于所有人的整体利益与社会的可持续发展，将著作权人的私益与公共利益统一起来。

斯多葛派的自然法学观所崇尚的理性是一种近乎乌托邦式的理念。这种哲学理念与罗马帝国的人道主义、平均主义思想形成因果。在罗马共和国晚期和罗马帝国时期，许多的领袖人物都深受斯多葛派哲学思想的影响，斯多葛派的理性光辉在罗马这一历史时期的政治和法律改革中发挥着重要的作用，斯多葛派的哲学影响使罗马这块沃土朝着世界帝国的趋势发展，并最终形成了罗马帝国的全盛时期。古罗马帝国的皇帝马可·奥勒留·安东尼就是斯多葛派著名的哲学家，他接受了斯多葛派的教育，在其生活中身体力行，并将这种思想融入进国家治理与社会改革之中，使斯多葛派这种乌托邦式的理念极具真实意义。

在数字图书馆的著作权问题中，无论是从古希腊、古罗马法学家之利益权衡的正义乃较强需求的体现的角度来看，还是斯多葛派法学家之利益权衡的正义乃集体幸福的必要条件视角出发，我们认为在处理著作权人利益和公众利益的平衡问题上，应关注较强利益群的呼声，或者说更关注集体幸福的实现。著作权人实际上是公众的一部分，每一个著作权人同时也是潜在的使用者，在给予著作权人基于其创作成果的专有权保护的同时，也应考虑针对集体幸福和社会共同福利的实现途径。

---

① [古罗马]西塞罗：《论义务》，张竹明、龙莉译，译林出版社2015年版，第109—117页。

四、数字图书馆利用作品的著作权限制有利于维护著作权利益平衡

构建数字图书馆利用作品著作权限制是解决利益失衡最重要的理论依据，也是回应著作权立法之双重目的——保护著作权人权利和维护公共利益的真实体现。

（一）构建数字图书馆利用作品的著作权限制是解决利益失衡最重要的理论依据

每个社会人能动作用的发挥都需要一定的条件和空间给予支持，相互独立的社会单位的利益之间必定会产生碰撞和冲突。社会中的利益冲突形式是多样的，对法律起支配作用的根本要素是利益，利益往往通过权利冲突和权利协调的方式表现出来。[1]主张自我生存和自我维护是整个生物界的最高法则，人类区别于动物在于这不仅关乎自然之生命，还关乎其道德存在，人类用权利来占有和捍卫其道德的生存条件，人类自我存在的条件之一是主张权利。由此可见，利益是本质，权利是表象[2]，权利即是被合法保护的利益，法即是对利益的承认。[3]利益是所有法律概念的基础，没有利益，就没有行为，同样，也没有权益和义务。[4]利益的衡量是知识产权保护的法律基础[5]，著作权法的核心是利益平衡[6]，在著作权法的设计过程中，通过设置权利和权利限制制度来兼顾权利人与公众之间的利益。著作权法的基本功能之一是调整著作权人行使专有权利与促进文化知识传播之间的矛盾，协调权利人基于其智力成果之上的垄断权利与社会公众接触先进文化知识之间的冲突。[7]基于此，著作权法从未赋予著作权人一般性的或全面性的控制权，而是有选择地给予权利人部分控制的权利，使其只能对其作品有条件地行使专有权。为了避免对某一行为作出过于宽泛的解释，从而导致权利人的控制权过甚，法律必须严格定义每一项权项的内涵与外延，从而

---

[1] 全红霞：《网络环境著作权限制的新发展》，吉林大学出版社，第 24—25 页。
[2] ［德］耶林：《为权利而斗争》，商务印书馆 2016 年版，第 14 页。
[3] 蒂蒂里加·雷穆斯：《德国法理学：历史、成就、评估》，《法学期刊》2016 年 6 月（第 3.1 卷），第 55—78 页。
[4] 弗朗索瓦·奥斯特：《权利与利益（第 2 卷）权利与非权利之间：利益》，（布鲁塞尔）圣路易斯大学出版，1990 年版，第 10—11 页。
[5] 黄玉烨：《知识产权利益衡量论——兼论后 TRIPs 时代知识产权国际保护的新发展》，《法商研究》2004 年第 5 期。
[6] ［德］M.雷炳德：《著作权法》，张恩民译，法律出版社 2004 年版，第 228—230 页。
[7] 吴汉东：《知识产权总论》，中国人民大学出版社 2013 年版，第 65 页。

使权利人在权利范围内行使有限的控制权。①

面对社会公众,著作权人在享受权利的同时,也应承担与这一权利相联系的某种限制,才能负责地行使其权利并使著作权的目的实现的可能性最大化。法律应当对社会典型的生活事件和利益冲突进行调整。法社会基础的"动态化"产生的后果是,"工业社会"越是复杂,技术等因素对人类的生活环境和人类自身带来的变化就越多,法律制度及其理论就越复杂。因此,法律调整的范围在扩大,法律的适用问题日益突出。②如果法律对某一生活领域完全没有作出规定,而这一领域根据法律往来的结果和法律共同体的期待必须在法律上有所规定,那么我们就认为此处存在着一个"法漏洞"或"领域漏洞"。③在数字环境下,在给予知识产权充分保护的前提下,是否能够发挥网络在传播知识方面的作用,方便社会公众接触先进的知识,从而提升全社会的创新和创造能力,是面对数字技术和网络技术对知识产权保护提出的全新挑战时,所要解决的重点问题。立法者需要思考的是,如何既兼顾著作权私人权益保护,又不损害或妨碍社会公众利益的最大化。

在新技术时代,数字技术和互联网产业的不断发展使一种全新的传播方式迅速崛起,在网络版权时代,从作品的复制到传播都发生了巨大变化。数字环境下的网络传播因其传播时间上的自由性、传播空间上的无限性和传播方式上的多样性,使公众获取了相比传统版权时代而言更多接触作品的机会,公众可以更容易并且以更少的成本获取作品,这不仅打破了原有著作权体系的利益格局,也为著作权财产权限制制度的重新构建发起了严峻的挑战。单方面地强化对著作权人权益的保护绝不是一个有效的方法,对著作权人过强的保护将使公有领域的范围越来越狭窄,著作权人的私人领域逐渐扩张侵蚀文化的公共部分,最终形成本该由人类共同享有的公共文化财富成为个别群体控制、瓜分的私人财产。有学者称这种现象为"信息封建主义"或者"信息寡头"。图书馆、教育机构和消费者运动是以公共利益为出发点,然而现代的著作权扩张逐渐将著作权法引向了"以私有利益保护为出发点"的立法道路,推动著作权法改革的最主要推动力量大部分为具有强劲经济实力和市场支配地位的大型出版商和技术巨头公司,他们不愿意失去主宰市场的地位,于是将著作权法变成角逐的战

---

① 崔国斌:《著作权法:原理与案例》,北京大学出版社2014年版,第296页。
② [德]伯恩·魏德士:《法理学》,丁晓春、吴越译,法律出版社2013年版,第21页。
③ [德]伯恩·魏德士:《法理学》,丁晓春、吴越译,法律出版社2013年版,第365页。

场，使著作权法前所未有地偏离了它服务于公共福利的初衷。①

一味强化对著作权人权利的保护并非是明智之举，社会智识的发展不是一个单极化的过程，除了激励创新之外，还需要保证对共有知识财富的积累，对文化权利的保障和对社会公益的维护。更何况鼓励作者创新、保护著作权人利益与维护公共利益并不是矛盾冲突的，著作权人利益与公共利益也是协调共生的。普通群众仅仅在其理解能力所及范围内提出诉求，并不会寻求事物的真相与终点。因此不能被眼前暂时的不协调所蒙蔽而扼杀新事物和新鲜产业的诞生发展，给予社会利益之实现更多的合理使用的空间并非就意味着对著作权人利益的损害。历史总是惊人的相似，当录像机诞生的时候，同样也是引起了电影行业的恐慌和质疑，于是诞生了著名的 1984 年美国最高法院作出的"环球电影制片公司诉索尼公司案"。该案的判决指出，为家庭内部观看而使用录像机录制节目是电视观众享有的"改变观看时间"的权利，构成合理使用。②下文将对此案进行详细分析，在此不作赘述。然而在之后电影产业的多元化发展来看，录像机和录像带的问世不仅没有给电影产业带来毁灭性的打击，反而催生了电视录像带销售产业和出租业的发展，为电影行业打开了多元的市场，增加了新的收入来源。在数字环境中，针对数字图书馆的建设而言，情况也是一样，数字作品的传播并不一定就会带来对著作权利益的损害，长远地看，数字技术带来的作品的快速传播，会让作者的作品产生更加广泛的影响，从而打开更广阔的市场，现在的问题只是尚未形成成熟的利益分配机制。因此一味地加强著作权保护而限缩数字图书馆利用作品可适用的著作权限制将导致著作人利益和社会公众利益的失衡，构建数字图书馆利用作品著作权限制是解决利益失衡的关键。

（二）构建数字图书馆利用作品的著作权限制是著作权法之双重目的的体现

1. 著作权法保护作者权益之目的

著作权在大陆法系国家又称为作者权，顾名思义是作者的权利。著作权不是一个单一的法律权项，它是由一系列专有权项所组成的权利束，是一系列权利的集合。著作权法首先必须以保护作者之权利为核心，作者在著作权法体系中

---

① ［澳］彼得·达沃豪斯、约翰·布雷思韦特：《信息封建主义》，刘雪涛译，知识产权出版社 2005 年版，第 200 页。
② Universal City Studios, Inc, .v.Sony Corporation of America, 480 F. Supp.429 at 435（CD Cal1979）.（本案例的案卷编号）

占主导地位。1886年的《伯尔尼公约》和1952年的《世界知识产权组织版权条约》中均确认了作者权利保护在著作权法中的首要地位。《伯尔尼公约》的序言中指出，本公约制定和修订的总宗旨是使联盟各成员国尽可能有效地和尽可能一致地保护作者对其文学艺术作品所享有的权利。《世界知识产权组织版权条约》第1条规定，缔约各国应对作品作者及其他著作权人的权利给予充分有效的保护。[①] 上述条款均体现了著作权法保护作者权利的目的。

构建数字图书馆利用作品的著作权限制有利于实现著作权法保护作者权益之目的。著作权法保护作者权益主要通过保护作者智力劳动成果得以体现，作者的智力劳动成果即作品，著作权保护离不开对作品的保护。作者在创作作品的过程中，投入了大量的创造性智力劳动，付出了艰辛的脑力劳作。作者不仅是精神文化产品的创造者，还是传统文化的承袭者，作者在创造、传播和传承社会精神文明和人类智识发展方面发挥着重要的指引和推动作用，这种能动作用对人类文明的进程具有深刻且长远的影响。作品的诞生过程也是作者付出辛勤智力劳动的过程，这种智力劳动和体力劳动一样都带来了社会财富的增加。构建数字图书馆利用作品的著作权限制有利于为使用者利用作品划定界限，著作权限制在限制作者权利的同时，也是将使用者利用作品的限度控制在一定的范围内，即不影响作品的正常使用，不损害著作权人的利益。因此，构建数字图书馆利用作品的著作权限制有助于给使用者利用作品提供指引，杜绝无意识的侵权行为，并对有意的侵权行为形成警示和威慑。一言蔽之，构建数字图书馆利用作品的著作权限制可以通过对作者智力成果进行保护从而实现对作者权益的保护。

2. 著作权法维护公共利益之目的

著作权法的根本宗旨在于维护公共利益。美国《宪法》的知识产权条款特别声明了著作权立法的目的，指出这一专有权的设立是为了促进科学和实用技艺的发展。[②] 正如美国宪法的制定者所明确阐述的，著作权的主要目的在于通过增进知识而提升社会福利。[③] 著作权法通过授予作者基于其作品之上的专有权利而实现著作权法的功能性作用——激励创新，鼓励创作，并向公众传播这一观点，从而实现著作权法的根本目的——促进全社会的发展，维护公共利益。由此可以得出，著作权法是为了维护公共利益这一根本目的而对智力作品的创造、传播

---

① 《世界知识产权组织版权条约》第1条。
② 《美国宪法》第1条第8款。
③ [美]莱曼·雷·帕特森、斯坦利·W.林德伯格：《版权的本质：保护使用者权利的法律》，法律出版社2015年版，第2页。

与保护给予法律支持。

著作权法的公共利益之目的具体体现为：第一，增进知识，促进学习。德国新康德主义海德堡学派的法哲学家古斯塔夫·拉德布鲁赫认为，在整个经验世界的领域中，只有三种事物可能具有绝对真理性：人类个体人格、人类总体人格和人类的作品。而这三种事物所体现的价值分别为：个体价值、集体价值和作品价值。他强调，社会、总体和团体彼此之间总是处于一种辩证关系之中，社会的终极目的是人格，但是人格只有在人类不再追求它时才能实现价值。人格是对无私奉献的精神给予的出人意料的赠礼和恩赐。与人格有关的东西，也肯定与总体和民族有关。社会和总体关注作品和团体，而作品和团体又反过来从各自的角度关注社会和总体。社会、集体和个人价值的实现总是处在相互作用的永恒循环之中。[①]在著作权法中，社会公众利益和著作权人个人利益的实现也处在相互作用的循环之中。每一个著作权人本身都是社会公众的一分子，而社会公众都是潜在的著作权人。著作权人创作作品，只有将其投入市场流通才能实现商业价值，只有将作品融入公众认知并转化为普遍的意识和文化，才能实现作品的社会价值。著作权法的目的是激励创造，促进作品的流通，从而增进知识，促进学习，而并非仅仅停留于作品本身的价值，唯有通过体现作品价值从而体现个人价值，进而将个人价值转化为社会价值，才是著作权法公共利益之目的的真正实现。第二，公有领域保留。为实现社会福利的提升，这些著作权人所享有的专有权利应受到重要的著作权限制的约束。著作权人可在法律允许的专有领域内充分行使权利，而公有领域，则是社会公众自由使用作品的空间。通过对著作权进行时间、地域和权利范围的限制，使公众享有一定的公有领域，不仅为公众接触知识和信息提供了必要的手段和空间，也为知识的持续开发和维系知识的长久生命力提供了支持。第三，促进公众接触最新的知识，维护文化民主和文化自由。在民主法制社会，著作权法还发挥着保障文化民主和文化自由的重要作用，过度强化著作权保护将威胁到著作权法在促进文化民主方面的积极作用。著作权法可以增强社会中的民主特征，主要表现为：知识产权法赋予智力劳动成果以财产权，没有财产权，财富分配就很有可能无法趋向最优，因为财富分配是由人们抢夺的能力、防范抢夺的能力和各种偶然因素所决定的。与此相反，在财产权机制下，国家可以对财富进行再分配。[②]因此，知识产权可以弥补市场

[①] [德]古斯塔夫·拉德布鲁赫：《法哲学》，王朴译，法律出版社2013年版，第58—65页。
[②] [美]斯蒂文·沙维尔：《法律经济分析的基础理论》，赵海怡、史册、宁静波译，中国人民大学出版社2012年版，第19页。

机制失灵时的财富分配问题，著作权法可以统筹协调信息资源的创造和分配问题。在一个民主国家，著作权旨在激励创作，增加有效的且有价值的知识信息储备，使知识的公有领域不断被挖掘扩大。著作权法的功能性作用不仅在于社会财富的分配效率，还在于处在民主社会中激励公众参与，通过经济利益的激励来维系垄断权与民主参与之间的恰当平衡。

构建数字图书馆利用作品的著作权限制有利于维护公共利益。第一，图书馆作为信息资源的集散地和传播中枢，其所担负社会职能早已超越了其本身的功能价值，图书馆不仅是面向社会公众的先进文化引航者，还是一种文化传承的积淀、一种文化精神的象征。图书馆不仅是传统知识文化的储存库，还是先进科学知识的交流平台，而数字图书馆拥有的技术优势可以将数字技术的便捷性和普遍性与丰富的馆藏资源相结合，克服传统图书馆的距离和物理空间的现实，使知识传播更具效率性和广泛性，可以使公众更方便接触到先进的知识信息，促进全社会的学习，开展前沿的教育。第二，通过构建数字图书馆利用作品的著作权限制，可以使公众不仅阅读到已经进入公有领域的书籍，还可以接触到最新的作品和知识信息。不仅有利于对最新科技咨询和知识信息的了解，在此基础上进行不断地创新开发，从而保持知识信息的前沿性和科技开发的持久性，还有利于加强文化传播交流，及时修正和更改作品中的错漏，维系对知识文化的批判性。第三，构建数字图书馆利用作品的著作权限制是文化民主和文化自由的充分体现。疏通公众接触知识的渠道，拓宽公众能接触的知识的范围，使著作权法不仅服务于激励个别著作权人的创造行为，更服务于促进公众表达自由和文化发展多样性目标的达成。

第二节　宪法学考量：文化自由

现代的著作权法律制度已经逐渐从"以公共文化利益为重心"转向为"以商业利益开发为重心"，重商主义的思想逐步占据了著作权立法的指导思想地位，使人们渐渐遗忘了著作权立法的初衷——促进知识传播，增进社会福利。著作权的文化使命逐渐被经济发展的功能性作用所替代，导致了对公共文化利益和公众文化自由的损害。构建数字图书馆利用作品的著作权限制制度有利于维护公众的文化自由，发挥文化在社会发展中的重要作用。

一、文化自由的释义

著作权和公民文化权是两项基本的人权，在本质上具有同等重要的法律地位。在《欧洲人权公约》中虽没有确切条文直接指出著作权是一项基本人权，但是这一思想在相关条款中可以得到体现，在其他的国际性或者地区性公约和宪章中也可以找到依据。例如，在1948年12月10日由联合国大会通过第217A（Ⅱ）号决议并颁布《世界人权宣言》，和由《经济、社会、文化权利国际公约》（A公约）、《公民权利及政治权利国际公约》（B公约）、《公民权利及政治权利国际公约任择议定书》（B公约议定书）三个公约共同组成的联合国《国际人权公约》中均得到了体现。根据《世界人权宣言》第27条[①]和联合国《国际人权公约》之一的《经济、社会、文化权利国际公约》第15条的规定，[②]著作权和文化权并不是相互矛盾或者具有先后层级次序的，二者是具有同等法律价值的两项基本人权，这两项权利应平衡、协调、共生发展。

我国《宪法》第四十七条是我国公民享有文化权利和文化自由的法律依据，根据该条的内容，《宪法》中规定的文化权利和自由包括有：科学研究、文学艺术创作和其他文化活动的自由。[③]文化自由的思想最早起源于哈耶克的自由主义思想和科斯的交易思想。哈耶克认为，自由主义者首先要认同个人自由和个人选择，个人自由是自由主义的核心价值，是自由市场经济的奠基，按照哈耶克所言，个人自由意味着人们可以为个人之目的运用个人所掌握的知识。在庞杂的社会体系之中，知识是独立且以爆炸式方式扩散的，它根植于社会大众的日常生活、工作技能和社会传统之中，不成体系。每个人只能掌握极少部分的知识，而不能窥其全貌。文明社会允许每个人在日常生活、社会生产和社会关系中自由地汲取、发现、掌握和运用知识。人们通过高度分散的知识作出各种决策和选择，将知识归纳成体系，形成科学，在法律的范围内协调合作。哈耶克指出，个

[①] 《世界人权宣言》第27条。
[②] 《经济、社会、文化权利国际公约》第15条。
[③] 原文参见《宪法》第四十七条：中华人民共和国公民有进行科学研究、文学艺术创作和其他文化活动的自由。国家对于从事教育、科学、技术、文学、艺术和其他文化事业的公民的有益于人民的创造性工作，给以鼓励和帮助。

人自由是关乎所有人之生存的基点,是人类物质生活需求得以满足的最有效手段和根本条件,也是一个开放的文明社会的基本特征。然而他强调,没有秩序的自由是不稳固的,必将带来社会的混乱和放纵,最终导致自由的毁灭。[①]人类社会之中的交往、交流和交易会遵循一定的秩序,这是一种系统化的自由,而不是放纵的伪自由主义,真正的自由是基于适合、公平和公正基础之上的。

经济和贸易全球化的发展使文化发展也逐渐趋向全球化,并对文化的多样性发展带来挑战。文化的全球化趋势和文化的多样性发展是世界范围内各国关注的共性问题。人类选择种类的扩充、意识的延伸、自由的实现程度等都成为人文发展的评价量度因素。文化的多样性特征是文化自由得以发展的基本前提,人文发展是人们扩大选择的过程,自由是人文发展的内核。[②]文化多样性本身不能直接成为社会生产力,因而不具有固有价值,但文化自由赋予了文化多样性以社会价值,使其价值得以彰显。文化多样性不是文化自由的本质属性,但是在人文发展的进程中,文化多样性总是和文化自由相联系,具体体现为:第一,二者互为因果,即文化自由是文化多样性的原因,文化多样性是文化自由的产物;第二,二者相互具有促进作用,多元文化的发展可以丰富人们的文化生活,增进人们的文化财富,进而促进文化自由的实现。需要注意的是,文化多样性的价值主要在于其能否对文化自由起到积极作用,能否推动文化自由的实现,如果单纯地将文化多样性与文化价值画等号是不恰当的。如果将多元文化本身当作社会文化发展的根本目的,很容易造成对文化社会中特定个体或群体的严重侵害,这样产生的文化多样性将以牺牲文化自由为代价,这有悖于文化自由的宗旨,自由的主体因素应是所有人而不是某一个体或者某一群体。

二、数字图书馆著作权困境有损公众之文化自由

文化自由和文化权利是我国宪法赋予公民的权利,文化自由的思想在西方古典自由主义学派中早有论述,文化自由是满足社会物质生活需求的根本条件。数字图书馆所负有的公益使命决定了其必然承载着保障公众文化自由和文化权利的重任,然而出版商通过运用著作权法和技术保护措施使文化被禁锢,

---

① [美]拉齐恩·萨丽:《哈耶克和古典自由主义》,秋风译,贵州人民出版社2003年版,第2—7页。
② 《1990年人类发展报告》,牛津大学出版社1990年版,第10页。

将公众隔离在高墙之下，损害了公众的文化自由。

文化自由具有丰富的内涵，需要广泛而深入的探讨。在人文发展过程中，文化自由与教育和文化政策的制定具有紧密的关联。一项政策是否体现和保障文化自由，表现为人类是否有机会考虑多种可能性、是否有能力对自己的生活方式进行选择，倘若在实际情况中，人们不具备可供选择的多种机会，或者不具有自主选择的能力，空谈自由则显得言而无序。文化自由的复杂性不仅在于其丰富的内涵，还在于人们生活的文化环境中，表面上似乎是人们自由选择而产生的结果，其实并非如此。因为人们的智识是有限度和有高低区分的，人们不可能对文化进行全面系统且完全客观的分析，从而根据自我真正的需求进行自由的选择。这不仅是因为人们自身所具备的能力受限，还因为认知能力较高的人会依据所掌握的资源对大部分认知能力较低的人设置障碍，对其文化选择进行人为的指引，使他们在所提供的范围内作出所谓的"自由选择"，其实这些选择本身也是经过筛选的，或通过法律、通过政策、通过技术，就像使用了一道道滤网，最终留下的可供选择的选项所剩无几。

在现实中，经常会看到较弱势的一方很难自由地了解社会文化的全貌，他们被褫夺了获取更多选择和更多机会的自由与权利，但是他们往往不会提出任何反抗，而是心甘情愿地接受或者自得其乐地以为得到的已经够多了。处于强势的一方借助上层建筑的威慑，干扰人们的判断，遏制人们意识的觉醒，长此以往，人们的选择变得越来越盲目，自由也成为虚幻。这正是数字图书馆中所显露出的文化自由的问题，出版商作为强势的一方，利用法律、政策和技术给予人们有限的、可接触的文化，一方面使得人们选择的可能性和能够选择的能力被极大地压缩，另一方面通过这种压缩对人们的意识形态和文化价值的塑造进行引导，使人们只能看到强势一方想让他们看到的部分，人们普遍地还会认为这些能够被看到的就是文化的全部。大部分的人都欣然地接受，并自得其乐地认为，有总比没有好，而并没有意识到自己的文化自由和文化权利正在逐渐被侵蚀，使得可供阅读的书目种类被控制在极为有限的范围之内。哈佛大学的法学教授Lawrence Lessig认为现在的著作权法对创新起到了阻滞作用，与著作权法鼓励创新的目的相违背。他指出，在信息网络环境中，数字技术的革新与运用使文化传播与现有法律制度产生了矛盾，法律通过所谓的合法、合理的手段，将人们利用作品的行为定性为"盗版"等侵权行为，剥夺了人们的文化自由，阻碍了文化创新。他强调，法律应发挥调整社会关系的功能性作用，为公共利益服务，而不是与公共利益相背离，只有在已有文化的基础上继续进行开发利用才能使人类文化的宝库源源不断地更新。①由此可见，现有的数字图书馆利用作品的方式严重地损害了公众的文化自由，使人们可供选择的范围很大程度被压缩，人们的选择的能力也极大地被限制。

三、数字图书馆著作权困境有违著作权法之宪法性目的

（一）著作权法之宪法性目的

增加知识、提升社会福利是著作权法的宪法性目的。美国《宪法》的知识产权条款特别声明了著作权立法的目的，条款授予国会制定著作权法的权利，同时规定了著作权立法的目的和条件。根据美国《宪法》第1条第8款，国会有权……为促进科学和实用技艺的发展，对作者和发明人的作品和发明给予在一定期限内的专有权保护。②条款授予国会有权通过著作权法律保护制度的设置来促进学习，条文内容包括了美国版权法的三大政策：促进学习（条款中原文是这么描述的）、公有领域保留（条款规定了作品的著作权保护期限，当期限届满后，作品进入公有领域）和作者权利的保护（为实现著作权的根本目标，法律赋予作者有限的独占权）。按照条文的顺序安排，著作权首先以促进学习为首要目的，其次是公有领域的保留，最后才是通过保护作者的权利以鼓励创作，从而实现促进学习、增进社会福利的最终目标。1909年的美国《著作权法立法报告》中如是说："国会依据宪法规定制定著作权法，非基于作者就其作品所享有的自然权利，最高法院已经表明著作权是纯粹的法定权利，著作权只是通过使作者享有在有限期限内的基于其创作作品的独占权，从而最终实现公共福利之增进以及科学、实用技艺之进步的目的。宪法未直接设立著作权，而是授权国会来立法。著作权这种权利的赋予，其根本目的不是为了作者的利益，也不是为了对公民特定阶层进行分类所进行的利益保护，而是为了大多数公众的利益。"③在美国的1961年《著作权登记报告》中记载："正如现在所体现的，著作权立法的终极目的是促进学习且增进公共文化之福利，授予作者有限制的专有权只是实现

---

① 劳伦斯·莱斯格：《扼杀创造力的法律》。
② 《美国宪法》第1条第8款。
③ 冯晓青：《知识产权法利益平衡理论》，中国政法大学出版社2006年版，第93页。

这一目的的手段。"①换言之，法律授予著作权人基于其作品之上的专有权的根本目的在于鼓励智力创造，最终使公众接触到先进的文化，对科技文化进步成果惠益共享。

我国《著作权法》明确确定了著作权立法的宪法性目的——促进我国的社会主义文化和科学事业的发展和繁荣。②在著作权法的实施过程中，在保护作者权利的同时，也应确保著作权法宪法性目的的实现，即促进学习，推动科学、文化事业的发展，从而保障公众的文化自由和文化权利。

（二）著作权法之宪法性目的的背离

当前，数字图书馆建设中所遭遇的困境是，出版商等垄断机构通过法律和技术的运用禁锢了文化，使文化与民众相分离，运用法律使文化禁锢合法化，运用技术使文化隔离规模化，损害了民众的文化自由和文化权利，扼制了创新。在数字时代，文化自由和人们相关的数字权利应该受到更有力的保障。面对出版商和著作权人的著作权强保护呼声和社会公众日益旺盛的文化多样性的需求，法律应当捍卫文化无序和文化控制之间的平衡。自由文化就好比一个自由的市场，在其中充满了以精神财富呈现的财产，这种财产被国家强制力保障实施的关于财产权的法律法规制度所围绕。然而，自由市场一旦被封建制度化就会走向没落，自由的文化也同样如此，文化自由也会被财产权的极端主义所糟蹋，如何对抗文化的极端主义和信息的封建主义思想，是当代文化发展的一大担忧。

著作权所隐含的一大危险就在于其对自由造成威胁，这里的自由包含文化自由、表达自由、研究自由等基本自由。著作权对这些自由和权利带来的威胁并不是彰明较著的，这些威胁被一系列法律制度的制定、精湛的法律学说、先进的技术措施和复杂的官僚体制所压制，同时被诸如保护作者权利、鼓励创新、激励创造这些看上去冠冕堂皇的利益所掩盖，因此经常被人们所忘记。在数字图书馆建设过程中，出版商和作者害怕数字技术造成对其基于作品之上的经济利益的损害，在提倡网络环境中著作权法律强保护的同时，还运用了一系列的技术保护措施，将数字图书馆可利用的作品限于丰富的文化资源中的极小一部分，技术措施的使用已经在公众与作品之间人为地树立起了一道屏障，使权利人对

---

① 1961年《美国版权法》修订中的《著作权登记报告》。
② 参见原文我国《著作权法》第一条：为保护文学、艺术和科学作品作者的著作权，以及与著作权有关的权益，鼓励有益于社会主义精神文明、物质文明建设的作品的创作和传播，促进社会主义文化和科学事业的发展与繁荣，根据宪法制定本法。

作品的控制被进一步强化。著作权的无情扩张导致了集中控制和自由丧失的危险，为防控数字环境中的著作权财产权极端主义的侵蚀，在数字图书馆的建设过程中，应构建利用作品的著作权限制制度，以此为公众接触作品、保障公众的文化自由提供制度支持。

四、数字图书馆利用作品的著作权限制有利于保障文化自由

面对著作权在网络环境中扩张所导致的公众文化自由的侵蚀，应构建数字图书馆利用作品的著作权限制，以此抗击文化的集中控制，发挥文化在社会精神财富积累过程中的重要作用，将著作权在数字环境中的保护也控制在一定的限度之内，维系著作权恰当保护和公众文化自由之间的平衡。

（一）有助于发挥文化的重要作用

文化对人类的发展起着决定性的作用，古今中外的学者大家都对此深信不疑。我国西汉时期的哲学家董仲舒从人性发展的角度出发，认为文化在人性发展和人类社会的形成过程中具有重要的价值，人之所以能够立足于天地之间，并且不断地创造天地之间的万物，这一切都依靠于人类能够创造、掌握和运用文化。[1] 人类不同于其他生物的本质区别在于人类可以通过智识活动对知识进行总结，并不断上升至意识形态层面，使其沉淀为文化。董仲舒指出，文化是人性的发展，他在《春秋繁露》卷十之《深察名号》中写道："或曰'性有善端，心有善质，尚安非善？'应之曰：'非也。茧有丝而茧非丝也，卵有雏而卵非雏也，比类率然，有何疑焉？'"[2] 意思是说，人的本性是自然所生之质，而善则是教育的产物或结果，因此，善不当与性，性也不当与善，两者不是一码事。而区别两者的是文化和教育，因此，文化对人性的发展和人类社会的形成具有重要的作用。

关于文化在上层建筑中的重要作用和地位，哈佛大学教授塞缪尔·亨廷顿用美国著名的政治家丹尼尔·帕特里克·莫伊尼汉的话进行了回答，他认为："保守地说，真理的中心在于，对一个社会的成功起决定作用的是文化，而并非

---

[1] 冯友兰：《中国哲学简史》，赵复三译，中华书局2015年版，第241页。
[2] ［汉］董仲舒：《春秋繁露》，中华书局1975年版，第353页。

政治。开明地说,真理的中心在于,政治可以改变文化,使文化免于沉沦。"①在哈佛政治学家罗伯特·普特南看来,文化是体制之母,以20世纪70年代的意大利为例,文化在当时的公共政策和行政管理方面发挥着重要的作用。②

从文化与经济发展的关系来看,纵观经济发展史可以得出,文化使局面几乎完全不一样。文化所具有的内在价值是根植于每一个民众、每一个民族心中的,文化总是与一个国家和民族的历史一脉相承,它能引导民众,相比较经济而言,文化具有更深刻的影响力,它带有传承的气息,对外来短暂的入侵具有免疫。面对文化,经济学家和社会科学家们往往只能处于被动,无法运用知识来作用人们的意识和事物的状态。直接对文化进行批判会伤及人的感情与尊严,无论多么婉转的策略,对文化进行攻击都是不奏效甚至是起反效果的。因此,明智的改革派们会选择绕道而行。

文化对政治发展也起到了重大作用。在关于民主发展的大多数实证分析中,往往跳过了文化的因素,是因为在实证分析中较难找到可靠的衡量标准来对各个国家中文化因素所起到的作用进行量度。相对较富裕的社会总是会比较贫穷的社会具有实现民主政治更大的可能性,孟德斯鸠在《论法的精神》中曾提到过,一个罗马皇帝在意大利实施仁政,但是到了土耳其则实施暴政,③这并不是因为这个罗马皇帝的性情大变,而是因为两国的社会富裕程度悬殊所致。但是财富的多少本身不是民主政治实现的决定性因素,只能说,财富会对民主制度的形成产生相当大的作用,因为如果当真财富的多少本身意味着民主程度的强弱,那么科威特和利比亚早就是世界上民主的模范国家了。从整体上来看,现代化进程越深化越会带来有利于实现民主的文化变化。有迹象显示,在民主制的实现方面,文化起到了越来越重大的作用。如果仅仅是在体制上舞文弄墨或者在精英层次上耍花招玩弄技巧是实现不了民主的,实现民主制的关键还是在于文化层面,即依靠广大民众的参与与信念支持。④

(二)有助于回应著作权保护和公众文化自由之间平衡的现实需求

著作权保护与包括表达自由在内的公众文化自由之间的博弈是一个深刻的

---

① [美]塞缪尔·亨廷顿、劳伦斯·哈里森:《文化的重要作用》,新华出版社2010年版,第8页。
② [英]罗伯特·D.帕特南:《使民主运转起来——现代意大利的公民传统》,王列、赖海榕译,中国人民大学出版社2015年版。
③ [法]孟德斯鸠:《论法的精神》,商务印书馆2014年版,第29—39页。
④ 韦恩·贝克、罗纳德·英格尔哈特:《现代化、文化变迁与传统价值观的延续》,《美国社会学评论》2000年2月。

法哲学问题,也是各国司法实践中无法逃避且经常会面对的重大难题。

1. 著作权保护与公众文化自由之平衡的理论辨析

著作权人的权益保护和公众文化自由是著作权法的一大主要矛盾。上文说到,文化自由是指进行科学研究、文学艺术创造和参加其他文化活动的自由。文化自由必须通过表达自由这一基本人权来得以体现,也就是说,文化自由必须是建立在公众具有基本的表达自由基础之上的。

表达自由是一个敏感又不得不面对的话题。弥尔顿在《论出版自由》中提到:"如若有人想要借助罪恶来消除罪恶,在消除的同时必将带来另一堆东西。"① 和谐并不是冷漠的中立和内部支离破碎的思想在外表上强制的结合,而应是思想的差异与人尽其所努力理智的选择。借着讨论和经验,人能够纠正他的错误。② 一个真正值得被信任的人应能真诚地面对对其判断和行为的批判,他不仅做好准备接纳一切反对之声,而又深知自己是寻求反驳和质难,而不是躲避它们,这时他就有权利认为自己的判断是比那没有经过类似过程的任何人或任何群的判断较好一些。不剥夺人之表达的自由,不消除人之批评的权利,不禁止人之评论的福祉,这才是我们人类经过悠久历史而得到的法治国家这一无比宝贵的财富。

1789 年的《人权和公民权宣言》第 11 条指出:"思想自由和表达自由是人类众多宝贵权利之一,是一项基本人权,任何公民只要没有违反法律而滥用这项自由,都可以自由地说话、写作、出版。"③ 著作权和表达自由是我国宪法和法律保障的权利。表达自由的正当性基础在于它是个人人格体现、自我价值实现、人类智慧发展的重要组成部分和手段,它是人自身发展与需求的根基,是人之所以为人的本源。而版权的正当性理论主要有激励理论、劳动理论、人格理论、社会规划理论、对价理论等。④ 迄今,激励理论的阐述最为有力,然而激励理论本质上就是工具主义理论。有学者指出,版权扩张的根源在于版权观念,版权与表达自由关系紧张的源头正是日趋流行的以财产权观念为基础的版权观念和话语体系,因此在版权法学与实践中应坚持版权工具主义原则。⑤ 知识产权本身是资产阶级嬗变和社会发展的产物,版权实质是一种公共政策的工具,是基

---

① [英]弥尔顿:《论出版自由》,吴之椿译,商务印书馆 2013 年版,第 11 页。
② [英]约翰·密尔:《论自由》,许宝骙译,商务印书馆 2014 年版,第 11 页。
③ 《人权和公民权宣言》第 11 条。
④ 何贵忠:《版权与表达自由:法律、制度与司法》,人民出版社 2011 年版,第 71—83 页。
⑤ 宋慧献:《版权保护与表达自由》,知识产权出版社 2011 年版,第 459 页。

于政策考虑而由法律所拟制的特权，特权旨在保护更高利益，因此版权是为实现更高价值而创制出来的工具性权利，其目标价值涵盖了表达自由。故而言之，表达自由是现代社会的基本秩序，决不可因保护版权而过分限制表达自由，在对著作权立法之中，应全面考量著作权限制制度的构建，从而保障表达自由。从宪法角度来看，面对这种法益取舍，应采取精神自由优先于经济自由的原则，公众利益应优先于著作所有人的利益。①

著作权与表达自由是"一枚硬币的正反面"。②著作权与表达自由具有共生与协调的正相关性。著作权保护与表达自由以不同的角度、通过不同的方式促进着文化事业的发展。著作权保护以积极的方式，通过赋予作者就其作品之上的专有权利从而在市场垄断性使用中获取经济利益，从而推动创新。而表达自由通过消极的方式，一方面使创作拥有更为自由的广阔空间，另一方面又对这种自由给予必要限制，对表达与创作进行调控，以实现表达自由与著作权保护的恰当平衡为目的。

在公共秩序中按照国家利益的标准来对个人自由和权利予以限制，这是一种源自共同利益即平等的公民代表的利益原则的限制。普遍认为，自由应因共同利益而受到限制，当如若不对一个主张进行限制就可能破坏公共秩序和公共利益时，个人的自由和权利应当受到限制。③在数字图书馆建设过程中著作权保护和公众文化自由之间的矛盾的处理上，过度地对著作权人私权给予保护会侵蚀公有领域的空间，侵害社会公众的共同利益，因此，必须对著作权人的个人权利予以限制，以保障在数字图书馆法律关系中著作权与公民文化权的协调发展。④当著作权与公民文化自由和表达自由这些国际公约所承认的基本人权发生权利冲突时，应坚持法益优先和利益平衡原则⑤，以维护公民的基本人权并促进公众接触文化作品的政策目标的实现。从社会公共利益的角度考虑，保障公众接触文化的政策目标即为个人使用作品的权利。公众使用作品对于促进学习和增进知识具有重要的意义，但是著作权的垄断性性征表明，著作权保护和公众接触作品之间是相互冲突对立的。因此，垄断性权利可以通过权利保护起到鼓励创新的作用，但是却对公众使用作品设置了重重障碍，限制了新作品的后续

---

① 吴汉东：《著作权合理使用制度研究》，中国人民大学出版社2013年版，第89—95页。
② 吴汉东：《著作权合理使用制度研究》，中国人民大学出版社2013年版，第74页。
③ [美]约翰·罗尔斯：《正义论》，何怀宏等译，中国社会科学出版社1988年版，第211页。
④ 亚历山大·佐林格：《数字图书馆，如何协调文化权和著作权》，《企业法和商法周刊》（第25号）2007年6月21日。
⑤ 吴汉东：《知识产权VS人权：冲突、交叉与协调》，《中国知识产权报》2016年第1期。

开发。有鉴于此，为保障公众接触作品的权利和公众享有的文化自由，为调和著作权保护和公众利益之间的矛盾，应对著作权人给予适度保护。

2. 著作权保护与公众文化自由之博弈的司法实践选择

在面对著作权保护和表达自由以及公众文化自由之间矛盾的权衡问题时，法国司法实践将利益的天平偏向了后者，即公共利益。法国宪法委员会被提请就《促进网络作品发行与保护法案》进行违宪性审查，该法案第5条、第10条和第11条赋予了行政机关可以限制或禁止非法下载的用户连接网络的权力，请求人认为该法案是对公众表达自由这一基本人权的侵犯，法国宪法委员会于2009年6月10日就该请求给予了答复。[①]法国宪法委员会认为，1789年的《人权和公民权宣言》第11条赋予公民的表达自由是每一个人神圣不可侵犯的基本权利，网络传播对公民参与民主生活和自由表达思想具有重要的作用。就保护知识产权和反对网络侵权行为这一根本立场，法国宪法委员会持以坚定的肯定态度，但同时还强调，根据《法国宪法》第34条的规定，立法者在立法过程中应充分考量立法的目的和保障公众基本权利和基本自由之间的平衡。[②]表达自由是民主政治的一个必要条件，也是其他基本人权和自由的重要保障，应审慎斟酌和权衡对公民表达自由进行限制的适用和限度，不得违背宪法的精神，也不与立法的根本目的相背离，应努力做到使法律规则与法定精神相协调。在本案中，宪法委员会认为所涉法案赋予行政机关的权力并非针对特定群体，而是关乎所有公民的利益，会直接造成对所有公民的表达自由和传播权利的限制和侵犯，根据1789年《人权和公民权宣言》第11条之规定，立法者不得以保护著作权为由赋予行政机关控制表达自由的权力。因此，上述法案中的条款是违反宪法的。

表达自由作为一项基本人权，是个人道德主体性和基本人格尊严的真实体现，政府不得以任何功利主义的缘由对其进行干预。根据表达自由的"密尔原则"，政府不得出于觉察有些表达具有造成接受者产生错误认知或者会产生有害行为的潜在危险而限制这些表达的传播，甚至直接禁止这些表达的产生或惩罚表达者，如若真如此的话，政府就等于在代替公民进行表达，通过法律控制民众的思考和交流，从而达到意识层面的高度集中，这是对公民理性主体身份的剥

---

① 法国宪法委员会，2009年6月10日《促进互联网作品保护与传播的第2009—580号法令》。
② L'article 34 de la Constitution du 4 octobre 1958 dispose que la loi fixe les règles concernant : les droits civiques et les garanties fondamentales accordées aux citoyens pour l'exercice des libertés publiques.《法国宪法》第34条原文规定，为公民权利和给予公民关于行使公共自由提供基本保障制定法律规则。

夺。①

针对著作权与公众文化自由之间的平衡，法国宪法委员会在2014年2月28日作出的决定中，再次选择了站在公共利益的一边，即维护公众文化自由应高于著作权保护。本案中，法国宪法委员会被提请就《有关20世纪绝版书籍数字化开发的法案》进行违宪性审查。为保障公民的文化权利，为数字图书馆的建设与开发提供法律支持，该法案授权法国国家图书馆建立专门的数字图书馆收录绝版书籍，对绝版图书的再版必须经法国文化部许可，并支付相关的许可费，该许可为非独占性许可，具有时间限制，但是可以延展。请求人指出该法案的上述规定侵犯了1789年《人权与公民权宣言》第17条赋予其的财产权。②法国宪法委员会于2014年2月28日就该请求给予了答复否定了请求人的诉求。③法国宪法委员会认为，该法案以保障公共利益为目的，对权利人给予报酬的情况下，对尚未进入公有领域但是公众很难接触到的绝版书籍进行数字化开发和再利用的做法，并未侵犯著作权规定的作者姓名和发行权，也并未造成作者对其作品以其他形式进行开发利用的不利影响。宪法委员会指出，一方面对绝版书籍数字化形式进行开发再利用并未构成对作者的财产权的侵犯，另一方面出于公众文化权利保障之考量，在支付许可费用给予作者报酬的情形下，对绝版书籍进行数字化处理也不构成对作者著作权的侵犯。

本案是典型的数字图书馆利用作品的著作权纠纷。在案件中，宪法委员会的主要职能是审查涉案行为是否构成对宪法的违反，虽然案件中对绝版书籍的数字化开发涉及合理使用的判定问题，宪法委员会也未就此问题有只言片语的分析，然而，从另一个角度，宪法委员会在著作权保护和公共文化权利之间做出权衡，指出在对著作权人给予经济补偿的情况下，公共利益属于优先法益。而在此类数字图书馆著作权纠纷中，要寻求公众文化自由和著作权保护之间的平衡，还需从著作权法律制度入手，即合理使用这一著作权权利限制制度。完善的著作权法律制度应当具备至少两方面的功能：一方面赋予并有效保护著作权人基于其作品之上的专有权利；另一方面出于维护公共利益之目的，对著作权人的权利设置一定的限制，据此实现著作权法律关系中各主体利益之间的利益平

---

① 托马斯·M.斯坎隆：《宽容的困难：政治哲学》，剑桥大学出版社2003年版，第17—18页。
② 《人权和公民权宣言》第17条规定：财产是神圣不可侵犯的权利，除非当合法认定的公共需明确地提出要求，且在所有权人已经预先公平地得到补偿的条件下，否则任何人的财产都不可受到剥夺。
③ 法国宪法委员会，2014年2月28日《关于数字图书开发的第2013—370号决议》，2014年3月2日公报，第4120页。

衡。① 与联合国人权促进保护小组委员会（Sub-Commission on the Promotion and Protection of Human Rights）2000 年 8 月作出的《知识产权与人权》的决议中所倡导的"知识产权的保护不得损害基本人权的行使，保护知识产权不得违反《国际人权法》的基本要义"②相同的理由，在数字图书馆的著作权利益关系中，对著作权人的保护不得损害公众的文化自由，不得成为阻碍公民行使基本文化权利的人为阻碍。有鉴于此，构建数字图书馆利用作品的著作权限制才是平衡著作权人保护和公众文化自由之间的最有效的手段。建设数字图书馆可以让公众从阅读中获得无限的乐趣，并从读书这一文化权利的最基本形式着手，使公民的文化权利得到真实的保障。

第三节 经济学考量：著作权制度效率

人类社会的发展史展现了人类不断改进效益增长方式、提升社会生产效率的发展历程，效率是促进人类不断创新和革命的动力源泉。从蒸汽机的发明到蒸汽火车的使用，从美国莱特兄弟的第一架蒸汽动力驱动飞机的诞生到德国第一架空中载客服务客机的开始运营，无不体现了人类对效率的永恒追求。效率促使人类克服距离和时间的障碍，不断用科技的前进的步伐来丈量世界的边界，以求用最少的成本争取最优化的效益。效率是社会制度进步的衡量标准。在数字图书馆的数字资源开发利用过程中，现行著作权制度存在的效率低下的状况，直接导致了数字环境下新型具有效率的作品利用和传播方式使用受阻。著作权制度作为知识经济时代连接著作权人和社会公众之间利益的平衡机制，提高制度效率是其未来改良和发展的新趋向。改进现有著作权法律制度，构建数字图书馆利用作品的著作权限制，是发挥数字技术效益价值、提升著作权制度效率的有力途径。

---

① 黄玉烨：《知识产权与其他人权的冲突及其协调》，《法商研究》2005 年第 5 期。
② 世界知识产权组织、人权事务高级专员办事处：《知识产权与人权》，人权小组委员会第 2000/7 号决议。

一、法经济学视阈下数字图书馆著作权制度效率的具体内容

（一）法经济学中的效率探析

法经济学，又称为经济分析法学，是经济学和法学相结合的产物，主要通过经济学视野来分析法律现象，以经济学的理论和方法来研究和揭示法律问题和法律制度的建构。法经济学创立于 1892 年的美国芝加哥大学，法经济学和经济学的芝加哥学派具有莫大的关联。20 世纪 60 年代以科斯理论为基础的新的法经济学诞生，科斯理论的核心问题是社会成本问题，该理论经过后人从各种角度进行阐释发散，已经演变为各种经济学理论。其中包括有法律的经济分析理论、新制度经济学、产权经济学和代理经济学等。芝加哥大学法学院教授波斯纳在科斯的法经济学的基础上，通过结合微观经济学的原理，系统地剖析了各种法律制度中的成本和效率问题，并撰写了《法律的经济学分析》(*Economic Analysis of Law*) 一书，将科斯的法经济学理论分步散融入法律的各个领域，使其更加具象化。波斯纳所创设的法律的经济学分析理论融入更多的法律学，具有浓厚的法学分析色彩，因此又被称为经济的法理学。[1]科斯曾经提出制度经济学的概念，[2]科斯的交易成本理论奠定了制度经济学的理论基础，在《论生产的制度结构》一书中，科斯着重阐述了法律制度在具有交易成本的经济世界里发挥着重要的作用。科斯未曾构建过法经济学的理论体系，却抛出了一个不得了的理论基石，而波斯纳以社会成本问题为框架进行了具有指向性的分析，系统全面地对法律现象和法律制度作出了经济学分析。

法经济学的核心在于强调法律的效益价值。正义和效率皆是评价和分析法律价值的标准，正义乃是社会制度的首要价值，[3]就好比真理是思想体系所追求的最重要的价值一样。倘若一种思想体系再精致、再美妙，但是它是建立在虚妄的幻象之上，也是不能被接受的；假若一种制度再怎么能增加社会的经济效率，但是它建立在践踏社会公正和正义的基础上，都是应该被拒绝和修正的。这只能说明正义是法律制度的首选价值，但并不是法律制度的唯一价值，法律制度

---

[1] [美]理查德·A.波斯纳：《法理学问题》，苏力译，中国政法大学出版社 2002 年版，第 441—452 页。
[2] [美]罗纳德·哈里.科斯：《论生产的制度结构》，盛宏、陈都译，三联书店上海分店 1994 年版，第 345 页。
[3] [美]约翰·罗尔斯：《正义论》，何怀宏、何包钢、廖申白译，中国社会科学出版社 1988 年版，第 3 页。

的正义价值并不能替代法律的效益价值。法经济学主张，在经济社会中，法律不仅只具有维护社会之公平正义的作用，还应该以实现社会资源优化配置和增加社会总财富为使命。马克思主义法学理论认为，经济基础决定上层建筑，法律是上层建筑之一，由经济基础决定并为其服务。① 经济基础和上层建筑是马克思所构建的社会结构中的两个基本层次，经济基础是上层建筑萌生的源头，是第一性的，上层建筑是经济基础在意识层面的展现，是第二性的。经济基础是社会发展到一定阶段所产生的生产力所决定的生产关系的总数，上层建筑是一个庞杂的综合体系，上层建筑会反作用于经济基础。② 法律本身是调整社会关系，包括经济关系中各种问题的法律规范的总和，法律的制定来源于一般的社会物质生活，法律在调整社会关系的过程中，必须遵循客观的经济规律，并将这些规律进行归纳总结上升为法律规则的形式，最终形成体系化的社会科学。评价一项法律制度能否客观地体现社会经济生活中的规律，能否回应经济社会的发展需求，应从法律制度的效益价值进行考察，即对法律进行经济分析。也就是说，应从经济学的角度来评价和分析法律的价值作用，以社会效益最大化作为法律制度的目标之一，以实现社会的效益价值为目标来推进法制革新。

波斯纳对"效用""价值"和"效率"三个概念分别进行了界定，尤其对"效率"一词的思辨分析最为深入。波斯纳首先界定"效用"，效用是一个抽象的概念，一般用来指人类欲望被满足的程度，但是这种满足是一种主观的感受，所衡量的尺度会因人而异并发生波动变化。波斯纳从经济学角度解释效用是用以指导人们在面对风险时如何做出选择。对于"价值"的界定，波斯纳只以真正能在市场上成交的价格为客观基础来判定一切价值的高低，他认为某人有意愿且有能力购买某物时，才是物品真正的价值。如果某人急迫需要某物，只能说明该物品对此人具有极大的效用，因为他能因此获得满足感或者实现幸福。但是只有能够真正在市场上就该物进行交易的人，该物对此人来说才是最有价值的。波斯纳把在市场上能够成交的价格作为计算价值的衡量标准，唾弃以"效用"来作为判断和决定财物分配之标准的做法。波斯纳强调，人与人之间效用的标准很难进行比较，如果说将某一财物分配给 A 所能给 A 带来的幸福感会强于分配给 B 所带给 B 的幸福感，因此主张 A 有权利获得该财物是荒谬的，因为也许只能说明 A 的幸福感的敏感度强于 B。波斯纳定理的核心思想为，真正的公平

---

① 中央政法各机关联合办公厅编印：《马恩列斯论法律及革命法制的建设》，中央政法各机关联合办公厅 1952 年版，第 1—4 页。
② 李步云、高全喜：《马克思主义法学原理》，社会科学文献出版社 2014 年版，第 480—485 页。

应以效率为起点和终点。在界定了"价值"的基础上,波斯纳进而对"效率"进行界定。波斯纳提出了一个经济学的重要概念——帕累托最优原则(Pareto Superiority)。帕累托最优原则的基本条件是当一部分人的状况变好而其他人的状况没有变差,或者所有人的状况都变好,才是具有效率的,效率的提高必须是对各方都有益的,如果以损害一方之利益而换取另一方利益的改善则是不具有效率的。①

经济学家卡尔多-希克斯创立了解决上述困难的卡尔多-希克斯效率,他认为在一方受益是因为另一方的不利益的情形之中,只要受益一方的利益所得要大于不利益一方的所失,即损益相抵后收益仍然是正数时,那么还是具有效率的。卡尔多提出,如果受益者在充分补偿不利益者后,总体状况仍然有所改善,那么仍然是一种社会整体福利的改进。②实际上卡尔多-希克斯效力强调的"效率"主要是指社会财富的最大化,③最大效益化是指在投入价值既定条件下,取得最大限度的产出价值。④

通过以上分析可以得出法经济学中对效率评价的两种标准分别为帕累托最优原则和卡尔多-希克斯效率原则。前者是指真正的效率是对各方都具有效益的,不能以一方的不利益换取另一方的受益,要么各方都受益,要么至少没有任何一方的情况变得更差,否则就是不具有效益的;后者认为真正的效率不应该从各方的局部效益考虑,而应从社会总体财富的增加来考量,如果受益方在对不利益方进行了补偿之后,社会总体情况仍有改善,那么就是具有效率的。卡尔多-希克斯效率原则试图借助补偿的可能性来实现社会总体财富的最大化。无论是运用两种原则的任何一种来解释构建数字图书馆利用作品的著作权限制是否具有效率,都是行得通的。从帕累托最优原则来看,构建数字图书馆利用作品的著作权限制为数字图书馆数字资源建设扫清障碍,不仅使广大公众接触到了先进的知识文化、享受到了科技文化进步的成果,也使著作权人作品销售渠道拓宽,社会公众和著作权人双方都可从中受益;从卡尔多—希克斯效率原则来看,构建数字图书馆利用作品的著作权限制制度必须使著作权人对控制其作品使用的权利有所让步,但是在制度设计中,将以权利控制为中心转变为合理分配收

---

① [澳]黄有光:《福利经济学》,周建明等译,中国友谊出版公司1991年版,第39—41页。
② [澳]黄有光:《福利经济学》,周建明等译,中国友谊出版公司1991年版,第75—76页。
③ 黄锴:《法律经济学:方法论、理论脉络及应用》,浙江大学出版社2008年版,第122页。
④ 张乃根:《法经济学:经济学视野里的法律现象》,上海人民出版社2014年版,第93页。

益为中心，那么即便著作权人丧失了一部分对其作品的控制权，但仍然会获得经济利益补偿，并且相较于社会整体福利的提升和社会公众利益的维护而言，数字图书馆的数字资源建设还是会对社会总体财富带来正增长。因此数字图书馆利用作品的著作权限制制度的构建，不仅没有造成著作权人和公众利益任何一方利益的受损，同时还带来了社会总体财富增加。对此笔者将在下文中进行分析，在此不做赘述。

（二）数字图书馆的著作权制度效率分析

我们在研究制度的效率价值时需要解决的主要问题是，如何才能尽量减少制度构建和实施所带来的成本，如何发挥制度整体的最大效能，并获得最大的效益。[①] 在数字图书馆数字资源开发的过程中，所涉及的著作权的制度效率包括有著作权制度的本身效率、著作权制度的结构配置效率和著作权制度的社会效率。

所谓制度的本身效率，指的是以尽量少的成本完成制度本身的构建和运行，以此实现最大化的收益。所谓著作权制度的结构配置效率，即指著作权法律制度在构建过程中追求以较少的成本达至法律制度运作的有效性、普遍性、权威性、确定性和全面性，并贯穿著作权的立法、执法、司法和守法各个环节和各个方面。现有著作权制度无法应对网络环境中的新问题、制度运行效率低的主要原因在于：第一，客观社会物质条件的迅速进步使著作权法律制度的滞后性突显，著作权法律制度无法通过自我修复以适应数字技术的发展。普遍的，任何一种建立在客观规律之上的社会制度一般都是具有经济效率价值的，但是随着社会的发展，客观的物质条件和制度当初制定时的环境发生了改变，制度当初所要解决的问题发生了新的变异，并趋向于复杂化。法律必须对社会典型的生活事件和利益冲突进行调整。因此，法律调整的范围在不断扩大，法律的适用问题也日益突出。由于法律制度本身无法适应物质环境变化，而导致法律在面对新型社会问题时出现缺陷，法律在制度变迁中显露出了效率逐渐下降的一面。著作权法律制度的制定需要投入成本，并且制度在实施的过程中也要不断地引入新的成本以维系其正常运作，这些致使著作权法律制度的成本总和一直在保持增长。但是，时代的变迁使著作权法律制度的时滞性问题彰显，著作权法律制度

---

① 施惠玲：《制度伦理研究论纲》，北京师范大学出版社2003年版，第76页。

在新技术环境中所暴露出的法漏洞和领域漏洞问题使现有的著作权法律制度无法适用于数字图书馆著作权法律问题这一类的新兴社会问题的处理中，导致著作权制度自身效率递减。第二，著作权法律制度自身所具备的垄断性特征导致其制度运用的低效结果。著作权法通过赋予作者基于其作品之上一定的垄断权利来鼓励作者创新，从而产生足够的信息在社会中流通，但是这种合法的垄断又阻碍了知识的自由流通，阻挡了信息的持续生产，使社会上流通的信息总量总是受到一定程度的限制。这似乎体现了著作权法的悖论，也就是说，著作权法一方面会激励创新，另一方面因为垄断者企图获取高昂回报而控制信息知识的畅通传播和利用。著作权所具有的这种垄断性对著作权法律制度的效率造成了负面影响，著作权的垄断性强化了著作权人的私权，使著作权人只图私人利益罔顾公共利益的私欲膨胀，违背了著作权法的宪法性目的和著作权法的立法精神，违背了知识信息的社会共有性原则，也违背了市场经济的自由竞争原则。著作权法律制度应以增加知识、提升社会福利为根本目的，不得侵害公共利益。著作权法律制度通过权利的界定来降低交易成本，促进作品的流转和利用。作品只有投入到市场才能产生效益，从而使著作权人收回成本，实现经济利益。但是，现有的著作权制度体系过度强调对著作权人的保护，尤其是针对数字图书馆利用作品的著作权限制制度的缺乏，直接将数字图书馆挡在了作品利用开发的大门之外，意味着公众失去了这一通过数字技术接触信息的机会。由此可见，著作权制度自身所具备的垄断性特征是导致著作权制度效率低下的一大主因。

所谓制度的社会效率，指的是通过制度在经济社会发展中发挥的促进作用而产生的社会效率的最大化。现有著作权法律制度所体现的著作权人利益强保护的趋势，使著作权制度在数字图书馆的建设开发中不仅没有起到积极的促进作用，反而阻碍和遏制了数字图书馆馆藏资源数字化的进程，致使一些具有重要人文主义意义的数字图书馆项目不得不中途腰斩或者延缓进程。[①]著作权法律制度的立法目的是平衡社会关系中的各方利益，换言之，著作权法既要保护著作权人的私人利益，又要维护公共利益，兼顾社会效率和社会公平。但是，著作权法对著作权人利益的强保护使著作权人越来越看重对个人利益的保护，公共利益被著作权财产权的极端主义不断压榨，这使得数字图书馆信息资源的开发和建设变得步履维艰。不仅我国著作权法律制度如此，在世界范围内的各国的

---

① 在《修正协议》的签订失败之后，谷歌疲于应对冗繁的著作权纠纷，逐渐开始泄气。尽管谷歌赢了作协诉谷歌一案，法庭也宣布谷歌展示图书的章节片段的行为构成合理使用，公司为免受诉累，几乎停止了它的图书扫描项目。

著作权法律制度都体现了对著作权权利扩张的趋势，将著作权保护延伸至网络环境中，并利用技术保护措施给著作权增添了一道非法律性的保护屏障。在网络环境中，过度强调著作权保护而忽视了知识信息的公有属性和社会公众接触知识信息的权利，这不仅不能促进著作权法律制度的社会效率，还会极大地损害著作权制度的正当性，使其变成一个怨声载道的、只保护极少数人利益的工具。这不仅是对著作权制度鼓励创新之功能性目的的扭曲，还让著作权人与公共利益被置于了相对立的两端。社会为制定著作权法律制度已经投入了大量的成本，在制度的运作过程中还要持续地投入，如果还要为控制着著作权专有权的垄断机构支付垄断成本，那么将使作品的交易成本增高，给社会增加极大的负担。数字图书馆担负着传播文化、促进科研和教育、增进知识和社会福利的公益性使命，数字图书馆面对的受众是广大的公众，但是由于著作权法的限制，使数字图书馆无法发挥促进公共文化进步的作用，进而实现其社会效益。据此，从社会效率方面来看，在现有的著作权法律制度下，数字图书馆要承担过高的社会成本，却无法满足服务于公共利益的社会效益，导致了数字图书馆著作权制度的社会效率十分低下。

制度结构内部普遍都是由繁多制度设置耦合形成的繁杂的制度系统，各种制度安排之间具有关联性。数字图书馆利用作品的著作权制度结构效率中所体现的问题主要表现为：著作权制度耦合度低、著作权制度缺失和著作权制度冲突。

针对著作权制度耦合度低的问题，制度耦合是指为实现制度之本身功能和特定目标，其系统内部各项制度设置有机结合，从不同方面规范人们的行为，使个人私益与社会公益形成统一，并在特定的资源配置条件下，整个制度系统趋于稳定。① 信息网络环境中著作权保护的强化体现为著作权保护的主体和客体范围扩张，著作权纠纷涉及的作品类型和传播利用方式呈现出多样性。数字图书馆利用作品的著作权制度耦合程度低的主要原因在于：数字技术的发展和运用给著作权保护带来了巨大的冲击，网络环境中的数字图书馆的建设更是给著作权法律制度发起了严峻的挑战。网络技术的迅速发展所带来的一系列的新生事物和新兴的法律问题，使著作权法律制度来不及作出迅速反应，导致在数字信息资源的开发过程中，著作权制度和其他制度之间的统筹协作和配合程度低。

---

① 制度耦合的概念，MBA智库百科。

针对著作权制度缺失的问题，数字技术发展带来的一系列新兴事物和新兴产业的兴起是传统著作权法制定之时所没有涉及的，传统的著作权法无法妥善充分解决数字环境中的著作权问题，而信息网络传播权法律制度尚未成熟，针对数字图书馆的著作权立法空白给数字信息资源的开发和信息资源的传播设置了巨大的障碍。

针对著作权制度之冲突的问题，制度冲突是指，针对某一行为之规范，制度系统内部的不同制度设置之间在作用方向或内容安排上存在矛盾与冲撞，致使制度系统本身无法良好运作，无法发挥制度之调整社会关系和规范社会行为的作用。①数字图书馆的法律关系体现了著作权法律制度中存在的多元利益之间的冲突性。一方面，著作权人希望其作品能够得到著作权的充分保护，并通过著作权法赋予其享有的专有权来收回基于其作品之上的经济利益回报；另一方面，作品的使用人希望能够有更多接触和合理地使用作品的空间，或满足个人使用之需要、满足教育和科研之需要、满足后续创作开发之需要等。数字图书馆利用作品的著作权问题导致了著作权人利益保护和公共利益保护的问题被置于了阳光之下，现有著作权法律制度无法解决和协调这种被激化的利益冲突，导致了著作权制度结构效率的降低。日光之下并无新事，公众渴求知识廉价甚至免费的心理与创作者借助产权的篱笆激励自己创作的激情之间似乎存在着矛盾。解决数字图书馆利益平衡问题的关键是解放权利、完善利益分配机制。权利弱化，利益分享，也许能实现二者的利益平衡。

二、数字图书馆著作权制度的外部性因素分析

著作权制度阻碍了数字图书馆的数字化资源开发和信息资源共享，造成了数字图书馆建设过程中的著作权制度的自身效率、社会效率和制度结构效率的低下。要找寻提升数字图书馆著作权制度效率的途径和办法，首先要分析其中哪些是促进因素、哪些是阻碍因素，从而对症下药。

（一）外部性理论和外部效应的社会最优解

19 世纪英国经济学家 Henry Sidgwick 提出的私人产品和公共产品划分的理

---

① 《制度冲突的概念》，MBA 智库百科。

论为外部性理论的产生奠定了基础。他认为，社会经济活动中的私人成本和社会成本、私人收益和社会收益之间并非总是一致的，也并非是相互不具有联系的。1890年，英国剑桥学派的创始人马歇尔所提出的"外部经济"和"内部经济"的划分成为外部性理论形成的正式肇端。①

所谓外部性，指的是在经济活动中，一个经济主体在从事消费生产等活动时对其他经济主体的消费生产造成了并非基于后者本意的影响。阿兰·兰德尔将外部性定义为，一个行动的某些效益和成本不在当事人的考虑范围之内，即某些效益被意外赐予，某些成本被意外负担到没有参加行动的其他人身上。②从对他人是带来收益还是增加成本的角度，可以将外部性分为正外部性和负外部性。正外部性是指一人的生产和消费活动同时给他人带来收益，或者对他人造成了有利的影响，即私人收益小于社会收益、私人成本大于社会成本。负外部性是指，一人的生产和消费活动同时使他人增加了负担，或者对他人造成了不利的影响，即私人收益大于社会收益、私人成本小于社会成本。③

根据外部性效益的社会最优解理论来看，涉及财产使用有关的外部效应应该尽可能地使社会福利实现最大化。也就是说，人们应该少做负外部性的行为，多做正外部性的行为。建构一个以社会福利最大化和资源配置最优化的社会目标的模型，应当在某经济活动给当事人带来的效益在与给他人带来的外部效应（无论是正外部性还是负外部性）进行叠加或抵消后仍然为正数时，该行为才符合效益最优，也就是帕累托最优，则应该被实施。④

现有著作权制度对数字图书馆数字资源开发带来阻碍和限制，会导致信息资源配置无法形成最优。针对著作权制度对数字图书馆数字资源开发共享中的影响因素进行分析，可以发掘出数字图书馆建设中的著作权制度的积极和消极因素，从而找寻提升著作权制度效率的方法和对策。

（二）数字图书馆资源开发建设的外部性因素变化分析

著作权制度是影响数字图书馆数字资源利用共享的一个重要的外部性因素。数字图书馆担负着重要的传播文化知识、促进信息资源共享的公益性使命，

---

① 李增刚：《新政治经济学导论》，上海人民出版社2008年版，第61—62页。
② [美]阿兰·兰德尔：《资源经济学：从经济角度对自然资源和环境政策的探讨》，施以正译，商务印书馆1989年版，第155页。
③ 李增刚：《新政治经济学导论》，上海人民出版社2008年版，第59—60页。
④ [美]斯蒂文·沙维尔、赵海怡、史册、宁静波译：《法律经济分析的基础理论》，中国人民大学出版社2012年版，第72页。

但是数字图书馆的这一使命似乎与著作权法所强调的著作人利益保护发生了一定程度的冲突和矛盾，著作权制度对数字图书馆利用作品进行数字资源开发共享造成了不可忽视的外部性影响，其中既包括积极的影响，即正外部性因素，又包括消极的影响，即负外部性因素。

数字图书馆数字资源开发建设中著作权制度的外部性因素变化分析的具体方法是：将著作权制度中可能对数字图书馆数字资源开发利用产生影响的因素进行提取，将这些因素依次地作为唯一的变量因素，假设在其他因素不变的情况下，看该因素会对数字图书馆的数字资源开发建设造成怎样的影响，是正外部性影响还是负外部性影响。著作权制度对数字图书馆信息资源开发共享产生的正外部性，是指著作权制度的某一制度安排或者某一影响因素有利于数字图书馆的数字资源开发共享，促进了数字图书馆的数字化馆藏资源开发的进程；著作权制度对数字图书馆信息资源开发共享产生的负外部性，是指著作权制度的某一制度安排或者某一影响因素有碍于数字图书馆的数字资源开发共享，阻碍或者抑制了数字图书馆的数字化馆藏资源开发的进程。通过归纳总结，笔者认为，在著作权制度中可能对数字图书馆数字资源开发建设的影响因素包括有：著作权保护力度的强弱性、著作权交易成本的高低性、著作权授权许可模式的多样性、著作权制度结构的耦合度、著作权合理使用制度的范围等。将以上列举的影响因素依次作为唯一变量，在其他因素不变的情况下，看看该因素会对数字图书馆数字资源的开发共享带来怎样的影响。

通过分析得出，与数字图书馆数字资源开发共享的正外部性成正相关的影响因素有：著作权授权许可模式、著作权合理使用制度的范围和著作权制度结构的耦合度。也就是说，著作权授权许可模式越具有多样性、著作权合理使用制度的适用范围越广泛、著作权制度结构的耦合度越高，则著作权制度越促进数字图书馆数字资源的开发共享；相反的，著作权授权许可模式越严苛越单一、著作权合理使用制度的适用范围越狭窄、著作权制度结构的耦合程度越低，则著作权制度对数字图书馆利用作品进行数字资源开发共享越具有阻碍和抑制作用。与数字图书馆数字资源开发共享的正外部性成负相关的影响因素有：著作权保护力度和著作权交易成本。也就是说，著作权法对著作权人的保护力度越强，著作权交易的成本费用越高，则著作权制度对数字图书馆数字资源的开发共享越起到阻碍作用；反之亦然，著作权法对著作权人的保护力度越弱，著作权交易成本费用越低，则著作权制度对数字图书馆利用作品进行数字资源开发共享越具有促进作用。

对以上结果产生的具体原因进一步分析，得出以下解释：（1）假设在其他因素固定的情况下，著作权制度的交易成本越低，根据新制度经济学原理，制度效率等于制度收益比制度成本，公式为：制度效率＝制度收益/制度成本。在这个公式中，制度成本越小，则制度效率越大，反之亦然。因此，当著作权制度的交易成本越低，则著作权制度的效率越高，数字图书馆可以以更加低廉的成本向公众提供服务，从而促进和激发数字图书馆利用作品进行数字化资源开发与共享。（2）著作权制度对著作权人利益保护越弱，例如扩大数字图书馆利用作品可适用的合理使用的范围，或者设置针对数字图书馆利用作品可适用的法定许可制度，则为数字图书馆的信息资源开发共享拓宽了渠道、提供了便利、增加了效率。（3）著作权制度结构的耦合程度越高，著作权授权许可的模式越多样化，更加能够协调数字图书馆利用作品中的各方利益的矛盾和冲突，从而提升数字图书馆著作权制度的自身效率、社会效率和制度结构效率，为数字图书馆数字资源开发提供有力的法律制度支撑。

根据以上分析，提高数字图书馆中的著作权制度效率，可以通过促进和加强以上与数字图书馆建设正外部性成正相关的影响因素、减少和降低以上与数字图书馆建设负外部性成正相关的影响因素来实现。

三、提升数字图书馆著作权制度效率的意义

（一）新技术时代著作权制度效率的价值

法律作为公共政策工具应是市场失灵时的调节杠杆，法律应引导人们进行有效率的活动。法律制度的根本目的在于实现法在社会中的效益价值，即法律应促进社会经济效益的最大化，法律活动和法律规则都应服务于社会资源的最优化配置，从而有效地增加社会的财富总量，提升社会福利。效益应当成为保证著作权制度良性运行的关键价值选择，并且成为著作权纠纷中各方利益人的首要考量因素。法律制度的效益价值体现于法律制度的功能性作用，著作制度的功能性作用在于激励创造、鼓励创新。著作权法律制度通过保护著作权人利益给予著作权人以获得收益的可能性，使著作权人在追求自我利益和自我价值的同时，也带来了社会利益的实现。

著作权制度效率的社会价值应大于其为著作权人所带来的个人价值,著作权制度效率的价值及价值选择规则具有普适性。在数字图书馆数字化资源开发与共享的过程中,著作权制度的效率价值体现为:著作权制度应帮助数字图书馆实现其传播文化知识、增加社会财富、实现资源高效合理配置的使命,并且实现著作权制度本身促进文化教育、增进社会福利的根本目的。据此,在著作权制度的完善和实施过程中,应尽量控制制度实施过程中的成本投入,争取收益的获取,以实现著作权制度的自身效率价值;应发挥著作权制度促进科学、教育、文化、研究和艺术进步的功能性作用,以实现著作权制度的社会效率价值;应拓宽信息资源的传播、利用和开发渠道,保障信息资源的高效最优配置,以实现著作权制度的结构效率价值。

在新技术时代,数字技术改变了作品的利用方式和传播方式,这是一个作品和信息爆炸的时代,公众对作品的需求量也与日俱增,无论是作品的类型还是公众需求的种类都呈现出多元化发展的态势。由此针对著作权保护,尤其是著作权限制制度和著作权许可方式的争论越来越激烈,人们渴望拥有更多接触作品的渠道和机会,公众展现出空前的对知识的渴求与企盼。网络数字技术的运行使大量知识的广泛快速传播成为事实,知识传播的种类、数量、速度和范围成倍数增长。在数字图书馆数字资源的开发过程中,大量的作品使用需要与大量的著作权人进行接洽商谈。然而在数字信息时代,效率是时代特征的关键词,取得海量许可的速度无法跟上公众对知识渴求的增长速度,导致了著作权作品需求与供给之间的不平衡。给予著作权过强的保护,并将数字图书馆利用作品完全排除在著作权限制制度的适用范围之外,我们可以想象带来的结果:一方面,对著作权过强的保护会导致公众的逆反心理,在网络时代,信息的复制和传播变得越来越容易,公众触犯法律侵犯著作权的行为的发生概率也会增多,自然地著作权人的权利无法得到尊重,甚至著作权法的法律尊严也会被践踏;另一方面,很多优秀的作品无法通过数字技术得到有效的传播,在社会中自由流通的作品被用以时间为标准进行分类,即只有经过70年著作权保护期限进入公有领域的作品可以自由流通,仅有极少部分可以被公众所接触。最终导致著作权人掌握着权利但是无法形成效益,使用者没有顺畅的通道可以合法使用作品。造成这一尴尬境地的主要原因在于著作权法的缺失,即缺乏数字图书馆利用作品的著作权限制和处理海量许可的具有效率的多样化的授权许可模式。

(二)构建数字图书馆利用作品的著作权限制的效率分析

上文已经分析得出,法经济学中对效率评价的两种标准分别为帕累托最优原则和卡尔多-希克斯效率原则。前者是指真正的效率是对各方都具有效益的,不能以一方的不利益换取另一方的受益,要么各方都受益,要么至少没有任何一方的情况变得更差,否则就是不具有效益的;后者认为真正的效率不应该从各方的局部效益考虑,而应从社会总体财富的增加来考量,如果受益方在对不利益方进行了补偿之后,社会总体情况有改善,那么就是具有效率的。卡尔多-希克斯效率原则试图借助补偿的可能性来实现社会总体财富的最大化。

从帕累托最优原则的角度来看,构建数字图书馆利用作品的著作权限制制度,首先有利于促进数字化资源的开发和共享,其保障了公众接触先进文化知识的自由和权利,推动了知识的传播和持续创造,增进了社会财富的总量。所以对公众利益来说,构建数字图书馆利用作品的著作权限制制度是有益的。其次,劳伦斯·莱斯格将网络共享分为四类,其中一类是人们在购买前会视听或者试看一部分,觉得满意之后再行购买,还有一类是人们本对一件产品没有兴趣,甚至并不认识,但是偶然的机会通过网络共享的传播,接触到了作品的一部分并产生了兴趣进而购买。对于这些作品而言,构建数字图书馆利用作品的著作权限制制度不仅不会损害到著作权人的利益,还会拓宽作品的传播方式,给著作权人带来更多的经济收益。而对于其他类的作用,构建数字图书馆利用作品的著作权限制制度也不会造成著作权人利益的受损,因为在著作权限制制度的设计中会遵循不影响作品的正常使用、不损害作者的合法权益的基本原则,并且在使用作品的同时给予作者相应的报酬。

从卡尔多-希克斯效率原则来看,构建数字图书馆利用作品的著作权限制制度所带来的社会公众效益的增长远大于著作权人因此可能承受的经济损失,但是在构建数字图书馆利用作品的著作权限制制度的同时配以著作权人经济补偿制度,那么这个问题就可以迎刃而解。因此数字图书馆利用作品的著作权限制制度的构建不仅没有造成著作权人和公众利益任何一方利益的受损,同时还带来了社会总体财富增加。无论是从两种原则的任何一种来解释构建数字图书馆利用作品的著作权限制制度,都是具有效率的。

依据制度经济学理论,尽管制度常常产自于某一时代具有或然性的局部环境之中,但是它仍然有可能获得持续且更广泛的应用意义。实际上,具有生命力的制度是综合性的，它具有内在的转变倾向，它既带有不同历史、不同社会、不同意识形态的色彩，同时涵括了偶然性和前瞻性。[①]因此，通过转变，旧的规制可以服务于新的用途，从而在新的时代中适用于更广泛的领域之中。传统的著作权制度虽然在网络技术时代遭遇了适用困境，但是经过改良和革新，也可以焕发新的生命，运用于新的领域，产生新的用途，解决新的社会问题。

四、数字图书馆利用作品的著作权限制有利于提升其著作权制度效率

我们可以合理地认为，每一种制度内部都存在着多样的具有效率的结构安排，每一种安排都隐喻着一种对社会冲突利益抑或社会合作利益的特殊布置。问题的关键是该如何对这些安排进行识别和挖掘，并对它们进行选择，以求找到一种兼顾正义和效力的分配方式。如此一来，我们就可以凌驾于单纯的效益价值考量之上，并且认为，我们的选择是以一种将正义与效率相融合的方式来进行的，那么它将比只考虑一种价值的选择更有力量。

通过分析和揭露著作权制度对数字图书馆信息资源开发的外部性因素影响，有助于有针对性地提出改善数字图书馆著作权制度效率的应对策略，促进著作权制度对数字图书馆建设中的正外部性因素的积极作用的发挥。前文已证，现有的著作权制度对数字图书馆的数字资源开发和信息资源共享造成了阻碍，影响了著作权制度的效率，并且已经分析了其中的促进因素和阻碍因素。由此，在此基础上，如何增进其中的促进因素发挥其积极作用，并减少阻碍因素的消极作用，降低阻力、缓和矛盾，是解决数字图书馆信息资源利用开发中著作权制度效率问题的关键之所在。具体建议如下：

第一，坚持著作权人利益保护和资源社会共享的利益平衡原则。著作权本质上是一种私权，著作权制度首先应肯定著作权人对其作品享有的专有权和基于其作品所有权之上享有的利益独占性，它应通过保护著作权人的权利和利益进而起到鼓励创新、激发创造的作用。然后著作权作为一种私权，又具有公权属性，即著作权又肩负着促进科学、文化、教育、研究和艺术繁盛的终极目标，过度强化著作权保护将导致著作权人私欲的膨胀和对公共利益的忽视。因此在构

[①] [法]夏旺斯：《制度经济学》，暨南大学出版社2013年版，第24—26页。

建数字图书馆利用作品的著作权限制和处理数字图书馆的著作权纠纷的过程中，应坚持"利益保护、成果共享"的利益平衡原则，既保护著作权人的应得利益，肯定著作权人的智力劳动，又提倡成果的物尽其用以及对公共利益的维护。

第二，坚持著作权适度保护原则，拓宽著作权限制制度适用范围。著作权制度设立的本意是赋予著作权人有限的专有权，使其在有限的时间和有限的范围内控制他们的作品，对著作权人的鼓励不仅体现在对其权利的保护，还体现在对其权益的限制，以此刺激著作权人创作新的作品。著作权适度保护应坚持利益平衡原则、系统思考原则和社会受益原则，对著作权人给予适度的保护，从社会全局思考，维系著作权人利益和社会公众利益之间的平衡，使著作人的作品给全体社会带来效益。著作权法在协调保护作者私人利益和公众利益的平衡上，最终目的是促进整个社会的进步和社会信息资源的传播与共享。数字图书馆在建设过程中，应秉持著作权法促进公共利益之立法目的，数字图书馆之促进文化传播的使命和著作权法之保障知识流通、增进社会福利的立法目的是完全相符统一的，因此数字图书馆利用作品应适用合理使用原则，是完善著作权法应明确考虑的重要内容。此外，应扩大合理使用的适用范围，将数字图书馆利用作品纳入其适用情形之中，并根据数字图书馆所提供的不同服务性质区别对待。

第三，整合各种著作权制度，拓展多样的著作权授权许可模式。建立数字图书馆，首先要有海量的数字资源，数字资源的来源包括直接的数字作品和传统作品数字化，无论是哪一种，要想将作品数字化之后置于网络进行传播，都必须首先取得作品权利人的相关授权，这必然涉及海量许可的问题。倘若以合同形式进行一一地授权，这将耗费巨大的时间和经济成本，这违背了互联网技术快捷的特征，大大降低了知识信息传播的效率，并不利于社会的进步。所以寻求一种更加高效又合理的著作权授权许可制度能有效解决数字图书馆的著作权问题。当前，已经有多种著作权授权许可模式在实践中受到了青睐，如授权要约模式、版权补偿金模式、集体管理模式、著作权代理模式、创作共用模式、开放存取模式等。现阶段对各种著作权授权许可模式的研究较为广泛，各种模式都各有利弊，应仔细权衡各种模式的优势和劣势，结合实践中的具体情况对各种模式进行协调整合，在细节的把控和实际操作中要细致地斟酌，提高著作权制度和新型著作权授权许可模式之间的契合度，进而促进数字图书馆数字资源开发共享的顺利开展。

第四，减少著作权交易成本，提高著作权制度效率。改善利于降低著作权交易成本的制度机制，排除数字图书馆开发数字资源的阻力，使数字图书馆可以更加有效地开展信息资源传播和共享工作，从而扩大著作权制度收益，提升著作权制度效率。加强技术保护措施和其他机制的融合。虽然技术措施在一定程度上限制了公众对作品的使用，但是可以有效地监督和控制对作品的非法利用，有效地隔绝了侵权风险，在某种程度上降低了数字图书馆防止侵权风险的成本。但是对技术措施的采用应坚持"利益保护、成果共享"原则，避免技术措施沦为了保护极少数垄断利益的工具。因此，应加强技术保护措施和其他机制的融合，发挥技术措施保护著作权权利、降低维护成本的积极作用，降低限制公众接触作品、助长垄断膨胀的负面效用，让技术措施在其应该的地方发挥作用，防止对数字图书馆利用作品进行数字资源开发造成更多阻碍。

本章小结

著作权限制制度是一项重要的著作权法律制度，也是数字图书馆利用作品开发数字资源过程中解决获权问题最根本、最有效率和最优的途径。数字图书馆利用作品可适用的著作权限制能有效地维护作者作品保护的私人利益和社会科技文化进步的公共利益之间的平衡，使社会公众享有接触作品、分享知识的自由和权利，这不仅使著作权制度的根本目的——鼓励信息传播，通过增进知识而提升社会福利得以实现，充分展现了著作权制度在调整社会关系中的效率。

从利益平衡的法理学角度来看，利益平衡是现在著作权法律制度的基本精神，是著作权限制制度的基本要旨。著作权法所调整的是著作权人私人利益和社会公众利益之间的关系，著作权限制制度是维护利益平衡的关键。在数字图书馆法律关系中著作权制度应维护的利益关系包括作者、使用者和传播者之间的利益平衡，以及著作权人私人利益与公众利益之间的平衡。然而，一方面传统的著作权权利限制范围过于狭窄，无法调整数字环境中的利益关系，另一方面信息网络环境中著作权权利的扩张导致了数字图书馆著作权纠纷中各方利益的失衡。主要体现为：著作权人为防止数字技术的发展造成其权利的损害而加强著作权保护，因此造成数字图书馆利用作品开发数字资源可适用的著作权限制空间极其狭窄，直接引起数字资源的开发受阻，社会知识传播的渠道受限，公众无法享受到丰富的文化资源。为维护著作权人私人利益和公众利益之间的平衡、实现著作权法的双重目的，应构建数字图书馆利用作品的著作权限制。

从著作权制度的宪法学角度来看，现代的著作权制度已经逐渐从"以公共文化利益为重心"转向为"以商业利益开发为重心"，重商主义的思想已经逐步占据了著作权立法的指导思想地位，使人们渐渐遗忘了著作权法的立法初衷——促进知识传播，增进社会福利。著作权的文化使命逐渐被经济发展的功能性作用所替代，导致了对公共文化利益和公众文化自由的损害，背离了著作权增进知识、提升社会福利的宪法性目的。构建数字图书馆利用作品的著作权限制有利于发挥文化在社会发展中的重要作用，维护公众的文化自由，从而平衡著作权私人保护和公众文化自由的利益关系。

从著作权制度效率的经济学角度来看，效率是社会制度进步的衡量标准，著作权制度作为知识经济时代连接著作权人和社会公众之间利益的平衡机制，效率是著作权制度未来改良和发展的新趋向。在数字图书馆数字资源开发建设过程中，现行著作权制度存在的效率低下状况，直接导致了数字环境下新型的具有效率的作品利用和传播方式使用受阻。通过采用经济学外部性理论进行分析得出，促进和加强与数字图书馆建设正外部性成正相关的影响因素、减少和降低与数字图书馆建设负外部性成正相关的影响因素，可以提高数字图书馆著作权制度的本身效率、著作权制度的结构配置效率和著作权制度的社会效率，最终实现帕累托最优。具体改善建议为：坚持著作权人利益保护和成果共享的利益平衡原则，秉持著作权适度保护原则，拓宽著作权限制的适用范围，拓展多样的著作权授权许可模式，减少著作权交易成本，整合优化著作权制度内部结构安排，加强著作权制度的耦合性等。

第三章
面向数字图书馆的合理使用制度研究

知识产权法律制度构建的根本目标在于促进知识的不断创新，加强信息的传播流通，从而推动科技的进步和文化的繁荣，最终实现经济发展，创造社会福祉。因此知识产权法律制度的最终目的是为了促进知识信息的传播。然而在这一过程中，必须先有创新产生可供传播的信息资源，才有后续公众对知识文化接触之权利的实现，否则，没有了知识的生产，传播将成为无水之源、无本之木。激励创新的首要手段就是知识产权保护，如此来看，在知识产权法律制度的构建中，应首先考虑对知识产权权利人之合法权益的保护，此乃构建知识产权法律制度的首要目标。然而过强的知识产权保护将会导致知识信息的垄断，侵害到公众接触先进的科学文化知识的合法权利。因此，构建知识产权法律制度的第二步则是要设置对知识产权权利的限制，使知识产权权利人在获得其智力成果所带来的经济利益的同时，又不妨碍公众接触先进知识文化的权利和享受先进科技成果的机会。现行的著作权权利限制制度尤其是合理使用制度，无法适用于数字图书馆利用作品开发数字资源，对数字图书馆建设带来诸多阻碍，不利于数字图书馆功能的体现和价值的发挥，因此，无论是从理论层面还是工作实践来看，对现有的合理使用制度进行完善和改良实有必要。

第一节　面向数字图书馆的合理使用
制度的正当性分析

针对构建面向数字图书馆的合理使用制度可能存在的质疑主要包括以下方面：第一，构建面向数字图书馆的合理使用制度是否会损害著作权人的利益，即著作权保护和著作权限制之间的较量；第二，构建面向数字图书馆的合理使用制度是否会对文化产业的发展带来不利的影响；第三，面向数字图书馆的合理使用制度是否可以被其他制度所替代。针对以上三方面的争议，本节将进行详细的阐述。

一、面向数字图书馆的合理使用制度无碍著作权人利益的实现

著作权法的核心思想是利益平衡,著作权既要保护著作人的私人利益,又要保护公共利益。针对构建面向数字图书馆的合理使用制度在著作权利益平衡方面可能引发的担忧包括有:构建面向数字图书馆的合理使用制度是否会损害著作权人利益?构建面向数字图书馆的合理使用制度是否是对著作权利益失衡的矫正?回答这些问题还需首先厘清著作权的根本目的和著作权利益平衡的重要性。

(一)著作权根本目的乃保护作者天然权利之观点的瑕疵

认为著作权的根本目的乃保护作者之天然权利的观点多在古典时代的自然法学派思想中可寻得根基,深受启蒙时期法学家之"天赋人权"的影响,追溯于洛克的劳动财产理论。

洛克假设土地上所有自然生产的果实和它所养活的兽类,既是自然自发地生产的,就都归人类所共有。没有人对于这种处在自然状态中的东西原来就具有排斥其余人类的私有所有权。因此必然要通过某种拨归所有的方式,然后才能对于某一个人有用处或者有好处。[①] 洛克认为财产起源的条件是劳动,每个人对他自己的人身享有一种所有权,他的身体所从事的劳动和他的双手所进行的工作,是正当地属于他的。所以只要他使任何东西脱离自然所提供的和那个东西所处的状态,他就已经掺进了他的劳动。既然是由某一人使这件东西脱离自然所安排给它的一般状态,那么在这上面就由此人的劳动加上了一些东西,从而排斥了其他人的共同权利,确立了个人的财产权。[②] 洛克的核心立场可以总结为六点:(1)世界上的财富由人类所共有;(2)每个人都拥有基于其自身的人身财产;(3)每个人的劳动所得都归属于自己;(4)获得财产的方式是通过劳动参入共有物中使其成为私有财产;(5)财产权的条件是每个人获得财产的行为不剥夺其他人财产的活动,他应将足够多且同样好的东西留给其他人所共有;(6)

---

① [英]洛克:《政府论(下篇)》,商务印书馆2015年版,第17页。
② [英]洛克:《政府论(下篇)》,商务印书馆2015年版,第18页。

每个人只能按需索取共有池中的物,不能取走超出其能够充分利用的那部分。

通过分析我们可以发现,把洛克看作是具有普遍意义的知识财产劳动论的理论本源是有待商榷的。劳动根本不能成为一个决定性的或完整的论证财产合理性的基点。① 洛克所认为的劳动即能获得财产的主张本身并不构成财产权合理性的有力证明,财产的获得方式为什么是劳动而不是占有或者其他呢?普芬道夫认为,自然法并未命令每件事情都应属于个人。事实上,自然法只是命令任何事物都应遵守被支配的目的,因为人类支配劳动所需之动产与生存居住所需之不动产有助于人类的繁衍与和平。据此,普芬道夫给了劳动一个重要的角色。然而,倘若就此认定劳动产生了财产是不准确的,因此契约在这其中扮演了至关重要的角色。对普芬道夫而言,虽然劳动可能是财产得以产生的必要条件,但财产具有道德品性,因而它只能由可以产生道德效果的行为产生。财产并非劳动的结果,它凭靠的是明示的或默示的契约。② 在格劳秀斯看来,私有财产的出现是基于协议和共有的学说,劳动并不是主要范畴。③ 卢梭在《社会契约论》中也提出,需要社会公约来对财产加以保障和限制。④

笔者认为,用洛克的劳动理论来解释知识财产的合理性同样是值得商榷的。首先,洛克对财产的分析始于共有物的存在,基于有形物。对于抽象物而言,不存在天赋共有之类的东西。劳动一旦与抽象物结合,就会出现个人阻止这种劳动走向共有知识的情况。换句话说,它将阻止这些物的共有池的发生,这从根本上是背离知识产权法之增进社会福利的根本宗旨的。其次,知识财产制度从未将思想和发现视为财产权的客体。这样,从理论上根本就无法解释为什么那些经过艰苦研究而提出科学思想的人不能拥有所有权,也无法解释为什么思想的原创者不能要求对那些思想给予版权保护。再次,立足于劳动财产论解决知识财产问题,势必将共有财富财产化的逻辑套用至无形财产领域中,引致对共有知识的私有化与财产化的关注。通过劳动获得的财产权必有某种方法精确界定其客体,私人财产权可以通过占有发生,但只有客体有明确界线时才可被占有,财产是建立在占有之上,而抽象物又是不能被占有的。因此,我们可以得出结论,基于洛克劳动财产理论得出的著作权的根本目的乃保护作者之天然权利的

---

① [澳]彼得·德霍斯:《知识财产法哲学》,商务印书馆2008年版,第59—65页。
② [澳]斯蒂芬·巴克勒:《自然法与财产权理论:从格劳秀斯到休谟》,周清林译,法律出版社2014年版,第86—96页。
③ [澳]斯蒂芬·巴克勒:《自然法与财产权理论:从格劳秀斯到休谟》,周清林译,法律出版社2014年版,第32—48页。
④ [法]卢梭:《社会契约论》,商务印书馆2015年版,第18—21页。

观点是有瑕疵的。

（二）保护作者权利乃实现著作权根本目的的手段

正如《美国宪法》第1条第8款所述，为促进科学和实用技艺的发展，对作者和发明人的作品和发明给予在一定期限内的专有权保护。[①] 由此可见，著作权的主要目的是通过增进知识、促进传播来提升社会的整体福利。为达到知识增进的目的，法律鼓励新作品的创作和传播，著作权授予创作者基于其智力创造之上的专有权以提供创作激励。但是我们应该清楚地认识到，保护著作权人权利是为了激励创作，这只是为了实现著作权之根本目的——增进社会知识总量所采取的手段，应避免著作权出现悖论——以鼓励知识传播的法律制度反而成为了审查和控制传播的工具。功利主义思想所倡导的激励主张与自然权利主义所倡导的回报主张具有本质上的区别。虽然无论是激励还是回报都体现为对作者物质利益的增长，但是回报与作者个人利益紧密相连，是为补偿其创作行为所消耗的个人劳动，无关社会利益增长与否。而激励则需要以社会整体利益为出发，将作者的创作鼓励融入社会福利增长之中。如果说作品的免费传播对社会利益更有益处，那么从知识产权角度应释放作者对作品的控制权。[②] 据此，著作权人的权利应受到限制，合理使用规则是最为常见的限制制度，也最能体现这些问题的争议。

著作权涉及的群体主要有著作权人、传播者和消费者，这三个群体基于不同的目的而使用作品，著作权人进行创造性使用，传播者进行商业性开发，消费者进行个人使用。著作权的目的乃是造福这三类人群，即整个社会群体。从全局的角度来看，著作权法应是保护创作者、传播者和消费者的法律，著作权法应由三个部分组成，即作者权利之法、出版社权利之法和使用者权利之法。[③] 著作权法律制度规定了创造、传播和使用作品的所有主体的权利。如果著作权法只保护知识文化的创作者的利益，那么法律将会沦为孤立的文化产品组合，文化将成为个别人的私有财产，而不是将文化创作融入进人类文明社会的长久发展之中，也没有将文化视作人类社会生活的共同福祉。针对那些过度限制使用者权利的指导原则以及毫无根据的版权声明，应当予以驳斥。前文已证，著作权乃作

[①] 《美国宪法》第1条第8款。
[②] 吴伟光：《数字技术环境下的版权法危机与对策》，知识产权出版社2008年版，第4—5页。
[③] [美]莱曼·雷·帕特森、斯坦利·W.林德伯格：《版权的本质：保护使用者权利的法律》，郑重译，法律出版社2015年版，第3—4页。

者基于劳动而享有的自然法上的财产权的观点是具有瑕疵的,如此看来,在著作权法律关系中的各个权利主体都应当享有相应的权利,使用者权利同作者、出版商的权利同等重要,也应当得到著作权法的认可与保护。伴随数字技术在版权产业中运用的逐渐深化,著作权在数字环境中得到扩张,当代法院强调著作权强保护的倾向有违于著作权法的根本宗旨,是对著作权法的本质与目的的司法混淆。著作权法的根本宗旨在于促进学习、增加社会福利,因此它不仅只是保护著作权人权利和传播者权利的法律,同时也是保护使用者权利的法律。著作权法在考虑创作者和传播者的经济利益的同时,也应当考量到提供这些报酬和补偿的使用者的合法权益。

著作权的理论基础既包含了所有权,又包含了政治权利。著作权所包含的所有权是指作者控制其智力劳动成果以获得收益的权利;著作权所包含的政治权利属于国家成员,是指社会公众对知识文化所享有的自由表达的权利。从逻辑分析,政治权利应该重于个人所有权,因为公共利益要强于私人利益。但是往往所有权是具体的,而政治权利是抽象的,具体的又往往要胜过抽象的。[①]著作权的客体内容本质上都是信息,这些信息可能是文化性的、可能是政治性的,无论出于何种目的,对信息流通进行控制的法律工具都有可能引起审查的危险。因此应对知识流通的垄断与控制进行限制,合理使用作为最常见的限制制度,却在司法实践中遭遇了困境,合理使用沦为了一种僵化的规则,这个原本基于公平正义设置的法律规制变得不再公平,因为法官在审判中关注的往往是著作权人的权利,而非公共利益。长远地、从整体来看,在适用合理使用原则时不应当仅仅只考虑与著作权既有原则相关的因素,还应当充分考虑著作权的根本宗旨和根本政策。

保护作者权利乃是实现著作权根本目的的功能性手段,不能为了著作权之保护作者权利的功能而牺牲促进学习、增进社会福利的著作权根本目的的实现,万不可本末倒置。那些认为只有使作者可以充分获利才能刺激其创作的主张都是浅表的,这是一种唯利润的想法,难道在作者心中刺激创作的唯一动力只有利润吗?如美国佛罗里达大学法学院教授 Hannibal Travis 所说,一味地强调利润的激励功能在很大程度上回避了道德论。他强调,谷歌图书计划可以给公众提供更多接触先进文化的机会,因此需要思考的是,如何解决作者补偿的问

---

① [美]莱曼·雷·帕特森、斯坦利·W.林德伯格:《版权的本质:保护使用者权利的法律》,郑重译,法律出版社 2015 年版,第 102—107 页。

题。作家和艺术家们留给后世的是最为珍贵的精神财富,即使未来数字图书馆不总是习惯于付给作者报酬,难道他们不会因为无私的启蒙精神重燃对文学创作的热爱吗?因此,数字图书馆这一伟大的计划应跳出思想的狭隘圈子,不再仅仅只是强调利润动机。① 将创作驱动过分依赖金钱激励极有可能导致创作人盲目追求物质奖励,而忽视其他原动力的作用。创造应该造福社会,知识文化是全人类的共同福祉,倘若一味将创作与功利相联系,将会使创作失去生命力。激励的标准并不是越高越好,高标准的激励措施反而可能带来对创作者的"反向激励",造成他们的"短视""惰性"与"路径依赖"。

(三)维护著作权利益平衡有助于著作权法根本目的实现

著作权法赋予作者享有基于其智力活动所产生的创作作品的专有权利,著作权承认智力作品的创作者拥有精神权利和经济权利两类专有权利。② 同时为实现著作权之根本目的,法律对作者的专有权利进行限制。著作权法在强调作者私人利益时,也应服务于公共利益。世界上最早的著作权法——1710 年的英国《安娜法令》强调其立法目的是为了鼓励知识创作而授予作者和消费者一定权利。③《美国宪法》宣称著作权法的制定是为了实现促进科学和实用技艺的发展这一源自于公共利益的目的。④

在著作权法视角下,公共利益实现的方式主要有两种:一种是通过激励作者创作来增加可传播的知识的总量;另一种是鼓励知识的传播来增进可利用的知识这一社会福利。每一个社会成员都是潜在的作品创作者和使用者,法律一方面通过保护创作者获取收益的权利,另一方面保护使用者利用作品的权利,从而维护著作权法律关系的平衡,促进社会利益的最大化的实现。以上两方面缺少任何一方面都不可,如果没有对作者的激励措施,对于部分人群来说会少了将大部分时间和精力投入有价值的创作上的东西。虽然仍然有一部分作者相比较获得经济收益,更愿意获得内心的满足和成就感,但是普遍来说,对于一个社会人,物质激励是必不可少的。相同的,如果对知识和文化的传播进行过度的控

---

① 汉尼拔·特拉维斯:《谷歌图书搜索和合理使用:协调作者,还是图书的 Napster?》,《迈阿密大学法律评论》87. / Hannibal Travis:《建立全球数字图书馆:版权改革的议程》,PEpp.L.Rew. 761.
② [西班牙]德利娅·利普希克:《著作权和领接权》,联合国译,中国对外翻译出版公司 2000 年版,第 1—2 页。
③ 《安娜法令》的原名为《为鼓励知识创作授予作者及购买者就其已印刷成册的图书在一定时期内之权利的法》,1709 年由英国议会颁布,1710 年生效,是世界上第一部保护作者权益的法律。
④ 《美国宪法》第 1 条第 8 款。

制,那么也不利于造福于社会,无法发挥创作作品的最大价值。因此,必须平衡这两方面的利益需求以保障公共利益的实现。

《世界人权宣言》第27条第1款规定了公民的文化自由权:"人人有权自由参加社会的文化生活,享受艺术,并分享科学进步及其产生的福利。"[①]《世界人权宣言》第27条第2款规定了公民的著作权:"人人对由于他所创作的任何科学、文学或美术作品而产生的精神的和物质的利益,有享受保护的权利。"[②]《国际人权公约》之《经济、社会、文化权利国际公约》第15条第1款规定:"一、本公约缔约国确认人人有权:(1)参加文化生活;(2)享受科学进步及其应用之惠;(3)对其本人之任何科学、文学或艺术作品所获得之精神与物质利益,享受保护之惠。"[③]这其中包括了公众的文化自由权和著作权。根据以上条款可以看出,著作权和文化权并不是相互矛盾或者具有先后层级次序的,而是具有同等法律价值平等的两项基本人权,这两项权利应平衡、协调、共生发展。

国际图联对维护数字图书馆著作权利益平衡表示肯定与支持,并在《国际图联关于在数字环境下版权问题的立场》中强调,版权的平衡是为了每一个人。该文表明:"图书馆和信息专家重视并致力于满足他们的用户获得版权资料,以及其中包括的信息和思想;他们同时尊重作者和版权人通过知识产权获得公平的经济回报。有效地接触作品是达到这些版权目标的必不可少的条件。国际图联支持能平衡双方利益的版权法,以鼓励社会的整体进步。版权法应当对版权人的利益提供强而有效的保障,同时给予合理地接触信息的机会,以鼓励创作、创新、研究、教育、和学习……国际图联始终认为过度的版权保护,不合理地限制接触信息和知识,可能威胁到民主的传统,以及影响到社会公正的原则。如果版权保护过度,竞争和创新就会被限制,创造性也会被窒息。"[④]

数字技术可以克服物理空间、距离的限制,消除经济贫富差距,为弱势群体提供更多的数字信息资源。数字资源的开发与传播对新技术时代的知识获取意义重大,合理获取知识有利于促进文化的民主、健康传播,有利于丰富人类知识共有池,有利于缩小因贫富差距进而造成知识获取两极化。数字图书馆将是数字作品的主要购买者和传播者,它将对保证大众对信息的有效接触、发挥国家和国际互联网的优势、维护数字环境中的著作权平衡起到关键的作用。但是,如

---

① 《世界人权宣言》第27条第1款。
② 《世界人权宣言》第27条第2款。
③ 《经济、社会、文化权利国际公约》第15条。
④ 《国际图联关于在数字环境下版权问题的立场》(2000)。https://wenku.baidu.com/view/a3d37494e53a580216fcfee1.html。

果将来所有的信息和接触信息的机会都需要通过付费才能享有,那么数字图书馆的能力和功能发挥将受到很大限制。如果合理使用制度无法在数字环境中得到施展,那么数字图书馆将无法发挥缓解利益失衡的关键作用,社会矛盾将会进一步激化。对此,国际图联强调,数字的并没有不同,合理使用制度应延伸至数字环境中,并且根据数字技术特性进行调整与完善。

(四)结论:构建面向数字图书馆的合理使用制度不会损害著作权人利益

通过以上分析可知,基于洛克劳动财产理论得出的著作权的根本目的乃保护作者之天然权利的观点是具有瑕疵的。保护作者权利只是为鼓励创作、增加知识总量,这是为了实现著作权之根本目的——增进社会福利所采取的手段。从全局来看,著作权法是保护创作者、传播者和消费者的法律,著作权法应由三个部分组成,即作者权利之法、出版社权利之法和使用者权利之法。因此,著作权根本目的的实现还有赖于著作权利益平衡的维系。保障著作权利益之平衡,既要保护作者的利益,也要保护使用者的利益。构建面向数字图书馆的合理使用制度从根本上不存在对著作权人利益的损害,而是将利益的天平进行平衡校正,赋予使用者原本应享有的权利,矫正著作权强保护导致的著作权人权利扩张的失范局面。

构建面向数字图书馆的合理使用制度不仅不会损害著作权人的利益,还会在一定程度上促进著作权人作品的数字版权市场的形成,唤起作品销售的第二次生机。针对互联网中的作品共享,Lawrence Lessig 将互联网资源共享分为四大类:第一种网络共享方式是指,以网络共享取代购买和消费,即人们通过网络下载的方式取代原本就会购买的作品;第二种网络共享方式是指,通过网络共享的广告或者片段体验促进了产品的购买,也就是说,有些人原本不了解作品,对作品的购买没有兴趣,通过在网络上接触了作品的片段,经过试读或者视听而产生了购买兴趣,进而促进了作品的销售量;第三种网络共享方式是指,通过网络共享获得一些受到著作权保护,但是已经不再销售的作品,这种行为从著作权法来看构成侵权,但是并不会造成作者的经济利益受损;第四种共享方式是指,通过网络共享获取一些不受著作权保护或者作者放弃著作权的作品。[①] 通过

---

① 劳伦斯·莱斯格:《扼杀创造力的法律》。

分析比较以上四种互联网资源共享方式可以得出以下结论：从著作权法来看，只有第四种方式是合法的；第二、第三种方式虽然从著作权法意义来看不合法，但是却没有对著作权人造成经济损失，因此对这一类方式起诉并不具有经济效益，反而应该思考的问题是如何运用和充分发挥这一类作品的社会价值。针对这一类作品，法国文化部长 François Stasse 在一份工作报告中提出了著作权作品"灰色地带"这一概念，主要是指享有著作权保护，公开发行超过 2 年以上，在市场上的商业价值已经几乎全部被开发并趋于沉寂的作品，他指出对于此类作品应该采取开放式的态度进行数字化开发，这样将有利于作品的数字版权市场的开发，唤醒作品商业价值的第二春，促进文化产业的民主化和现代化发展。[①] 进一步分析，会给作者和出版商带来损害的主要为第一种共享使用方式，而第二种可以间接地给作者和出版商带来收益。因此，第一种互联网共享方式导致的作者利益的流失，在一定程度上可以通过第二种有所弥补，互联网的危害等于第一种共享方式所带来的损害与第二种方式所带来的收益进行抵消得到的结果。如果说，第二种方式所带来的收益会大于第一种方式所造成的损失，即当第一种方式导致的结果所呈现的负数与第二种方式产生的收益所呈现的正数相加后，仍然为正数，则代表互联网共享总体会带来社会总福利的增长。并且知识共享本来就是一个有利于公共利益的行为，那么为什么一定要去抵制知识文化的互联网共享，还有什么理由不对数字图书馆开放合理使用规则呢？法律应发挥调整社会关系的功能性作用，为公共利益服务，而不是与公共利益相背离，只有在已有文化的基础上继续进行开发利用才能使人类文化的宝库源源不断地更新。

二、面向数字图书馆的合理使用制度助推文化产业发展

数字版权产业发展是新技术时代文化产业的重要发展内容之一，是一个与数字图书馆的生存发展休戚相关的行业。数字技术的发展向数字版权产业发起了挑战，同时又带来了机遇。要将数字技术给版权产业带来的冲击转化为新契机，必须重新完善数字环境下的合理使用制度。因此，构建面向数字图书馆的合理使用制度不仅不会影响文化产业的发展，还会构筑文化产业的未来。

---

① 弗朗索瓦·斯塔斯：《致文化和传播部长有关保存于公共图书馆的数字作品之获取情况的报告》，2005 年 4 月。

（一）面向数字图书馆的合理使用制度有助于推动数字版权产业的发展

从我国数字版权产业发展现状来看，数字作品数量呈井喷式爆发，网络内容产业营收规模和产值加速增长，互联网内容提供商 2015 年营收规模接近 3000 亿元，2016 年接近 4000 亿元。其中最具典型的数字作品类型——数字音乐和网络文学增长势头强劲。2015 年，我国数字音乐的市场规模达到 498.18 亿元。其中安装在个人电脑上的应用程序客户端的数字音乐作品市场规模达到 58.06 亿元，同比增长 13.4%；安装在个人手机上的应用程序客户端的数字音乐作品的市场规模达到 41.5 亿元，同比增长 22.8%；电信音乐增长业务达到 398.62 亿元（详见图 1）。[①]其中互联网音乐用户突破 5 亿，移动音乐用户突破 4 亿，用户总量持续大幅增长。2012—2014 年，我国网络文学市场走势平稳，呈现出稳步增长态势，四年时间由 2012 年的市场规模 27.7 亿元增长至 2014 年的 70 亿元，增长幅度达到 252.71%（详见图 2）。2014—2015 年网络文学的用户总规模变化不大，其中手机客户端用户规模表现出较强的增势，未来移动客户端的用户规模必定会超过私人电脑客户端的用户规模，移动客户端可以利用用户的碎片化时间提升阅读体验，因此未来各种移动数字作品产业平台将成为核心战场（详见图 3）。[②]由此可见，我国的数字版权产业已经具有相当规模，数字作品的交易方式和使用方式也将逐渐向多元化方向发展。

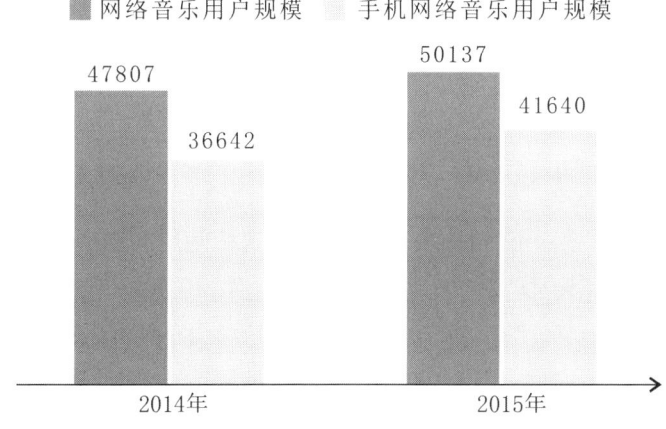

图 3-1　2014—2015 年网络音乐用户发展规模（万人）

---

① 数据来源于中国出版传媒商报：《2016 年中国音乐产业发展报告》。
② 数据来源于腾讯研究院：《2016 年中国数字内容产业全景数据解读》。

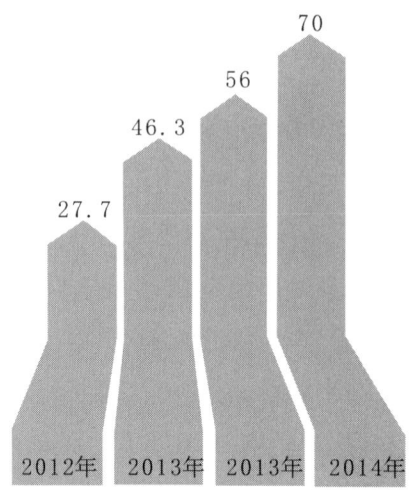

图 3-2　互联网文学市场规模走势图（亿元）

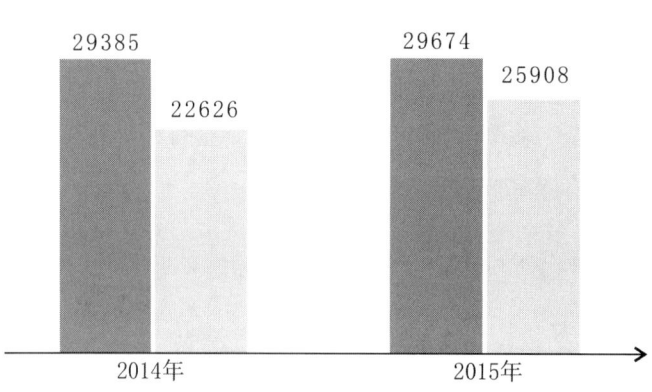

图 3-3　2014—2015 年网络文学作品用户发展规模（万人）

数字技术改变了作品的传播方式、承载方式和使用方式，数字化浪潮使著作权限制制度在数字环境中的适用遭遇了前所未遇的困境，尤其对于数字图书馆而言，合理使用制度的失语、法定许可的排斥以及技术措施的限制都给数字图书馆的开发带来了重重困难，使数字图书馆开发数字资源唯有在"守法"与"违法"的夹缝中艰难前行。但是，从以上数据可以看出，数字化是一个不可逆的趋势，它不仅不会造成文化产业的凋零，还会带来文化产业发展的全新格局。数字技术与整个社会文化生活相融合，将全方面地改造人们的思维方式和交流方式，加快文化的传播和文化产业的更新换代发展。数字时代和知识经济时代的到来，使人们对知识的渴望也越来越强烈，基于数字技术建立的数字图书馆作为社会信息服务的重要平台，肩负起传播扩散数字知识和发展文化产业的艰巨使命。因此，解决数字图书馆资源建设的著作权法律制度障碍是关键，而完善合理使用制度能够有效地解决这一困境。有学者提出抛弃版权才是文化产业的未来①，虽然这种观点过于激进，但是抛弃对作品使用过于严苛的控制，释放合理使用的空间也许真的会带来文化产业一个全新的未来。一言以蔽之，面对数字化浪潮的冲击，立法不应因循守旧，也不应对传统产业抱残守缺，构建数字图书馆的合理使用有助于实现规制的平衡，有助于推动数字版权产业的发展，从而带来整个文化产业的繁荣。

（二）构建面向数字图书馆的合理使用制度有助于推进民主文化的发展

著作权在数字环境中的扩张逐渐使其成为一种内容审查机制，著作权将人际交流中必不可少的文化变为个人所有，这极不利于民主。阅读、观看、收听、写作渗透到我们生活的方方面面，也影响着文化生活和意识形态。如果作品的内容和表达不允许他人的指摘，则意味着交流思想和知识共享根本不存在。言论自由和表达权利等政治性权利将受到限制。根据著作权法的内容，只有作者本人可以控制作品，改进作品，提高作品的艺术价值、学术价值和社会价值，而其他人不得染指，这对于民主社会将是灾难性的。正如 Rosemary Coombe 所言："人性天生就具有创造、质疑和变革的能力，滥用知识产权并不断扩大知识产权保护范围的行为将夺走人的天性。交流应是双向的，倘若收到大量信息却不能回应，看到大量的符合和信号却不能质疑，那么对话将失去意义。"②现有的著作权体制存在诸多缺陷，一直以来贯彻的知识产权可以创造财富的谬论很大程度上是掌握着更多资源的投资者来进行游说的口号。强化著作权保护和加大侵权惩处力度是《TRIPs 协议》所带来的新现象，从某种程度来说，著作权的强保护趋势是发达国家为保障知识输出国之利益所进行的投资安全性设置。近

---

① ［荷］约斯特·斯密尔斯、玛丽克·范·斯海恩德尔：《抛弃版权——文化产业的未来》，刘金海译，知识产权出版社2010年版。

② Rosemary Coombe. The Cultural Life of Intellectual Property. Authorship, Appropriation, and the Law, Durham and London. Duke University Press. 转引自［荷］约斯特·斯密尔斯、玛丽克·范·斯海恩德尔：《抛弃版权——文化产业的未来》，刘金海译，知识产权出版社2010年版，第3页。

几十年，著作权保护的权项被增加，著作权保护期限被延长，著作权保护范围被拓宽，著作权限制制度被压缩，直接导致了知识文化的公有领域被一步一步地侵蚀和私有化。

笔者呼吁恢复合理使用制度应有的地位，抑或当著作权保护延伸至数字环境中时，著作权限制的适用范围也应当得到拓展。合理使用制度可以有效地使知识文化免遭进一步地私有化和腐蚀，这也正是著作权核心理念——著作权利益平衡所欲达至的效果。作者有权通过作品获利，社会大众也有权参与到文化民主化的进程当中。

（三）结论：构建面向数字图书馆的合理使用制度不会影响文化产业发展

国际图书官员协会联合会认为，信息提供者的经济利益必须与社会获取知识的需求相平衡，同时国际图书官员协会联合会对技术保护措施和许可限制的增加使用表示担忧，顾虑平衡状态会被打破，并朝着追逐商业利益的方向发展，这种趋向会损害信息使用者的利益，尤其是对作为信息输入国的发展中国家造成更大的负面效应。[①]国际图联的担心是十分可能发生的，一味地强调知识产权可以创造财富，著作权保护是为了鼓励创作的观点过度强调了物质收益对创作的吸引力，使文化沦为了唯利是图谋取商业利益之徒的私有财产。创作应是一件美好而愉快的事情，它是每一个创作者内心深处对启蒙精神的保护，是他们内心对文化艺术最深沉的热爱。对金钱过度强调和向往会扼杀人类纯善的秉性和充满创造力的天性，使他们迷失变得盲目，而忽视了原初最真切的追求。创造应该造福社会，知识文化是全人类的共同福祉，倘若一味将创作与功利相联系，将会使创作失去生命力。

解决数字图书馆利用作品的著作权问题，不能仅仅从著作权人利益的角度出发，还应该从社会公众的利益出发，从长远的社会发展和民主文化构建的角度出发。我们应当跳出时代的小视野，构建面向数字图书馆的合理使用制度并不会对著作权人利益造成损害，也不会对文化产业发展带来不利影响，有以上忧虑的人仅仅只是将眼光局限于眼前一隅，只看到了著作权人这一个群体的利益，而忽视了更大群体的利益。更何况我们已经论述著作权之根本目的乃保护

---

① 赵秀玲：《数字环境下版权和领接权限制和例外——国际图书馆界的观点》，《版权公报》2003年第2期。

作者之天然权利的观点是有瑕疵的，并且就现有状况来看，著作权人利益没有受到损害，受到损害的是使用者的利益。所以说，构建面向数字图书馆的合理使用制度不是对著作权人的不利做法，而是对目前著作权之利益失衡局面的矫正，是将民主文化进程扶上正道的匡正。

三、面向数字图书馆的合理使用制度具有不可替代性

在解决数字图书馆资源开发的著作权问题中，主要可能利用的权利限制制度包括有合理使用和法定许可使用，此外授权许可使用也是一种常见的解决方式。合理使用与其他制度的区别是什么，合理使用能否被其他制度所替代，这是本部分将要讨论的问题。

（一）许可使用不可替代面向数字图书馆的合理使用制度

许可使用又称为授权使用，针对许可使用的定义，主要有两种观点：第一种观点认为，被许可使用的是著作权各种专有权其中的一项或多项权利，也就是说许可使用是指著作权人通过许可合同授权他人使用自己著作权的一项或多项权利；[①]第二种观点认为，被许可使用的是享有著作权的作品，即许可使用是指著作权人授权他人以特定方式对作品进行使用。[②]笔者认为，许可使用是著作权人行使著作权的方式之一，著作权的客体是作品，因此，许可使用的客体也应该是享有著作权的作品。著作权许可使用是著作权领域中一种重要的法律行为，双方具有设定权利义务法律关系的意思表示，旨在通过许可合同的形式在许可人与被许可人之间建立起权利义务关系。亦即，许可使用行为表现为许可使用合同，法律承认许可使用行为的效力在于双方当事人所签订的许可使用合同的效力。双方在达成许可使用合同之后，著作权人可以将作品授权他人使用，被许可人向著作权人交付一定数额的许可使用费。这是最常见的著作权贸易活动，即著作权许可证贸易，在这种活动中，著作权的归属不会发生改变。

许可使用与合理使用具有本质性的差别，主要表现为以下三点：第一，许可使用是双方法律行为，著作权人与被许可人可以就著作权许可使用的方式、期

---

① 郑成思：《版权法（上）》，中国人民大学出版社 2009 年版，第 366 页。
② 吴汉东：《著作权合理使用制度研究》，中国人民大学出版社 2013 年版，第 127 页。

限、使用范围、使用内容、使用费用、违约责任和救济方式等通过合同的形式进行约定，双方当事人达成合意即产生法律效力。而合理使用是事实行为，不存在当事人通过意思表示产生效力的情形，法律直接对合理使用行为的适用情形和结果作出明文规定，这使得双方当事人之间的权利义务内容具有了公示力和先定力。第二，许可使用通过著作权人和被许可人通过签订许可使用合同而建立债权债务的关系得以实现，在签订许可使用合同之后，许可人和被许可人之间形成了一种债的关系。具体而言，著作权人负有将作品授权他人使用的义务和享有收取一定数额著作权许可使用费的权利，而被许可人负有向著作权人交付一定数额许可使用费的义务和享有使用著作权人授予之作品的权利。合理使用是著作权的限制与例外，是一种由法律规定的，不依双方当事人意定而建立的事实行为，这其中不存权利和义务的关系，双方当事人也不具有设立、变更或消灭民事法律关系的意图，并且使用者使用作品不需要取得著作权人的同意。第三，一般而言，许可使用是有偿的法律行为，双方会在许可使用合同中约定一定数额的许可使用费，著作权人可以获取基于对其作品使用而来的报酬，而被许可人则需要支付与使用作品相对应的价款，这是一种对价关系。而合理使用是无偿的，根据合理使用规则，使用者以一定方式使用作品可以不经著作权人的同意，也不向其支付报酬。

在数字图书馆的数字资源开发过程中，授权许可对于数字图书馆而言，在时间和经济上都要花费巨大的成本，具有低效率性，这将直接影响数字图书馆服务优势的发挥和服务质量的改善。由于著作权公示制度和管理制度的缺漏，在对著作权权属登记和跟踪调查上需要花费大量的时间和经济成本，这些重担都将落到数字图书馆的头上，对于海量的图书馆资料，需要取得海量的授权许可，这将给数字图书馆增添沉重的负担，甚至超出数字图书馆的处理能力。逐一通过合同形式获取授权许可的方式将花费大量的人力、物力和时间，对于著作权人多个的作品还要取得所有著作权人的许可以及邻接权人的授权，这都会增加数字图书馆的工作难度，这不仅会耗费巨大的成本，还无法发挥数字技术方便快捷的优势，降低知识传播的速度，不利于文化的传播与社会的发展。

综上所述，首先，从行为性质分析来看，合理使用和许可使用存在着本质性的差别，二者各司其职。其次，相比较许可使用方式的巨大成本消耗和低收益性而言，合理使用制度更加具有效率，也更能从法律制度的方面解决数字图书馆利用作品面临的著作权困境。据此得出结论，合理使用不可能被许可使用所取代。

（二）法定许可使用不可替代面向数字图书馆的合理使用制度

法定许可使用是指按照法律的明文规定，以法律规定的方式使用已经发表的作品，可以不经著作权人的许可，但是应向著作权人支付报酬，并尊重著作权人其他权利的制度。[①]法定许可使用与许可使用的区别在于：第一，许可使用是一种意定授权，即通过著作权人和被许可人达成合意以合同形式建立起的授权行为，法定许可使用是一种法定授权行为，即由法律直接规定著作权人可能同意并且应该同意授权的行为。第二，许可使用针对的客体可以是已发表的作品，也可以是未发表的作品，而法定许可使用的客体仅针对已经发表的作品。第三，许可使用可以是有偿使用，也可以是无偿使用，但是法定许可使用必须是有偿使用，即使用人必须向著作权人支付一定的报酬。法定许可使用与合理使用的区别在于：合理使用既不需要征得著作权人的同意，也不需要支付报酬；而法定许可使用虽然不需要征得著作权人的同意，但是需要支付一定的报酬。有学者认为法定许可和合理使用在法律性质方面的区别在于，合理使用是事实行为，而法定许可为准法律行为，即指虽没有严格意义的意思表示，但又有向相对人表意的行为。法定许可使用的授权情形虽然由法律直接规定，但是法律仅仅只规定了使用人必须支付报酬，没有规定付费的方式、具体数额、使用时间等，这些仍然应当由双方当事人来合意确定。

法定许可使用和合理使用的主要区别在于：在合理使用规则中，著作权人没有了对作品的控制权，也没有要求获得经济报酬的权利；而法定许可使用仅仅否定了著作权人对作品的控制权，但是给著作权人保留了获得经济报酬的权利。法定许可使用相对于合理使用对著作权的侵蚀程度相对较弱。造成这种差异的主要原因在于：虽然合理使用和法定许可都是基于公共利益而设立，但合理使用不会影响作品的正常使用，也不会造成著作权人经济利益的损害，而法定许可使用的情形会影响作品的潜在市场销量和价值，因此使用人应支付著作权人相应的报酬。在数字图书馆利用作品行为中，针对诸如建立数字资源索引、摘要、试体验片段等不会对作品的正常使用带来影响，亦不会对作品的潜在市场和价值带来损害的转换性使用方式，适用需要支付报酬的法定许可规则是不

---

① 吴汉东：《知识产权总论》，中国人民大学出版社 2013 年版，第 74 页。刘春田：《知识产权法》，中国人民大学出版社 2009 年版，第 131 页。

恰当的，应适用合理使用规则来进行规制。据此，在数字图书馆利用作品的诸方案中，法定许可使用不能取代合理使用。

（三）结论：面向数字图书馆的合理使用制度不可用其他制度替代

通过以上分析得出以下结论：第一，合理使用不可能被许可使用所取代。首先，从行为性质分析，许可使用和合理使用具有本质上的区别，前者是法律行为，后者是事实行为，二者不具有相互替代性；其次，从实施效率分析，许可使用需要耗费巨大的人力、物力和财力，具有不利益性，合理使用制度更加具有效率，也更能从法律制度方面解决数字图书馆利用作品面临的著作权困境，合理使用制度具有不可替代性。第二，合理使用不可能被法定许可所取代。首先，从行为性质分析，法定许可属于准法律行为，合理使用属于事实行为，二者差别甚大；其次，从使用方式对著作权人产生的影响来看，法定许可使用会影响作品的潜在市场销售与价值，而合理使用不会与作品的正常使用相冲突，也不会对作品的潜在销售市场和价值带来损害，因此，针对数字图书馆开发数字资源所进行转换性使用的情形，适用合理使用规则最为恰当。综上所述，面向数字图书馆的合理使用制度不能被其他制度替代。

第二节　面向数字图书馆的合理使用判定标准研究

利益平衡是知识产权保护的基石，知识产权法律制度旨在保护各方利益的平衡，尤其是权利人的个人利益和社会公众利益之间的平衡。知识产权法律制度通过对知识产权权利人及其继受者依法所享有的人身权利和财产权利的适度保护，禁止或者限制一切不劳而获的"搭便车"行为。知识产权法律制度通过设置财产权利制度，赋予知识产权权利人为获取基于其智力成果之上的经济收益的一定手段和方式，这是一种合理、合适的法律垄断制度。所谓合理、合适则一定是建立在利益平衡的核心之上，著作权法实质上是在保护创作者利益和保护公众利益之间平衡的一种机制。何谓利益的平衡，平衡的点在哪里，这又根据不同的客观环境而发生变化。在不同的复制技术和传播技术条件下，既定制度的天平会发生偏移，这样的技术也许因为其局限性更有利于权利人对复制和传播的控制，因此制度设计应倾向于对公众利益的保护，而那样的技术因其快捷性更便于公众对作品的使用，适度设计则应倾向于对权利人的保护。然而利弊总是互相转移，福祸总是相互依存，没有绝对的不好，也没有绝对的好，一切都只是一种机遇，或是技术突破的机遇，或是新产业发展的机遇，或是新的社会福祉的机遇。总而言之，知识产权制度构建应紧随社会进步的步伐，不断找寻特定时代环境下的利益平衡，避免利益失衡。知识产权制度的发展史也正印证了这一点，从最初《安娜法令》中出版社特许印刷权的诞生到信息网络传播权的问世，知识产权法律制度总是这么的机灵又充满着生命力，这么的包容又慎终如始。

一、合理使用制度在数字图书馆著作权纠纷中的适用困境

传统的著作权法无法适应网络环境的要求，信息网络传播权相关制度也尚未成熟，这使得数字图书馆的建设受到了现有著作权法的制约，相关的著作权纠纷不断。从这些纠纷中可以看出，著作权保护与利用作品的需求出现了一系列新的变化，网络侵权纠纷所涉及的作品类型和利用方式呈现多样化，受著作权保护的主体和客体范围也逐渐扩大，这导致使用作品的代价和风险的增加以及知识传播的社会成本的提高。然而针对这些在世界范围内频发的数字图书馆著作权纠纷，似乎无论是在理论界还是实务界，都没有找到较好的解决办法。综观国内外涉及数字图书馆数字资源开发的著作权纠纷，无不显露了各国司法实践中的担忧、尴尬、摇摆不定和无所适从。

（一）美国 Google 图书馆案：对集体诉讼机制滥用的担忧

2002 年，美国 Google 公司推出了名为"海洋计划"（Project Ocean）的项目，该项目正是 Google 意欲扫描世界上所有图书馆馆藏之野心的体现。随后 Google 启动了图书扫描的"探月"（Moonshot）项目，旨在让全世界的信息有序，并且跨越国界地流通和发挥作用。自 2004 年起，Google 与几家大型图书馆达成合作协议着手开始馆藏图书数字化扫描的工作，其中包括纽约公共图书馆、国会图书馆、哈佛大学图书馆、密歇根大学图书馆、牛津大学以及斯坦福大

学图书馆。工作的内容具体是对图书进行扫描,将每本书转化为机器可阅读的数字化版本,以此为基础建立一个具有庞大内存的数字图书馆。Google 还开放了图书馆检索功能,以供读者检索。所涉图书中的一部分已经进入公有领域,还有很大一部分仍然受到著作权法保护,然而 Google 对该类图书的数字化开发并未取得著作权人的许可。

2005 年 9 月,美国作家协会将 Google 公司诉诸美国纽约南部地区联邦法院,同年 10 月,美国五大出版社向 Google 公司提起诉讼,原告诉称 Google 公司未经权利人许可对图书进行扫描并且向公众提供检索的行为,是对著作权的侵犯,构成侵权。[①]2006 年 10 月,法院将上述两个案件进行合并处理。

原告指出,即便这些图书已经被相关大学的图书馆所收纳,但是不代表著作权人允许 Google 对这些图书进行任意复制或者数字化处理或者对图书提供搜索服务。虽然 Google 辩称对图书馆进行数字化处理是为了帮助用户进行检索的必要步骤,但原告认为 Google 的根本目的在于通过吸引用户访问其页面以增加网站的流量和广告收入。进一步地,Google 窃取了出版社和作者对作品进行数字化开发的商业机会,损害了出版社和作者对作品在潜在市场上的商业利益。因此,被告侵犯了《美国版权法》第 106 条赋予原告作品的复制权、发行权和展览权。

针对以上指控,Google 公司辩称:在扫描的图书中,大部分已经进入公有领域,或者作者已经放弃或丧失了版权,对此类作品的扫描并不构成侵权;对于尚未进入公有领域的作品,Google 以《美国版权法》第 107 条的合理使用为依据提出抗辩。Google 援引 Kelly v. Arriba Soft Corp. 案[②]指出,Google 的工作只是对作品进行数字化转化,所形成的搜索数据库使用户只能进行针对关键词的检索,用户只能看到书中与关键词相关的极小一部分内容,该部分只占据了整本书的八分之一,并且 Google 公司采用了严格的技术措施防止用户检索到该书的全部内容。此外,在搜索结果的网页中 Google 没有添加任何的广告,根本不存在任何赚取商业利益的情况,也不会对作品的潜在市场造成实质性影响及损

---

① The Authors Guild, Inc., et al.v.Google Inc. No.05 CV-8136(United States District Court Southern District of New York);The McGraw-Hill Companies, Inc.v.Google Inc. No.05 CV-8881(United States District Court Southern District of New York).(本案例的案卷编号)

② 在 Kelly v. Arriba Soft Corp. 案中,被告 Arriba Soft 公司提供图片搜索引擎服务,搜索引擎以缩略图形式显示搜索结果,用户在点击网站所提供的缩略图后,可通过网页弹出的新窗口观看尺寸完整的图像。原告 Kelly 认为被告的未经许可提供作品缩略图和完整尺寸图像的行为侵犯了其著作权。美国第九巡回法院运用合理使用四因素分析法作出判决判定被告不应承担侵权责任。See Kelly v. Arriba Soft Corp., 336F.3d811(9th Cir.2003).

害。因此，上述使用具有极强的转换性目的，是不具有商业性质的"转换性使用"，应当属于合理使用的范畴。

2008年10月28日，Google公司与原告达成了1.25亿美元的和解协议。该协议经过多次磋商和反复修改，最终文本一共长达173页，分为17个部分，总共条款多达上百条，最为突出的是条款形成了著名的Google"选择退出"（opt-out）机制[①]，足以看出Google对图书馆计划所寄予的厚望和倾注的心血。但是最后囿于来自其他竞争对手、美国司法部和美国版权局的反对，2011年3月美国纽约南部地区联邦法院法官再次驳回了已经进行了三次修改的和解协议，理由是"协议内容不合理、不全面、不公平"。美国出版商协会主席的Richard Sarnof认为该协议造成了极大的反对和恐慌，生成协议会产生无可估量的负面社会影响。美国哈佛大学图书馆馆长Robert Darnton认为，将图书馆计划交给一个商业性公司会造成数字图书馆市场的垄断。一开始他是支持Google的图书馆计划的，但是和解协议的出台让他深深地担忧，是否以后会出现图书馆或学校向Google一开始以合理的价格订购了数据库，但不排除日后订购价格水涨船高，但人们又不得不面对数字图书馆垄断的局面。美国司法部认为，该和解协议实际上是给予了Google在数字图书市场的垄断权，协议已经超出了案件原本的范畴，本来的案子是关于谷歌有没有展示它所扫描的图书片段的权利，而现在这个解决协议却是要建立一个线上图书市场，这个线上图书市场的建立应该要获得作者和出版商的永久授权。美国政府陷入该协议是对集体诉讼机制的滥用的深深担忧之中。

2013年11月14日，美国纽约南部地区联邦法院对该案作出判决，法院从《美国版权法》第107条合理使用之四要素出发，判定Google的数字图书扫描行为和提供检索行为构成合理使用，因此不成立著作权侵权。虽然该案的判决为Google数字图书馆计划作出了肯定，在著作权私人利益和公共利益之间，法官选择了公共利益，但是此案仍是个案，针对数字图书馆的著作权纠纷仍在上演。

---

① 根据该机制，如果出版社或制作者不想让自己的作品出现在Google的图书馆计划中，则必须向Google提交申请，要求Google将其作品从图书馆计划中移除，并给予一定赔偿。如果未提出删除申请的，则被视为同意加入图书馆计划，日后不能再美国对Google提起诉讼，Google也不给予赔偿，但是日后会就图书收入进行利益分享。

（二）法国 Micofor c. Le Monde 案和 Syndicat National De L'Edition（SNE）v. Google 案：摇摆不定的司法判决

在美国 Google 数字图书馆案中出现的数字图书馆检索相关著作权纠纷，在法国判例中也时有发生。最具代表性的是由法国最高法院大法庭于 1987 年 10 月 30 日公开审理的 Microfor c. Le Monde 案和由巴黎大审法院第三法庭于 2009 年 12 月 18 日审理的 Syndicat National De L'Edition（SNE）v. Google 案，两个案件都涉及数字图书馆数字资源的开发，但是法院却对此作出了截然不同的判决。

1. Microfor c. Le Monde 案例介绍

Microfor c. Le Monde 案[①]并不直接涉及数字图书馆，Microfor 公司的主要业务范围是收集和提供文献资料，其数字资源库存庞大，数量可比拟一般的图书馆。从 1978 年 5 月开始，Microfor 公司在其数据库网页上发布题为"法国-时事"的法国新闻和报道的索引，其中大部分内容来自于法国《世界报》（Le Monde）和法国《世界外交论衡》（Le Monde Diplomatique）。通过 Microfor 公司所提供的关键词检索服务，可以在其网页上看到法国世界报和法国世界外交论衡以往文章的索引、关键词和摘要，索引主要是对文章进行的归纳性总结。法国世界报将 Microfor 公司诉诸法院，诉称 Microfor 公司的行为侵犯了其著作权。

1985 年 12 月 18 日，巴黎上诉法院作出判决支持了原告的主张。巴黎上诉法院认为，Microfor 公司提供的索引实际是著作权法意义上的衍生作品，因此必须取得原作品作者的事先同意。案件中的索引和摘要不属于著作权限制与例外情形之一的"简短引用"所覆盖的复制行为。所以，被告的行为构成了著作权侵权。

遂被告上诉至法国最高法院，法国最高法院大法庭于 1987 年 10 月 30 日就该案作出判决。法国最高法院大法庭作出了与巴黎上诉法院完全相反的判决，并豁免了 Microfor 公司的全部责任。首先，最高法院大法庭认为 Microfor 公司提供的索引不构成严格意义上的复制或者演绎，它并未一字一句照搬原文中的内容，而仅仅只是对作品思想内容的提炼。法国著作权法只保护思想的表达，但是不保护思想。此外，最高法院大法庭跳出了封闭狭窄的著作权限制各种情形[②]，并没有分析案中的索引是否构成著作权限制之一的"简短引用"，而是另辟蹊径

[①] Cour de cassation，Assemblée plénière，Microfor c. Le Monde，30 octobre 1987，N° de pourvoi：86-11918.（本案例的案卷编号）

[②] 《法国知识产权法典》第 L.122—5 条对著作权限制采取了封闭式的立法模式，列举了可以适用著作权限制的各种具体情形。

指出 Microfor 公司所创制的索引是对原作品的归纳性总结，是一种特殊类别的作品，根据其特殊的目的可以被称为"信息作品"，因此不构成对著作权的侵犯。法国学者 Huet Jérôme 认为该案充分体现了对信息交流自由原则之一的文献自由的尊重和重拾。①

2. Syndicat National De L'Edition (SNE) v. Google 案例介绍

Syndicat National Del'Edition (SNE) v. Google 案②直接涉及数字图书馆数字资源开发的著作权问题。自 2005 年 Google 数字图书馆计划启动以来，美国 Google 公司在全世界范围内开发了 Google 搜索引擎，这其中也包括法语版本，因此涉及对法文图书的数字化开发。由于未取得 Seuil 出版公司、Delachaux & Niestle 公司以及 Harry N. Abrams 公司的授权许可，Google 公司就对旗下上百本书籍进行了数字化处理，并提供给用户，用户可以通过搜索关键词查询并浏览到图书的摘要和完整数字版等内容。上述三公司遂将 Google 公司诉诸法院，诉称后者侵犯了其《法国知识产权法典》第 L.122—1、L.122—2、L.122—3、L.122—4、L.122—5 以及 L.713—2 条意义上的著作权，请求法院判令被告停止侵权行为，并根据《法国诉讼法法典》第 700 条之规定赔偿原告的损失。

巴黎大审法院第三法庭就该案中所涉及的程序问题和实体问题作出了判决。首先，就本案应适用美国法律还是法国法律的问题，被告 Google 公司主张适用美国法律，因为根据《美国版权法》第 107 条以及参照《伯尔尼公约》第 5 条第（2）款针对合理使用的开放式规定，Google 公司可以以合理使用进行抗辩。但是巴黎大审法院认为本案应根据国际私法中的"最密切联系原则"适用法国法律。法院作出该结论也就表示，针对本案的法律依据——合理使用判定规则，将采取作者权法系国家的封闭式规则主义，而非版权法国家的开放式因素主义判定标准。

在以上结论的前提下，巴黎大审法院第三法庭就 Google 的图书数字化加工行为是否构成对著作权的侵犯作出了判决。首先法院援引《法国知识产权法典》第 L.122—4 条指出，未经权利人同意对作品部分或全部的复制都是不合法的。③进而针对被告 Google 辩称用户通过 Google 所提供的搜索引擎不能浏览整本图书，而仅仅只能看到摘要以及一部分内容，因此 Google 的行为应属于《法国知

---

① 韦特·杰罗姆：《信息权：文献自由及其限制》，巴黎 Dalloz 汇编。
② Tribunal de grande instance de Paris 3èmechambre, 2èmesection Jugement du 18 décembre 2009.（案卷情况）
③ 《法国知识产权法典》第 L.122—4 条。

识产权法典》第 L.122—5 第 3 项的著作权限制与例外之"简短引用"的抗辩理由，巴黎大审法院予以驳回。法院指出，对作品进行数字化加工，将图书进行整本扫描使其以数字形式展示，构成对作品的复制，如果作品受到著作权保护，则该类复制行为必须事先取得权利人的同意。因此，本案不能适用第 L.122—5 条第 3 项之"简短引用"的规定，Google 未经权利人许可而进行作品完整扫描并向公众提供摘要浏览的行为，属于复制行为，是对作品著作权的侵犯。

在上述法国的 Syndicat National De L'Edition（SNE）v. Google 案中，法院根据《法国知识产权法典》第 L.122—5 条的规定，判定所涉行为不属于条款列举的著作权限制各情形中的任何一种。因此按照法国著作权法中封闭式的著作权限制立法模式，数字图书馆对作品进行数字化加工是肯定会被认定为侵权的。这严重阻碍数字图书馆的开发与建设，也正因为此，法国国家图书馆推出的 Gallica 数字图书馆计划中的馆藏只涉及进入公共领域的作品，也就是第一次世界大战之前的作品。

有学者批评这种做法将法国的文化交流引向一种坏的趋势，使得文献资料不具有先进性，这既不利于最新的学术交流也不利于对错误的纠正。[①] 例如，当人们想读亚里士多德的《形而上学》，往往网络上流传的进入公有领域的可免费使用的版本是过时的，甚至有很多译制或印刷错误，但是因为其具有免费性优势，可以比其他精良的版本更快地流传开来，并被人们所熟知，甚至成为学生教育中的必读书籍，而那些正确的、翻译优美的译文版本却要在几十年之后也许才有可能普遍进入人们的视野，那么这能说是一种法律的进步吗？因此将图书的数字化利用仅限于进入公有领域的作品，不仅不利于对新知识的获取，也不能实现对过去思想财富的正确认识。[②] 法国国家图书馆馆长 François Stasse 在 2005 年向法国文化交流部提交的一份报告中也提出了相同的观点。报告指出，在诸如医学、生物、物理、经济等其他高新技术领域，知识的飞速进步使旧的认识迅速被淘汰，即便是文学艺术和哲学领域也是如此，人们更偏爱去阅读新的版本而不是旧的。[③] 推陈出新是人类进步的本质属性，因此应利用数字技术的便捷性去提供这种方便。

比较以上两个案例，同是判断提供检索的行为是否构成法国著作权法上的

---

① 罗杰·波尔：《网络的不良影响》，《世界报》。
② 吉洛德·休伯特：《当古代作品质疑现代作品时》。
③ 弗朗索瓦·斯塔斯：《致文化和传播部长有关保存于公共图书馆的数字作品之获取情况的报告》，2005 年 4 月。

"简短引用",法官却作出了截然相反的两种判决结果。在第一个案例中,法官对作品的类型作了宽泛的解释,裁判思路并未局限于著作权限制的封闭式立法情形之中,体现出对保障信息交流自由这一法律原则的遵循。在第二个案例中,法官严格适用著作权限制情形之一的"简短引用"的判定标准,对待数字图书馆案件仍然选择严谨适用法律规则,而未触及对法律原则的解释。综上可以看出,针对数字图书馆的著作权纠纷,在法国著作权法中仍然存在着法律空缺,法官在应该适用封闭式的法律规则还是开放式的法律原则中摇摆不定。

(三)德国 Google 缩略图案:出于公共利益的尴尬判决

在 2010 年 4 月由德国联邦最高法院就 Google 缩略图一案[①]作出判决,虽然法院最终判定 Google 使用原告照片制作缩略图的行为不构成侵权,但是该结论的得出并不是出于认定 Google 的行为符合《德国著作权法》的著作权限制情形,相反的,法院经过分析认为 Google 的行为并不符合《德国著作权法》的规定。但是出于鼓励技术创新行为,以及对公共利益和平衡各方利益的考量,法院选取了一个并不那么恰当的理由判定了 Google 行为的合法性。该判决显示出著作权法的缺失无法适应新技术时代的发展,从而满足公共利益之需求的尴尬。

德国汉堡地方法院于 2008 年 10 月作出判决判定 Google 在其搜索引擎检索结果指向的链接所展示的原告照片的缩略图侵犯了照片权利人的著作权。虽然本案和 2007 年发生在美国的 Perfect 10,Inc.v.Amazon.com,Inc..案[②]如出一辙,Google 公司辩称其将原始图片制作成缩略图的使用为转换性使用,属于合理使用的一种,但是法院并未接受 Google 的抗辩。法院指出,缩略图改变了原图的尺寸和图像分辨率并不构成创造新的作品,法院还认为 Google 如果采用文字描述以替换缩略图的使用方式,更符合转换性使用的要义。Google 公司随后向德国联邦最高法院提起上诉。

德国联邦最高法院于 2010 年 4 月作出判决判定 Google 制作缩略图的行为不构成著作权侵权。但是需要注意的是,法院在判定 Google 制作缩略图的行为是否符合德国著作权法所规定的"可不经权利人许可,亦不用支付使用费用"的著作权限制之情形时,给予了否定的答案。法院认为 Google 缩略图的使用方式不

[①] Federal Supreme Court(BGH),1 ZR 69/08.(本案例的案卷编号)
[②] Perfect 10,Inc.v.Amazon.com,Inc..案中,Google 从未经许可发布原告 Perfect 10 网站上要求付费的图片的第三方网站上抓取原告受著作权保护的图片,经将这些图片缓存制作成缩略图,原告以被告侵权其著作权为由将其诉诸法院。美国第九巡回法院根据合理使用四要素进行分析认为,被告的适用属于转换性使用,构成合理使用。

符合《德国著作权法》第 44 条 a 款①之"不具备独立经济意义"的条件,并且也不属于《德国著作权法》第 51 条②之"评论引用"的著作权限制之情形,因此,Google 的行为不属于著作权限制的情形。

然而,德国联邦最高法院作出以上判决的依据是,法院认为原告未使用任何有效的反爬虫技术保护措施以防止第三方对其网站内的图片进行搜索和链接,则表示作品的权利人默示许可了 Google 对其图片的使用,基于此,Google 使用原告的图片制作成缩略图的行为不构成侵权。

笔者可以理解德国联邦法院是出于公共利益和鼓励技术创新的考量做出了判决结果,但是这种强行采用默示许可将维权责任负担给权利人,更以是否主动采取技术保护措施来判定权利人是否许可对其作品进行使用的作为,着实有欠妥当。虽然结论是善意的,但是过程未免太过于吊诡。由于德国著作权法中合理使用制度的适用范围狭窄,但又出于公众利益的考量,法官不得不另辟蹊径,选择一个不那么恰当的依据,做出了一个饱受诟病的判决。虽然传统著作权法无法适应数字环境是事实,但是如果法院在处理此案时能在合理使用的判定标准上做文章,也许判决就不会那么尴尬了。

(四)我国数字图书馆著作权案例

近年来,我国司法实践中有关数字图书馆利用作品的著作权纠纷尤其频发。例如:2002 年 4 月,著名学者、教授陈兴良以基于其著作之上的信息网络传播权被侵犯为由将中国数字图书馆有限公司告上法院;2003 年 3 月初,著名学者郑成思以未经授权使用其作品侵权了其著作权为由,将北京书生数字技术有限公司诉至法院;2007 年 8 月,我国 400 名学者以未经作者许可对作品进行数字化利用构成著作权侵权为由将超星公司诉诸法院;同年 12 月,七位作家以数字化侵权为由将北京书生公司一纸状文诉至法院;2009 年 12 月,女作家棉棉起诉 Google 未经其同意将其作品《盐酸情人》放在网上,侵犯了其著作权;2011 年出版界人士集合知名作家联合发布《315 中国作家讨百度书》,起诉百度侵犯其

---

① 《德国著作权法》第 44 条 a 款规定,本法允许的临时复制行为,指暂时的或者同时发生的,表现为一种技术过程中不可或缺的实质部分的,并且不具备独立的经济意义的行为,其唯一的目的是实现(1)通过中间人使第三人在网络上互相传播,或者(2)合法利用著作或者其他受保护的客体。
② 《德国著作权法》第 51 条规定,为引用之目的,只要在此特殊目的范围内利用已发表的著作有正当理由,本法允许复制、发行与公开再现之。本法尤其允许(1)为说明内容而在独立的科学著作中收录已出版的单独的著作;(2)在独立的语言著作中引用已发表的著作的片段;(3)在独立的音乐著作中引用已出版的音乐著作的片段。

著作权等。从我国数字图书馆的著作权纠纷中可以看出，数字图书馆享有的合理使用空间极为狭窄。

1999年6月，毕淑敏等六位作家起诉北京世纪互联通信技术有限公司未经其同意将其七部作品上传至后者的网站栏目中。由于当时我国《著作权法》还未修订，信息网络传播权还不是著作权的一项法定权项，负责该案医生的北京市海淀区人民法院根据修订前的《著作权法》第十条、第四十五条第6项和第8项判定认为，被告北京世纪互联通信技术有限公司作为网络服务提供者，从网络上下载原告的作品到其计算机系统存储库中，继而通过服务器将原告作品上传至国际互联网上进行传播的行为，是对原告作品的传播使用，被告未取得原告授权许可在网络传播原告作品的行为，侵犯了原告对其作品的使用权和获得报酬权。①1999年12月北京市第一中级人民法院驳回了被告的上述，维持原判。

2002年5月的陈兴良诉中国数字图书馆公司案是中国数字图书馆著作权纠纷第一案，该案的审理无论是对数字图书馆的建设，还是对著作权立法取向和司法实践都具有重要的意义和深远的影响。2001年12月，原告在被告的"中国数字图书馆"网站上发现被告未经其同意擅自将其作品放在网站上供读者付费阅读和下载，所涉作品包括原告的《当代中国刑法新视界》《正当防卫论》《刑法适用总论》等书籍。于是原告诉诸法院要求被告中国数字图书馆有限公司停止侵权并赔偿经济损失。被告辩称其属于公益性事业单位，其所进行的事业是以满足广大公众文化需求的公益性，数字图书馆是国家重点项目，是科教兴国战略的重要体现和部分，因此被告利用原告作品进行数字化处理开发的行为是符合社会公共利益的，不属于侵权行为。法院依据《著作权法》第四十七条第一款的规定，认为图书馆肩负知识传播和促进社会文明的重要职责，对提升社会公众的精神文明建设具有重要作用，并且图书馆利用作品对作者的著作权影响极为有限，因此图书馆利用作品属于合理使用。但是数字图书馆对作品进行数字化实际上扩展了作品传播的空间、时间、受众范围，使社会公众接触作品的范围与方式远远超出了作者原本的控制，因此数字图书馆利用作品被排除在合理使用范畴之外，属于侵权行为。②

在2005年的郑成思诉北京书生数字技术有限公司侵犯著作权纠纷案中，法院认为即便书生公司利用作品时对作品的使用范围、方式进行了必要的限制，

---

① 杨博勇：《六作家诉世纪互联公司侵犯著作权案》，《电子知识产权》（2000年版），第26—28页。
② 《陈兴良诉数字图书馆著作权侵权纠纷案》，北京市海淀区人民法院（2002）海民初字第5702号/2002.06.27。

但是书生公司主要以营利为目的，不属于公益性的图书馆，因此不构成著作权法意义上的合理使用。[①]法院从书生公司的公司性质判定其利用作品不可适用合理使用的做法，是对数字图书馆的法律性质作出的片面理解，不利于数字图书馆的开发和建设。

在 2009 年的王莘（笔名棉棉）与北京谷翔信息技术有限公司等著作权纠纷案中，针对案件中对原告作品进行片段化使用是否侵权的问题，法院认为，网站提供所涉图书数字版本的行为属于信息网络传播行为，且被告明确认可该行为并未取得著作权人的授权，故判断该行为是否构成侵权的关键在于其是否属于对原告作品的合理使用。进一步地，针对涉案行为是否属于合理使用的问题，法院并没有局限于我国著作权法之中关于合理使用的封闭式规定，而是借鉴了美国的"四要素"判定标准和《TRIPs 协议》的"三步检验法"，对涉案行为进行了细致地剖析。通过从涉案利用行为的性质、目的以及对原告作品的市场价值可能造成的影响进行分析得出，涉案利用行为为转换性使用行为，使用目的为向用户提供图书信息检索服务的非营利性服务，且该利用行为的片段化使用方式不足以造成对原作品的市场价值的实质性影响。[②]这实质上是跳出了我国合理使用制度封闭式的框架，采用了美国版权法中合理使用"四要素"判断标准，并在此基础上作出了涉案行为属于合理使用的判决。

以上仅列举我国数字图书馆项目建设启动发展以来有关利用作品、数字资源开发的著作权纠纷中几起具有代表性并且引起社会强烈反响的案例。事实上，发生在网络服务提供商和作者之间的著作权纷争早已兴起，然而针对这类纠纷，理论界与实务界均未找到有效的解决方案。美国 Google 数字图书馆案的出现标志着有关数字图书馆纠纷愈演愈烈，其中各方利益的矛盾冲突已经进入白热化阶段。从以上陈述的世界范围内的数字图书馆利用作品著作权典型案件看来，案件的争议焦点总是围绕数字图书馆利用作品的行为性质、合理使用的判定、授权许可的效力以及技术保护措施的合法性进行展开，这也是造成数字图书馆著作权纠纷频发的主要原因。因此解决数字图书馆资源开发的著作权问题也应当从这几方面入手寻求解决路径。

---

① 《郑成思诉北京书生数字技术有限公司侵犯著作权纠纷案》，北京市第一中级人民法院/（2005）一中民终字第 3463 号/2005.06.10。
② 《北京市第一中级人民法院民事判决书》(2011)，一中民初字第 1321 号。

二、著作权合理使用制度在数字环境中的挑战

正如郑成思教授所言,如果说专利法促进着技术的发展,那么著作权法则一直被技术的发展所影响着。回顾历史,著作权概念的形成、著作权保护制度的出现、著作权限制制度的构建,都与技术的发展不可分割。在研究著作权法时,必须将其与各个历史时期的技术特性联系起来,因此,著作权又是一个历史的概念。[①]著作权制度与技术的每一步发展都休戚相关,著作权制度的发展历程烙上了浓重的技术色彩。英国版权法委员会主席R.F.沃尔认为,著作权制度本身是技术变革的附属产品,著作权法律制度的诞生是伴随着印刷技术的发展而产生的,著作权法在产生之日起,就一直不断地对印刷技术、录音、录像技术、电影摄影技术及广播技术等变革作出了相应的调整,这些技术均在著作权法的发展历程中留下各自的深刻印记。[②]著作权制度的发展历程正是传播技术不断进步与发展的真实写照。相较于以往的技术进步而言,数字技术又有着更加广泛的影响,它不仅改变了作品的传播方式,还改变了作品的创作方式、承载方式等作品创作的方方面面。综合分析国际条约与各国立法面对数字技术的挑战而做出的规则调整,对著作权合理使用制度造成深刻的影响,主要体现为:第一,著作权人的权利被扩张;第二,传统的合理使用制度无法适用于数字环境中;第三,技术保护措施的运用使著作权人具有了限制作品在网络环境中合理使用的权限。

(一)著作权人权利被扩张

从20世纪下半叶开始,以数字技术、微电子技术、生物工程技术为代表的新技术革命的爆发,为社会的发展带来了巨大的影响。可以说,新技术革命是现代著作权制度变革和创新的直接动因。[③]在数字网络环境中,著作权人权利扩张的规律又一次得到了印证。在数字时代,著作权人权利的扩张主要体现为著作权权能的扩张和著作权权利客体的增加。

1. 著作权权能扩张至信息网络环境之中

确立信息网络传播权,是著作权法发展变革中的一项里程碑式的事件。著作

[①] 郑成思:《版权法》,中国人民大学出版社2009年版,第1页。
[②] [英]R.F.沃尔、杰里米·菲利普斯:《版权与现代技术》,《国外法学》1984年第6期。
[③] 吴汉东:《科技技术、国际贸易与著作权保护——关于当代著作权制度发展变革趋势的分析》,《黑龙江省政法管理干部学院学报》1999年第1期。

权法最初的保护内容是作品的印制权和重印权,著作权的起源与发展有赖于对作品附着于有形物质载体的呈现。1710年生效的英国《安娜法令》作为世界上第一部保护作者权益的法律,旨在授予作者及购买者就其已印刷成册的图书在一定时期内之权利,从而鼓励知识产品创造。① 传统著作权法关注的核心是复制权,体现了"复制权中心主义",著作权其他权项的设置都是围绕复制来展开。信息网络传播权的设置将著作权关注的核心由"复制权中心主义"转变为"传播权中心主义",使著作权人的权利扩张到了虚拟的网络空间之中,对传统的著作权法律制度,尤其是包括合理使用、首次销售原则在内的著作权限制制度带来了前所未有的冲击。

面对数字技术的挑战,国际条约和各国立法积极应对,纷纷对传统著作权制度进行了一系列的调整与改革。美国较早地提出了"信息网络传播权"这一概念。20世纪90年代中期,在美国专利商标局局长布鲁斯·莱曼的主持下,克林顿政府信息基础设施任务组(IITF)下属的知识产权工作小组(WGIPR)建议修改《版权法》。1995年9月5日,工作小组发布《知识产权与国家信息基础设施》报告(通称《白皮书》),主要论述了著作权法及其对信息高速公路的应用和影响。《白皮书》的主要任务是将著作权法融入数字环境之中,确立数字环境中的著作权法律制度的地位,并讨论如何对著作权法进行修改,以适应数字技术发展和数字版权产业兴起的需要。《白皮书》所体现的是著作权在数字环境中的扩张,出于抵制数字技术的易传播性给著作权人的利益带来的潜在损害,并且弥补著作权人丧失的对其作品的控制权,《白皮书》明显地强化了著作权人的权利,却没有规定用户使用作品相关的权利。1996年,世界知识产权组织通过了《世界知识产权组织版权条约》(简称WCT)和《世界知识产权组织表演和音像制品条约》(简称WPPT),美国于1997年通过了《数字千年版权法》(简称DMCA),欧盟议会和欧盟理事会于2001年通过了《欧盟信息社会版权指令》。

我国也于2001年对《著作权法》进行第一次修改时,明确规定了"信息网络传播权",但囿于立法的不成熟性和条文的模糊性,导致实践中针对信息网络传播相关法律问题的处理和法律的理解适用出现了较大分歧。我国又于2006年颁布实施了《信息网络传播权保护条例》,专门用于规制数字环境下的著作权问题。然而在设置信息网络传播权的同时,不仅传统的合理使用制度无法直接适

---

① 吴汉东:《著作权合理使用制度研究》,中国人民大学出版社2013年版,第9—13页。

用于网络环境中,新的相关配套的权利限制制度也尚未构建,导致网络环境中利用作品的著作权纠纷时有发生,使得以传播文化为宗旨的数字图书馆所享有的著作权权合理使用制度在很大程度上被挤压,最终导致社会公众的利益受到损害,进入引发著作权人私人利益与社会公众利益之间的失衡。

2. 著作权权利客体增加

著作权权利客体的增加是新技术时代著作权扩张的另一个重要体现。著作权权利客体的扩张与传播技术的发展有着密切的联系,技术的发展与运用使作品的表现方式、承载方式和传播方式越来越具有多样性,作品的技术性也越来越浓厚,出现了一些传统著作权法中没有规定受到保护的客体,例如针对数据库的著作权保护问题就一直是学术界和理论界讨论的热点问题。

数据库中的信息大多数源自于公有领域,数据库本身也很难符合著作权法中受法律保护之作品的标准。但是由于在信息网络环境中,数据库具有重要的价值,能够给社会带来巨大的效益,鉴于此,欧共体理事会于 1996 年 3 月 11 日颁布了《欧盟数据库保护指令》,旨在于一定条件下给予数据库著作权保护或者特殊权利的保护。[①] 探讨数据库的著作权保护问题,首先要阐明几个相关概念之间的区别,分别为:数据、数据汇编和数据内容。

数据是指数据库中的单个数据、单个作品或者单个材料。如果一个数据本身就符合作品的构成要件,就应当享有著作权保护。数据库的权利人将这一单个作品纳入数据库中,他人通过数据库复制、传播该作品的,都应当取得作品权利人的许可。单个受著作权保护的数据不会因为被纳入了一个不受著作权保护的数据库中,而改变其原有的法律性质;反之亦然,单个不受著作权保护的数据不会因为被纳入了一个受著作权保护的数据库之中而变成享有著作权的数据。概言之,单个的数据不会因为是否被纳入到数据库之中而改变其本来的法律性质。

数据汇编是指,将数据、作品或其他材料汇集并采用一定方式进行编排,以供他人获取数据内容。针对数据汇编,应从汇编作品的角度来进行解释。根据著作权法原理,如果编排者仅仅按照惯常标准进行选择或编排,则不具备独创性,数据库不享有著作权保护;如果在对作品、数据和材料的选择与编排上体现了独创性,则构成汇编作品,享有著作权保护。[②]

---

① 欧共体理事会 1996 年 3 月 11 日第 96/9 号《欧盟数据保护指令》。
② 崔国斌:《著作权法原理与案》,北京大学出版社 2014 年版,第 214—215 页。

数据内容是指构成数据库的作品、数据和材料的汇集，可以是整个数据库，也可以是部分数据库的内容。对于不具有独创性的数据汇编，不享有著作权保护。在1991年荷兰的Grote案和美国的Feist案中，均秉持了著作权法体系中的独创性标准。在1991年荷兰的Grote案中，荷兰最高法院裁定认为，对于字典词条的选择和编排只有在体现了汇编者的个人观点时，才具有独创性，因此而受到著作权法保护。①在同年美国的Feist案中，美国最高法院裁定认为，原创性的标准不能仅仅满足于作者所付出的劳动，还应当具有最低限度的原创性，因此，电话号码簿的编排不具有独创性，不能享有著作权保护。②在以上两个案例中，法官均放弃了传统的"额头出汗理论"，坚持了著作权法中关于作品独创性的标准，在一定程度上也催生了针对数据内容的特殊权利保护制度。

根据《欧盟数据库保护指令》的独创性加投资的保护标准的做法，对在数据、作品和材料的选择和编排上具有独创性的数据库，给予著作权保护。对进行了实质性投资的数据库，即便不具有独创性，也给以特殊权利保护。《欧盟数据库保护指令》中的"特殊权利"是针对"数据内容"而作出的规定。③需要强调的是，"特殊权利保护"的设置旨在保护数据库制作者的投资，其根本目的在于鼓励人们投资和开发更多具有社会效益和经济价值的数据库，而非基于著作权法之保护创作者智力劳动的目的。有学者对此持质疑态度，认为对数据库的特殊权利保护不能正确地处理公平和效率的关系，在特殊权利保护标准、立法模式、权利内容、权利的限制与例外以及保护期限方面都存在着诸多缺陷。④还有学者批评这种特殊权利保护纯粹是信息产业施压所造成的，这种制度极易产生前所未有的利益失衡和潜在的不正当竞争的危险。⑤

（二）合理使用制度空间被挤压

数字网络环境中著作权权利扩张和著作权人权利的强保护使使用者不得不接受使用自由被挤压和收缩的事实。⑥著作权人的权利扩张至数字网络环境中，但是传统的合理使用制度在网络环境中得以适用的类型大大减少，甚至无法适

---

① Grote Van Dale v. Romme（1991）Netherland Jur. 608.（本案例的案卷编号）
② Feist Publications v. Rural Telephone 499 US 340（1991）.（本案例的案卷编号）
③ 李明德：《欧盟知识产权法》，法律出版社2010年版，第175—181页。
④ 李扬：《数据库特殊权利保护制度的缺陷及立法完善》，《法商研究》2003年第4期。
⑤ J.H.雷奇曼、帕梅拉·萨默尔森：《数据中的知识产权》，《范德比尔特法律评论》1997。
⑥ 薛红：《网络时代的知识产权法》，法律出版社2000年版，第129—131页。

用于网络环境之中。首先，针对传统图书的合理使用没有延伸至数字图书馆，法律通过设置信息网络传播权赋予著作权人享有控制作品在网络传播的权利，但是针对著作权设置的权利限制却无法直接适用于网络环境。图书馆和教育机构在传统传播方式中享有的合理使用情形，并不能当然地在网络环境中同样享有。其次，现有的著作权法律制度是根据印刷技术和广播电视传播技术特性而制定的，数字技术的运用给作品的利用和传播方式带来了翻天覆地的变化，专门针对数字网络环境中的权利限制制度尚未形成。随着数字时代的到来，为满足日益加快的社会节奏和日益旺盛的社会需求，越来越多的作品以数字形式在网络上进行交易和传播开来。我国的数字作品产业已经具有相当规模，数字作品的交易方式和使用方式也将逐渐向多元化方向发展。① 数字技术在促进作品自由流通的同时，也伴随着著作权侵权的风险。但是对著作权给予过强的保护，又将影响数字版权产业的发展和作品的传播。能否在数字环境中适用针对信息网络传播权的限制制度，成为数字版权产业之生存和发展所必须解决的问题。

（三）技术保护措施限制了作品的合理使用

新技术时代中技术的发展在给著作权提供保护手段的同时，也给著作权的行使带来了不利的影响。控制对作品的接触是技术保护措施的要义，任何侵犯著作权的行为首先必须要接触受著作权保护的作品，鉴于此，控制对作品的接触是禁止侵权行为的一个有效的手段，控制作品的接触途径能够有效防范著作权人被侵权的潜在危险。技术保护措施可以有效地使著作权人由被动的通过诉讼方式争取其权益保护转变为主动地进行全面的预防保护。数字技术的复杂性和广泛性，使得著作权人通过国家公力救济的方式获得保护变得日益困难和冗繁，技术保护措施可以有效地填补这一空缺。在设置技术保护措施的同时，还需要在法律上规定禁止规避技术措施的行为。如若不然，可以想象到，为规避技术措施而制造、销售或者提供相关服务和设备的行为将会泛滥，那么技术保护措施将沦为摆设。从另一方面看，技术保护措施和禁止规避技术措施的规定将严重削弱包括合理使用、权利用尽原则等在内的著作权限制制度的效力。

著作权法的根本目的在于促进知识的传播和流通，增加社会福利，然而技术

---

① 由国家新闻出版广电总局指导，中音数协音乐产业促进会组织并发布的《2016年中国音乐产业发展报告》显示，2015年我国数字音乐的市场规模达到498.18亿元，互联网内容提供商2015年营收规模接近3000亿元，2016年接近4000亿元。由腾讯研究院发布的《2016年中国数字内容产业全景数据解读报告》显示，2012年至2014年，我国网络文学市场规模由27.7亿元增长至70亿元，增长幅度达到252.71%。

保护措施的运用在为著作权人权利的捍卫提供非法律式保障的同时，严重压缩了著作权限制制度的适用范围。技术保护措施的设置初衷是为了遏制日益猖獗的盗版行为，但是从现实来看，技术保护措施扩大了著作权人的权利，一定程度逾越了著作权法权利范围的原始宗旨，限制了使用者合理使用的空间。以法律的形式确立技术保护措施，会使得原本属于公有领域的作品重新被著作权人控制。一方面，著作权人通过技术手段对进入公有领域的作品继续进行垄断性控制，妨碍了公众使用作品的自由；另一方面，使得本享有著作权保护的作品也受到了不恰当的控制，技术保护措施"一刀切"的做法严重地打破了原有的利益平衡状态，一旦技术保护措施被广泛应用，公众接触并获取作品进行批评、评论、引用和继续创作的渠道将相应减少，合理使用变得越来越困难。当技术保护措施取代了法律保护时，著作权权利限制就变得更加虚弱。有学者认为，技术保护措施使著作权人可以完全享有独立于法律保护之外的方式来保护自己的作品，即便法律存在着缺失，著作权人可以做到完全不依赖法律，在这种情形下，著作权法不应再是"著作权权利"法，即著作权人应该享有什么权利，而病变为"著作义务"法，即著作权人在保障他人能够获得作品中应履行怎样的义务。[①]技术和合同的结合正在逐渐挤压著作权法的空间和地位。[②]如果说法律允许为合理使用范围内的使用行为而规避技术措施，那么对于不懂得技术措施和需要投入才能规避技术措施的人群来说，允许规避技术措施和不使用技术措施具有本质上的差别，技术措施的使用已经在公众与作品之间人为地树立起了一道屏障。此外，对于不符合著作权限制的情形，法律提出禁止规避技术措施的规定，这隐喻着我们采取规避技术措施而使用作品的行为，就犹如掌握了开锁的小偷撬开了他人的房门非法闯入一样，实际上是将著作权变成一种纯粹的物权，[③]权利人对作品的控制被进一步强化。

虽然我国《信息网络传播权保护条例》第 12 条规定了可以规避技术保护措施的具体情形，[④]在一定程度上缓和了技术保护措施对合理使用的冲击，但是所设置的例外情形仍然十分受限。以数字图书馆为例，数字图书馆数字资源建设所必须对数字作品技术措施破解以制作复制件储存的行为，与著作权人享有的

---

① 斯特凡·贝赫托尔德：《美国和欧洲的数字版权管理》，《美国比较法杂志》2004（52），第 323 页。
② 塞韦琳·杜索利耶：《数字环境中的版权和信息访问——为第三届联合国教科文组织就网络空间中的伦理、法律和社会问题撰写的研究报告》，《信息伦理》2000。
③ 朱理：《著作权的边界——信息社会著作权的限制与例外研究》，北京大学出版社 2011 年版，第 153 页。
④ 原文参见《信息网络传播权保护条例》第 12 条。

复制权和技术保护措施合法权益相冲突；当数字图书馆对信息进行了数字化处理之后，其在运营过程中实施的馆际互借、文献传递行为也与著作权人的复制权、信息网络传播权发生冲突。即使某些作品和信息已经进入公有领域，但由于受到技术保护措施和禁止规避技术措施相关规定的限制，公众合理使用的范围受到严重挤压，也只能通过获得著作权人的许可才能取得资料。

在数字环境下，数字图书馆的建设因为数字资源开发获取问题，不断地在"守法"与"违法"的夹缝中艰难前行，不断地因使用作品的行为属于合理使用还是侵权使用而疲于诉累。在著作权法领域中，容易与合理使用相混淆的侵权使用主要包括有非法复制和剽窃。非法复制是指，以营利为目的，擅自采用翻印、翻录、翻拍伪造等手段复制他人享有著作权的作品的行为。这种使用方式在主观上表现为以营利为目的，客观上表现为擅自复制他人享有著作权的作品且损害著作权人权益的行为事实。在合理使用的各种情形之中，包括非商业性的复制使用，一般认为，以营利为目的的复制肯定为非法复制，但不因此认为非营利性的复制就一定是合理使用的情形。①因此，在数字图书馆利用作品的行为之中，判断是否构成合理使用不应根据数字图书馆是否是公益性还是营利性进行判断，而应根据使用行为的性质进行具体分析。因而，合理使用制度的核心在于法律所规定的范围和界限究竟在哪里，在立法上表现为如何划定合理使用的范围，在司法上体现为在个案中如何判定具体行为是在法律所规定的范围之内还是范围之外。

（四）合理使用判断标准无法面对数字技术带来的挑战

合理使用作为一项重要的著作权权利限制，旨在平衡著作权人私人利益和社会公共利益，其通过赋予著作权人对其创作作品一定的专有权利，同时作者需让渡一部分的权利以提供给公众无偿使用，公众在使用作品时不得损害著作权人的利益，不得影响作品的正常使用，从而使著作权和公共利益共同得以成就。据此，利益平衡是著作权合理使用制度设计中应着重考量的因素。就现在世界范围内的合理使用立法例来看，开放式的因素主义模式缺乏原则性的指导，容易造成司法实践中的不稳定性，封闭式的因素主义模式又缺乏适度的弹性，容易造成制度僵化，现有的合理使用制度无法面对技术带来的挑战。法国巴黎

---

① 吴汉东：《著作权合理使用制度研究》，中国人民大学出版社2013年版，第142页。

索邦大学的学者 Lionel Maurel 认为数字时代是一个创作解放的时代，印刷术解放了人们读书的权利，而数字技术解放了人们写作的权利。然而互联网上著作权问题的紧张局面正使个人的文化权利正在逐渐瓦解，当务之急必须重新构建著作权利益平衡机制，以解决数字环境中的利益分配问题。[①] 比利时布鲁塞尔自由大学的 Mireille Buydens 教授和法国巴黎政治学院的 Séverine Dusollier 教授共同撰文，就著作权限制制度的开放模式、封闭模式结合公共利益和基本人权保护进行讨论，指出现有著作权限制制度对数字图书馆建设、网上教育、作品的使用造成了障碍，应重构网络环境下著作权限制制度，维系著作权利益之平衡。[②] Clarice Castro 认为谷歌数字图书馆计划是一个非凡的图书馆扫描项目，旨在建立一个数字化全文搜索索引。然而伴随谷歌图书和解协议（Google Book Settlement，GBS）及其修正案（Amended settlement agreement，ASA）的出台，谷歌图书项目的性质逐渐发生了改变，他将谷歌数字图书馆案比作警报之声，认为这不仅关系到互联网未来的各个方面，也涉及知识私有化问题。虽然关于 ASA 协议的谈判失败了，但是谷歌图书馆计划已经帮助美国意识到数字时代中改革版权规则的迫切需求，如何将数位科技、数以万计的图书文化遗产与法律规范融合起来，建立一个可行的自由信息平台是未来迫切需要解决的问题。[③]

在数字图书馆建设过程中著作权保护和公共利益之间的矛盾的处理上，过度地对著作权人个人权利给予保护会侵害社会公众的共同利益，因此，必须对著作权人的个人权利予以限制，以保障在数字图书馆法律关系中著作权与公民文化权的协调发展。[④]

三、合理使用判定标准域外比较分析

比利时布鲁塞尔大学的 Mireille Buydens 教授提出了一个很有意思的比喻，他将著作权法律制度比作为一条河流，正是这条河流源源不断地灌溉文化这片土壤，给其喂养养分，才使得文化的土壤越来越肥沃、枝繁叶茂。他又强调，著作权法律制度这条河流应始终坚持以适度灌养为使命，否则过度的扩张和强化

[①] 莱昂内尔·莫雷尔：《数字环境下的著作权与创作：迫切需要解放创作条件》，《法国 Mouvement la découverte》2014，第 100—108 页。
[②] 米雷尔·布伊登斯、塞韦琳·杜索利耶：《著作权例外：危险的变革》，《电子商务交流》2001。
[③] 克拉丽斯·卡斯特罗：《警报声》，《信息，交流与社会》（第 16 卷）2013，第 1441—1455 页。
[④] 亚历山大·佐林格：《数字图书馆，如何协调文化权和著作权》，《企业法和商法周刊》第 25 号，2007 年 6 月 21 日。

会导致如河流泛滥洪水般的严重后果，不仅无法起到灌溉文化土壤、促进知识信息增长的作用，还会给整个文化生态带来毁灭性的破坏。因此，对著作权的强保护最终会威胁到著作权本身的枝丫，主张著作权保护的人们应该意识到这一著作权过度膨胀和饱和的危险，并且应像对花园的树木进行修剪枝丫一样对著作权权利的扩张部分进行控制。[①]在控制著作权权利扩张的过程中，合理使用制度起到了至关重要的作用。对世界范围内的国际公约、有代表性国家和地区的合理使用立法例进行比较研究，具有重要的理论价值和实践意义。其中具有代表性的合理使用立法模式主要包括大陆法系国家的合理使用规则主义模式、英美法系的合理使用因素主义模式以及规则主义与因素主义混合模式。

（一）合理使用规则主义立法模式：缺乏应对数字环境中著作权纠纷的灵活性

合理使用规则主义立法模式是指，最先由《伯尔尼公约》所采纳，并被《TRIPs协议》《世界知识产权版权条约》以及《欧盟信息社会版权指令》吸收并发展的"三步检验法"。《伯尔尼公约》第9条第2项创设了著名的"三步检验法"规则，赋予了各成员国自由制定著作权限制的权利，但是必须满足以下三个条件：（1）限制必须只能适用于某些特殊情形；（2）该限制不得对作品的正常使用造成损害；（3）限制不得对著作权人的合法利益造成损害。[②]

《TRIPs协议》沿袭了《伯尔尼公约》第9条第2款之规定，并在此基础上进行了延伸与发展，具体条款为《TRIPs协议》第13条。条文规定："所有成员们均应将针对独占权的限制或例外局限于一定特殊情形，并与该作品的正常利用不相冲突，也不得不合理地损害权利人的合法利益。"[③]从以上规定可以看出，《TRIPs协议》中的著作权限制的规范模式包含了三方面的内容：（1）限制具有有限性；（2）限制具有合理性；（3）限制必须符合作品的正常使用之要旨，即不可与作品的正常使用之目的相冲突，不可损害权利人之合法利益。《TRIPs协议》第13条在《伯尔尼公约》第9条第2款的基础上有所发展，不仅拓宽了著作权限制的权项范围，将著作权限制的范围由复制权延伸至所有著作权专有权权项，还扩大了合法利益的适格主体之范围，使适格主体从作者本人扩大至

---

① 米雷尔·布伊登斯、塞韦琳·杜索利耶：《著作权例外：危险的变革》，《电子商务交流》2001，第18页。
② 《伯尔尼公约》第9条第2款。
③ 《TRIPs协议》第13条。

著作权专有权受让人。同时，法律文本对各成员国具有更强的法律强制力。

《世界知识产权组织版权条约》第 10 条第 2 款规定："各缔约国可以在某些特殊情形中，在其国内著作权立法中设置针对依据本条约被授予文学和艺术作品著作权的限制和例外，只要该设置不与作品的正常使用相冲突，且没有不合理地损害作者的合法利益。"① 该条约将《TRIPs 协定》中规定的合法利益主体之权利持有人排除在外，重申了《伯尔尼公约》的主张，即合法利益的主体仅限于作者。同时将著作权限制延伸至数字环境中，提出了针对数字环境中利用作品可适用的著作权限制。有学者认为，《世界知识产权组织版权条约》在著作权限制与例外方面并未表现出更明显的进步和发展，仅仅只是反复重申利用"三步检验法"来确定是否允许限制与例外。② 但是无论如何，《世界知识产权组织版权条约》和《世界知识产权组织表演和录音制品条约》在维持著作权人私益和社会公益，尤其是科研教育和信息共享之间的平衡之需求方面，具有重要的国际性的指导意义，它使著作权例外和限制的正当性被深刻地烙入国际化的大背景之中。1996 年世界知识产权组织通过的两项条约，在世界版权史上具有里程碑式的意义。

上述国际性条约中均涉及了"三步检验法"的条款，虽然有细微的差别，但是基本表述和制度结构大相径庭，归纳总结得出"三步检验法"的内容为：第一步，合理使用仅限于某些具体的特殊情况；第二步，合理使用不得与作品的正常使用相冲突；第三步，合理使用不得不合理地损害著作权人的合法权益。"三步检验法"的三个步骤是累积性和重叠性的，即只有就具体使用行为分别以三个步骤进行检验，三个条件均得到满足的情况下，才构成合理使用，因此每一个步骤都是确证使用行为为合理使用的必要条件。③ 仅有《伯尔尼公约》第 10 条规定的简短引用的例外为法定例外之外，④ 各缔约国有一定的自由空间在遵循《伯尔尼公约》《TRIPs 协议》和《世界知识产权版权条约》的前提下制定国内法的限制条款。据此，世界各国立法在遵循"三步检验法"的基础之上，详尽列举了属

---

① 《世界知识产权组织版权条约》第 10 条第 2 款。
② [英]埃斯特尔·的克雷：《欧盟版权法之未来》，徐红菊译，知识产权出版社 2016 年版，第 255 页。
③ 朱理：《著作权的边界：信息社会著作权的限制与例外研究》，北京大学出版社 2011 年版，第 110—111 页。
④ 《伯尔尼公约》第 10 条规定：1. 从一部合法公之于众的作品中摘出引文，包括以报刊提要形式引用报纸期刊的文章，只要符合合理使用，在为达到目的的正当需要范围内，即属合法。2. 本同盟成员国法律以及成员国之间现有或将要签订的特别协议得规定，可以合法地通过出版物、无线电广播或录音录像使用文学艺术作品作为教学的解说的权利，只要是在为达到目的的正当需要范围内使用，并符合合理使用。3. 前面各款提到的摘引和使用应说明出处，如原出处有作者姓名，也应同时说明。

于合理使用的具体情形，由此形成了"三步检验法"实质标准与列举式相结合的规则主义立法模式。实际上，"三步检验法"是一项检验著作权限制制度是否符合《伯尔尼公约》之立法宗旨和要求的法律规则，"三步检验法"的本质作用在于指导立法者制定新的著作权限制，但是"三步检验法"过于宽泛的解释往往造成具体适用中的不同结果。[①]

德国是采用合理使用规制主义立法模式的代表国家，德国著作权法以列举的方式详细罗列了著作权合理使用的具体情形，主要包括有：（1）临时复制行为；（2）法院等政府机构为维护公共安全和公民权利进行的必要的复制行为；（3）为向残疾人提供非营利性服务而少量复制作品的行为；（4）出于学校教育之目的，将学校广播电视播放的作品转录至音像制品的行为（这些音像制品的使用时间受到限制，仅为短暂时间内保存，最迟应在学校广播电视节目播出后的下一学年年底前销毁，否则不得再享有无偿使用，必须支付相应的报酬）；（5）对公开演讲的内容进行复制、发行和公开再现的行为；（6）对报纸文章、广播电视评论进行摘录，并以摘录方式进行复制、发行和公开再现的行为；（7）对时事新闻报道在一定范围内进行复制、发行和公开再现的行为；（8）对已发表的作品进行简短引用的行为；（9）出于社会保障、教育之目的对已经发表作品在一定范围内进行公开再现的行为；（10）出于科学研究之目的，将已经发表作品的片段或部分内容在一定人群内部传播的行为；（11）出于个人使用之目的对作品进行复制的行为。[②]德国著作权法中并没有关于合理使用判定标准的规定。

法国在著作权限制制度方面也采用了规则主义的立法模式，《法国知识产权法典》第 L.122—5 条详尽了著作权限制的各种情形，条文规定属于著作权限制的情形包括有：（1）仅在家庭范围内进行的私人和免费的表演；（2）仅供复制者私人使用的复制行为；（3）在明确指出作者姓名和出处情形下的简短引用，用于报刊提要，通过新闻报道对在政治、行政、司法或学术大会及政治性公共集会和官方庆典上面向公众发表的讲话、进行的全文播放等，出于科研教育目的对作品进行的表演和复制；（4）法律所允许的滑稽模仿、讽刺模仿和滑稽漫画；（5）按照合同规定的使用需要和限度而进入电子数据库的必要行为；（6）临时复制的行为，该复制必须是某个技术方案的基本组成部分，该复制仅在于允许作品的合法使用或者使作品能够借助媒介网络而在第三人之间得以传播，该复制仅

[①] 萨姆·里克特森：《三步检验法，图书馆例外》，Strawberry Hills 出版社，澳大利亚版权研究中心，2002。
[②] [德]M.雷炳德：《著作权法》，张恩民译，法律出版社 2004 年版，第 725—729 页。

适用于计算机程序和数据库以外的作品,且不得具有经济价值;(7)图书馆、档案馆、多媒体文化及资料中心等对公众开放的机构向特定残疾人群,不以获利为目的提供作品的复制和表演行为;(8)博物馆或档案馆,在不以营利为目的和不追求任何商业利益的情形下,在其馆舍内或向公众开放使用的终端设备上,为保存或保护用户私人学习和研究进度和查询情况而对作品进行的复制和展示行为;(9)在明确指出作者姓名的前提下,通过平面、视听和在线媒体,仅以提供实时信息为目的的,并与实时信息紧密联系的,对平面、立体或建筑作品进行的全部或者部分的复制或展示行为。① 此外,《法国知识产权法典》第 L.122—5 条还设置了关于限制和例外的判定标准的规定——本条所列例外情形不得有损作品的正常使用,也不得造成作者合法权益的不正当损害。②

一直以来,德国法院对著作限制制度的适用进行了限制性解释,法国有学者也指出应对著作权限制情形的适用作严格解释,在"三步检验法"的使用方面也应该参照这种严格解释的做法。③ 主要缘由在于:著作权是宪法性的权利,著作权人享有针对其作品所带来的经济收益的一定份额。而著作权限制仅仅只是著作权的特殊例外情形,只有在特殊情况——其他宪法性权利与著作权发生冲突时才可以适用,在这些案件中,法院应仔细权衡各方利益从而做出裁决。④ 但是,在欧洲国家的一些个案中,法院对合理使用作出了宽泛的解释。

荷兰最高法院在 1995 年 10 月 20 日的判例中表示,著作权法中对著作权权利限制进行详尽罗列的做法不甚恰当。法院指出,法律所规定的权利限制是著作权人合法权益和社会公众合法权益之博弈与平衡的产物,当此二者之利益发生冲突时,著作权人的私人利益应让位于比其更高层级的公众利益,以此促进作品的持续创作和沟通交流。⑤

法国巴黎大审法院在 2000 年 4 月 23 日的判决中表示,即便涉案使用作品的方式不属于法国著作权法所罗列的著作权限制与例外的诸种情形中的任何一

---

① 《法国知识产权法典》第 L.122—5 条第 1 款. 巴黎 Dalloz 出版社 2015 年版,第 150—160 页。
② 《法国知识产权法典》第 L.122—5 条第 3 款. 巴黎 Dalloz 出版社 2015 年版,第 160 页。
③ 安德烈·卢卡斯、亨利-雅克·卢卡斯、阿格斯·卢卡斯-施洛埃特:《文学和艺术财产论著》,巴黎 LEXISNEXIS 出版社 2012 年版,第 985 页。
④ HOLGER POSTELM, JEAN-LUC PIOTRAUT. The Fair Use Doctrine in the U.S.American Copyright Act and Similar Regulations in the German Law. 5 Chi.-Ken J. Intell. Prop., 142, 2006. 转引自于玉:《著作权合理使用制度研究——应对数字网络环境挑战》,知识产权出版社 2012 年版,第 104 页。
⑤ Dior v. Evora, Hoge Raad, 20 octobre 1995, N.J., 1996, n°682.

种，但是若该使用是建立在《欧洲人权公约》第 10 条①之公众信息权之基础上，则同样属于著作权的限制情形。在该案中，法国电视台在对一位画家就其作品展览进行采访的过程中，电视画面上出现了这位画家的作品。显然著作权限制之中的简短引用情形无法适用于本案。然而，法官认为，在电视新闻的采访中仅仅只是短暂的出现艺术家的作品，并不构成对其知识产权的侵害，因为这一做法仅仅只是为了快速地、以一种恰当的方式向观众传达这一文化讯息或事件，使观众对作品或者作者有所了解，这种使用并不构成对作品之正常使用的冲突与竞争。②法官并没有拘泥于著作权限制所罗列的具体情形对该案作出判决，而是基于公共利益之缘由创制了一个新的著作权限制情形，是对著作权限制的规则主义立法模式在司法实践中的突破。德国也有类似案例，③当著作人私人利益和公众基本人权和自由发生冲突时，法院往往选择了维护公共利益和公众的基本人权，从而突破著作权限制的具体情形，采取宽泛的解释方式，创制了一种法律所没有规定的著作权限制。

（二）合理使用因素主义立法模式："四要素标准"和转换性使用理论提供了新的出路

因素主义是一种不同于穷尽列举形式的开放式的合理使用立法模式，主要体现为将合理使用判定标准归纳为若干要素条款，这种立法例相较于规则主义更加具有灵活性。④采用合理使用因素主义模式的代表性国家为美国。在司法实践中，法官需要针对《美国版权法》第 107 条的合理使用"四要素"判定标准进行分别判断，但是这四要素并不是累积适用的，而需要法官在各要素之间进行综合权衡，最终做出裁决。合理使用与侵权使用之间的最主要区别在于，使用是否构成"合理"要素。因此，合理使用的判定标准涉及著作权人利益和公有领域利益之间的权衡，把控对合理使用的判断乃关键难题。美国版权法合理使用的"四要素"判定标准和美国版权司法实践中的转换性使用理论的适用对解决数字图书馆利用作品的著作权纠纷具有重要的启发意义和借鉴价值。

---

① Article 10 de la Convention Europé enne des droits de l'homme.（《欧洲人权公约》第 10 条第 1 款规定：人人享有表达自由的权利。此项权利应当包括持有主张的自由，以及在不受公共机构干预和不分国界的情况下，接受和传播信息和思想的自由。本条不得阻止各国对广播、电视、电影等企业规定许可证制度。）
② Dalloz 1999, 581, note KAMINA, R.I.D.A., Avril 2000, pp. 374.（本案例的案卷编号）
③ Terroristenbild, Landgericht Berlin, 26 mai 1977, G.R.U.R. 1978, pp. 108.（本案例的案卷编号）
④ 科伦坡：《世界版权和领接权的基本原则》，《比较法》，联合国科教文组织 1987，第 50 页。

合理使用制度的思想最早肇端于英国 1741 年的 Gyles v. Wilcox 案，该案件是英国涉及合理使用理论的第一个案例。在案件判决中，法官认为对作品进行合理节略产生的新版本应当被视作一个新作品，合理节略行为不构成侵权。[①]之后 1841 年美国法官 Joseph Story 在 Folsom v. Marsh 一案[②]中援引了英国的合理使用相关判例，在判决中首次使用了合理使用这一概念，集相关判例之大成，系统地提炼出合理使用制度的基本规则，并将这一规则引入到了美国版权法之中。一般认为 Folsom v. Marsh 案是美国合理使用制度的起源，Joseph Story 法官通过归纳判例规则，对合理使用制度进行了创造性的系统性提炼，最终形成了合理使用的三要素理论，分别为使用作品的性质与目的、引用作品的数量和价值以及引用对原作品市场销售和存在价值的影响程度。[③]Joseph Story 法官所创制的合理使用要素主义理论模式为美国版权法合理使用制度的立法奠定了基础，并对各国的著作权合理使用制度的构建产生了深远的影响。

1976 年《美国版权法》编入了合理使用条款，根据《美国版权法》第 107 条之规定，法官在个案中判断具体情形是否构成合理使用时必须考虑以下四大要素：（1）使用作品的目的与性质；（2）被使用作品的性质；（3）使用作品的程度；（4）对被使用作品造成的影响。理论上，合理使用制度适用最多的案件大部分涉及著作权复制权和衍生作品的创作，[④]法官需结合每个特定案件根据这四大因素分别判断，进行综合权衡。

一、使用作品的目的与性质

《美国版权法》第 107 条规定的合理使用判定标准的第一个要素为使用的目的与性质，主要在于分析使用行为是否为商业性使用或者非营利性和教育目的的使用。然而在实际的司法审判之中，营利性的商业性使用和具有教育启发意义的公益性使用之间有时也并非泾渭分明，商业性使用也并非是合理使用判定的决定性因素，并且商业性和非商业性使用的划分标准逐渐被转换性使用标准所取代。

---

① Gyles v. Wilcox，（1741）26 Eng. Rep. at 490.（本案例的案卷编号）
② Folsom v. Marsh，9 F. Cas. 342（C.C.D.Mass. 1841）（No.4901）.（本案例的案卷编号）
③ 吴汉东：《著作权合理使用制度研究》，中国人民大学出版社 2013 年版，第 16—19 页。
④ Jane Ginsburg，Chronique des USA（II），RIDA，avril 1999，pp. 126.（本案例的案卷编号）

（一）商业性使用的逆转

在早期的案例中，法院在解释合理使用第一条判定标准时，往往判定商业性使用不构成合理使用。在 1984 年的 Sony Corporation of America v. Universal City Studios 一案中，被申诉人为一制片厂，指控录像机生产商因其消费者购买录像机及录像带等录像设备以便自家录制前者出品的电影和电视剧，应承担间接侵权责任。Betamax 录像机被用于在家庭内部录制电视节目从而改变电视节目的观看时间，美国联邦最高法院认为，这种出于调度观看时间所为的复制行为属于非商业性的使用，因此不构成侵权。法院强调，任何对享有版权保护的作品的商业性使用都应被推定为对版权人专有权的不合理使用。[1]此外，索尼案的重点还在于赋予家庭录像以"公共利益"性质，尽管公共利益未被明确地列在第 107 条四要素之一的"使用的目的和性质"的标准之中，但是，正如 Merryman 教授所言，问题的关键在于判定使用行为是否出于善意，到底是为了公众谋福利还是为了盗版者谋取商业利益。[2]在今天看来，Sony 案最重要的价值在于否定了以创作性使用，即使用作品创作全新的价值，来作为判定是否构成合理使用的决定性标准，这对于在新技术时代保障消费者获取作品的权利，并且维护著作权人和公众利益之平衡具有重要的意义和深远的影响。[3]

在 1985 年的 Harper&Row, Publishers, Inc., et al. V. Nation Enterprises et al. 一案中，联邦最高法院再次重申具有商业性的营利性使用行为将被视为不利于判定合理使用的独立性因素。[4]由此可见，在当时法院判定合理使用的第一个标准首先是看被告的使用行为的性质是否具有商业性，一旦被认为基于营利之目的使用作品，则被推定为不合理的使用。然而，在 1994 年的 Campbell v. Acuff-Rose Music 案之后，商业性使用的判断标准逐渐被转换性使用判定标准所取代，且后者逐渐成为合理使用判定标准的首要考察要素，也为数字时代中的著作权合理使用困境，尤其是数字图书馆利用作品的著作权纠纷开辟了一条全新的路径。

---

[1] Sony Corporation of America v. Universal City Studios, Inc. 464 U. S. 417（1984）（本案例的案卷编号）
[2] J.H.梅里曼、A.埃尔森：《法律、伦理和视觉艺术》（第三版），荷兰 Kluwer 出版社 1998 年版，第 348—364 页。
[3] 王迁：《"索尼案"二十年祭——回顾、反思与启示》，《科技与法律》2004 年第 4 期。
[4] Harper&Row, Publishers, Inc., et al. v. Nation Enterprises et al., 471 U.S.539, at 562（1985）.（本案例的案卷编号）

（二）转换性使用在美国版权司法实践中的演进

1. Campbell 案的创造性与局限性

毫无疑问的，1994 年的 Campbell v. Acuff-Rose Music 案在美国版权法发展中具有里程碑式的重要意义，它开创了美国版权法司法实践中的一个全新概念——转换性使用。法官在该案的判决中写道："在著作权法有可能发生损害法律原本所要鼓励的创新活动的可能之时，合理使用规则允许并要求法院防止过于僵硬地适用版权法。"[①]因此著作权法要求针对个案进行具体分析，在明确著作权保护的目的前提下，对各要素进行综合权衡，避免孤立地看待问题。该案的判决实际上是在采纳 Pierre N. Leval 法官在《Toward A Fair Use Standard》一文中所阐述的观点的基础上所作的。在文章中，Leval 法官认为合理使用规则列出的判断要素缺乏具体的界定，在适用和认识上容易出现分歧，由于缺乏共识，在司法实践中也无法形成一致的判决。据此，Pierre N.Leval 法官认为应在强调著作权法之立法目的前提下对合理使用的判定要素进行重新阐明。Pierre N.Leval 法官指出，合理使用判定的第一要素——使用的目的和性质的判定标准并非仅仅是看使用行为是否具有教育性或者商业性，而是判断使用行为是否具有转换性并且具有何种程度的转换性。如果在使用作品的基础上，增加了新的信息、新的见解、新的表达或者新的含义，则构成转换性使用，这正是著作权法制定合理使用规则用以鼓励作品创作和社会进步所应提倡的活动类型。[②]

Campbell 案涉及具有商业性的滑稽模仿是否构成合理使用的问题。该案中，被告 2 Live Crew 乐队因未获授权而擅自对原告 Roy Orbinson 所演唱的歌曲《漂亮女人》（Pretty Woman）进行了滑稽模仿，并收录在自己的唱片之中。原告以著作权侵权为由提出起诉，被告以合理使用作为抗辩理由。针对合理使用判定标准的第一要素——使用的目的与性质，联邦最高法院认为，这一分析的关键在于考察新产生的作品是否仅仅只是为了替代原作品，还是增加了新的内容或者用新的方式表达替换原作品，以求更进一步的创作。简言之，问题的核心是新作品在多大程度上具有转换性。法院还指出，虽然这种转换性使用并不是判定合理使用的充要条件，但是鼓励转换性创作顺应了著作权法之目标的实现——促进科技和艺术的进步。转换性使用规则的运用可以开辟合理使用规则在著作权法

---

① Campbell v. Acuff-Rose Music，Inc. 510 U.S. 569（1994）. II.（本案例的案卷编号）
② Pierre N. Leval. Toward A Fair Use Standard . Harvard Law Review. Vol 103. 1990.（本案例的案卷编号）

范畴内一片新绿地，而这片绿地正是促进社会进步最生机盎然的空间。新作品的转换性越大，那么合理使用分析中可能阻碍构成合理使用之因素的重要性就越低。法院强调，商业性或者非营利性使用只是分析使用行为的目的和性质时所要考虑的诸要素之一，商业性或者非营利性属性对于判定是否属于合理使用并非是决定性的，而仅是一项需要和其他诸要素一并进行权衡考虑的事实。非营利性教育目的之使用未必就是合理使用，相同地，商业性使用也未必就一定是侵权使用。①

受 Campbell 案影响，之后许多涉及滑稽模仿的案件中，法院普遍将滑稽模仿界定为合理使用。例如在 Suntrust Bank v. Houghton Mifflin Co. 一案中，被告创作的小说《风逝》是对另一名著《飘》（又名《乱世佳人》）的颠覆性改写，原告遂提起侵权诉讼。第十一巡回法院援引 Campbell 案，认为被告的创作是针对奴隶制和黑人与白人之间关系进行的批判和驳斥性描写，因此构成法律所允许的滑稽模仿，属于合理使用。②

Campbell 案所提出的转换性使用本质上还仅限于判断新作品之内容是否具有转换性，在该案中，法官所认可的转换性使用主要是针对于滑稽模仿，也就是根据作品的内容和观点来进行判断。在判决书中法官明确提出："滑稽模仿的含义以及滑稽模仿作者使用作品进行创作之目的都表明，符合转换性使用之标准是使用原作品中的若干因素以创造一部新的、至少是对原作品具有一定的批评、评论意义的作品。倘若使用行为没有构成对原作品的实质内容或者风格、观点等具有批判性的评论，仅仅只是用原作品博取噱头、吸引注意力或者坐享其成逃避创作新作品之艰辛，那么这种使用行为也就丧失了宣称的借用他人作品的公平性。"③根据当时法官的陈述，只要对著作权作品的使用不是以滑稽模仿、批评、评论为目的，那么即使该种使用行为在程度上和性质上与滑稽模仿具有相同性，也不一定构成转换性使用。例如音乐杂糅、艺术创作中的视觉挪用等就无法在这种意义上享有合理使用，因为这些作品所使用的并非限于原作品的内容本身，毋宁是对原作品使用方式和使用之目的的转换，有些则是借用作品来进行具有不同社会意义、艺术气质、个人情感的表达。对此，有学者指责这是一种针对不同转换性使用类别作出的歧视性对待，是一种内容甚至观点非中立

---

① Campbell v. Acuff-Rose Music，Inc. 510 U.S. 569（1994）.（本案例的案卷编号）
② Suntrust Bank v. Houghton Mifflin Co.，268 F. 3d 1257, 1267（11th, Cir.2001）.（本案例的案卷编号）
③ Campbell v. Acuff-Rose Music，Inc. 510 U.S. 569（1994）.（本案例的案卷编号）

的差别性规制。①这一忧虑在 2001 年的 A&M Records，Inc. v. Napster，Inc.案中得到了印证。

在 2001 年的 A&M Records，Inc. v. Napster，Inc.案②中，Napster 是一家互联网音乐共享服务提供商，主要通过数字压缩技术将 CD 中的音乐制作成数字音乐文件放在互联网上，使用户能够方便快捷的在互联网上下载共享数字音乐。这种行为引发了音乐作品著作权人的强烈控诉，美国唱片工业协会代表美国七大唱片公司将 Napster 诉诸法院，指控其行为侵犯了音乐作品著作权。美国联邦第九巡回法院在根据合理使用第一个判定标准审查使用行为是否具有以及在何种程度上具有转换性时，认为将作品制作成数字文件形式进行使用只是采用了不同媒介传播作品，并没有对作品进行任何改变，因此不构成转换性使用。在此案中，法官对转换性使用的界定仍然限于对作品内容的改造，而对作品表达形式、传播方式等方面的转换排除在了考虑范围之外。但是这种局限性在之后的案例中得到了突破。

2. 转换性使用在数字领域的突破

在 2007 年的 Kelly v. Arriba Soft Corporation 案中，被告 Arriba Soft 公司为用户提供图片搜索引擎的服务。在未取得授权许可的情况下，被告使用了原告的摄影作品制作成缩略图的形式放置在搜索引擎的网页中，用户在点击缩略图之后，就可以观看原尺寸的图像作品。在判定该使用是否构成合理使用的第一要素时，法院认为，从使用目的来看，制作缩略图的目的在于提供阅览和便于搜索，以提高检索效率，用户并不能以与原图相同的像素观看图像，也无法获得审美体验。因此，缩略图并不能取代原告的摄影作品，因而这种使用构成转换性使用。③在 2007 年的 Perfect 10，Inc. v. Amazon.com，Inc.案中，被告 Google 公司未经允许将原告享有著作权的图片作品制作成缩略图发布于被告的网页中，第九巡回法院在针对使用目的这一要素进行分析时认为，Google 使用图片制作缩略图的行为明显有别于原告所追求的目的，且该使用行为有利于公众，是对公众提供利益的行为，因而 Google 使用缩略图的行为具有转换性。④据此，随着转换性使用在美国司法实践中的发展与深入，转换性使用不再仅仅涉及对作品内

---

① 杰德·鲁本费尔德：《想象的自由：版权的合宪性》，《耶鲁大学法律评论》2002 年 10 月。
② 案件一审参见：A&M Records，Inc.v.Napstet，Inc.，114F.supp.2d 896（N.D.Cal.，2000），55 U.S.P.Q.2d 1780.案件二审参见：A&M Rceords，Inc.v.Napster，Inc.，239 F.3d 1004，C.A.9（Cal.），2001，57 U.S..P.Q.2d 1729.（本案例的案卷编号）
③ Kelly v. Arriba Soft Corporation，336 F.3d 811（9th Cir.2003）.（本案例的案卷编号）
④ Perfect 10，Inc. v. Amazon.com，Inc.，508F.3d.1146（9th Cir.2007）.（本案例的案卷编号）

容和观点的转换，还包括对作品使用方式、表达方式、承载方式和传播方式的转换。转换性使用类别的扩大和内涵的延伸使合理使用的适用范围在数字环境中得到了拓展，这对于解决数字环境中合理使用的适用困境，尤其是数字图书馆利用作品进行数字化的著作权纠纷解决带来了极大的帮助。

3. 转换性使用在数字图书馆案中的成功

在数字图书馆的著作权纠纷中，转换性使用获得了巨大成功。如前文所述，自 2004 年美国 Google 公司开始数字图书馆项目以来，就逐渐踏上了漫长的著作权诉讼之路。在 Google 数字图书馆案中所遭遇的合理使用判定的困难主要在于：第一，被告 Google 公司对作品的使用方式几乎是完全性的复制，与合理使用判定标准的第三要素相违背；第二，被告 Google 的网站具有商业性质，在鉴定使用目的的非商业性上具有困难；第三，被告对作品进行数字化开发将会对作品的市场销售带来重大的影响。如果根据传统的合理使用制度进行处理，将面临种种困难。这时，转换性使用理论便可将问题迎刃而解。

从 2004 年起始，Google 公司开始对美国纽约公共图书馆、美国国会图书馆、哈佛大学图书馆、密歇根大学图书馆、牛津大学以及斯坦福大学图书馆的图书进行扫描，再使用光学字符识别技术将每本书转化为机器可阅读的数字化版本，可以为互联网用户提供关键词检索服务，以此为基础建立一个具有庞大内存的数字图书馆。其中所涉图书中的一部分已经进入公有领域，还有很大一部分仍然受到著作权法保护，而 Google 对该类图书的数字化开发并未取得著作权人的许可。互联网用户只能进行针对关键词的检索，并且只能看到书中与关键词相关的极小一部分内容，该部分只占据了整本书的八分之一，并且 Google 公司采用了严格的技术措施防止用户检索到该书的全部内容，用户无法对整本书进行阅读，也无法下载。此外，在搜索结果的网页中没有添加任何的广告。

2005 年 9 月，美国作家协会将 Google 公司诉诸美国纽约南部地区联邦法院，在经过长达八年的拉锯式对抗之后，2013 年 11 月 14 日，美国纽约南部地区联邦法院对该案作出判决，法院从《美国版权法》第 107 条合理使用之四要素出发，判定 Google 的数字图书扫描行为和提供检索行为构成合理使用，因此不成立著作权侵权，该案的判决为 Google 数字图书馆计划作出了肯定。[①]

针对第一要素——使用的目的与性质，法院认为重点在于分析使用是否具有

---

① Author's Guild，Inc. v. Google Inc.2013 WL 6017130（S.D.N.Y.）.（本案例的案卷编号）

转换性，而非营利性，并且这一要素是判定合理使用的关键。对此，法院认定，Google 的使用行为具有高度的转换性，原因在于：第一，Google 的使用方式是将作品进行数字化处理，从而建立一个方便快捷的搜索引擎，便于读者、研究人员和学者进行检索，这种使用方式本身是有利于公众利益的；第二，Google 数字图书馆计划将书本进行数字化处理，使用数据挖掘和文本挖掘技术，这种数字化技术的运用赋予了数字化馆藏资源不同于书本原本的使用目的；第三，Google 对书本进行数字化复制并制作关键词搜索索引并非取代对原书本的阅读途径，而是提供一种新的便捷的检索方式，这种新的数字化形式对原作品不具有替代性，反而赋予了书本新的价值和新的使用、传播方式；第四，虽然 Google 公司本身是一家商业机构，Google 数字图书馆计划是一个商业性的项目，但是法院认为这并非是使用行为本身的性质，对合理使用的判定不具有决定性意义，项目的商业动机是使用行为的间接目的，并不影响合理使用的判定。在本案中，Google 公司没有出售扫描件的片段，也没有在包括扫描件的网页上放置广告，因此并没有直接的商业利益源自于对这些扫描件的使用，Google 公司的使用行为本身并不具有直接的商业性。法官认为，即便 Google 公司意欲凭借其强大的搜索功能吸引更多的使用者访问其网站，从而在商业上谋取利益，但这仅仅只是 Google 公司整个数字图书馆项目的间接目的，使用行为本身并不具有直接的商业性，并且 Google 公司想要牟利的动机也仍然无法抹灭数字图书馆项目的教育意义。因此，从第一个要素来看，法官强烈偏向于对合理使用的肯定。针对第二个要素——使用作品的性质，法院认为本案中所涉作品大多数是已出版的、非虚构性的书本，因此，在这一要素上法院偏向于认定合理使用。针对第三个要素——作品使用的数量和质量，虽然 Google 对图书几乎进行了全文复制扫描，这不利于对合理使用的认定。但是法院指出，Google 公司的全文复制行为是其实现全文本搜索功能之必要条件，其次，Google 公司采用了严格的技术措施限制了内容显示的范围和程度，防止用户检索到该书的全部内容，用户无法对整本书进行阅读，也无法下载，在一定程度上有效地保护了著作人的权益。针对第四个要素——对被使用作品的潜在市场和价值造成的影响，法院认为，Google 数字图书馆的使用行为并不会对图书的潜在市场和价值带来不利的影响。一方面，Google 数字图书馆的搜索功能并不会取代图书原本的功能，更不用说取代书本的市场；另一方面，Google 数字图书馆不仅不会给书本的潜在市场带来不利影响，还有利于促进图书的销售，开拓图书更加广阔的市场。Google

的搜索功能和片段阅读功能可以使更多的潜在读者接触、了解到图书,从而产生兴趣去购买这些图书。Google 所做的事情并不是打击书本的潜在市场,而是给予了图书更多的销售机会,并且极有可能开拓图书的线上销售市场。并且,Google 还在网页上提供了书店的链接,方便读者通过互联网进行图书购买,这对著作权人来说不仅不是竞争性行为,更是重大的利好,它增加了公众对图书了解的机会,拓宽了图书的销售渠道。因此,在第四个要素的判定上,法院偏向于合理使用的认定。根据版权法的宗旨与目的,法院通过综合权衡之后判定 Google 数字图书馆的搜索使用行为构成合理使用。

4. 转换性使用的优势与缺憾

通过以上案例的综合分析得出,转换性使用的目的不是为了再现,而是增加新的表达形式,着重实现新的功能和价值。转换性使用是付有创造性的,以新的方式或出于新的目的,赋予原作非出于替代之作用的全新价值,实现与原作完全不同的新的传达与功能。随着数字技术的不断发展和广泛深入地运用,作品的传播方式、使用方式得到了更加多样化地开发,作品的多元价值也被不断地挖掘。在处理数字图书馆利用作品的著作权纠纷中,转换性使用正好可以对其困境迎刃而解,不但有利于挖掘作品的全新价值,构建数字作品市场,更有利于维护著作权人私人利益与公共利益之平衡,促进著作权知识增长、增进社会福利、加速知识文化流通之根本宗旨的实现,使新技术时代的参与式文化得到普及与扩散,并鞭策学校教育、文化自由表达和公民文化生活之规则的重新建构。①

然而,转换性使用理论还仅仅只是判例法个别案件中的一个未成系统的不成熟的理论,在司法实践中的运用仍然因缺乏体系化和规范性而难以运用自如。对转换性使用,甚至是合理使用规则的概括仍然存在着缺陷,其理念色彩浓重,模糊不清,在司法实践之中的运用主要依赖于法官的自由裁量权,对于很多模糊的概念,法律未能明确地进行界定,也无法给出一个完满的答复。尽管转换性使用的运用有利于鼓励作品创作,促进著作权之增进知识增长、促进文化流通目的的实现,但是法律未能提供一个规范性的操作尺度,容易产生在个案裁判中对转换性使用规则之认识的分歧。正如 Pierre N.Leval 法官所言,法官对合理使用规则的判定不是受一个统一原则的引导,更多的是源于对各个事实案件

---

① 亨利・詹金斯:《面向参与式文化的挑战:21 世纪的媒体教育》,《MacArthur 基金会关于数字媒体和学习的报告・2009》,第 8—10 页。

的直觉反映。[①]对于转换性使用的概念亦是如此,合理使用规则往往被界定为一种侵权抗辩事由,而不是一种使用者应享有的权利。使用者首先会被推定为是侵权者,使用者需要对合理使用各个要素进行举证才能自证清白,从一开始,转换性使用者就被剥夺了合法使用者的地位,被置于弱势地位,而不是与著作权人平等的位置之上。这种权利地位的差别性导致法院一开始就会偏向于将合理使用视作以著作权人专有权为核心的著作权法中的一种例外限制情形,从而将审判的重点放在使用者使用作品是否侵犯了著作权人的专有权利或者使用者能否享有侵权豁免之上。这样的一种法律逻辑和审判思路明显地忽视了使用者所享有的基本文化权利和表达自由。事实上,著作权和表达自由权利是两个同等位阶的权利,著作权人和作品使用者是平等的权利主体。而现有的合理使用判定逻辑明显地贬低和抑制了转换性使用者的权利主体地位,使得在相关案件的审判中,法官从一开始就偏向了著作权人。法官的逻辑出发点的和裁判路径往往是看著作权人的利益是否受损,侵权是否成立,使用者能否享有侵权豁免,却没有考虑使用者的转换性使用的权利是否得到了保障,著作权人对使用者之使用的限制是否超出了必要限度。转换性使用理论的任务远不是在个案中解决若干问题而已,它所提出的最大意义在于为我们研究合理使用制度(包括合理使用判定标准、合理使用的性质等)开辟了新的路径,如何将转换性使用从个案规则提炼为系统化的理论,并转化为制度设计,是需要思量和反复审酌的切实问题。

二、被使用作品的性质

法院在分析这一要素时,主要是从被使用作品属于叙事作品还是虚构作品,已发表作品还是尚未发表的作品的角度来进行考虑。

针对叙事作品和虚构作品的区分,叙事作品又称为事实作品、纪实作品,是指以诸如写生作品、美术作品、历史作品、传记作品等具有反映客观现实,记载历史事实之功能的表现手法来呈现的作品。[②]叙事作品因为使用了大量的历史资料和客观现实素材,例如传记作品主要由事件、历史、真实故事和真实人物情感

[①] 皮埃尔·N.莱瓦尔:《论合理使用标准》,《哈佛法律评论》(第103卷),1990。
[②] 吴汉东:《著作权合理使用制度研究》,中国人民大学出版社2013年版,第178页。

所组成，写生作品由真实场景、人物、景象所组成，地形作品由客观存在的地形、地貌、地理环境所组成，历史作品由实际发生的历史事件和历史线索所组成，因此叙事作品是建立在对客观现实记载的基础之上，包含了较多的现有素材，具有创造性的部分较弱，据此，他人合理使用的范围也相对较为宽松。与此相对应的，虚构类作品又称为艺术作品，是指含有虚构成分和艺术塑造特点的作品，虚构类作品需要作品在对材料进行搜集、挑选、整理的基础上进行编排创作。①虚构类作品相比较叙事作品，需要作者更多的具有创造性的创作，例如文学性的虚构类作品需要加入更多作者的想象力和创造性思维对作品的内容进行构造和编创，艺术类的虚构作品则需要融入更多作者的个人特色、艺术创作个性和人格色彩。虚构类作品具有更强的独创性，因此对虚构类作品的合理使用判定要更加严格于叙事作品。总的来说，独创性是作品获得著作权保护的必要条件，独创性越强的作品越应该获得法律的保护，相应的使用者合理使用的空间也越狭窄，要求也越严格。但是如果在合理使用第一要素的判定中得到了肯定的结果，即使用行为具有转换性时，那么被使用作品属于叙事作品还是虚构作品的分析就不那么重要了。在 Campbell 案中，法院指出，在审理滑稽模仿案件时，第二要素——版权作品的性质的作用不大。②在 Bill Graban Archives v. Dorling kindersley Ltd.案中，法院也有相同论断，法院指出，当转换性使用已经被认定的前提下，第二要素的作用在整个合理使用判定中十分有限。③

针对已发表作品和尚未发表作品的区分，一般而言，合理使用限于已经发表的作品，因为可以使用发表权和私人秘密权对未发表作品给予保护。因此，合理使用制度不对未发表作品开放，这种情况 20 世纪 60 年代之后得到了改变。根据美国国家版权局局长《关于全面修订版权法报告（1961 年）》之内容，出于公共利益之考虑，受普通法保护的未发表作品也应受到著作权法规定的限制，其中包括合理使用。④美国国会在讨论该报告时表示："即便有些作品尚未发表，但是作者自愿传播的，应也容许使用者在一定程度的合理使用。"⑤即便合理使用对未发表作品敞开了大门，但是这种使用仍要以维护作者个人名誉以及控制作

---

① 吴汉东：《著作权合理使用制度研究》，中国人民大学出版社 2013 年版，第 179 页。
② Campbell v. Acuff-Rose Music, Inc. 510 U.S. 569（1994）.（本案例的案卷编号）
③ Bill Graban Archives v. Dorling kindersley Ltd., 448 F.3d 605（2d Cir.2006）.（本案例的案卷编号）
④ 1961 年《美国版权法》修订中的《著作权登记报告》。
⑤ 威廉·F.帕尔提：《著作权合理使用》1986，第 440 页。转引自吴汉东：《著作权合理使用制度研究》，中国人民大学出版社 2013 年版，第 178 页。

品过多的公开出现为前提，也就是说这种合理使用仅仅局限在个人使用的范围之内。针对其他类型的使用，个案显示"尚未发表"这一因素不利于合理使用的认定。在 Harper&Row，Publishers v. Nation Enterprises 一案中，法院认为，未发表这一状态是判定作品性质的关键因素，若作品尚未出版，则对该作品的使用行为很难判定为合理使用，未发表的状态对于合理使用判定是不利的。① 上述论述将作品发表视作合理使用的必要条件，实际上是否定了作品出版前存在着合理使用的绝对化论断。直到 1992 年《美国版权法修正案》的出台，这一实践规则被改变，根据 1992 年 10 月 24 日修改后的《美国版权法》第 107 条规定："只要合理使用的认定是在综合考量各要素的前提条件下作出的，即便被使用作品尚未发表，这一事实也不会影响合理使用的认定。"②

三、使用作品的程度

合理使用判定的第三个要素——使用作品的程度，主要分为数量和质量两个方面，因此不仅需要采用定量分析，还要进行定性分析，即将新作品与使用作品之被使用部分的数量和内容的实质性来进行比对分析。

从被使用部分的数量来看，通常认为使用的篇幅越大，也就是说复制的内容越多，那么越不利于判定为合理使用，即大量的应用原作内容，极有可能构成不合理。对于使用作品的数量的限制，很多国家从引用字数、复制份数、摘录长度、时长等方面进行了相关的规定。但是数量仅仅只是考量的一方面，在司法实践中也存在着使用作品的极少部分仍然构成侵权使用，但使用作品的绝大部分属于合理使用的情形。因此还需要从使用作品的质量，即实质性内容上进行分析。例如在 Harper&Row，Publishers v. Nation Enterprise 案中，被告仅仅只是引用了原告创作的 20 万字的作品中的 300 字，但法院认为被告所使用部分为该作品的核心部分，因此从第三要素作出了不利于被告的认定。③ 在 Google 数字图书馆案中，虽然 Google 对书籍几乎进行了全文复制扫描，但是法院指出，Google 公司的全文复制行为是其实现全文本搜索功能之必要条件，并且 Google 公司采用

---

① Harper&Row, Publishers, Inc., et al. v. Nation Enterprises et al., 471 U.S.539, at 562（1985）.（本案例的案卷编号）
② Article 107, paragraph 2, U.S. Copyright Act of 1976, 17. U.S.C. §§ 101 et seq.（Loi 94-553, titre premier, art. 101, 19 octobre 1976, 90 Stat. 2546; loi 101-650, titre VI, art. 607, 1 er dé cembre 1990, 104 Stat.5132; loi 102-492, 24 octobre 1992, 106 Stat. 3145.）（本案例的案卷编号）
③ Harper&Row, Publishers, Inc., et al. v. Nation Enterprises et al., 471 U.S.539, at 562（1985）.（本案例的案卷编号）

了严格的技术措施限制了内容显示的范围和程度，防止用户检索到该书的全部内容，这在一定程度上有效地保护了著作人的权益，[①]因此从第三要素判定，即便使用作品多大部分，但也并非都不利于合理使用之认定。

关于如何评定使用作品的实质性内容的问题，法律一般没有作出具体规定，司法实践中也没有形成统一的原则性标准。有学者认为，作品的实质性部分是整个作品的灵魂与精华所在。具体而言，在文学作品中指的是作品具有独创性的构思安排、情节设置和具有独特性的人物塑造等；在音乐作品中体现为具有特性和艺术审美体验的旋律、节奏、音调、声线融合等设计与安排；在科学作品中体现为具有独立创造性的理论阐明与思想表达。概言之，对作品过量或者损质的使用，都将被判定为不合理。[②]在数字环境中，尤其是数字图书馆的著作权纠纷中，如何把握第三要素的判定，笔者认为应与第一要素的转换性使用相结合来考察。建设数字图书馆的数字化馆藏资源，必不可少的要对图书进去全文扫描从而进行数字化处理，这种使用方式在数量上基本上是全文复制，在质量上也完全覆盖了图书馆的核心内容。但是转换性使用改变了使用图书的目的，转换性使用的目的不是为了再现，而是增加新的表达形式，着重实现新的功能和价值。转换性使用是富有创造性的，以新的方式或出于新的目的，赋予原作非出于替代之作用的全新价值，实现与原作完全不同的新的传达与功能。在数字图书馆的使用行为中，使用目的是为了构建图书索引和搜索引擎，便于读者和研究人员更快地检索到相关图书，这一使用方式完全不同于图书原本的阅读目的，也无法取代读者对图书的阅读体验。此外，这种全新的使用方式还能使公众查找资料更加便捷和高效，是有利于公共利益的新举措。因此综合来看，在判定第三要素时，是否构成转换性使用起到了一定的影响作用。

四、对被使用作品造成的影响

著作权保护在于维护著作权基于其创作作品之上的经济利益，如果未经著作权人许可使用作品导致著作权人收益减少，则该行为很有可能被认定为不合理，即侵权使用。对被使用作品的影响主要体现为经济收益，即作品的潜在市场

[①] Author's Guild, Inc. v. Google Inc.2013 WL 6017130（S.D.N.Y.）.（本案例的案卷编号）
[②] 吴汉东：《著作权合理使用制度研究》，中国人民大学出版社 2013 年版，第 181 页。

销售和价值，针对市场影响的分析对合理使用的判定具有重要的意义，但是市场影响并不是绝对化的。一般认为，使用作品创作出新作品，如果对原作品的市场销售产生了不利影响，则可推定为不合理的使用。但是，有时候使用作品的行为并不会直接导致作品市场销售的减少或者价值的贬损，但不能因此就认为使用行为是合理的。同样的，有的使用行为即使造成了市场销售的减少，也不能将使用行为是排除在合理使用范畴之外，例如滑稽模仿。对作品市场收益的减少主要可以分为两种情形：第一种是，使用作品创造出来的新作品对原作品产生了一定的市场替代性，瓜分了原作品的市场利润，造成了著作权人的经济利益损害；第二种是，通过对原作品进行滑稽模仿或者讽刺批评，从而影响了原作品的销量。针对第一种情况，所涉行为损害了原作品的现有市场销售，也损害了著作权人可能获得许可使用费的潜在市场的机会，因此构成不正当竞争，属于侵权行为。针对第二种情况，在 Campbell 案中，法院认为因滑稽模仿和讽刺批评这种因其受众主观感受变化所造成的对作品市场销量的减少，不构成版权法意义上的侵害。因此这种损害性影响与著作权法上的合理使用不具有关联。

到底如何界定使用行为对潜在市场造成的影响，并且这种影响在什么情况下构成损害。有学者认为除非影响达到了某种严重的程度，具体表现为严重挫伤了著作权人创作作品的积极性。[①]但是每个人的主观感受和心理承受能力并不相同，甚至有很大差别，这种判断方式具有很大的主观变动性，究竟什么是严重的程度，学者也未作出明确的说明。还有学者认为，著作人所遭受的损害取决于使用者是否取得了实质性的利益，也就是说，使用者使用作品应是出于非营利性的目的，如果使用人在没有支付本应因为使用而支付费用的情形下，却以合理使用的手段获得了通常应取得授权才能获得的利益时，可以认定这种使用属于侵权使用。[②]损害不仅包括对著作权人财产造成的现实损害，还包括对著作权人行使权利造成的妨碍。

Pierre N. Leval 法官认为在司法审判中对第四要素的重要性略有夸大，为说明这一点，他对合理使用诸要素的位阶和作用进行了梳理。他将合理使用四要素分为两组，一组是针对使用行为的性质，主要考察使用行为是否具有促进创造性、是否具有转换性等，另一种针对使用行为对原作品的影响，主要考察使用

---

① 皮埃尔·N.莱瓦尔：《论合理使用标准》，《哈佛法律评论》（第 103 卷），1990。
② 帕特里夏·奥夫德海德、彼得·贾斯齐、布赖恩·贝洛、蒂亚纳·米洛舍维奇：《与视觉艺术家和博物馆视觉艺术有关的版权、许可和合理使用》，《致学院艺术协会的报告》，2014 年 2 月。

行为是否影响原作品的市场销售和价值等。通过分析得出结论，以著作权法之鼓励作品创作和知识流通，刺激创造和丰富文化的根本目标为前提，针对使用行为的目的与性质的合理使用判定第一要素应成为合理使用制度的核心，而并非第四要素。如果使用行为不具有转换性使用的特性，则无须再进行下一步检验，该使用行为不构成合理使用。[①]在 Google 数字图书馆案中，在针对第一要素——转换性使用的判定得到有利于被告的结果后，针对第四个要素——对使用作品的潜在市场和价值造成的影响，法院认为，Google 数字图书馆的使用行为并不会对图书的潜在市场和价值带来不利的影响。一方面，Google 数字图书馆的搜索功能并不会取代图书原本的功能，更不用说取代书本的市场；另一方面，Google 数字图书馆不仅不会给书本的潜在市场带来不利影响，还有利于促进图书的销售，开拓图书馆更加广阔的市场，Google 的搜索功能和片段阅读功能可以使更多的潜在读者接触、了解到图书，从而产生兴趣去购买这些图书，Google 所做的事情并不是打击书本的潜在市场，而是给予了图书更多的销售机会，并且极有可能开拓图书的线上销售市场。并且，Google 还在网页上提供了书店的链接，方便读者通过互联网进行图书购买，这对著作权人来说不仅不是竞争性行为，更是重大的利好，它增加了公众对图书了解的机会，拓宽了图书的销售渠道。因此，在第四个要素的判定上，法院偏向于合理使用的认定。根据版权法的宗旨与目的，法院通过综合权衡之后判定 Google 数字图书馆的搜索使用行为构成合理使用。

综上可见，在数字图书馆利用作品的著作权纠纷中，合理使用四要素中起到最重要作用的是第一要素，尤其是对转换性使用的判定，在对第一要素作出分析之后，法官进而综合权衡其他要素。就数字图书馆而言，数字图书馆利用作品进行数字化馆藏资源建设的行为，首先赋予了图书新的使用价值，开辟了一种全新的使用方式，即建立图书搜索索引，为读者和研究人员提供方便快捷的研究渠道，这种使用方式是符合公共利益的，也是符合著作权法之促进文化交流、增加社会福利之根本目的的。其次，这种使用方式不同于图书原本的使用目的，无法替代图书带给受众的阅读体验，仅仅只是为读者提供了一种有别于图书原本阅读功能的搜索功能的服务，因此，这是一种对图书新功能和新价值的实现，是具有创造性的独立于原本表达意义的新的表达方式。再次，进行数字化加工

---

① 皮埃尔·N.莱瓦尔：《论合理使用标准》，《哈佛法律评论》（第 103 卷），1990。

的图书对象主要是已经发表的作品，对作品的全文复制是为了实现新功能所必不可少的条件，并且在使用相关技术措施之后，著作权人的权益并没有受到损害。最后，数字化处理和图书搜索数据库的建立不仅不会影响图书的正常使用和销售，还会增加读者接触图书的机会，拓宽图书的销售渠道，赋予了图书更多的销售计划。综上所述，对数字图书馆利用作品建立图书搜索数据库的行为应属于合理使用。

第三节 重构面向数字图书馆的合理使用制度

由于数字环境下的传播方式不同于传统有形物质媒介传播，数字传播媒介的无形性使得传播方式更加快捷、普及和无法控制。如果将现行的传统著作权合理使用完全照搬适用到数字环境中，而不考虑数字环境的特殊性征，将无益于著作权利益的平衡，合理使用制度的地位和作用也会受到怀疑和动摇。有些学者认为数字环境正在逐渐碾压合理使用制度，甚至导致著作权制度无法生存[①]，其实并非如此，著作权制度从未消亡，只是它还尚未形成与现有技术发展的完美贴合，这就需要对著作权制度设计进行适当的调整。因此，在数字技术快速普及的当代，要平衡著作权人和社会公众之间的利益，必须要完善著作权制度功能，巩固著作权制度价值，应将数字环境下的著作权合理使用制度同前数字时代下的相关制度加以区分，并采取专门的制度设计。

合理使用的判定标准乃是合理使用制度的核心内容。合理使用的判定标准是否合理，判定的内容是否真正恰当，标准是否具有确定性、普适性和灵活性，是衡量合理使用判定标准是否科学的依据。因此，构建数字环境下的合理使用制度，重点在于制定一个适合数字环境特性的合理使用判定标准。

---

① ［美］保罗·戈斯汀：《著作权之道——从古登堡到数字点播机》，金海军译，北京大学出版社2008年版，第169页。

一、重构面向数字图书馆的合理使用制度的指导思想

构建面向数字图书馆的合理使用制度的指导思想包括三方面：坚持著作权利益平衡原则、坚持著作权适度保护原则以及坚持知识文化社会共享原则不动摇。

（一）坚持著作权利益平衡原则

著作权利益平衡机制实质上是利用著作权法律制度、著作权管理制度以及著作权技术保护措施来实现对著作权的保护和限制，从而寻求著作权人私人利益和社会公众利益之间的平衡点。著作权权利限制不仅仅只是限制著作权在某些情况下不能得以实际适用的制度，它还成为一种著作权的基本价值取向。[①]需要厘清的问题是：著作权保护和限制之间的界限在哪里，著作权人的个人垄断利益的边际在哪里。

归纳来看，著作权的边界具有以下特点：第一，著作权边界具有多样性。由于法律地位和利益性质的不同，面对不同的诉求主体，著作权的边界也呈现出不同的样态，不同的使用主体和使用方式导致了著作权边界的多样性。例如，公益性机构期盼以公众利益和公共服务之名享有更多的著作权豁免，从而将著作权的边界向著作权人方向压缩；商业使用则因为其营利性性质，相对于公益性使用而言，享有更少的著作权豁免；对于个人使用者而言，则主要立足于私人使用，享有不同于公益性使用和商业性使用的别样的著作权豁免。第二，著作权边界具有平衡性。探寻著作权的边界能够有效地实现著作权保护和著作权限制之间的平衡，实现著作权人私益和公共利益之间的平衡。一方面，通过著作权保护，赋予著作权人一定的排他性权利以控制作品的利用和传播，使著作权人获得基于作品的经济利益，从而促进创造、鼓励创新；另一方面，通过著作权限制，将著作权人的排他性权利限制在一定的合理范围以内，既不影响著作权人取得经济收益的权利，也不妨碍公众接触先进文化、享受先进成果的机会，从而促进作品的自由传播和全民共享。有鉴于此，几乎世界上所有的著作权法律都会制定著作权限制的相关规定，这正是著作权边界平衡性的重要体现。第三，著

[①] 米雷尔·布伊登斯、塞韦琳·杜索利耶：《著作权例外：危险的变革》，《电子商务交流》（2001年9号），第1页。

作权边界具有动态性。随着社会的发展、科学技术的进步，信息传播方式、信息适用需求以及作品的利用方式越来越多样化。因此，著作权的边界在不同的时代和不同的客观技术条件下，也应该发生不同的调整，从而适应不同环境之下不同群体的各种需求。著作权的边界主要在于协调著作权保护与著作权限制之间的关系，找寻二者之间的恰当平衡点，一般来说，新的复制或传播技术的出现所带来的新的著作权权项的产生，必定会导致新的著作权保护制度的设计，进而就会有对应的著作权限制制度的诞生。此外，对著作权的保护是多方面的，不仅包括著作权法律制度，还包括著作权管理制度和技术措施的保护。在前数字时代，著作权保护并不包括技术措施，因此也没有相对应的技术措施规避的著作权限制；在数字环境下，技术措施也逐渐成为在法律之外的最有效的控制作品使用和传播的手段，相应的技术措施规避的著作权限制应运而生。第四，著作权边界具有地域性。著作权边界所囊括的著作权保护和著作权限制是由著作权法律所规定的。法律是一个国家的主权象征，著作权法律制度因其在适用上的地域性限制，使得著作权的边界具有地域性。因此，每个国家的著作权边界也因为著作权法律的不同规制具有相异性。

在重构针对数字图书馆的合理使用制度时，要把握著作权利益平衡的动态性和著作权利益保护的多样性，正视数字技术所带来的新的著作权法律问题，将现代科技与法律制度相结合，在充分认识现代新技术的基础上，权衡冲突各方的利益。具体应做到：第一，从目前著作权合理使用制度在数字环境中遭遇的困境来看，著作权人的权利被扩张，合理使用的空间被挤压，这使原有的著作权人和使用者之间的平衡状态被打破，造成了使用者利益的损害。因此，为解决数字图书馆的著作权纠纷，应从保护使用者权利的角度出发，扩大合理使用的范围，以此对抗著作权人权利在网络世界中的扩张。第二，从目前世界范围内的数字版权立法动态来看，推动著作权立法的主要为掌握着大部分资源和话语权的版权利益集团，而版权利益集团站在使用者的对立面，使用者相较于版权利益集团，具有分散性和无意识性，属于弱势的一方。因此为解决数字图书馆的利益失衡问题，应当限制著作权人的权利，充分发挥合理使用的权利限制功能，扩大合理使用的范围。第三，从发达国家和发展中国的版权产业发展状况来看，发达国家多为版权生产国和输出国，而发展中国家多为版权的消费国和输入国。对于发达国家而言，加强著作权保护有利于其在国际版权贸易中获利，但是对于发展中国家却构成沉重的负担。我国作为发展中国家，应清醒认识自身的国际地位和面对的国际形势，在著作权立法上适合我国基本国情。因此，在面对数字技术给合理使用制度带来的难题时，我们应从自身使用者的角度出发，维护合理使用制度在网络环境中的地位，保障著作权合理使用制度的中国特色。

（二）坚持著作权适度保护原则

为保障公众接触作品的权利和公众享有的文化自由，为调和著作权保护和公众利益之间的矛盾，应对著作权人给予适度保护。控制著作权的扩张实质上是倡导著作权适度保护，这种思想并非是对著作权理论的摒弃和否定，而是对著作权的维护。所谓适度，是指事物在质和量两个层面达到某种程度的和谐统一，不缺失不越界。适度既是一种事实判断，也是一种价值判断。适度体现了对象与其相关事物之间的协调联系，仅仅从数量或者质量单一幅度或要素来研究一个事物，这是片面的。马克思和恩格斯建立了辩证唯物主义的发展概念，认为理解自然和社会中的发展和一切真实发展所特有的连续性中的飞跃与终端，其关键在于认识在所有过程中都起作用的内在矛盾与对立的、冲突的倾向，根据唯物主义辩证法，应辩证地看问题，要把握整体与局部、眼前与长远的关系。① 因此，对待问题应从各种要素和要素之间的关系全面地研究事物。在数字环境中，著作权保护始终是知识产权法律制度的主旋律，但是非适度的保护并不利于社会的整体发展。合理使用制度正是著作权保护的度量衡，当著作权保护出现"失度"的情形时，合理使用制度可以通过对著作人权利进行限制而对这种局面进行矫正，从而实现对著作权的适度保护。

（三）坚持知识文化社会共享原则

纵观人类文化和知识的发展史，可以发现知识是具有传承性的，知识的创造与增长是一个不断累积的过程，后人不断在前人的基础上进行改进并加入新的东西。正如牛顿所言："站在巨人的肩膀上，才能使我看得更远。"浪漫主义理念认为作者是原创性作品的创造者和开拓者，但这种理论忽视了创造过程中对已有文化和知识的继承与复制。创作在某种程度上更接近于编排重组与翻译。例如，音乐家将听过的乐曲进行改编加入新的音符、进行各种杂糅；艺术家将原有作品加入新的原色，进行新的构造编排；科学家在现有发明之上进行技术改

---

① ［英］康福斯：《唯物主义与辩证方法》，郭舜平、郑翼棠译，生活·读书·新知三联书店1956年版，第53—60页。

进，将原有技术注入新的方案和逻辑。这些并不是一种寄生行为，而是创作的真正要义之所在。[①]因此，创作活动在很大程度上来源于与已有知识和文化的加工与改进，是在前人创作基础上的延续。为维系人类知识发展生生不息的传承，应坚持知识与文化的社会共享原则。社会共享原则又可称为社会普遍受益原则，是指所有社会成员都能在社会发展所取得的成果中得到实惠与利益，并且这些共享的收益会随着社会不断地发展而增长。

从不同的领域和范畴对社会共享进行理解，可以得出不同的含义。从经济解释的范畴来看，它体现了对公平分配社会财富、合理消解社会财富不均的追求；从政治范畴来解释，它体现为对社会安定团结，民众公平平等生活的追求；从伦理道德角度来看，它是社会道德规范和伦理规则的真实体现，是社会公平与正义的深刻反映。[②]据此，我们可以认为，从法律解释的角度来看，社会共享原则是对社会成员的财产权益公平、有效、恰当的保护。

在数字图书馆法律关系中，无论是著作权人还是数字图书馆或者是社会公众，都是社会成员中的一分子。所有人都希望从社会整体收益中能够分享个人收益，谋得个人发展。从社会普遍受益、知识文化共享的角度来看，数字图书馆的建立有利于调和社会发展矛盾。知识共享的程度越高，社会进步中有利的成分就越多。新技术时代强调公平与效率相结合，对著作权过强的保护或者保护不够都会引起社会利益分配的不公和社会发展的低效。数字图书馆可以利用快捷、方便的数字技术加快知识的传播，提高公众的文化素养，促进社会公众的整体知识文化水平，这对于社会整体发展来看，是一个具有公平和效率的社会事件，同时也完全贴合了著作权法促进知识传播、增加社会福利之根本立法目的和宪法性目的。因此在构建面向数字图书馆的合理使用过程中，应坚持知识文化的社会共享原则。

完善面向数字图书馆的合理使用制度的修法路径主要从两方面入手：其一，从立法模式来看，应采用规则主义模式和要素主义模式相结合的立法模式，将二者的优势相结合；其二，从判定标准的改善来看，可以引入合理使用"四要素"判定标准和转换性使用理论，使合理使用制度更具有灵活性，同时在移植国外制度的时候，根据实际国情进行吸收、消化和演变。

---

① 尤杰：《在私有与共享之间——对版权与表达权之争的哲学反思》，上海交通大学出版社2014年版，第165页。
② 邱耕田、万峰峰：《论社会发展的普遍受益原则》，《求索》2001年第2期。

二、重构合理的立法模式：规则主义+要素主义

（一）合理的立法模式选择：规则主义与要素主义相结合

上文已经介绍合理使用的两种立法模式：规则主义模式和要素主义模式。这两种模式在具体适用中各有利弊。规则主义立法模式所采用的类型化具体列举方式，优点在于对已有的各种合理使用情形进行了详尽具体的罗列，在司法实践中可直接适用，明确易操作，利于保障司法的稳定性与统一性。缺点在于，由于是对已有可预估情形的罗列，因此必然带有时代特征，法律的时滞性体现较为明显，在面对新技术所带来的新问题时，规则主义模式过于死板，缺乏对新问题的灵活处理规则，合理使用的调整空间缺失，法官没有自由裁量的余地。要素主义模式采用对合理使用的判定进行归纳概括为若干要素的做法，优点在于当面对新的法律问题时，这种模式更具有灵活性，法官有足够的自由裁量空间根据具体个案结合判定要素进行综合权衡。缺点在于，对于像美国这种具有悠久历史的判例法国家而言，对于一个司法经验成熟、法官拥有良好体系意识和理解能力的国家而言，要素主义的局限性本身是可以克服的[①]，但是对于意欲移植这种制度的其他国家而言，由于缺乏运用这种规则成熟的法哲学体系和长期积累而成的司法经验，各要素规则就显得缺乏明确的界定，理念色彩浓厚，模糊度大，在面对千差万别的合理使用具体个案时，法官需要对每一种情形都进行具体裁量。但是由于合理性标准具有高度抽象性，在司法审判中需要依赖于法官对判断标准的理解与认识来进行裁量，这不仅会造成司法审判成本的增加，同时不利于司法审判工作的稳定性。但是合理使用制度所追求的目标并不是确定性，而应是制度在实践中的理想运作结果。并且由于概念的高度抽象性和语言的模糊性，绝对的确定性也是不存在的。因此，不能以确定性不足而否定合理使用原则的合理性。[②] 有鉴于此，规则主义与要素主义相结合的立法模式，将会在一定程度上解决两种模式各自的弊病，将法律解释的自由空间与法律明文规定的稳定性有机结合。

---

① 李琛：《著作权基本理论批判》，知识产权出版社 2013 年版，第 208 页。
② 朱理：《著作权的边界——信息社会著作权的限制与例外研究》，北京大学出版社 2011 年版，第 50 页。

（二）合理的立法模式关系：要素是规则的补充

在既有规则主义又有要素主义的立法模式中，二者的相互关系就显得尤其重要。那么规则主义与要素主义应是累积关系还是补充关系？笔者认为，要素应是对规则的补充。采用了规则主义和要素主义结合的混合式立法模式，但是这二者都是将规则和要素视为累积关系，即在判定具体个案是否构成合理使用时，需要满足要素和规则双重条件。

《欧盟信息社会版权指令》的著作权限制例外部分也采取了规则与要素结合的立法模式。《欧盟信息社会版权指令》第 5 条对著作权限制做了穷尽式的列举，第 5 条通过 5 个分条款制定了一个透明的结构，主要包括有一个强制性限制例外（第 5.1 条）、复制权的 4 个选择性限制例外（第 5.2 条）、复制权和公共传播权的 15 个选择性例外（第 5.3 条）、对发行权适用之前所列所有例外的可能性（第 5.4 条），以及重申（第 5.5 条），所有的限制例外都应当按照"三步检验法"的规定确定合法性。[①] 根据第 5 条的规定，各成员国可以在国内立法中基于自身需求和条件，自由选择指令所归的限制和例外，但是不能再使用其他例外，所作规定不能超出指令的范围。

《欧盟信息社会版权指令》的立法模式过于严苛，在具体个案的分析中，既要符合法条所列举的情形，又要再次接受"三步检验法"的审视，既缺乏灵活性，又没有发挥确定性的优势。笔者认为，相对理想的合理使用立法模式是将规则与要素相结合，并不是在规则的基础上进行要素的二次判断，而是为了克服规则主义模式所带来的时滞性和死板性，在规则没有预见并作出规定的情形下，用要素判断作出补充。即针对法律没有进行罗列的情形，在司法审判实践中，行为人可以援引合理使用判定要素进行抗辩，法官需要就具体个案结合判断要素作出综合权衡，即便法律未就所涉情形进行列举，但是如果根据要素判断后符合条件，仍可以认定构成合理使用。

[①] ［英］埃斯特尔·德克雷：《欧盟版权法之未来》，徐红菊译，知识产权出版社 2016 年版，第 255—260 页。

三、完善合理使用判定标准：引入合理使用"四要素"判定标准和转换性使用理论

（一）合理使用"四要素"判定标准之引入

合理使用判定标准是著作权法中的重难点问题，一直以来也是实务界、理论界的研究重点。普遍认为，应建立合理使用制度的一般条款，以此弥补规则主义模式无法灵活回应社会生活中使用作品的复杂局面。一般性条款与具体情形相结合既可以防止过于宽泛的规定造成司法审判的不稳定性，又可以为具体个案的利益平衡提供开放式的解决路径。引入美国的合理使用"四要素"判定标准，即在列举式规定的基础上增加合理使用的一般性判定规则。根据《美国版权法》第 107 条规定，法官在个案中判断具体情形是否构成合理使用时必须考虑以下四大要素：（1）使用作品的目的与性质；（2）被使用作品的性质；（3）使用作品的程度；（4）对被使用作品造成的影响。[①]法官需结合每个特定案件根据这四大因素分别判断，进行综合权衡。美国合理使用"四要素"判定规则，尤其是转换性使用理论在数字图书馆案中的成功，为构建面向数字图书馆的合理使用制度指明了修法方向。合理使用的一般性规则不是单独的条款，而应与列举式规定结合起来发挥作用。具体表现为：一方面，一般性条款有利于明确判定标准，穷尽式的合理使用模式将导致司法实践中面对新问题的无所适从，增加合理使用一般性条款有助于建立针对使用行为的裁量标准；另一方面，一般性条款可以起到对列举式规定的补充作用，列举式规定因为法律的局限性难以穷竭和预见未来所有的使用方式，在新技术时代，使用方式的多样性导致了很多法定情形之外的情况发生，这个时候就需要一般性条款来对这些情况进行补充分析，以弥补穷尽式规定的立法缺陷。

（二）转换性使用理论之引入

如前所述，转换性使用理论在 Google 数字图书馆中的成功为面向数字图书馆的合理使用制度的构建开辟了新的路径。著作权与表达自由权利都是平等主

[①] Article 107, Copyright Law of the United States.

体所享有的具有同等地位的基本权利，著作权保护著作权人对其创作或者正当获取的知识财产所行使的专有权，自由表达权利保护个人自主获取和使用现有知识文化进行自由表达的权利。著作权体现为著作人对其创作作品享有的专有性权利，表达自由权体现为作品的合法取得者对作品的转换性使用权。著作权人和使用者是平等的权利主体，著作权和表达自由权利是具有同等位阶的基本权利。但是在司法实践中，往往合理使用原则被界定为使用者侵权豁免的抗辩事由，而不是从使用者权利的角度将其看作使用者应享有的一项权利。有学者采用霍菲尔德权利分析法对合理使用的性质进行分析得出，法律上与权利相对应的是义务，与特权相对应的是无权利。以"私人复制之例外"为例，针对"使用者出于私人复制之目的进行的复制不构成侵权"，法律并没有规定著作权人负有不得妨碍使用者的消极义务，也没有规定著作人负有协助著作权人进行私人复制的积极义务，因此这一限制例外情形不是一种真正意义上的权利。如果说没有义务的存在，那么合理使用应该被视作使用者的一项特权。[①]然而在著作权司法实践中，使用者在合理使用相关案件中往往被放在了相对弱势的位置，并不是和著作权人平等的地位，法官在审判中倾向于将合理使用制度视为著作权法中对著作权人专有权项进行保护的例外情形。在司法实践中很难将著作权与使用者的转换性使用的权利看作具有同等位阶的权利，因为著作权在法律中是以权利的形式所呈现，而转换性使用还仅仅只是以判例规则的形式所呈现，并且没有形成体系化的标准。

社会中的利益冲突形式是多样的，对法律起支配作用的根本要素是利益，利益往往通过权利冲突和权利协调的方式表现出来，主张自我生存和自我维护是整个生物界的最高法则。只有将合理使用或者转换性使用明确界定为使用者所享有的表达自由权利，转换性使用才能获得与著作权平等的位阶。将合理使用以权利的形式确定，意味着法院在著作权审判中需要从以保护著作权人权利的角度转移为使用者表达自由的权利来对案件进行处理，这样才能使使用者摆脱诉讼中的弱势地位，使权利的天平平衡，天平两端的个人基本权利应该受到平等的对待与尊重。这样一来，法院在审判中，不应将合理使用视为对著作权人专有权项进行保护的例外情形，而是将转换性使用视作使用者在行使其表达自由权利的体现。

[①] 朱理：《著作权的边界——信息社会著作权的限制与例外研究》，北京大学出版社 2011 年版，第 65—66 页。

前文已述，转换性使用的目的是为了增加作品新的表达形式，着重实现新的功能和价值。因此，法院在判定使用者使用作品的行为是否构成转换性使用时，不应就不同的使用目的进行歧视性的区分，只要使用行为满足了转换性使用的核心要素——转换性使用是富有创造性的，以新的方式或出于新的目的，赋予原作非出于替代之作用的全新价值，实现与原作完全不同的新的传达与功能，那么在就到底是何种新的表达意义的审视上，法院应保持中立态度。

需要强调的是，无论是公益性图书馆还是营利性图书馆，其宗旨都是为了促进文化繁荣和精神文明建设，其根本目的在于维护社会公众的利益。在前面的章节中已经论述，对待数字图书馆的法律性质和法律地位问题，应秉持数字图书馆的公益法性质，全面看待数字图书馆的多重法律地位，在不同的场合根据不同的功能分析数字图书馆的不同主体身份，应正确认识数字图书馆的多重权利主体地位。但是在对数字图书馆的权利义务进行设置过程中，在相关利益权衡的设计考量中，一方面，坚持数字图书馆的公益性主体性质不动摇；另一方面，在解决数字图书馆的著作权问题时，应对数字图书馆提供的服务性质作细致分析，根据不同的消费需求和不同的服务性质，对数字图书馆的部分营利性服务作特性处理，从而保障数字图书馆的正常运作和业务的良性开拓。因此在对数字图书馆使用作品进行数字资源建设过程中，如果使用作品的行为符合转换性使用的要素，赋予了作品新的功能与意义，那么应该认定构成合理使用。

四、构建图书馆规避技术措施之例外

上文已经说明，技术措施作为一种新的权利保护方式，强化了著作权人对作品的技术控制，正逐渐碾压合理使用的空间，人为地在公众与作品之间树立起一道非法律式的屏障，使原本符合合理使用的行为被禁止。有观点认为，在某种程度看来，技术措施使著作权人获取了一种新的权项——接触权，[①] 接触权在复制权和信息网络传播权的基础上将权利范畴扩张，其不仅阻止了未经许可对作品的阅读、欣赏、引用、评论等行为，还阻止了对作品的合理使用。还有观点认为，虽然技术措施并未赋予著作权人新的专有权项，但是却对著作权人的专有权起到了保护作用，因此可以视作给著作权人赋予了一种间接的、隐形的专有

---

① 王迁：《版权法保护技术措施的正当性》，《知识产权》2011年第4期。

权。①数字图书馆的基本职能是传承文化和传播知识，然而在数字资源建设过程中，规避技术措施的行为使其面临着技术和法律的双重枷锁。有鉴于此，一些国家和地区在本国著作权法中制定技术措施义务和禁止规避技术措施之规定的同时，也设置了图书馆规避技术措施的著作权例外，以满足数字图书馆建设发展的需求。

（一）图书馆规避技术措施例外的释义

1. 技术措施与技术措施规避

根据美国《数字千年版权法》第1201条（b）款第（2）项（B）所规定，倘若一项技术措施可以在其普遍的操作过程中起到预防、约束或者限制本章中诸版权权项之一的实施之作用，那么该技术措施可以有效保护该版权权项。②《欧盟信息社会版权指令》第6条第3款规定，所谓技术措施，是指任何旨在于正常运行时阻止或限制未经权利人或邻接权人或依《第96/9/EC号指令》第三章所规定特殊权利之权利人许可的使用作品或受保护客体之行为的技术、设备或组件。当对作品或受保护客体的使用因权利人使用访问密码或保护程序（例如加密、干扰或其他旨在保护作品、控制复制的技术）而受到控制时，该技术措施被视作有效的。③我国《信息网络传播权保护条例》第二十六条第二款对技术措施作出定义，根据条款之规定，技术措施是用于有效防止和限制非经许可使用和传播作品的技术、装置或部件。④技术措施本质上是权利人为防止他人的侵权行为而主动采用技术手段，对其作品的获取、传播和使用进行的控制、管理与保护。从各国立法实践可知，技术措施主要分为控制访问和控制作品使用两类。相应地，技术措施的规避也可分为规避控制访问的技术措施和规避作品使用的技术措施。

2. 技术措施规避的禁止与技术措施规避的例外

美国是技术保护措施相关立法的主要推动者。在国内层面，美国首先将技术保护措施立法写进克林顿政府时期的"信息基础工程任务（IITF）"之中，并在绿皮书和白皮书中强调了技术措施规避禁止的正当性与必要性，通过漫长曲折

---

① 黄国彬：《著作权例外与图书馆可适用的著作权例外》，知识产权出版社2011年版，第142页。
② 《美国数字千年版权法》第1201条（b）款第（2）项（B）。
③ 《欧盟信息社会版权指令》第6条第3款。
④ 《信息网络传播权保护条例》第二十六条第二款。

的立法过程,最终颁布了著名的美国《数字千年版权法》。①在国际层面,美国推动了技术措施的国际立法,并通过国际立法对整个世界造成广泛影响。美国关于技术保护措施的绿皮书和白皮是成为欧盟和日本等国家及地区相关主题报告的蓝本,美国还对世界知识产权组织施以压力认为其应该制定禁止规避技术保护措施的规定。美国的信息基础工程特别工作组其中的知识产权工作组是第一个讨论禁止规避技术措施的小组,该工作组还于1995年建议美国政府应鼓励国际立法中采纳美国《数字千年版权法》第1201条的规定。在世界知识产权组织的相关主题讨论期间,美国代表根据工作组的意见,坚持在《世界知识产权组织版权条约》中设置禁止规避条款,最终该条被写入了《世界知识产权组织版权条约》之中。②

技术措施规避的禁止体现了法律对技术措施的保护。《世界知识产权版权条约》第11条对技术措施义务和禁止规避技术措施作出了规定③,美国等WIPO成员国均在本国著作权法中制定了禁止规避技术措施的规定。美国《数字千年版权法》第1201条(a)(1)款规定禁止规避有效控制接触作品的技术措施,该条(a)(2)款规定禁止交易用于规避有效控制接触作品的相关设施,1201(a)款的两个条款合称为"控制接触措施"条款。④美国《数字千年版权法》第1201条(b)款禁止非法交易任何用于规避有效保护著作权人权利之技术措施的设施,该条款被称为"控制权利措施"条款。⑤《欧盟信息社会版权指令》第6条第1款也对禁止规避技术措施和禁止提供规避设施的行为进行了规制,与美国《数字千年版权法》相比,欧盟的限制范围更加宽泛,不仅禁止了对控制接触的技术措施的规避,也禁止了其他未经著作权人许可而使用的技术措施的规避行为。⑥

技术措施规避例外实质上是一种规避技术措施的侵权阻却事由。许多在著作权法中设置了技术措施条款的国家,也同时对技术措施例外进行了规定。美国《数字千年版权法》规定了非营利性机构、政府部门公务活动、反向工程、安

---

① 吴伟光:《数字技术环境下的版权法危机与对策》,知识产权出版社2008年版,第154页。
② 吴伟光:《数字技术环境下的版权法危机与对策》,知识产权出版社2008年版,第157页。
③ 《世界知识产权组织版权条约》第11条规定:缔约各方应规定适当的法律保护和有效的法律补救办法,制止规避由作者为行使本条约或《伯尔尼公约》所规定的权利而使用的、对就其作品进行未经该有关作者许可或未由法律准许的行为加以约束的有效技术措施。
④ 《美国数字千年版权法》第1201条(a)关于违反规避技术措施的规定。
⑤ 《美国数字千年版权法》第1201条(b)其他侵权行为。
⑥ 《欧盟信息社会版权指令》第6条第1款。

全测试、加密研究及个人隐私保护六项技术措施规避例外，旨在平衡著作权人与相关利益主体之间的关系。《欧盟信息社会版权指令》针对图书馆、文化机构、临时复制、社会机构广播、教育研究、残疾人使用及公共安全设置了技术措施规避例外，旨在协调著作权人私益与社会公共利益之间的平衡。

一、图书馆可适用的技术措施规避例外

依据各国著作权法现行规定，技术措施规避例外所涉情形各异，其中图书馆可适用的技术措施规避例外是指，非营利性图书馆出于著作权法规定之合理目的，规避用于控制著作权作品之接触和使用的技术措施而不被视为侵权、不负有法律责任的情形。[①] 根据技术措施的不同功能，可将技术措施规避例外分类为：控制接触的技术措施规避例外、控制使用的技术措施规避例外、控制接触和控制使用的技术措施规避例外。

（二）图书馆技术措施规避例外的域外考察

从当前多数国家现行著作权法技术措施规避例外的相关规定来看，主要呈现出以下特点。

第一，设置适用于图书馆技术措施规避例外的固定性规定和临时性例外。美国《数字千年版权法》第1201条规定了非营利性图书馆、档案馆以及教育机构可以出于善意收藏某作品之目的决定是否必须取得该作品的访问许可而破解控制访问技术措施。同时，美国著作权法在技术措施规避例外的规定中，设置了适用于图书馆技术措施规避例外的定期修订机制。美国《数字千年版权法》第1201条规定，美国版权局每三年将召开一次立法听证会旨在审查第1201条中禁止规避技术措施条款是否会对用户合理使用作品造成负面影响，如果答案是肯定的，则应向版权局提出相应技术措施规避例外的修订建议。

第二，设置适用于图书馆技术措施规避例外的严格限制。例如美国《数字千年版权法》第1201条虽然明确规定了非营利性图书馆可适用的技术措施规避例外，同时也对例外的实施设置了严格的限制。该法第1201条（d）（1）款规定，非营利性图书馆适用技术措施规避例外应受到使用时间和使用目的的双重限

---

① 黄国彬：《著作权例外与图书馆可适用的著作权例外》，知识产权出版社2011年版，第148页。

制，即图书馆获取著作权作品的保留时间不得超过作出是否获得该作品复制件之善意决定的时间，且作品不得用于其他任何目的。这些限制条件极大地影响了规避例外之实用性功能的发挥，无法满足图书馆数字化开发的需求。

第三，适用于图书馆的技术措施规避例外与图书馆数字化开发以及业务活动不协调。各国虽然设置了图书馆可适用的技术措施规避例外，但是不仅可适用的范围狭窄，且限制条件严格。美国《数字千年版权法》虽然规定了技术措施规避例外，同时也规定了较为宽泛的禁止规避技术措施的情形。该法设置了针对非营利性图书馆的规避技术措施的例外，但是却明文禁止用于规避技术措施的交易，禁止提供规避工具与规避服务，针对图书馆数字开发建设的技术措施例外，法律未予明确规定。法律设置的适用于图书馆的技术措施规避例外与图书馆的数字化开发与信息业务活动不相协调，前者无法满足后者的需求。对于缺乏技术实力破解技术措施以及缺乏足够资金聘请技术人员的图书馆而言，其仍然无法利用作品进行数字化开发，使数字图书馆的资源建设和信息服务受到阻碍。

（三）针对图书馆技术措施规避例外的思考

国际图联指出，技术措施是继著作权法律、许可合同之后为著作权人提供的第三重保护，技术措施具有以下缺陷：第一，技术措施无法精准区分合理使用与非法使用，而是将一切使用拒之门外，会导致图书馆的权利和职能应技术措施的存在而无法实现；第二，技术措施不会随着著作权作品进入公有领域而自动失效，不仅阻碍了对著作权作品的合理使用，还阻碍了进入公有领域作品的获取与使用；第三，技术措施将对文化资源的长期保存形成约束，对公共利益和国家利益造成损害。因此，国际图联倡导，在设置技术措施规避例外时，平衡各方利益，公共利益必须得到保护。

虽然现行很多国家著作权法中设置了图书馆可适用的技术措施规避例外的规定，但是这些规定的实用性却不高。首先图书馆需要确保其规避行为落入规避例外的狭窄范畴之内，其次图书馆需要遵循例外实施的严格限制条件，再次图书馆需要遵循例外的严格要求，必须具有足够的技术实力和财力才能确保破解技术措施且不侵权。总而言之，目前的图书馆可适用的技术措施规避例外无法满足于图书馆数字化开发和信息服务的正常工作需求，无法使数字图书馆的职能得以发挥。

对技术措施的采用应坚持"利益保护，成果共享"原则，避免技术措施沦为了保护极少数垄断利益的工具。因此，应加强技术保护措施和其他机制的融合，发挥技术措施保护著作权权利、降低维护成本的积极作用，降低限制公众接触作品、助长垄断膨胀的负面效用，将技术措施的作用发挥到其该作用的地方，防止对数字图书馆利用作品进行数字资源开发造成更多阻碍。

本章小结

现行的著作权合理使用制度，对数字图书馆利用作品开发数字资源构成了诸多阻碍，不利于数字图书馆功能的体现和价值的发挥。因此，对现有的合理使用制度进行完善和改良势在必行。通过厘清面向数字图书馆的合理使用制度的质疑，得出以下结论：第一，构建面向数字图书馆的合理使用制度不会损害著作权人利益，而是将利益的天平进行平衡校正，修正著作权强保护导致的著作权人权利扩张的失范局面；第二，构建面向数字图书馆的合理使用制度不会影响文化产业发展，并且还有助于推动数字版权产业的发展和民主文化的进程；第三，面向数字图书馆的合理使用制度不能被其他制度所替代。

合理使用制度在数字环境中遭遇适用困境，导致数字图书馆著作权纠纷在世界范围内频发，从法律制度方面解决数字图书馆利用作品困境的最有效方式之一，是构建和完善合理使用制度。通过对合理使用制度立法模式和合理使用判定标准的域外研究和比较分析得出，合理使用规则主义立法模式缺乏应对数字环境中著作权纠纷的灵活性，合理使用要素主义立法模式中的合理使用"四要素"判定标准和转换性使用理论为数字图书馆利用作品著作权问题的解决提供了新的出路。

在建构面向数字图书馆的合理使用制度时，应坚持著作权利益平衡原则、著作权适度保护原则以及知识文化社会共享原则作为指导思想。在合理使用立法模式的选择上，采取规则主义与要素主义相结合的立法模式，从而将法律解释的自由空间与法律明文规定的稳定性有机结合。这并不意味在规则的基础上进行要素的二次判断，而是为了克服规则主义模式所带来的时滞性和死板性，在规则没有预见并作出规定的情形下，用要素判断作出补充。因此，要素和规则不是累积关系而是补充关系，要素是规则的补充。在合理使用判定标准的完善方面，引入合理使用"四要素"判定标准和转换性使用理论。首先，在列举式规定的基础上增加合理使用的一般性判定规则，以此弥补穷尽式规定的立法缺陷。其次，明确转换性使用的目的是为了增加作品新的表达形式，着重实现新的功能和价值。因此，在判定使用者使用作品的行为是否构成转换性使用时，不应就不同的使用目的进行歧视性的区分，应着重分析使用行为是否对作品具有替代性，是否赋予了作品新的价值和新的功能。在就到底是何种新的表达意义的审视上，法院应保持中立态度。再次，应明确著作权法是关系到作者、传播者和使用者权利的法律，因此，应改善使用者的弱势地位，在保护作者著作权的同时，也不能忽视对使用者表达自由权利和文化权利的维护。最后，应逐渐将转换性使用规则转化为体系化的标准，将判例规则发展成为法律制度规则。此外，为应对技术措施对合理使用空间造成的碾压，应设置图书馆规避技术措施的著作权例外，以满足数字图书馆建设发展的需求。

第四章
数字图书馆的其他著作权限制研究

上文已述，本书选取"著作权限制"一词，研究范围针对的是著作权权利行使和著作权权利内容的限制，不仅包括合理使用、法定许可，还包括其他诸如著作权授权许可这类针对著作权权利行使的限制。本部分将要探讨的内容即为面向数字图书馆的著作权授权许可机制。著作权许可，是指著作权人通过授权，许可他人以特定的方式、在一定的期限和一定地域范围内使用其作品的权利。著作权许可是一项实现作品价值的重要方式和手段。数字技术改变了作品的传播方式和利用方式，在数字环境中知识产品能够极为快速便捷地流通，只要拥有网络和一台电脑，轻点鼠标就可以在世界任何角落无距离障碍的获取数字资源，人类获取知识产品的能力随着数字传播技术的发展得到了长足的提升。对于知识信息的传播和文化资讯的交流来说，这是一个最好的时代，也是一个最坏的时代。新技术的快速发展使法律制度的滞后性问题显得尤为强烈，法律的发展速度无法跟上技术发展的速度。数字技术在带来知识产品快速便捷传播之人类福利的同时，也引起了利益失衡的社会问题：一方面，信息网络的开发共享特性与知识产权的私权保护之间发生了剧烈冲突，著作权人惧怕网络的快速传播使其失去了在传统传播方式中对作品传播享有的控制权，于是呼吁加强在网络环境中的著作权保护；另一方面，对著作权的过强保护会侵蚀社会公众获取和利用信息的空间和权利，于是社会公众一方要求对著作权人的权利进行限制。不断地在社会公益和私益保护之间进去博弈需要耗费大量的时间，面对信息网络环境中的海量作品，授权许可问题成为数字版权产业发展中的一个棘手问题，此问题在数字图书馆利用作品的过程中尤为突出。

第一节　数字图书馆的著作权许可模式之拷问

探寻针对数字图书馆利用作品的著作权许可模式，实际上是一个关于公平与效率的问题,即旧有著作权许可模式的低效性与数字技术的高效性无法兼容,也与数字图书馆的功能与使命不相协调,使数字图书馆无法发挥其价值,也使得作者和公众的利益无法得到公平的实现。应探寻一种既有效率又可以兼顾利益分配公平的授权许可机制,以此解决数字图书馆利用作品中的海量授权问题。

一、传统著作权许可模式在数字环境中的适用困境

数字图书馆的高效性、快捷性、交互性与共享性与著作权保护之间产生了不可调和的矛盾,传统的著作权许可模式所体现的交易成本过高、低效益性的弊端,使其在数字图书馆的资源建设过程中遭遇了运行困境。

(一)著作权授权许可的低效率性

著作权许可使用是著作权领域中一种重要的法律行为,是著作权人实现作品经济价值的主要形式之一。许可使用法律关系的双方具有设定权利义务法律关系的意思表示,旨在通过许可合同的形式在许可人与被许可人之间建立起权利义务关系。亦即是说,许可使用行为表现为许可使用合同,法律承认许可使用行为的效力在于双方当事人所签订的许可使用合同的效力。双方在达成许可使用合同之后,著作权人可以将作品授权他人使用,被许可人向著作权人交付一定数额的许可使用费。

在以印刷技术为主要传播方式和渠道的时代,作品主要以纸质媒介作为传播载体,掌握着复制设备的是具有大量资本和资源的出版商。一般情况下,作者创作作品之后,需要与出版商一对一达成自愿许可,并签订著作权许可协议,出版商根据协议对作品进行复制和传播,这是作者与出版商之间所形成的一对一著作权许可模式。这种授权许可模式的交易成本较高,效率较低。但是在这一时期,作品传播的范围和速度受到了复制技术和传播载体的限制,公众拥有的复制能力十分受限,作者可以通过对作品复制设备的管理进行对作品传播的控制。由此看来,这种传统的著作权许可模式在复制和传播技术有限、作品传播可控的情形下,不存在成本和收益严重不平衡的现象。

广播技术发展后,作品的传播方式得到了巨大的改善,传播路径由原本的

"点对点"传播演进为"点对面"传播,作品的受众更加广泛。不可否认,广播技术相较于印刷技术而言,对作品复制、传播和使用的效率有很大的提升,作品的使用方式更加多样和使用频率更高,若仍然适用产生于印刷技术条件下的一对一授权许可模式去逐一寻求著作权人的许可,那么将面临交易成本过大以及与现有技术发展不协调的问题。据此,新的许可模式应以降低交易成本为目的,著作权集体管理模式应运而生。著作权集体管理模式事实上是对一对一交授权许可模式作出的补充,根据著作权集体管理模式,著作权集体管理组织代理著作权人与使用者订立许可使用合同,向使用人发放使用许可并收取许可使用费,之后将许可使用费转交给著作权人。由于这一时期复制设备更加普及,复制技术也越来越简化,公众的复制能力得到增强,为避免私人复制行为的普遍发生对著作权人经济利益造成的影响,诸如德国在内的一些国家采取了对复制设备或复制载体收取补偿金的方式来对著作权人的经济收益予以弥补。但是受众对作品的接受仍然处于被动地位,用户可以选择接受或者不接受作品的传播,却无法决定接受作品的时间、方式以及其他事项。并且此时的复制作品仍然依赖于有形的物质载体,因此对作品的传播仍然在控制范围之内,作者的权益没有受到较大影响,一对一的授权许可模式仍然可行。

传统技术环境中的著作权许可模式均以实现对作品传播和使用的控制为目的,一方面传播技术的限制和作品呈现方式之物质载体的使用使作品传播的速度和广度仍然在可控范围内;另一方面,出版商、发行商、广播电台和电视台等作品的传播者起到了控制作品传播的看门人的作用,作者经济利益的实现需要以上这些传播者的协助。因此,在传统技术环境中,一直适用自愿许可模式和著作权集体管理模式,著作权人和使用者之间尚算相安无事。

然而,信息网络技术的发展完全颠覆了这种传统著作权商业模式,时间、空间、损耗、成本不再成为文件移动的障碍,数字复制件可以几乎在瞬间被传送到全世界的任何一个角落而花费最少的努力和可以忽略不计的成本。在新技术时代,这种高效率的传播方式与传统的授权许可模式的低效性之间产生了极大的矛盾。在数字图书馆的数字资源开发过程中,授权许可需在时间和经济上花费高昂的成本,具有低效率性,这将直接影响数字图书馆服务优势的发挥和服务质量的改善。由于著作权公示制度和管理制度的缺漏,在对著作权权属登记和跟踪调查上需要花费大量的时间和经济成本,这些重担都将落到数字图书馆的头上,对于海量的图书资料,需要取得海量的授权许可,这将给数字图书馆增添沉重的负担,甚至超出数字图书馆的处理能力。逐一与著作权人接触磋商并取得授权许可会延缓数字化的进程,并使其复杂化。[①]通过传统合同形式获取授权许可的方式将花费大量的人力、物力和时间,对于著作权人多个的作品还要取得所有著作权人的许可以及领接权人的授权,这都会增加数字图书馆的工作难度,不仅会耗费巨大的成本,还无法发挥数字技术方便快捷的优势,降低知识传播的速度,不利于文化的传播与社会的发展。面对数字技术的发展,应如同广播技术发展时一样,对著作权相关许可机制作出调整,使法律不成为技术促进版权产业发展道路上的阻碍。

(二)著作权强制许可的不切实际性

著作权强制许可制度主要有两层含义。第一种著作权强制许可是指,著作权人在无正当理由而拒绝使用者使用作品时,使用者可向著作权行政管理部门申请被授权使用该作品。著作权强制许可不需要获取著作权人的准许,但著作权人保留了取得经济报酬的权利,即被许可人可以不取得著作人的授权而使用作品,但是需要向后者支付使用报酬。因此,成立强制许可需要满足两个条件:其一,著作权人无正当理由禁止他人对作品的使用,以及拒绝与他人达成使用作品的协议;其二,使用者需要向著作权行政管理部门申请,并取得后者的授权才能使用该作品。只有以上两个条件同时发生才能构成著作权强制许可。依据《伯尔尼条约》第17条的规定,著作权人行使权利不得违反社会公共秩序。[②]根据著作权公有领域保留原则,针对著作权滥用,即当著作权人滥用权利时,既可以根据著作权强制许可制度禁止作品的传播和使用,也可以在必要时由国家著作权行政主管部门颁发强制许可允许作品的传播和使用。据此,著作权强制许可制度可以有效地防止著作权人的权利滥用。第二种著作权强制许可是指著作权相关国际条约中针对发展中国家设置的一种优惠政策。在《伯尔尼公约》附件和《世界知识产权组织版权公约》中均有规定针对发展中国家使用他国作品的强制性许可的优惠条款,即发展中国家的使用者想要对某些外国作品进行复制或者翻译,但是找不到著作权人,或者著作人拒绝授权,简言之,在无法得到外国著作人的授权时,该使用者则可以经由一定程序,从本国著作权管理机关获得

---

① 弗朗索瓦·斯塔斯:《致文化和传播部长有关保存于公共图书馆的数字作品之获取情况的报告》,2005 年 4 月。
② 《伯尔尼公约》第 17 条。

"强制许可证"后,即可翻译或复制有关的外国作品,但应向著作权人支付相应的报酬。①

著作权强制性许可的特点主要包括有:(1)从使用目的来看,强制许可使用更多以社会公共利益为出发点,主要为科研、教学和学术活动提供便利;(2)从使用性质来看,强制许可属于行政许可行为,需要通过使用者申请并通过行政机关审批才可以成立;(3)从适用范围来看,强制许可的权利范围仅涉及复制权和翻译权,不涵盖对信息网络传播权的强制许可;(4)从使用性质来看,强制许可使用未要求必须是非营利性的,但一般为营利性,因此使用者需要向著作人支付报酬;(5)从权利限制的程度来看,强制许可与法定许可均在对著作权人权利作出限制的同时,保留了著作权人获得报酬的权利;(6)从使用主体资格来看,强制许可仅针对提出申请并获得批准的使用者。综合看来,强制许可制度会受到更多诸如使用目的、适用范围、使用程度等限制。而相对应的,法定许可使用的方式无法通过程序审批,适用情形由法律直接规定,适用范围更广,主要以公共利益和促进产业发展为目的。综上所述,在进行综合比较之后,以强制许可的方式来解决数字图书馆利用作品的著作权问题,不具有现实意义和实际操作可能性。

(三)著作权占有规则与传播规则的不平衡发展

著作权制度的发展史实际上是一部传播技术发展的历史,著作权制度经受了三次技术浪潮的冲击,分别为18世纪初印刷术的诞生与普及、私人复制的广泛应用以及数字技术和信息网络技术的迅速发展。在面临每一次技术发展的考验时,著作权制度都需要进行调整与抉择——究竟应该加强著作权保护,扩大著作权的权利行使范围,以此保障著作权人利益、鼓励创作,还是应该维持现有著作权范围,侧重对著作权的限制,以此保障公共利益的实现和文化信息的有效传播。以上实际上涉及著作权制度中占有规则与传播规则的平衡。过分地强化著作权保护会造成因垄断而产生的交易成本升高的问题,相反地,弱化著作权保护会导致被侵权风险增大,增加创新投资的不安全性和不稳定性。②因此,面对每一次的技术发展,著作权法立法的重点在于充分结合新技术特性,寻求著

---

① 郑成思:《版权法》,中国人民大学出版社2009年版,第420页。
② [澳]彼得·达沃豪斯、约翰·布雷思韦特:《信息封建主义》,刘雪涛译,知识产权出版社2005年版,第13页。

作权人和公共利益的良好平衡点,这就要通过平衡占有规则和传播规则来实现。

一般来说,对著作权制度中占有规则的调整主要涉及对著作权客体范围的扩张、对著作权财产权权项的增加以及对著作权适用范围的延伸。因技术发展而导致著作权占有规则的单方面调整会引起作品的作者、传播者和使用者之间利益平衡的状态被打破。据此,立法者应从天平的另一端——在调整占有规则的同时,对著作权制度传播规则也作出相应的调整,使对著作权人利益的保护不至于妨碍社会公众获取并使用作品的权利,也不至于妨碍信息知识的传播流通。

数字环境中,作品的创作方式和传播方式发生了巨大改变,过去只有少数掌握着资源的作家、媒体和出版商才能生产作品。信息网络传播技术使供给作品的时代已成过去,作品的创作和传播变得方便容易,人们可以在自己家中通过设备对以数字化存在的作品进行获取、改变和再创作,从而形成一个全新的作品。数字技术彻底颠覆了传统"点到面"的传播模式,交互性成为数字环境中作品传播的最典型特征,通过交互创作,任何一个人都可以通过多样的创作方式而成为著作权人。群体协同创作模式成为数字环境中作品创作的一种新样态,全民创新的时代正式来临。同时,数字环境的开放性促成了知识共享平台的形成,数字图书馆就是最为典型的数字信息共享平台。

数字技术使著作权的合法垄断与社会公众对文化传播的合理需求之间形成了冲突,主要体现为著作人私人利益与社会公众利益之间矛盾的激化。有学者认为,实际上著作权制度面对技术发展而作出的演变呈现出了一种更为复杂的状态——著作权法律制度在数字环境中失效了。数字技术不仅使得数字复制件可以几乎在瞬间被传送到全世界的任何一个角落而花费最少的努力和可以忽略不计的成本,还使法律面对在数字环境中的侵权者束手无策,法律无法完成追踪并惩罚侵权者的任务,使法律对非法复制的惩治效果被极大削减。[①]据此,数字环境中的著作权制度困境呈现出的复杂的状态不仅仅是人们所担心的著作权利益失衡问题,事实上既没有出现由于权利人过度垄断而影响到信息的传播,也没有因为网络上著作权的不可控导致创作下降,反而是两方面都在突飞猛进,只是"冷落"了法律,或者说有一类社会群体背着"违法者"的名义在做无

---

① [美]劳伦斯·莱斯格:《代码》,李旭译,中信出版社 2004 年版,第 154 页。

法追究责任的"自得其乐"的事情。①

数字技术的发展从本质上来看，颠覆了传统技术环境中以控制为核心的著作权商业模式。在前互联网时代，首先作品要依靠一定的物质载体作为其呈现方式，其次作品要依赖国家依法成立的传播机构作为其传播媒介，而此二者的运营都受到国家的严格管控。据此，作品的传播和复制也在作者的掌控之内，不会有传播和复制泛滥情形的发生。正是由于这种可控性，版权产业的整个产业链有序运作着，法律能够通过设置规则在产业链的各个环节进行调控和规制，以保障相关利益的平衡。但是在数字环境中，作品传播不再依靠物质载体，而是依托于以字节表示的一段 0 和 1 的数字流二进制虚拟的数字介质来进行传播，著作权人失去了原来物质载体和传播机构所赋予的对作品复制和传播的控制能力。符合数字技术特性和数字环境特定的新的商业模式在数字环境中诞生，必须强调的是，数字技术的发散性特质和数字环境中的"去中心化"的特点要求应运而生的商业模式需要拥有一种呼应以上特点的能力。概言之，著作权人对作品传播的控制力在数字环境中被严重地削弱，数字环境中著作权利益平衡机制的重构必须回应数字技术"去中心化"所导致的著作权人控制力弱化的形势②，在不妨碍社会公众使用作品和作品流通的前提下，建构一种全新的"中心"模式和利益分配机制。

二、数字图书馆对著作权许可模式的冲击

数字技术的运用对作品的传播和使用带来了广泛且深刻的影响，作品的传播和使用无须借助物质载体，也不需要受到传统技术中物理空间的限制，只需要一台计算机设备和可以接入互联网的端口便可以完成对作品的传播和创作。技术的发展使作品的创作方式呈现出多样性和多元渠道，直接导致网络中海量作品的产生。海量作品授权许可的低效性和数字技术的方便快捷性之间，数字图书馆的高效、快捷、交互及共享性与著作权保护之间产生了不可调和的矛盾，新的冲击为新的授权许可模式的产生提供了契机。数字环境中，传统的著作权许可模式无法解决海量作品许可的难题，导致了交易成本和著作权人收益之间

---

① 张平：《网络环境下著作权许可模式的变革》，《华东政法大学学报》2007 年第 4 期。
② 孟兆平：《网络环境中著作权保护体系的重构》，北京大学出版社 201 年版，第 18—19 页。

的巨大落差,传统的著作权许可模式在数字图书馆数字资源开发过程中作用甚微,甚至还会对数字图书馆的价值实现带来负面影响。要解决这一困境,必须充分考虑数字环境的特性,以减少数字环境中著作权许可交易成本、协调利益分配为目的,构建面向数字图书馆利用作品的著作权许可机制。

(一)理念冲突:数字图书馆之信息共享与著作权许可之传播控制

数字技术和信息网络技术的发展与运用改变了人们传播作品、使用作品,甚至是创作作品的能力,在信息网络环境中,人人都可以成为潜在的著作权人,都可以不再受到传播媒介和传播机构的限制而传播自己创作的作品。数字技术在给每个人提供创作便利的同时,也使作者失去了原本基于物质传播载体和传播机构所带来的对作品传播的控制力。对于著作权人而言,数字技术给他们带来了更加便捷的作品传播途径,同时使他们面临着更容易被非法复制的风险。传统的著作权法通过复制权和发行权控制有形复制件的流通,在数字环境下,有形媒介的消失赋予了作品开发一种全新的形式,信息网络传播使得作品可以更容易地扩散到世界各个角落。数字作品复制件所涉及的传输有别于传统物质载体复制件单纯的交付,由于数字环境下无形载体的普遍应用,使得数字作品的传输行为还附随着复制行为。实质上,数字作品的每一次传输,都导致一个全新的复制件被创造出来,数字作品复制件传输的开始就是数据开始从一个媒介向另一个媒介复制的口令。

信息网络,也即互联网,从诞生之初就一直秉持信息共享的理念,并产生了共享经济时代互联网思维下的协同消费商业模式,是指消费者在互联网上进行物物交换或者服务交换,实现资源优化配置的一种经济模式。这其中一部分协同消费群体是具有远见卓识的乐观主义者,而另一部分不可忽视的群体却被现实需求所困,他们迫切地想找到一种多、快、好、省的高性价比渠道脱离困境,享受更好的生活、分享更多的资源、获取更多的体验等。如 Fred Turner 在《从反文化到电脑文化》(*From Counterculture to Cyberculture*)中展望人类的理想社会时所描述的:"每一个个体都可以满足于他自己的个人利益,同时也可以形成一个统一的社会群体——所有人都是一家人。"[①] 互联网的信息共享理念与数字图书馆的天然使命形成了完美的契合。前文所述,数字图书馆肩负着保障公民获取

---

① [美]博茨曼、罗杰斯:《共享经济时代互联网细微下的协同消费商业模式》,上海交通大学出版社2015年版,第87—88页。

信息和知识的自由、保障公民阅读学习和受教育的权利、促进文化传播、共享人类知识的使命,可以说,数字图书馆与互相网一样秉持着信息共享的理念。但是这种理念与传统著作权授权许可模式所强调的传播控制产生了根本性的冲突,使传统著作权授权许可模式在数字图书馆的建设过程中运行不顺。

在信息网络环境中,首先每个用户都可能兼具三种身份,可以在作者、传播者、使用者三者之间自由转换,使用者可以容易地获取作品,也可以自由地进行创作和传播;其次,由于物质传播载体和传播机构在互联网中的不再适用,传统作品传播者的地位也被弱化;再次,创作工具的普及和简易化以及信息网络的高效性,使创作主体数量急剧增加,类型向多元化方向发展。一边是著名作家群体和媒体集团,他们所创作的畅销书、音乐作品、影视作品具有较高的市场商业价值,因此对著作权经济利益的要求较高,希望沿用传统的著作权许可模式,严格控制作品的传播和使用;另一边是年轻的新锐作家和创作者,如网络作家、网络歌手等,他们主要出于兴趣或者提高知名度而进行创作,他们对著作权经济利益没过多期待,相反地希望通过互联网可以将作品传播得更加广泛,这部分人群则倾向于以开放许可的方式促进作品的传播。可见,创作主体的多元化带来了对信息网络环境中著作权许可模式的不同诉求,这对针对数字图书馆利用作品的著作权许可模式的构建具有重大的影响,也是必须切实考虑的因素。

(二)制度出路:构建面向数字图书馆的著作权许可机制

法国的 Dreyer 教授发现了一个令人失望的现实,事实上,长久以来我们认为作品进入了公有领域就会使得更多人的利益得到满足的想法是错误的。而实际上,最终受益的并非公众,而是相互竞争的出版商,仅仅只是其他的竞争性的出版商可以开发出版进入公有领域的作品,而作品的零售价格并没有降低。长久以来,公众都无法以一个较低廉的价格来享受进入公有领域的作品,甚至大部分高质量的作品仍然保持着高昂的价格,让大部分公众望而却步。[①]在这种情况下,数字图书馆可以很好地解决这一问题,可以使公众更加自由和便捷地接触并进入公有领域的作品。但是由于将这些作品进行加工处理需要国家财政资金、广告等收入的支持,所以这些数字化作品也不是完全免费,但是价格低廉。法国国家图书馆负责人 M. Jean-Noël Jeanneney 强调应构建多元化的数字图书

---

① E.德雷尔:《保障公众知情权之研究》,《巴黎 LGDJ》(2003),第 257 页。

馆，这样才能满足文化多元化的发展需求。①

有鉴于此，应根据新技术条件、结合新技术环境的客观性质来对著作权法律规则进行改革，构建一个数字时代中作者、传播者和使用者之间合宜的秩序，以达到网络环境中作者、传播者和使用者三方利益的平衡。需要强调的是，数字环境中的著作权问题是在市场经济条件下发生的，数字环境中著作权问题的解决除了依靠现有著作权法律规则之外，也应该综合考量市场运作的规律。因此，解决数字环境中的著作权问题应聚焦于如何在法律制度的框架内，运用市场手段构建一种符合市场经济规律的著作权许可机制，以促进作品有效快捷地流通。

第二节　面向数字图书馆的特殊性法定许可探析

著作权法定许可与著作权自愿许可相比较而言，前者是著作权法律明确规定的一种著作权限制制度。著作权法定许可取消了著作权人在特定情形下许可的权利，而仅仅保留了著作权人的获取报酬权，这种许可方式可以有效地降低著作权授权许可的交易成本，解决海量作品的获权问题，为数字图书馆大规模的开发数字资源提供了便利。我国现行的著作权法定许可是根据前网络时代的作品传播方式和利用方式所制定，对于解决互联网中的著作权问题，尤其是数字图书馆利用作品的获权问题存在适用困境，应根据数字技术和信息网络环境的特性，制定面向数字图书馆资源建设的特殊性法定许可。

一、数字图书馆适用法定许可的情况与困境

（一）数字图书馆适用法定许可制度的现状

美国版权法的法定许可制度重视对公共利益的维护，将发展社会文化和规

---

① J.N.珍妮：《智慧和创新不仅仅在大西洋彼岸》，《世界报》，2005年3月5日。

范传播媒体的市场竞争秩序作为重点。法定许可制度可以兼顾到公平与效率、著作权人私益保护和社会公共利益维护之间的平衡。1976年的美国《版权法》设立了五类强制许可,分别为:(1)通过有线渠道转播作品[①];(2)使用录音制品进行公开表演或转播[②];(3)制作和发行以非戏剧类音乐作品为题材的录音制品[③];(4)采用投币式播放机使用以非戏剧类音乐作品为题材的录音制品;[④](5)将已公开的非戏剧类音乐作品、图画作品和雕塑作品等用于非商业性广播之中。[⑤]之后的美国《版权法》经过修订,引入了法定许可制度,将第一种和第二种强制许可制度改为了法定许可制度,并添加了另外三种法定许可情形:(1)以家庭电视为媒介,对电视台节目转播的法定许可;(2)对部分录音制品进行临时复制;(3)在原市场范围内进行卫星转播。美国版权法拓宽法定许可制度适用范围,并对合理使用制度作灵活性的设置,体现了对社会公共文化发展和传播市场秩序规范的立法重点。虽然美国《版权法》没有直接设置针对数字图书馆的法定许可制度,但是数字图书馆建设可适用网络服务提供商的相关规定。针对法定许可使用费的确定和相关的裁决程序,由于作品的不同实施方式对各方权益带来的效果具有较大差别,也难以用统一标准进行限定。因此,美国秉持兼具灵活性和实事求是的原则,将法定许可使用费留给当事人来协商确定,[⑥]或者由行政主管部门根据具体情况进行裁决。[⑦]具体体现为:(1)法定许可使用费一般由当事人约定优先;(2)已经确定的版税和实施条款根据公平原则和情势变更原则可做适当调整;(3)仲裁决定在最大可能尊重双方意思自治的基础之上,依据市场原则作出;(4)当事人之间的个别关系不会对公众合理获得信息资源的权利带来影响。[⑧]上述四点可以归纳为四大原则——约定优先原则、灵活变更原则、尊重市场原则和公益优先原则,这四大原则对我国法定许可制度的改革具有重要的借鉴意义。

欧盟成员国代表之一的法国在其《知识产权法典》中规定了两种法定许可的情形:第一种为第L.214—1条规定的在公共场所传播、广播或者用有线设备传

---

① 《美国1976年版权法》第111条。
② 《美国1976年版权法》第114条。
③ 《美国1976年版权法》第115条。
④ 《美国1976年版权法》第116条。
⑤ 《美国1976年版权法》第118条。
⑥ 《美国1976年版权法》第803条。
⑦ 《美国1976年版权法》第805条。
⑧ 李永明、曹兴龙:《中美著作权法定许可制度比较研究》,《浙江大学学报(人文社会科学版)》2005年第4期。

播因商业目的发表的录音制品的法定许可①；第二种为第 L.311—1 条规定的出于私人使用之目的复制录音制品和录像制品的法定许可。②《德国著作权法》设置了两种法定许可情形：第一种为该法第 46 条规定的为宗教、培训和教育之目的使用已经出版的短篇或单篇文字作品、音乐作品或者文学艺术作品编制集体作品，为此复制和传播的法定许可③；第二种为该法第 49 条第 1 款规定的复制或公开传播内容涉及政治、经济和宗教的单篇广播评论和报纸文章，且作者未注明不许转载的法定许可。④针对公益性数字图书馆的数字资源建设，欧盟国家普遍通过设置公共借阅权制度⑤，规定无须取得著作权人同意，但数字图书馆需向著作权人支付一定报酬。由于公益性数字图书馆由国家财政支持，因此由国家将拨付的经费扣除一部分补贴给著作权人即可。

此外，包括美国、日本、欧盟诸国在内的多个国家纷纷设置了专门的图书馆法⑥，以此为图书馆内外关系的调整、资源的建设、日常工作的有序开展、经营活动的各种人力、物力之必需以及图书馆自身的合法权益和社会地位提供法律支撑，从而推动图书馆事业的发展。其中有专门针对图书馆的网络资源建设和知识共享的规定，对数字图书馆的建设提供了法律支持。

我国也于 2016 年 12 月 25 日通过并颁布了《中华人民共和国公共文化服务保障法》、2017 年 11 月 4 日颁布了《中华人民共和国公共图书馆法》。这两部法律为我国公共文化服务、公共图书馆的功能发挥和人民群众的精神文化建设提供了重要的法律保障。《公共文化服务保障法》对公共文化设施建设与管理、服务提供、保障措施、法律责任等作出了规定，该法第一条指出，本法制定的根本目的是为加强建设我国的公共文化服务体系，向广大人民群众传播优秀的中华传统文化，丰富人民群众的精神生活，提高民众的文化素质，建立民族文化自信。⑦《公共图书馆法》对公共图书馆的设置、运营、服务提供与法律责任等作出了规定，并明确指出制定本法的根本之目的在于推动公共图书馆的进步与繁荣，发挥其在保障公民基本文化权益方面的功能，提高民众的科学文化素质，丰

---

① 《法国知识产权法典》第 L.214—1 条，巴黎 Dalloz 出版社 2015 年版，第 338—339 页。
② 《法国知识产权法典》第 L.311—1 条第 3 款，巴黎 Dalloz 出版社 2015 年版，第 347 页。
③ 《德国著作权法》第 46 条。
④ 《德国著作权法》第 49 条第 1 款。
⑤ 公共借阅权，又称公共出借权、作者出借权等，是指作者及相关著作权人因其作品在各类型图书馆被免费借阅而享有的补偿金的权利。作者按其有版权等每本图书在图书馆被借阅的次数收取版权费税的权利但是这项费用不是直接向读者收取的，而是由政府统一支付。
⑥ 详见附录。
⑦ 参见《中华人民共和国公共文化服务保障法》第一条。

富民众精神生活，传承优秀中华文化，树立民族文化自信。[①]这两部独立的法律秉持着一致的目标，即保障公民基本文化权益，提升公众精神文化素养，维护社会公众利益。但是遗憾的是，两部法律仅进行了基本的框架式立法，未对作品的数字化开发问题、数字作品的利用问题和数字图书馆的数字资源的建设问题进行规定。在《公共图书馆法》中，条款多次使用了"应当""鼓励""支持"等具有导向性的词语，但是针对工作的开展和操作细节没有进行具体设计。例如，根据该法第四十条第二款之规定，公共图书馆应当加强数字资源开发与建设，完善配套设施，建立数字化的信息共享平台。[②]该条款为公共图书馆的数字资源建设提供了开展工作的法律依据，但是具体工作如何开展，如何解决利用作品进行数字资源建设中的著作权问题未予提及。

（二）我国数字图书馆适用法定许可的可行性分析

我国设置著作权法定许可制度更多出于减少著作权保护制度对新闻出版传媒事业带来的限制和阻碍，毕竟这些行业和机构承担着国家文化传播和交流的重要任务，根据我国《著作权法》第二十三条、三十三条、四十条、四十二条、四十三条，以及《信息网络传播权保护条例》第九条的规定，法定许可包括以下情况：（1）第二十三条第二款规定的编写教科书法定许可，指为实施九年制义务教育和国家教育规划而编写出版教科书而使用已经发表作品[③]；（2）第三十三条规定的报刊转载法定许可，即报刊转载或者作为文摘、资料刊登其他报刊已发表的作品[④]；（3）第四十条第三款规定的录音制品使用的法定许可，即录音制作者使用他人已经合法录制为录音制品的音乐作品制作录音制品[⑤]；（4）第四十三条第二款和第四十四条规定的播放作品及录音制品的法定许可，指广播电台、电视台播放他人已发表的作品或已经出版的录音制品（此处仅限于录音制品，如果是录像制品，如电影、电视剧是不适用法定许可的，因而大大缩小了电视台

---

① 参见《中华人民共和国公共图书馆法》第一条。
② 参见《中华人民共和国公共图书馆法》第四十条第二款。
③ 《中华人民共和国著作权法》第二十三条规定：为实施九年制义务教育和国家教育规划而编写出版教科书，除作者事先声明不许使用的外，可以不经著作权人许可，在教科书中汇编已经发表的作品片段或者短小的文字作品、音乐作品或者单幅的美术作品、摄影作品，但应当按照规定支付报酬，指明作者姓名、作品名称，并且不得侵犯著作权人依照著作权法享有的其他权利。
④ 《中华人民共和国著作权法》第三十三条第二款规定：录音制作者使用他人已经合法录制为录音制品的音乐作品制作录音制品，可以不经著作权人许可，但应当按照规定支付报酬；著作权人声明不许使用的不得使用。
⑤ 《中华人民共和国著作权法》第四十条第三款规定：录音制作者使用他人已经合法录制为录音制品的音乐作品制作录音制品，可以不经著作权人许可，但应当按照规定支付报酬；著作权人声明不许使用的不得使用。

的法定许可的范围。)①;(5)为扶助贫困通过信息网络向农村提供特定作品的准法定许可。②综合上述条文可以看出,我国著作权法定许可制度的适用要件包括有:(1)限于已经发表的作品;(2)必须按照规定支付权利人报酬;(3)仅能适用于法律明确规定的这几个情形;(4)著作权人未声明不许使用或未表示不同意的。

针对我国法定许可制度中加入的"作者声明不许使用的除外"这一立法方案,有学者认为这是我国法定许可制度中的一个特殊之处,即著作权人可以"选择退出"(opt-out)③,也有学者认为这其实体现了我国《著作权法》规定的法定许可实质上是准法定许可,真正意义上的法定许可是在任何情况下使用作品都不需征得著作权人的许可,只需要支付相应报酬即可。但是我国的法定许可将西方国家法律中有关法定许可的程序和救济的条款去除,并给予作者保留退出权利的空间,这实际上与国际上通行的真正意义上的法定许可具有较大差别。

网上作品的传播是否可以适用我国《著作权法》中法定许可的规定,即在网络上传播作品能否只向著作权人交付使用费而不必事先征得其同意,这必须考虑此做法是否无悖于我国现行法律,是否与当前国际惯例匹配。陶鑫良教授认为网络上传播作品的规制可适用《著作权法》第三十二条第二款关于报刊转载法定许可的规定,即网络上转载或者摘编国内作品一般视作"其他报刊"法定许可的转载和摘编。我国对网上传播外国作品的规制应适用《民法通则》第一百四十二条以及国务院发布的《实施国际著作权条约的规定》的"授权许可"的规定,即报刊转载外国作品,应当先获得著作权人的许可,转载有关政治、经济等社会问题的时事文章除外,进一步推断,网络上转载和摘编外国作品应当获得相关权利人的授权许可。当初设置报刊转载之法定许可的原意在于报纸和期刊所特有的快捷性、及时性和高效性有助于信息的广泛高效传播,而网络信息传播则更能满足人们对信息传播及时、快速和高效的需求,网络出版和报刊出版相比,仅仅只是作品传播的载体发生了变化,但是传播信息的本质并没有改变,

---

① 《中华人民共和国著作权法》第四十三条第二款规定:广播电台、电视台播放他人已发表的作品,可以不经著作权人许可,但应当支付报酬。第四十四条规定:广播电台、电视台播放已经出版的录音制品,可以不经著作权人许可,但应当支付报酬。当事人另有约定的除外。具体办法由国务院规定。
② 《信息网络传播权保护条例》第九条规定:为扶助贫困,通过信息网络向农村地区的公众免费提供中国公民、法人或者其他组织已经发表的种植养殖、防病治病、防灾减灾等与扶助贫困有关的作品和适应基本文化需求的作品,网络服务提供者应当在提供前公告拟提供的作品及其作者、拟支付报酬的标准。自公告之日起 30 日内,著作权人不同意提供的,网络服务提供者不得提供其作品;自公告之日起满 30 日,著作权人没有异议的,网络服务提供者可以提供其作品,并按照公告的标准向著作权人支付报酬。网络服务提供者提供著作权人的作品后,著作权人不同意提供的,网络服务提供者应当立即删除著作权人的作品。
③ 管育鹰:《我国著作权法定许可制度的反思与重构》,《华东政法大学学报》2015 年第 2 期。

数字化载体的作品同传统物质载体的作品一样受到著作权法的保护。[①] 笔者对陶鑫良教授提出的将网络上传播作品纳入法定许可的观点表示赞同,数字图书馆建设适用法定许可获取授权无悖于我国现行著作权法的规定。但是笔者认为纸质报刊和网络传播还是存在着区别,传统的复制行为和信息网络传播行为也存在着区别。就网络传输的实质看来,数字网络是一个主要用于以复制品形式传输信息的系统,数字环境的信息传输完全建立在复制基础上[②],信息网络传播行为是发行行为和复制行为的集合。有鉴于此,可以针对信息网络技术的特征和信息网络传播的特性构建专门针对数字图书馆信息网络传播的法定许可。

(三)数字图书馆适用现有法定许可制度的困境

法定许可制度可以解决数字图书馆资源获取的效率问题,但是现行的法定许可制度是根据前数字时代的传播方式所制定,无法直接适用于数字图书馆建设之中。法定许可省去了作者和使用者双方授权许可的烦琐过程,大大降低了交易成本,为数字图书馆的著作权交易提供了便利。但是法定许可所规定的法定价格一般远远低于作品的市价,会阻碍作品价值的实现,著作权人创作作品时所预期的经济利益可能无法实现,即作品无法通过创作作品获取期望的经济收益,也许会在一定程度上挫伤作者再创作的驱动力。进一步地,价格、供给和需求之间具有紧密的联系,对价格的控制会影响市场效果,当政府对竞争市场实行限制性价格上限时,会产生物品的短缺。[③]同理,当法定许可对作品实施最高限价时,会造成作品在价格控制之下的短缺,从而引发作品供不应求的局面。因此要实现法定许可在数字图书馆建设中的效用,解决数字图书馆的海量授权问题,还应对现有的法定许可制度作出调整。

二、构建面向数字图书馆的特殊性法定许可的必要性分析

(一)遵循著作权利益平衡之基本原则

虽然著作权在信息网络环境中呈现出强保护的趋势,但是却丝毫不能削弱

---

① 陶鑫良:《网上作品传播的"法定许可"适用探讨》,《知识产权》2000年第4期。
② 吴汉东:《知识产权制度变革与发展研究》,经济科学出版社2013年版,第151页。
③ [美]曼昆:《经济学原理》,李旭译,机械工业出版社2003年版,第115—116页。

数字图书馆的社会职能和公益性使命，数字图书馆应充分利用数字技术的优势，发挥自身的社会职能和社会价值。现有著作权法律制度成为了数字图书馆资源开发和馆藏建设过程中的一个阻碍，公共利益与著作权人私人利益之间的矛盾加剧，在一定程度上体现出法律条文与新技术时代下法律关系之间的不协调性。著作权立法应遵循著作权利益平衡的立法原则，对著作权法定许可制度进行完善与扩展，允许数字图书馆为保障公共利益和满足公共需求而享有适度的法定许可。平衡著作权人利益和社会公共利益、私人经济收入和社会产业发展之间平衡的一个最好方式就是建立促进产业发展的法定许可制度。构建面向数字图书馆的信息网络传播的特殊性法定许可使用，有利于平衡著作权人的信息网络传播权与社会公众信息获取权之间的平衡，符合著作权法利益平衡的基本原则。此外，完全没有经济利益的复制行为几乎很难推进数字图书馆开展更多优质的服务①，不利于促进数字版权产业的发展，构建面向数字图书馆的信息网络传播法定许可避免了合理使用对著作权人经济利益的削弱，保留了著作权人的获取报酬权，充分体现了法律的公平性和正义性。

（二）有效解决数字图书馆资源建设的授权问题

法定许可从本质上来看，是合理使用制度与著作权排他性使用之间的一种中间制度，它移除了作者的允许权和禁止权，保留了作者的获取报酬权。给予著作人过多的排他性权利会影响社会对作品的开发与利用，无法实现作品的真正价值；若将作品使用完全等同于合理使用，那么著作人的经济利益的实现就得不到保障，虽然经济刺激不应是创作的唯一动力，但是在物质条件决定生产方式的客观环境中，无法得到物质鼓励，作者创作的积极性会严重受挫。因此，法定许可作为一种折中的制度，体现了制度的效率性。习近平总书记强调，一部好的作品，应该是把社会效益放在首位，同时也应该是社会效益和经济效益想统一的作品。②发展各类文化事业要坚持始终把社会效益放在首位，数字图书馆建设作为我国文化共享工程的重要组成部分，应始终谨记和贯彻这一指导思想。特殊性法定许可可适用于公益性数字图书馆的建设，保证其信息资源开发，降低授权交易成本，维护其正常运作和经营，有效提升数字图书馆的工作效率，从

---

① 张力：《合理使用、法定许可抑或其他——论数字图书馆使用作品的行为模式选择》，《图书馆情报知识》2004年第4期。
② 《习近平：好作品应把社会效益放首位，与经济利益统一》，中国新闻网，2014年10月16日。http://www.chinanews.com/cul/2014/10-16/6685880.shtml.

而实现传播中华民族先进文化、促进信息知识快速传播的目标。

(三) 有利于维护我国利益

"中国数字图书馆发展战略"与"中华文化信息网"重大项目被列入我们国家的"863 高科技计划"之中,其中涉及几十年来的中文报刊、书籍的数字化资源开发,不可回避地需要解决海量文献的授权问题,取得这些海量作品背后的海量作者的海量授权是一个巨大的工程,我们甚至怀疑它的可操作性。如果这些丰富的自然科学和社会科学研究文献和作品无法通过网络进行传播,那么也就无法为我国各行业交流和学习所利用。如果网上作品传播适用"法定许可"的规定,不仅可以增加著作人获取经济报酬的权益和机会,还能大力发展以中文信息为核心的中文文献资源库,促进我国科技、教育、文化等事业的传播与交流,极大地维护我国利益,增进我国的文化软实力。

三、面向数字图书馆的特殊性法定许可的构建

(一) 特殊性法定许可的含义

在法学界和图书馆界均有学者主张对现行著作权法的法定许可制度进行改良,建立面向数字图书馆的特殊性法定许可来解决数字图书馆资源建设的获权问题。特殊性法定许可是指,在现行著作权法所设置的诸种法定许可情形之外,经由国家著作权行政管理部门或其指定的机构审批后,特别允许少量具备资金实力和信用保障的使用人,可以不经著作人的同意,而使用其已经发表的作品,但应当向著作权人支付相应的报酬,并尊重其合法权益。倘若著作人明确表示禁止使用或表示反对的,可不授予使用人特殊性法定许可。[①] 特殊性法定许可介于法定许可和强制许可之间,将国家著作权行政机关的审批和著作权人的声明相结合,即可以打破一般法定许可特定情形的呆板设置,允许国家行政审批机关根据具体情况进行裁定,使法定许可制度更加具有灵活性和变通性,同时充分尊重了著作权人的意愿。相比较现行著作权法所规定的诸种一般法定许可而言,特殊性法定许可制度增添了一个行政审批程序,这就要求特殊性法定许可

---

① 马海群:《面向数字图书馆的著作权制度创新》,知识产权出版社 2001 年版,第 118—119 页。陶鑫良、袁真富:《网络时代著作权许可制度的创设》,《中国知识产报》2004 年 11 月 9 日。

需要经过严格的审批，并且只有具备资金实力和信用保障的极少量使用人才可以获得审批，也就是说特殊性法定许可的适用条件和主体的资格条件十分的严格，这样一来既面向公益性数字图书馆开放了法定许可制度，又可以对营利性的数字图书馆进行限制。相较于强制许可而言，法定许可不要求使用人必须事先与著作权人协商，并且在著作权人无正当理由拒绝后才能向有关行政审批部门提出申请这一步骤，这大大缩短了使用人与著作权人一一协商授权，并取得回复的时间，提升了使用人为获得海量作品授权的交易效率。

（二）面向数字图书馆的特殊性法定许可的具体内容

由于法定许可会削弱著作权人对其作品的控制，剥夺了著作权人拒绝许可的权利，因此在设置新的法定许可制度时，应进行具体的制度设计，对特殊性法定许可的适用条件等进行严格的限制。具体包括特殊性法定许可适用的主体范围、客体范围和许可费用收取办法。

1. 面向数字图书馆特殊性法定许可的主体范围

根据上文所述，只允许少量具备资金实力和信用保障的使用人可以成为特殊性法定许可的适用主体，在信息网络环境中，设置特殊性法定许可的初衷在于解决数字图书馆海量资源的授权问题，因此，特殊性法定许可的适用主体应首先是数字图书馆。进一步地，是否所有性质的数字图书馆均可以成为特殊性法定许可的适用主体呢？笔者认为，由于法定许可规定使用者支付给著作权人的报酬会受到法定限价的限制，因此会对著作人的经济收益带来影响。所以特殊性法定许可的适用主体应限制为由国家财政资金支持的公益性数字图书馆。营利性数字图书馆则不可以享受法定限价的待遇，具体解决办法应在授权许可模式方面进行创新和改良，下文将做详细探讨。

2. 面向数字图书馆特殊性法定许可的客体范围

在信息网络环境中，作品的本质内容没有发生改变，改变的仅仅只是作品的承载方式、传播方式和复制手段，传统的作品形式通过数字化处理都可以以数字化的形式上传至信息网络当中供欣赏和使用，作品本身的性质和类型没有发生改变。因此，特殊性法定许可的客体范围应涵盖一般性法定许可的客体范围，即文字作品、音乐作品、戏剧、曲艺、舞蹈、美术、建筑作品、摄影作品、录音、录像作品、设计图、地图和图形等。

3. 许可费用收取办法

在著作权法相对成熟的国家，均从立法层面对法定许可的条件、适用方式和救济方式作出了具体设计。各国根据各自具体国情分别采取了事先通告、事后严格按照规定程序执行、设置专门机构进行救济以及完善集体管理组织等配套措施。法定许可的重点在于如何保障著作人的获取报酬权，即如何保障使用者付酬义务的履行，以及什么是合理的报酬。

对于在具体情况中设立一个公正的报酬很难有一个普遍的标准。笔者认为，针对许可费用的确定问题，可以参照美国版权法的做法，将法定许可使用费留给当事人来协商确定，或者有行政主管部门根据具体情况进行裁决。而国家仅对法定许可费用给出一个最低标准，或者一个可兼顾稳定性和灵活性的价格区间。许可费用标准是在对著作权市场情况进行充分调研，并对数字图书馆文献资源用户使用情况、用户点击量、下载数量以及对著作权人可能造成的经济影响等多方面因素进行综合权衡的基础上所制定。具体而言，行政主管部门应通过网络及其他方式对许可费用标准予以公示，并由其指定相应的著作权集体管理组织行使许可使用费管理职能。被指定组织还应将数字图书馆文献资源用户使用情况、用户点击量、下载数量、许可使用费收取情况和分配情况定期在网络上进行公布，定期向行政主管部门汇报工作情况，实时根据市场的变动情况对许可使用费收取办法做出调整和完善。

第三节　数字图书馆著作权许可模式的整合分析

数字技术使每一个人都可以通过网络平台创作作品成为作者，网络平台中的作品数量呈现出爆炸式的增长，互联网中的作品使用行为和创作行为无时无刻不在发生着。传统的著作权许可模式如果继续在网络环境中适用将产生交易成本和收益不成比例的情形，因此，一系列全新的数字图书馆利用作品的授权许可模式诞生了。著作权的授权许可绝大多数是建立在尊重著作权人和被许可人意思自治基础上所达成的合意。现有常见的数字图书馆利用作品的著作权许可模式包括有：授权要约模式、著作权集体管理模式、著作权代理模式、著作权补偿金模式、数字权益管理模式、开放存取模式和创作共用模式等。这些多样性的许可模式是建立在私法自治范畴内的市场行为，法律可以进行规范性引导，但应对此保留足够的空间，避免直接加以干涉。虽然这些许可模式尚未上升为法律规则，但是有些在实践中已经运作了上十年，取得了丰富的实际操作成效。就这些数字图书馆利用作品的许可模式进行整合比较分析，对解决数字图书馆利用作品的获权问题具有重要帮助。

一、面向数字图书馆的授权要约模式利弊分析

授权要约模式是指著作权人根据其著作权授权意愿，在出版的图书中刊出一个"授权声明"，注明图书的著作权授权范围、授权方式、许可费以及收取办法等。[1]

2004年北京出版社出版的《最后一根稻草》被喻为"第一个吃螃蟹的人"，该书是中国首部使用授权要约这种全新著作权授权方式的图书。该书在图书的扉页刊登了明确的数字版权使用声明，就授权访问、授权费用、支付方式和使用方式作出了明确的规定：（1）授权范围为该作品数字形式的复制权、发行权和信息网络传播权；（2）授权费用为收入的5%；（3）支付方式为在收入产生后的六个月内由中华版权代理总公司收取并转交；（4）使用要求为必须注明作者和出处，且保持作品的完整性。[2]

授权要约模式可以回应数字时代著作权授权的新要求：一方面使用者一方希望通过有效率的许可方式获得海量的作品授权；另一方面，著作权人希望实现作品更有效益的传播。授权要约模式得到了部分机构的肯定，中国版权协会和北京书生公司共同协作推动并完善了这种全新数字版权授权模式。[3] 通过这种模式，作者在意思表示自由基础之上，在图书中刊登著作权声明以要约方式规定授权的条件、方式、范围等，任何个人和机构组织接受作者提出的要约即可成立合同取得授权，并按照合同约定的方式使用作品。

---

[1] 王秀丽：《授权要约：数字版权贸易的新模式》，《出版发行研究》2008年第9期。
[2] 《最后一根稻草：第一只螃蟹》，光明新闻。http://www.gmw.cn/01ds/2004-09/22/content_105978.htm.
[3] 《IT与版权界共推授权要约模式齐力打造版权授权高速公路》。

（一）授权要约模式的优点

授权要约模式的优点在于：第一，提高了授权效率，降低了授权交易的成本。面对海量的数字作品，授权要约模式可以有效地避免著作权人与海量的使用者以及使用者与海量的著作权人逐一磋商谈判的复杂过程，这样既可以使双方的意思自治得到充分尊重，双方在达成合意的基础上使用作品、交付费用，又可以解决一对一授权模式带来的交易成本过高的问题，有效地提高了授权效率。第二，提高了作品的传播效率，加速了作品的流通。作品传播的速度有多快，作者希望授权的意愿就可以传播多快，当作者将授权声明同作品一起刊登发行时，作者的著作权使用意愿就会随着作品快速广泛地传播开来，以最快的速度被广大使用者所知晓。第三，体现了对意思自治原则的尊重。作者在图书扉页登载权利人授权声明，明确规定作品授权范围、授权费用、支付方式和使用方式等，本质上属于要约，是合同形式的一种，符合我国《合同法》第十四条之要约的精神。[①]著作权人根据自身意愿选择授权的内容和方式，充分体现了授权要约模式对合同法意思自治原则的遵循与贯彻，也满足了《著作权法》第二十四条规定的有效许可协议的基本要求[②]。虽然著作权法未对著作权人是否能以要约形式进行授权作出明文规定，但是通过这种要约加承诺所达成合同的基本形式，完全符合合同法的法律规定，是具有法律效力的。虽然要约形式过于简单，但双方本着自愿原则可就具体细节进行进一步磋商，授权要约模式相较于传统一对一授权模式，更加具有灵活性。总而言之，授权要约模式有利于促进数字图书馆数字资源的开发和作品的广泛传播与利用，有利于实现了相关主体的利益最大化。

（二）授权要约模式的缺陷

授权要约模式的缺陷在于：首先这种模式是建立在作者自愿的前提之下，需要作者和出版社的推动，无法因为数字图书馆的公益性性质而强制性实施，因此这种模式的可操作性和普及性不够；其次，要约条款不专业，规定较为模糊简

---

① 我国《合同法》第十四条规定：要约是希望和他人订立合同的意思表示，该意思表示应当符合下列规定：（一）内容具体确定；（二）表明经受要约人承诺，要约人即受该意思表示约束。
② 我国《著作权法》第二十四条规定：使用他人作品应当同著作权人订立许可使用合同，本法规定可以不经许可的除外。许可使用合同包括下列主要内容：（一）许可使用的权利种类；（二）许可使用的权利是专有使用权或者非专有使用权；（三）许可使用的地域范围、期间；（四）付酬标准和办法；（五）违约责任；（六）双方认为需要约定的其他内容。

单,容易产生纠纷,不具有效益性;再次,此种模式的保障机制不够完善,声明的形式涉及合同法和著作权法等相关内容,以及版权行业的行业规范、惯例和标准等,将这些规则统筹协调是一个复杂的问题,而许多著作权人不具备这样的掌控能力,遇到问题时无法及时寻求救济。现行《著作权法》未对授权要约模式提供明确的法律支持,在实际操作中难免受阻碍,模式运作的稳定性难以保障。

二、面向数字图书馆的著作权集体管理模式利弊分析

著作权集体管理模式是目前解决海量作品使用颇为常见也是国际通行的办法,主要是指依靠著作权集体管理组织来运行操作,著作权集体管理组织经著作权人的授权,以自己的名义行使后者的相关权利,主要包括有代替著作权人与使用者签订著作权许可使用合同,向使用者收取许可使用费用,然后向著作权人转付许可使用费用。著作权集体管理组织具有信托的性质,根据我国《信托法》第六十条第四项之规定,著作权人与著作权集体管理组织之间的法律关系属于公益信托。[①]根据《著作权集体管理条例》第三条的规定,著作权集体管理组织是指经著作权人授权、出于著作权人之利益对其著作权及相关权利进行集体管理的社会团体。[②]我国十分重视著作权集体管理组织的建立与完善,于2005年3月1日施行《著作权集体管理条例》,此外还建立了五个著作权集体管理组织[③],涵盖了多样性的作品类型,覆盖范围全面广泛。我国的著作权集体管理组织在保护著作权人利益和促进作品传播层面发挥着重要的作用。

(一)著作权集体管理模式的优点

著作权集体管理模式的优势包括有:第一,能够在一定程度上解决数字环境中海量作品的授权问题。我国的著作权集体管理组织基本上涵盖了作品使用的各类领域,能够在一定程度上缓解数字环境中海量作品的海量授权问题,能够

---

① 我国《信托法》第六十条第四项规定:为了下列公共利益目的之一而设立的心态,属于公益信托:(四)发展教育、科技、文化、艺术、体育事业。
② 《著作权集体管理条例》第三条规定:本条例所称著作权集体管理组织,是指为权利人的利益依法设立,根据权利人授权、对权利人的著作权或者与著作权有关的权利进行集体管理的社会团体。
③ 五个著作权集体管理组织:分别为中国音乐著作权协会、中国音像著作权集体管理协会、中国文字著作权协会、中国摄影著作权协会和中国电影著作权协会。

有效地促进授权效率的提升，节约社会成本。第二，弥补了个人管理的不足，降低了著作权交易成本。传统的一对一的许可交易方式不仅会耗费大量的时间、精力和人力等，还会因为工作不具有系统性、指向性使得收益甚微。交易成本与收益完全不成比例，更不用说能否应对数字环境中的海量作品的挑战。著作权集体管理组织当中，不仅相关工作人员业务素质高，掌握专业的知识，并且集体管理组织本身可以通过系统性的集中处理、批量处理降低著作权交易成本，从而在著作权人和使用者之间架起一道沟通的枢纽。因此，相对个人管理而言，著作权集体管理模式能够极大地节省交易成本，促进效率的提升。第三，有利于促进著作权利益平衡。著作权集体管理组织可以通过搭建专业的著作权人和使用者交流平台，提供专业的服务，为双方的交易提供便利，使双方的诉求都得到传达和呼应，主要方式包括有：著作权集体管理组织可以代表著作权人开展市场调研，帮助作者开发潜在市场，实现作品的价值，可以通过作品的网络宣传加大作品的传播，也可以通过使用者的需求有指向性地宣传作品，从而实现作者和使用者利益的双赢。综上，著作权集体管理组织在保护著作权权益、维护著作权利益平衡、促进作品传播、增进文化交流等方面发挥了积极的重要作用。

（二）著作权集体管理制度的缺陷

目前我国著作权集体管理组织存在的问题主要包括以下几个方面。

第一，管理制度不完善，无法面对新技术的挑战。首先就目前来看，我国音乐著作权协会在我国著作权集体管理组织中，发展较为成熟，提供的协会服务也较为全面，授权使用服务的范围涉及复制权、表演权、广播权和信息网络传播权，相关的许可流程与收费标准也做出了详尽的规定。[①] 其他诸如中国文字著作权协会的发展运作相比较而言，就显得略为粗糙。中国文字著作权协会对主要业务范围做了明确阐述，业务范围广泛，协会职能丰富。[②] 但是对于这些业务如何开展，职能如何行使，就相关流程和标准都缺少具体的设计，仅仅只是从大方向做出了口号式的规定，并没有将工作任务通过细节设置落到实处。其次，数字图书馆数字资源开发过程中面对的授权问题涉及传统作品、交互式多媒体作品以及以多媒体技术和信息网络为媒介的数字化作品。但是我国著作权集体管理组织主要以作品类型进行区分；没有针对作品的承载方式、传播方式进行管理

---

① 《中国音乐著作权协会协会服务》，中国音乐著作权协会官方网站。http://www.mcsc.com.cn/sS-12.html.
② 中国文字著作权协会官方网站。http://www.prccopyright.org.cn/staticnews/2010-01-28/100128145635437/1.html.

的综合性管理组织。当数字图书馆需要就同一多媒体作品获取多重权利人的授权时,必须与数个集体管理组织进行谈判,无疑会加大谈判的难度、拉长谈判的时间。

第二,行政色彩浓厚,容易产生垄断的负效应。我国著作权集体管理组织具有浓厚的行政色彩,并且根据作品的类型每一个领域仅设置了一个集体管理机构,由于没有多个机构存在,业务范围之间也没有交叉衔接,容易造成著作权集体管理的垄断性,从而产生负面效应。例如使用者只能被迫接受不太合理的条件,作者也没有其他更优质的服务可以选择,如此非常不利于著作权集体管理组织的完善与优化。

第三,缺乏竞争机制,维权积极性不高。一方面,由于每一个作品类型领域内只有一个集体管理机构,不存在其他的竞争对手,著作集体管理组织也没有提高服务质量的竞争意识;另一方面,著作权集体管理组织大多为非营利性机构,不涉及自身利益的问题,当著作权人权利遭到侵害时,由于著作权集体管理组织没有利益的驱使,也没有竞争意识的鞭策,因此往往不会及时帮助著作权人维权,在保护著作权人权益方面便会有所懈怠。

三、面向数字图书馆的著作权代理模式利弊分析

著作权代理模式同著作集体管理模式具有一定的相似性,都是通过第三方中介实现著作权人的授权,使用者通过第三方中介获取使用作品的权利,但二者具有本质上的差别。后者是著作权集体管理组织以自己的名义行使权利,具有信托性质;而著作权代理模式中,著作权代理机构与著作人之间是代理的关系,著作权人将自己部分财产权利委托给著作权代理机构以被代理人的名义行使,且代理机构会从中收取一定比例的代理费作为提供服务的收入。

通常,人们认为世界上最早的著作权代理机构产生于1777年的法国,距离现今已经200多年的发展历程。国外的著作权代理机构主要分为两类:一类是出版商作为著作权代理机构,即著作权人将作品交于出版社出版时,双方另外拟定合同或者以出版合同附带条款的形式约定著作权人将作品的复制权、信息网络传播权等权利一并委托给出版商代理行使;另一类是由专业的公司作为著作权代理机构,即由专业人士组建的专业公司受著作权人委托代为行使相关权

利,并赚取服务费的方式。①我国的著作权代理机构也有以上两类,其中出版商主要包括有图书出版社和期刊出版社,这两类在我国作者中间的认可度较高,拥有的资源也更加丰富,因此这种著作权代理方式在我国较为流行。而我国著作权人普遍对中介机构抱有怀疑态度,所以专业著作权代理机构的数量较少、规模较小、资源也相对匮乏。②由于对传统投稿方式的依赖以及旧有观念的抱残守缺,在市场经济不发达的国家,专业性代理机构缺位是常有现象。

(一)著作权代理模式的优点

著作权代理模式可以有效提高著作权授权许可的效率。著作权代理机构相对于作者个人而言,具有丰富的专业知识,以及多年经验所培养出的敏锐的市场洞察力,在著作权人和使用者之间可以做到游刃有余。一方面充分保障著作人的利益,实现著作人作品的市场价值,另一方面,也可以满足使用者的需求,尤其是对于数字图书馆所需要的获取海量作品授权许可的需求,由著作权代理机构进行批量性的操作是极具效率的,既可以减少交易成本,又可以增加获取收益的成功概率,从而妥善地解决数字图书馆的版权获取问题。

(二)著作权代理模式的缺陷

就我国目前现状来看,著作权代理机构发展还不成熟,存在着以下诸多问题。首先,对于作者而言,著作权代理机构无论是从经济实力还是业界地位来看都处于优势一方,而作者处于弱势地位,著作权代理机构有可能借此向作者提出不合理的要求与限制。作者从自身利益考虑,出于对纸质作品销量的担忧,以及与代理机构谈判能力和经济实力的重大悬殊,往往会拒绝将图书进行数字化发行。其次,在市场经济还不完善的情形下,各种规模不一、素质千差外别的著作权代理机构纷纷涌现,导致了各种市场乱象和不规范。再次,我国目前成熟的专业著作权代理机构的缺位严重制约了数字版权产业的发展。有鉴于此,政府部门一方面应加强对市场的引导和规范,整治市场乱象,另一方面应对产业发展进行扶植与鼓励。

---

① 任宁宁:《数字图书馆版权利益平衡机制研究》,经济管理出版社2012年版,第86—88页。
② 任宁宁:《数字图书馆版权利益平衡机制研究》,经济管理出版社2012年版,第113—115页。

四、面向数字图书馆的著作权补偿金模式利弊分析

著作权补偿金制度最早产生于德国,技术的发展使私人复制被普及和大量使用,特别是录音设备的出现,使人们可以以低廉的价格复制音乐作品。为了弥补著作权人的经济利益,德国于1965年修改《著作权法》,开始对复制设备和复制品载体的制造商征税,然后由著作权集体管理组织将这些著作权补偿金分配给著作权人,著作权补偿金制度就此形成。著作权补偿金模式主要是为了弥补复制技术发展所带来的私人复制不受控制,继而导致的对著作权人经济利益的损害,因此,这也是实现著作权人经济利益和使用者利益之平衡的一种权宜之策,它既弥补了著作人基于其作品之上应享有的经济收益,又使消费者获取作品、吸收文化养料的需求得到了满足,同时作品的市场价值也得到了充分的体现。

前文已述,数字图书馆开发作品的公共利益需求与著作权之私益保护发生了冲突,对著作权采取强保护将会对数字图书馆的公益性事业带来阻碍。"权利弱化和利益分享理论"为构建面向数字图书馆的著作权补偿金制度提供了理论支撑。"权利弱化与利益分享理论"是指:除法律另有规定外,知识产权所有人有权从其受法律保护的智慧创作物中取得相应的利益;任何他人未经知识产权所有人许可,擅自以营利目的实施其智慧创作物,知识产权所有人有权请求其赔偿损失,并且依法享有请求该侵权行为人以合理的条件与其签订知识产权许可使用合同;只有当该侵权行为人无正当理由拒绝以合理条件与知识产权所有人签订知识产权许可使用合同时,知识产权所有人才有权请求其停止侵害行为;但法律另有规定的或者其他特别情形除外。根据"权利弱化和利益分享理论"之要义,应弱化知识产权的禁止权,实现利益共享和互利双赢。这不仅有助于对知识产权所有人利益的保护,同时兼顾使用者和社会公众的利益,使由知识产权可能产生的经济利益和社会利益最大化。[①] "权利弱化和利益分享理论"为数字技术环境中的著作权问题提出了一条新的理论路径,为构建面向数字图书馆的著作权补偿金制度提供了理论支撑。

---

① 曹新明:《关于权利弱化与利益分享理论之研究——一种新的知识产权理论范式》,《中南财经政法大学研究生学报》2007年第1期。

（一）著作权补偿金模式的优点

著作权补偿金制度可以实现利益的共享、使著作权人和使用者互利双赢。一方面，通过对著作权人的复制权进行限制，将著作权人可以禁止他人使用其作品的绝对权转化为获取补偿金的报酬请求权，这样权利弱化的操作可以使使用者更加方便无障碍地使用作品，省去了授权许可的复杂过程，增进了使用作品的效率，加快了作品的传播和使用价值。另一方面，不仅著作权人的权利受到了限制，使用者也要受到相应的约束，即支付相应的补偿金，保障著作权人的经济利益得到实现。

（二）著作权补偿金模式的缺陷

首先，在设计著作权补偿金模式的同时，不可避免地要考虑到集体管理组织的问题，补偿金如何收取、如何合理地分配、按照什么标准收取和分配，这些问题都需要著作权集体管理组织来操作执行。然而，如上文所述，我国的著作权集体管理制度还不完善，集体管体组织是著作权补偿金制度实施所必不可少的硬件条件，补偿金制度要得到有效的实施，首先要明确补偿金应该交由哪一个机构管理，按照什么标准交付，以及如何进行利益分配。因此，当务之急必须建立起成熟的著作权集体管理制度。

其次，从权利性质来看，著作权补偿金制度将作者所能掌控的复制权这一支配权转换为了报酬请求权。由于私人复制技术的发展，对作品复制专有权已经难以进行控制，出于对产业发展的考虑，法律采取对著作权人进行经济补偿的措施。可以理解为，在著作权补偿金模式下，著作人对复制专有权的掌控随着作品的发表而消失，转变为了获取经济报酬的权利，著作权人不再享有许可或者禁止他人复制的权利，只要他人付费就可以不经过著作人的许可使用作品。这种权利也被称之为私人复制报酬权，有学者认为著作权补偿金制度实际上是一种间接的法定许可。[①] 著作权补偿金制度与法定许可具有内在相似性，两种制度都是以著作权人获取合理报酬为最终结果，并且报酬的收取和分配都由著作权集体管理组织来运作。在法定许可中，作品一旦发表，他人按照特定方式使用作品不需要获得作者授权许可，作者只能享有法定报酬权。在著作权补偿金制度

---

① 张今：《数字环境下私人复制的限制与反限制——以音乐文件复制为中心》，《法商研究》2005年第6期。

中，著作权人的复制权也降格为报酬请求权。欧洲有些国家将这种著作权补偿金制度列入法定许可的范畴，例如根据《德国著作权法》第 54 条之规定，法定许可的设置旨在规制某些已经超出合理使用范畴，构成了对著作权人经济利益损害，但是著作权人又无法对其进行有效控制的使用行为，对录音设备和录音磁带征收版税就属于这种法定许可。德国学者迪茨教授认为，与其把著作权补偿金制度解释为法定许可，毋宁为著作权人的获得报酬权。所以从本质上来看，著作权补偿金制度设计初衷在于弥补著作权人因私人复制技术普及、管理失控所遭受的经济利益损失，而不是从使用行为的源头控制著作权的授权许可。这样一来，著作权补偿金制度所能达至的效果就会发生变化，著作权补偿金制度并不能解决数字图书馆的授权问题，难以发挥降低授权成本的效果。[①]著作权补偿金制度归根结底是为著作权人所设计，旨在创设一套全新的利益分配机制，而不是授权许可机制，所以无法从权利控制的环节起到降低授权成本的作用。

五、面向数字图书馆的数字权益管理模式利弊分析

数字权益管理模式利用一系列软硬件技术对数字作品传播、使用和交易等各个环节进行控制，旨在确保数字内容在其寿命期间的合法使用，平衡数字作品价值链中各主体之间的利益及需求，从而促进整个数字版权产业的发展和数字内容市场的兴盛。[②]简单来说，数字权益管理就是为防止对作品的侵权使用而采用技术加密以及附加使用规则，使数字作品仅能在特定的环境和特定的期限内被使用。例如，从苹果公司的官方网络音乐商店 iTunes 上购买的数字音乐作品只能在苹果公司生产的音乐播放设备上使用；从 SONY 公司的官方网络音乐商店 Connect 上购买的数字音乐作品只能在 SONY 公司生产的音乐播放器上播放。[③]

（一）数字权益管理模式的优点

数字权益管理可以通过技术措施有效阻止数字环境中侵权行为的发生。数

---

① 张平、张韬略：《数字环境下版权授权方式研究》，《网络法律评论》2005 年第 7 期。
② 任宁宁：《数字图书馆版权利益平衡机制研究》，经济管理出版社 2012 年版，第 112 页。
③ [美]Joan Van Tassel：《数字权益管理——传媒业与娱乐业中数字作品的保护与盈利》，王栋译，人民邮电出版社 2009 年版，第 99—101 页。

字环境中极易发生侵权风险的缘由主要在于：其一，数字技术使复制变得容易，并且数字复制效果极好，数字技术与网络空间的结合促使了作品非物质化载体的迅速传播；其二，数字环境中复制与传播总是相伴发生。

针对以上第一点，防范数字作品的侵权风险需着重考量数字作品的技术特性，即相比较传统作品而言，数字作品具有易复制性和无损耗性。一方面，数字作品的易复制性使得数字作品的数量可以十分容易且几乎不计成本地增加，从而影响到作品的市场竞争性；另一方面，无损耗性使得在市场上流通的数字作品的数量基本上不会因损耗而减少，而且可以永久保持如新，这将影响作品在市场上的潜在持续生命力。

针对以上第二点，就网络传输的实质看来，在作品输出发生后，该信息仍存在于输出计算机的内存或储存设备之中，并未发生有形载体的实际转移，尤其是数字作品传播具有易于高品质复制的特性，即使数字作品复制件交付完成，出让人对于原储存在其数据设备中的数字作品仍未丧失支配能力，当出让人开始将数字作品通过网络传输给买受人的同时，数字作品的数据即开始复制，当交付完成之时，即产生了一个全新的数字作品复制件，出让人授予的并非原来储存在其设备中的特定原始复制件，而是通过数字技术生成的一个新的高品质复制件。换句话说，数字网络是一个主要用于以复制品形式传输信息的系统，数字环境的信息传输完全建立在复制基础上，作品的复制与传播总是相伴发生。①

（二）数字权益管理模式的缺陷

首先，虽然数字权益管理模式可以有效地防范盗版的发生，但是数字权益管理模会威胁到用户的隐私权和安全权等基本权利，例如数字权利管理系统会记录大量的用户个人信息，然而却没有采取有效的技术措施对用户的信息进行保密处理，导致一些不法分子为牟利将用户信息泄露，严重影响了用户的正常生活，造成了负面的社会影响。其次，数字权益管理模式虽然有效地管控了作品的不法利用，但是技术措施运用的一刀切做法同时造成了著作权使用通道的限缩，使信息资源的传播受到严重制约，公众被挡在了公共信息资源的大门之外，数字图书馆也无法完成传播知识文化的使命，数字版权产业的发展受到阻滞。笔者认为，对于公益性的数字图书馆，应与营利性数字图书馆作区别对待，具体

---

① 吴汉东：《知识产权制度变革与发展研究》，经济科学出版社 2013 年版，第 151 页。

而言，公益性数字图书馆可以向数字权益管理机构提出审核申请，数字权益管理机构对数字图书馆的性质和运用模式进行审核，如果符合公益性质，则对该数字图书馆进行备案登记，不符合的不予备案登记。被登记为公益性的数字图书馆在合理的范围和有限的次数内可以免费使用作品，超出了合理范围，需要对作品进行大量复制和使用的，数字权益管理机构应对公益性数字图书馆予以许可，并提供优惠使用价格。

六、数字图书馆开放存取及著作权授权制度优化

开放存取（Open Access，简称 OA），是一种新型的学术资源共享模式和出版机制，旨在促进学术信息的广泛交流，提供学术资源的利用价值，保障科学研究的畅通和持续发展。涉及开放存取协议的著名宣言《布达佩斯开放存取先导计划》《贝塞斯达开放存取出版宣言》和《关于自然与人文科学知识的开放存取的柏林宣言》分别对开放存取模式的主要目的、定义和策略作出了详细说明。

于 2002 年 2 月 14 日在匈牙利布达佩斯正式发布的《布达佩斯开放存取先导计划》（简称《布达佩斯计划》）中指出，英特网将给公众带来的利益是，经过同行评价的期刊文献可以被所有的科学家、学者、教师、学生以及其他充满好奇心的人在全球范围内发布其电子文本并可以完全免费的、无限制地使用。消除对这些文献的存取障碍将会加快研究的速度，使教育更加丰富多彩，富人与穷人之间互相共享彼此的学问，从而使这些文献达到最大限度的利用，并在共同的理智交流和知识的追求中建立人类联合的基础。这种免费的无限制的获取方式就称之为开放存取。为实现开放存取计划，《布达佩斯计划》提出了两种实现开放存取的补充方案：第一种为自行存档，指学者自行将已经发表的期刊论文保存在开放的电子文库中；第二种为开放存取期刊，是指创建一种新方法来帮助已有的期刊向开放存取过渡，使新一代期刊对已经出版的资料的存取不再受版权方面的限制。[1]《布达佩斯开放存取先导计划》呼吁世界范围内所有感兴趣的个人和机构都可以参入开放存取计划中来，开放存取模式为获取科研成果提供了一个绝佳的入口和渠道，[2] 通过开放存取获取这些文献的总体费用远远低于

---

[1] 该计划文本获取地址：Budapest Open Access Initiative. http://www.budapestopenaccessinitiative.org/.
[2] 海伦·博斯克：《倡议免费获取研究成果的〈布达佩斯计划〉》．法国 L'Harmattan. 2003，第 45—52 页。

传统发布方式的费用，开放存取有利于节省科研经费、提高科研工作效率和扩大科研成果的传播范围。

于 2003 年 4 月 11 日发布的《贝塞斯达开放存取出版宣言》中指出，能够成为开放存取出版品必须具备以下两种性质：第一，保留部分权利，即在标明作者身份的前提下，作者及著作所有权人授权所有使用者免费、不能撤回、全球性、永久的获取、公开复制、使用、散布、传送及展示原作品的权利；第二，公开存档，即将包括所有附件、前项著作权声明在内的完整作品，以适当的标准档案格式寄存在至少一个在线存档系统里。[1]

于 2003 年 10 月 22 日在德国柏林发布的《关于自然与人文科学知识的开放存取的柏林宣言》（以下简称《柏林宣言》）将开放存取定义为人类知识和文化遗产的综合资源，开放存取的出版物包括原创科研成果、原始数据和元数据、原始资料、图片和图像材料的数字表达以及多媒体学术材料。开放存取需要满足的条件分别为：第一，必须正确标明作者的身份，使用者便可以在全球范围范围内免费存取这些资源，可以以数字形式出于合理的目的复制、利用、发行、转让和公开再现其作品，并且许可其打印少量份数供个人使用；第二，将作品包括附件、许可副本在内的所有完整材料以适当的技术标准和适当的标准电子格式存储在至少一个在线文档中。《柏林宣言》强调开放存取的宗旨是为了最大限度地惠及科学和造福社会。因此，为了实现这一伟大的事业，宣言鼓励研究人员和奖学金生依据开放存取范式的原则来出版他们的论著，鼓励文化遗产管理者通过互联网提供资源，鼓励研究开放存取出版物和联机期刊的评估方法和途径，以便使质量保障标准和优良的科学实践标准得以维系。[2]中国社会科学院和中国国家自然科学基金委员会均签署加入了《柏林宣言》，标示着中国科学界对开放存取模式的支持与肯定。

（一）开放存取模式的优点

波斯纳强调的"效率"主要是指卡尔多-希克斯效率，换句话说，效率就等于财富最大化，[3]最大效益化是指在投入价值既定条件下，取得最大限度的产出

---

[1] 该宣言文本获取地址：Bethesda Statement on Open Access Publishing.
[2] 该宣言文本获取地址：Berlin Declaration on Open Access to Knowledge in the Sciences and Humanities. http://www.fu-berlin.de/sites/open_access/weiteres/Veranstaltungen/oa_berlin/poster/Berlin-Declaration_Simone-Rieger_MPIWG.pdf.
[3] 黄锫：《法律经济学：方法论、理论脉络及应用》，浙江大学出版社 2008 年版，第 122 页。

价值。[1]因此，在存在高昂交易成本的情况下，应把权利交付于最珍惜它们并能创造出最大收益的人。开放存取模式符合效率最大化的理念，将资源交给了最为珍惜并且能够持续创造出最大收益的群体。首先，开放存取模式有利于打破著作权制度给科研后续研究筑起的人为壁垒，将科研成果广泛地传播，使其他学者在前人的基础上进行持续的研究，从而使人类科研不断地开展。其次，开放存取模式有助于消除学术信息交流的鸿沟，打破信息封闭交流和付费使用造成的信息获取的不平等现状，不以财富的多少来决定能否享有获取信息资源的权利，能够有效提升发展中国家的科研学术水平，推进科研的国际合作与交流。

（二）开放存取模式的缺陷及优化

高昂的使用费和著作权法律制度的限制在一定程度阻碍了学术交流的畅通渠道，使知识的持续研究断层。开放存取模式可以有效地克服这两大障碍，使科研人员不受物理空间和经济水平的限制平等地获取信息资源，促进科研成果无阻碍的传播交流，保持研究的连续性和持久性。

尽管开放存取模式取得了可喜的成就，但是仍然存在一些问题：第一，开放存取是一种全新的学术交流模式，倡导"付费出版"，即出版的费用由作者来负担，有些作者不愿意因选择开放存取而额外付费，开放存取的出版者则很难获得资金的支持；第二，开放存取是以许可协议作为操作方式，因此，应赋予许可协议法律地位，为开放存取模式的运作提供法律依据。

针对以上问题，笔者提出几点基于开放存取模式的优化建议。首先，加大对开放存取模式的宣传力度，提高开放存取模式的认知度，制定基金机构政策，为推进开放存取模式所必需的经费予以政策支持。其次，明确开放存取制度与著作权制度的关系。开放存取制度不是对著作权制度的颠覆，而是建立在著作权制度基础之上，承认著作权赋予作者的各项权利，同时利用合同法的规则构建的著作权的限制。需要强调的是，作者享有的基于其作品之上的著作权依然是一种排他性的私权，作者个人的合同行为带来的法律效果不覆盖延伸至其他作者身上。开放存取模式是在著作权制度的基础上，通过增加其他限制，促进著作权制度的革新，开放存取模式起到的是反垄断的效果，是在出版者利益和社会利益之间保持一种恰当的平衡。再次，明确开放存取模式是一种建立在私法自

---

[1] 张乃根：《法经济学：经济学视野里的法律现象》，上海人民出版社 2014 年版，第 93 页。

治原则基础上的全新授权许可模式。开放存取以许可协议为操作模板,以开放存取方式出版的作品是经过作者授权和同意的,所以并不是对著作权法的违反,也不是强迫著作权人放弃权利,作者可以根据许可协议将部分权利让渡给出版者。有鉴于此,应赋予许可协议法律地位,使权利人能够依据法律规定自愿放弃部分权利、保留部分权利,保证权利明确分配,明确权利的界限,加强对学术作品的管理。

七、数字图书馆创作共用及著作权授权制度优化

创作共用(Creative Commons,简称 CC),又被称为知识共享,是一种国际知识共享组织为解决信息网络环境中作品传播和利用问题而创制的一种以著作权协议为模板的全新授权模式。简单来说,就是通过知识共享协议,所有人都可以免费复制、分发、讲授和表演某个站点的任何作品。创作共用协议还提出了四种可选择的授权条件,分别为:(1)署名,指著作权人允许别人复制、分发、讲授和表演其作品,或者基于其作品创作的衍生作品时,必须标明原作品作者的名字;(2)非商业用途,指著作权人允许别人复制、分发、讲授和表演其作品,或者基于其作品创作的衍生作品的,只能用于非商业性用途;(3)禁止派生作品,指的是著作权人允许别人复制、分发、讲授和表演其作品的,只能原封不动地使用,不得进行派生性使用;(4)保持一致,授权人允许分发基于其作品的派生作品,但是必须提供与原作品相同的许可协议。在创作共用许可证上,通过对以上四种授权条件进行选择和组合,形成了从宽松到严格的 11 种创作共用方式,分别为署名、署名+禁止派生作品、署名+禁止派生作品+非商业用途、署名+非商业用途、署名+非商业用途+保持一致、署名+保持一致、非派生作品、非派生作品+非商业用途、非商业用途、非商业用途+保持一致、保持一致。①

美国哈佛大学法学院教授 Lawrence Lessig 一直致力于推动文化、教育和科学知识等公共资源的开发与运用。从 2002 年起,Lessig 就意识到创意产品的分享和整合在互联网中将占有重要地位,于是创办了知识创作共享机构,旨在提供开放式的著作权作品,鼓励人们分享创意产品、协同合作,同时,它也会严格规制侵权行为。从该机构设置起,已经向世界范围内 50 多个国家发出了超过 1 亿个

---

① 吴晓萍、周显志:《创作共用:一种新的鼓励自由创作的版权许可制度》,《知识产权》2005 年第 3 期。

著作权许可。[①] Lessig 所创办的知识创作共享为互联网信息无法分享的困境提供了解决出路，为互联网知识共享和人类文化的共用发展作出了巨大贡献。

创作共用模式旨在对处在著作权法律保护规定日趋严格趋势下的作品利用方式，进行合理的、具有灵活性的优化，使作品授权许可机制可以突破法律的限制，有效地解决数字图书馆中的资源获权问题。通过构建创作者和使用者之间的直接交流平台，保障使用者接触作品的权利，促进信息共享理念的贯彻实施。创作共用模式使我们意识到，在信息网络社会中作出贡献，就会得到同等社会价值的回报，相应地，想要收获，就必须有所付出。创作共用模式基于人类之合作需求与分享本能的基础而建立，并且与信息网络环境中人们追求共同利益的心愿达成一致，将消费、创作、合作有机地融合为一个健康、长久的产业生态系统。

（一）创作共用模式的优点

首先，创作共用模式可以在一定程度上满足著作权人的精神和心理需求，使创作者得到除经济利益之外的内心满足感和社会认同。过度商品化会造成产品质量降低或者造成制度恶化，作品也是如此。一些心理学家已经证明，回报形式的外部动机会降低创造性作品的质量，要求无条件支付报酬的另一个主要危险是它可能会损害每个人对共同体恩惠的感情。[②] 通过实现经济利益来实现鼓励创作的目的的观念所体现的价值导向有使创新驱动过分依赖金钱激励之嫌，极有可能导致创作人盲目追求物质奖励，而忽视其他原动力的作用。创作应该造福社会，信息资源是全人类的共同福祉，倘若一味将创作与功利相联系，将会使文化失去生命力。在传统复制条件下，作品只能通过纸质媒介进行传播，很多创作者并不将实现经济利益看作是创作的最主要动力，他们更多的是希望获得社会认同、社会声誉以及提高社会知名度。信息网络时代的到来为这种愿望的实现提供了更加方便快捷的途径。通过创作共用模式，作者可以保留署名权，作品可以被更多人传播和使用，作者也更加容易得到精神上的满足和被更多人认同。

其次，从社会公共利益的角度来看，创作共用模式可以更有效地维护社会公众的信息权、文化权和自由表达权等基本权利。信息网络技术的发展使著作权

---

① ［美］博茨曼、罗杰斯：《共享经济时代互联网细微下的协同消费商业模式》，上海交通大学出版社 2015 年版，第 106—107 页。
② 朱理：《著作权的边界——信息社会著作权的限制与例外研究》，北京大学出版社 2011 年版，第 17 页。

保护受到严峻挑战，对此，著作权法不断调整并加强著作权保护的力度，著作权强保护趋势使公众的信息权、文化权和自由表达权受到了侵蚀。创作共用模式通过明晰著作权人的著作权分配和著作权授权界限，并且采取"保留部分权利"和"不保留权利"的做法，使著作权人可以通过许可协议的方式放弃部分权利，使公众拥有更多接触作品的机会，公众的信息权和文化权从而得到保障。

再次，创作共用模式可以成为公益性数字图书馆的合理选择。西塞罗在《论义务》中指出，保护和保存人类利益的自然法则本身一定会决定，在有紧急需要时，应该把生活必需品从一个懒散的没价值的人那里取来转交给一个智慧、优秀、勇敢的人，优秀人物将永远履行自己的义务，促进人类社会的公共利益。[①]创作也是一样，它不仅涉及创作者个人利益和价值的实现，它更是人类文化传承与延续的根基。创作者不应以过度强调个人价值之实现来阻碍人类社会文明进步的步伐，这是不正义的。每一个社会人在从社会中获取某样东西的同时，也有义务为公共福利的增加付出。资源共享的真正内核不只停留在对信息交易成本的控制，它更是对信息资源本身的最大化开发，信息资源不仅是有条件之群体的福利，它也同样是那些因经济、技术等客观条件所限，而不能直接接触到的无条件之人群本该享有的福祉。创作共用模式的产生正是基于这种信息共享理念而生，这一理念也与数字图书馆之促进信息文化流通、增进社会化福利的使命相契合。创作共用模式能够确保数字图书馆拥有丰富的数字信息资源，提高数字图书馆的工作效率，降低资源建设中的经费支出、人力消耗以及时间成本，极大地改善数字图书馆数字资源开放过程中的作品获取途径。

（二）创作共用模式的缺陷及优化

目前来看，创作共用模式在我国的普及力度还不够，很多作者没有正确理解创作共用协议的具体内容、使用方式和授权条件，导致对创作共用模式产生误解，在实际使用中存在很多操作不到位和不规范的情况。自觉遵守并且普及创作共用许可规则是该模式在数字图书馆领域能够得到深入发展的关键。[②]应结合数字图书馆的特性，构建适合我国数字图书馆数字资源开发的创作共用模式，在创作共用授权许可协议中明确许可权利范围、使用者的权利限制、免责声明、责任限制和合同终止等问题。创作共用模式的有效实施还需要得到法律和技术

---

① ［古罗马］西塞罗：《论义务》，译林出版社2015年版，第115页。
② 宗诚：《创作共用模式在我国数字图书馆建设中的适用性探讨》，《图书馆建设》2011年版第7期。

的支持,如果仅仅依靠格式合同很难实现创作共用和信息共享的理念。创作共用目前仅仅只是一种授权许可模式,还没有成为法律规则,如果没有法律的保障,这种模式也无法得到长久的运作。

创作共用模式是对现行著作权限制制度的补充,著作权法中合理使用制度的模糊性和作品授权模式的单一性给创作共用模式的产生提供了现实基础。创作共用模式以授权许可协议为模板,建立在创作者的自愿选择前提下,选择创作共用模式放弃一部分权利完全出自创作者的意思自治。因而可将这种模式视为一种要约,当使用者接受了要约,创作者与使用者之间即达成许可使用合同。由于著作权法相关规定的缺失,创作共用许可协议的法律效力和可操作性受到了质疑。[①]根据我国《合同法》第七条[②]和第五十二条第(五款)[③]之规定,若合同之约定有悖于著作权法之强制性规定,则属无效。因此,如果创作共用授权许可协议违反了《著作权法》的强制性规定,那么则不具有法律效力。有鉴于此,应从立法的角度给予创作共用模式法律地位,承认创作共用授权许可协议的法律效力。如果使用者没有按照创作共用协议的规定使用作品,则按《著作权法》的规定对使用者的行为进行规制。

本章小结

著作权许可使用是一项实现作品价值的重要方式和手段。面对信息网络环境中的海量作品,授权许可问题成为数字图书馆数字资源建设过程中的突出问题。传统著作权许可模式因其具有的低效率和高交易成本阻碍了数字图书馆的发展,遭遇了适用困境。

通过对面向数字图书馆的法定许可制度的域外考察得出,这种许可方式可以有效地降低著作权授权许可的交易成本,解决海量作品的获权问题,为数字图书馆大规模地开发数字资源提供了便利。我国现行著作权法定许可制度根据前网络时代的作品传播方式和利用方式所制定,没有针对解决互联网中的著作权问题,尤其是数字图书馆利用作品的获权问题而设定专门的法定许可制度。

---

① 韦景竹:《创作共用信息共享机制的特征分析及其评价》,《情报理论与实践》2010年第7期。
② 《合同法》第七条规定:当事人订立、履行合同,应当遵守法律、行政法规,尊重社会公德,不得扰乱社会经济秩序,损害社会公共利益。
③ 《合同法》第五十二条第(五款)规定:违反法律、行政法规的强制性规定的合同无效。

可以根据信息网络技术的特征和信息网络传播的特性构建专门针对数字图书馆信息网络传播的特殊性法定许可。构建针对数字图书馆的特殊性法定许可符合著作权法利益平衡的基本原则,可以有效解决数字图书馆数字资源建设的获权问题,从而维护社会公共利益。特殊性法定许可制度的适用主体应限制为由国家财政资金支持的公益性数字图书馆,营利性数字图书馆则不可以享受法定限价的待遇。

解决数字图书馆的授权许可问题不仅需要依靠法律制度来进行规制,还需从文化意识层面进行观念的转变,将强调著作权私权保护的观念逐渐转化为重视信息资源共享和社会福利的增加。老子在《道德经》中有云:"是以圣人后其身而身先,外其身而身存。不以其无私邪?故能成其私。"意思是说,有道的圣人遇事谦退无争,反而能在众人之中领先;将自己置之度外,反而能保全自身生存。这不正是因为其无私么,所以反倒成就了其自身的事业。西方法哲学家古斯塔夫·拉德布鲁赫也强调,想要获得灵魂的人,将会失去灵魂;而失去灵魂的人,却能帮助灵魂活下来。人们将会通过超脱物格,走向人格。[①]就创作而言,它是一项关乎社会福祉增进的团体工作,团体工作的目的不是零星出现的作品,不是图书馆里尘封的书籍,也不是埋没于土地中沉睡的雕像,而是文化,也就是不被分割开的全部,和所有文化作品都聚集在一起的生机勃勃的统一。但这种统一不存在于作品自身之中,而是存在于对统一进行提炼总结而产生的意识之中;它不存在于不能充分接受它的个体意识之中,而是存在于包含所有个体意识并连接隔代人的民族意识的总和之中。[②]文化的发展需要法律制度的保障与支撑,开拓多元化的著作权授权模式,扫清数字版权产业发展的法律制度障碍,才能将数字技术与文化传播深度融合,形成文化繁荣的新局面。

---

① [德]古斯塔夫·拉德布鲁赫:《法哲学》,王朴译,法律出版社2013年版,第63页。
② [德]古斯塔夫·拉德布鲁赫:《法哲学》,王朴译,法律出版社2013年版,第64页。

第五章
我国数字图书馆
利用作品的著作权限制的
现状检视与改良路径

信息知识的广泛传播和交流使人类思想的碰撞产生火花,使人类文明得到进步与发展,因此在对作品进行著作权保护的同时,也对权利设置限制。需要强调的是,尽管数字图书馆是一项旨在加强信息文化传播、增进社会福利的公益性事业,但是也不能肆无忌惮地使用他人作品而不顾及对作者著作权的保护。当公益性的社会服务与著作权私人创作发生碰撞时,解决问题的思路应是如何通过设置著作权权利限制取得公共利益与著作权人私益之间的平衡。我国的数字图书馆建设与科教兴国战略具有协调与共生的关系,构建面向数字图书馆利用作品的著作权限制制度不仅能为我国数字图书馆建设扫清著作权制度障碍,还能极大地推动科教兴国战略的贯彻与实施。

第一节 我国数字图书馆发展现状及相关著作权问题

数字图书馆俨然已经成为一种在世界范围内推广文化现代化和公共文化体系现代化发展之潮流的生动载体。一部分数字图书馆以传统实体图书馆的附属而存在,同时一些诸如 Google、超星这种没有实体图书馆的纯虚拟性数字图书馆逐渐发展壮大起来,数字图书馆已经在世界各国的出版产业中广泛存在。随着数字技术和信息网络技术的发展与普及,人们对知识以数字图书馆形式呈现和传播的需求越来越强烈。虽然目前而言,我国尚未直接对数字图书馆进行规定,但是相关的法律法规为数字图书馆的建设提供了一定的法制环境。并且,伴随着数字图书馆经营者的不断探索,也形成了许多成功的数字图书馆经营模式,或在现有著作权法体系下通过法律允许的方式获得授权,或创造性地运用合同法或者民法规定开创新的授权许可机制,以解决数字图书馆数字建设发展中的著作权问题。

一、我国数字图书馆发展概况及运营现状

就我国国内立法来看，随着法制建设的逐步健全，我国相继出台的一系列法律法规，为数字图书馆的建设提供了基本的法制环境。同时发生在网络提供商和作者之间的著作权纠纷为我国数字图书馆建设过程中的著作权司法实践提供了宝贵的经验，也暴露出了问题。

（一）我国数字图书馆发展概况

1. 国家实验型数字图书馆项目

1997年由国家计委批准，由我国六个图书馆联合推行的"中国实验型数字图书馆项目（CPDLP）"是我国数字图书馆建设的开端。[①]这一项目的主要内容为，一方面研究规范化的数字图书馆相关技术，另一方面建设规范化的数据库。

2. 国家数字图书馆工程

1998年下旬，由文化部，中国国家图书馆、中国科学院、北京大学等多家机构、大学共同成立了中国数字图书馆工程筹备组。2000年4月，中国数字图书馆工程正式启动，并被列入国家"863计划"。2003年1月，国家数字图书馆二期工程暨国家数字图书馆工程成为"十五"规划的重点文化设施建设项目。国家数字图书馆工程的建设目标是，促进数字资源开发建设，实现个性化定制服务，构建一流的信息资源环境。[②]经过十多年的努力，我国国家数字图书馆工程极大地融入了人们的社会生活，为广大群众提供了专业化与个性化结合的服务，为我国的民族文化建设起到了保驾护航的作用。

2011年中央财政投入1.73亿元投入33家省馆和185家市馆的建设中，2013年中央财政投入1.7205亿元，用于剩余的240家市级馆的硬件平台搭建。虚拟网初步实现了互联互通，包括中国国家图书馆在内的60家图书馆完成了虚拟网连接；各地硬件基础条件大幅提升，全国共计24家省馆、86家市馆硬件设备已达到推广工程配置标准；系统平台部署有序进行，统一用户认证、唯一标识符、政府公开信息整合服务平台等系统平台已在全国20多个省、市部署安装。

[①] 徐文伯：《建设中国数字图书馆工程，开创中华文化光辉的未来》，《中国图书馆学报》1999年第5期。
[②] 参见中国国家图书馆《国家数字图书馆工程》中国国家数字图书馆官方网站，http://www.nlc.cn/newstgc/。

推广工程结合地方实际需求,借助数字图书馆虚拟网和镜像等方式为辽宁、吉林、黑龙江、浙江等 12 个省、市共享了总量超过 880TB 的优秀数字资源;启动了资源登记工作,收到了总量达 9 万余条的自建资源数据,为全国资源的统一揭示和整合奠定了基础(详见图 5-1)。①

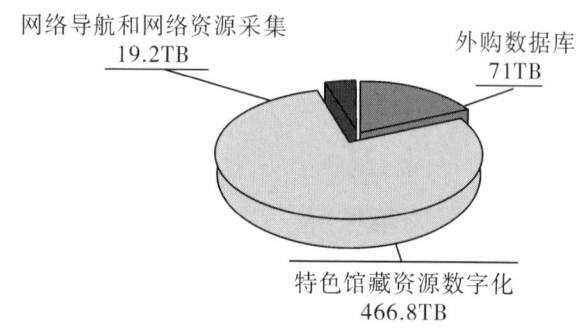

图 5-1　国家数字图书馆数字资源建设总量分布图②

3. 各省市数字图书馆建设

数字图书馆推广工程是国家重点文化惠民工程,对于构建覆盖全社会的公共文化服务体系、建设社会主义文化强国意义重大。随着数字图书馆工程的推广,各省市也积极建设了自己的数字图书馆。以湖北省为例,湖北省数字图书馆的数字资源覆盖了电子图书类、电子期刊类、外文数据库、影音数据库、工具索引类、古籍数据库和专题数据库等多种类别的数字资源,向用户提供网上在线咨询、远程访问、在线浏览、线上学习等多种服务。③在湖北省数字图书馆的建设引领和工作指导下,武汉市、十堰市、黄冈市、宜昌市、黄石市、荆州市的数字图书馆建设工作已陆续展开,其中武汉市、宜昌市、黄石市、十堰市、黄冈市等市的数字图书馆的硬件设备已配置完成。其他市级图书馆也在积极投入数字图书馆推广工程的建设之中。随着数字图书馆推广工程在湖北省的发展,省内各市、州级数字图书馆的硬件平台都将逐一搭建完成,并实现虚拟网互联,构建起覆盖省、市、县的虚拟网体系,实现各应用系统平台的建设互通,大大提高各级数字图书馆的信息资源建设、保存和服务能力,从而为广大人民提供方便快捷的现代化数字图书馆服务,促进省内文化事业的发展与繁荣,逐步走上富有

---

① 《2014—2022 年中国数字图书馆市场现状调研分析及发展趋势报告》,中国产业调研网。
② 《数字图书馆推广工程——国家数字图书馆资源建设概况》。http://www.ndlib.cn/szzyjs2012/201201/t20120113_57990.htm。
③ 参见湖北省图书馆,湖北数字图书馆官方网站:http://portal.library.hb.cn。

生机的文化强省之路。①

4. 高校数字图书馆建设

我国各类高校均建立了自己的数字图书馆，代表性的数字图书馆有北京大学数字图书馆和清华大学数字图书馆等。例如北京大学图书馆十分重视数字图书馆技术的研究与开发，通过成立北京大学数字图书馆研究所，将相关数字图书馆模式、技术模型、标准数据等，规模化地运用到百年来几代图书馆人辛勤努力所形成的珍品荟萃馆藏中，极大地推动了北京大学数字图书馆的开发建设。北京大学图书馆还努力为全国高校图书馆服务，积极参与图书馆资源共建共享，并逐步加快国际化的步伐。②

5. 各企业开发的数字图书馆系统

越来越多的企业加入到了数字图书馆建设的大军之中，成为了数字文献资源建设的重要力量。我国具有代表性的企业数字图书馆有国家知识基础设施工程（National Knowledge Infrastructure，简称 CNKI 或中国知网）、超星发现系统、维普期刊资源整合服务平台、万方数据库等。这些企业，有的侧重对文字数字化的加工；有的注重于对数字信息的内容提供，例如制作市场上需求较旺盛的各类数字资源产品、电子期刊和电子书等；有的侧重于数字图书馆相关软件和技术的研究；有的将数字内容开发与数字化技术软件研究相结合，构建具有自主特色的数字产品和数字化阅读平台。

经过十几年的开发和研究，我国一大批数字图书馆项目如雨后春笋般出现，并以势如破竹的态势不断发展和建成。我国数字图书馆的建设为我国精神文明建设和文化知识传播发展做出了无法比拟的巨大贡献。在未来，我国仍应继续加强数字图书馆建设，解决建设工程的法律问题，加强社会各界的协同合作，不断创新发展国际一流的数字资源传播环境。

（二）我国现有数字图书馆运营模式及其局限性

1. 超星数字图书馆模式

北京超星公司联合广东省立中山图书馆等单位合作建设数字图书馆，创造性地推出了解决数字图书馆著作权问题的方案。这是一个令人振奋，也是一个

---

① 《湖北省数字图书馆推广工程建设稳步推进》。http://portal.library.hb.cn/wps/portal/Home/Library/LibraryDetail。
② 参见北京大学图书馆官方网站：http://lib.pku.edu.cn/portal/cn/bggk/bgjs/lishiyange。

极具操作性的方案,该方案受到了作者、出版社、图书馆和广大读者的认可和接受。该方案的主要特点为:第一,大规模地征集作者授权,根据作品下载量给作者支付报酬,尊重并保证了作者的权利;第二,与出版商签订协议,通过网络渠道销售电子版新书,扩大了出版商的经营渠道和销售范围,出版商可因此获得相应的利润回报;第三,超星数字图书馆与各地图书馆展开合作,为读者提供大量经过授权的电子图书,同时带来巨大的社会效益;第四,读者可以用最便捷的方式、最快的速度和最低的成本获得图书馆提供的服务。超星数字图书馆在其官方网站公布了三种解决版权问题的具体方案供作者选择,具体包括有:第一,以作品授权换取十年期的读书卡;第二,根据数字作品的下载量付费给作者(读书卡定价×销售量×15% = 著作权利益分配基底);第三,作者单独定价,读书卡会员单独付费。同时,超星公司采用了一系列技术手段来保护数字作品的知识产权,例如:限制下载、打印和传播、添加版权标识、设置阅读和数字作品寿命、技术追踪,并且开发了具有自主知识产权的超星阅读器。[1]

经过十多年的努力,超星数字图书馆已经获得了 35 万作者的签约授权。[2]郑成思对超星模式表示完全赞成并大力支持。超星模式实际上就是一种对知识产权的尊重,也是民众对我国知识产权法律制度在认识上的一种提高。这对我国的作者,乃至整个文化事业的发展来说,都是一个福音。中国科学院张涝院士也表示,我国幅员辽阔,人口数量大,如果完全靠传统印刷方式传播文献资料十分不利于知识的传递,而网络传播可以极大地增进知识传播的效率。对知识最大的尊重就是使知识的效用发挥到最大,就是传播知识,书的价值也应当通过传播来体现。而超星数字图书馆通过网络向广大人民群众传播知识和文化,这是实践"三个代表"重要思想的生动体现。[3]

2. 书生之家数字图书馆模式

书生之家数字图书馆集成音频、图书、信息、期刊等各种数字资源及数据库检索功能。书生之家通过与出版单位和作者签订协议获取授权,此外还倡导通过授权要约模式取得授权许可。2004 年北京出版社出版的《最后一根稻草》[4]被喻为第一只螃蟹,该书是中国首部使用授权要约这种全新著作权授权方式的图

---

[1] 《我国数字图书馆解决版权问题的实践与研究》,超星数字图书馆。http://old.chaoxing.com/zhuanti/15/moshaoqiang.htm。
[2] 《超星数字图书馆喜获 35 万作者签约授权》。http://old.chaoxing.com/copyright/index.html。
[3] 《专家观点》,超星数字图书馆。http://old.chaoxing.com/zhuanti/15/zj_zcs.htm。
[4] 《最后一根稻草:第一只螃蟹》,光明新闻。http://www.gmw.cn/01ds/2004-09/22/content_105978.htm。

书。该书在图书的扉页刊登了明确的数字版权使用声明,就授权访问、授权费用、支付方式和使用方式作出了明确的规定。中国版权协会和北京书生公司共同协作推动了这种全新数字版权授权模式,并建立和完善了一套标准的授权要约模式。通过这种模式,作者在图书馆中刊登著作权声明,权利人在自愿基础之上以要约方式规定授权的条件、方式、范围等,任何个人和机构组织接受作者提出的要约即可成立合同取得授权,并按照合同约定的方式使用作品。

3. 中国知网模式

中国知网的运作模式为,通过取得有关出版单位的授权,再通过后者刊登有关说明进一步取得著作权人的授权,并给予出版单位和著作权人相应的报酬。报酬支付的标准参照 1999 年 12 月 9 日发布的《制作数字化制品著作权使用费标准(试行)》的规定:以单位标准付酬,针对文字作品以千字为单位计算,每千字 3 元至 30 元;以版税付酬,所有作品按照数字化制品的"定价×制作数量×版税率"的方式付酬,版税率为 5%~12% 之间。[①]

4. 我国现有数字图书馆运营模式的局限性

经过多年的经营与建设,我国现有数字图书馆已经构建了各具特色的授权许可模式。超星数字图书馆模式建立在传统一对一许可授权的方式之上,要取得海量的许可需要大量的资金成本和时间成本。书生之家数字图书馆采取的则是授权要约模式,但是这种模式属于批量授权,建立在作者自愿的前提之下,需要作者和出版社的推动,不能因为数字图书馆的公益性性质而强制性实施。然而授权要约模式的最终受益者主要为作者和数字图书馆,如何让传统出版商获得利益是推动这一模式运作的关键;其次,要约条款不专业,规定较为模糊简单,容易产生纠纷,不具有效益性;再次,此种模式的保障机制不够完善,声明的形式涉及合同法和著作权法等相关内容,以及版权行业的行业规范、惯例和标准等,将这些规则统筹协调是一个复杂的问题,而许多著作权人不具备这样的掌控能力,遇到问题时如何寻求救济,如果运行这套机制都是要解决的问题。现行的著作权法对授权要约的规制存在缺失,不能有效地推动这种模式的实际操作,既影响了权利人的经济效益,也影响了社会系统运作的效率。中国知网模式倾向于创作共用模式,而这种模式的有效实施还需要得到法律支持,如果仅仅依靠格式合同很难实现创作共用和信息共享的理念。创作共用目前仅仅只是

---

① 参照《制作数字化制品著作权使用费标准(试行)》。

一种授权许可模式,还没有成为法律规则,如果没有法律规范的保障,这种模式也无法得到长久切实的运作。

我国现有数字图书馆运作模式在数字资源开发方面采取的是自愿政策,即授权许可方式,从根本上来看,更多的是一种策略选择,而非从法律制度层面解决问题。在资源获取过程中,除了高昂的许可费之外,还需要付出十分昂贵的间接成本,例如支付给资源收集建设小组员工的工资、各种开销经费等。并且当一部作品之上具有多重权利人时,取得授权许可的难度就更大,需要花费的财力、物力和人力也更加繁重。采取通过授权模式解决权利获取问题也是出于对法律缺失这一现实所迫的无奈选择,从实践来看,还需从法律制度革新中寻求对问题的根本解决。

二、我国数字图书馆建设法制环境及相关著作权问题

所谓数字图书馆,是指将数字技术和信息网络技术应用到图书馆建设中,对图书资料进行数字化处理,将传统纸质书籍转化为数字化形式的信息资源,然后上传至互联网络之中,通过信息网络信息传播供终端用户在网络上阅读和使用。[1]从数字图书馆的概念中可以得出,一般而言建设一个数字图书馆要经过两个步骤:首先对收集整理的信息资料进行数字化处理,然后将处理过的数字化信息资源通过信息网络传播给读者。这两个建设数字图书馆的步骤从本质上涉及著作权人的复制权和信息网络传播权。每一个步骤都会涉及复杂的利益关系——著作权人与数字图书馆之间的权利冲突以及著作权人私人利益与公共利益之间的矛盾。这种矛盾和冲突从表面上来看是著作权人和数字图书馆建设者之间的冲突,实际上是著作权人私益与社会公共利益之间的冲突。数字图书馆是著作权人和社会公众之间的枢纽,数字图书馆满足的是广大群众的精神文化需求,在某种程度上,数字图书馆代表了广大人民群众的公共利益,数字图书馆著作权问题实际上是著作权私人保护与社会公共利益维护之间的平衡问题,法律一方面既要保护著作权,又要满足公共利益之需求,另一方面既要防止著作权人权利滥用,又要防止公共利益泛滥。

---

[1] 丁旭芳:《论数字图书馆著作权问题的解决》,《图书馆建设》2005年第6期。

(一)数字图书馆数字资源建设中的著作权问题

数字图书馆建设的首要工作是对信息资源进行数字化加工处理形成数字信息资源库,数字图书馆从本质上来看就是一个大型的数据库。作品的数字化是用数字技术将文字、图片、声音及影像转化为数字代码储存进计算机系统的操作,在此过程中若仅仅只是简单的形式转换,则不存在数字化加工者的独创性创作因素。数字化作品与传统作品的区别仅在于作品的承载方式和传播方式的不同,而作品并没有发生实质性的变化。数字网络是一个主要用于以复制品形式传输信息的系统,数字环境的信息传输完全建立在复制基础上。[①]由此可以推出,作品的数字化处理从本质上属于复制,是著作权人的一项专有权利。《伯尔尼公约》第9条第1款就明确规定:"受本公约保护的文学艺术品的作者,享有批准以任何方式和采取任何形式复制这些作品的专有权。"[②]根据该条之规定,"以任何方式和采取任何形式"对原作品进行复制也包括数字化形式在内。《世界知识产权组织版权条约》和《世界知识产权组织表演和录音制品条约》将这一原则延伸至数字环境下的作品复制问题中。《世界知识产权组织版权条约》第1条第4款的议定声明指出:"《伯尔尼公约》第9条所规定的复制权及其所列举的例外限制情形,完全适用于数字环境中,尤其是以数字形式使用作品的情况。"由此可见,以数字形式存储作品、对作品进行数字化处理,构成《伯尔尼公约》第9条意义上的复制。所以在作品的数字化过程中,必然会涉及著作权保护的问题。

(二)数字图书馆用户服务中的著作权问题

数字图书馆建设的第二个步骤是将处理过的数字化信息资源通过信息网络传播给读者,即将已经经过数字化加工的作品信息资源上传至互联网上,使网络终端的用户和读者可以通过网络对作品进行阅读和使用。网络传播突破了物理空间、距离和时间的限制,使整个复制和传播过程可在瞬间完成,一旦作品输进网络,其传播速度和广度无法受控,并且难觅踪迹,因此网络侵权行为通常极难查证与追踪。在数字图书馆用户服务中所产生的著作权问题主要与信息网络传播权相关联。

---

① 吴汉东:《知识产权制度变革与发展研究》,经济科学出版社2013年版,第151期。
② 《伯尔尼公约》第9条。

数字图书馆建设者利用信息网络传播作品的行为本身等同于在网络上发表作品，发表权属于著作权人的专有权利，任何作品是否发布、以何种形式发表、什么时候发表，均属于著作权人的权利，任何人不得侵犯。擅自改变作品的读者的人数、作品被接触的时间与空间范围、发布方式等都会对著作权人的权益造成影响。在未经著作权人许可和同意的情况下擅自发表著作权人的作品，构成对著作权人发表权的侵犯。

作品的信息网络传播实质上是将传统形式作品转化为数字形式载体通过网络进行传播。对作品进行数字化处理改变的仅仅是作品的承载方式和传播方式，并未添加具有独创性的智力因素，并不具有实质性的创新因素，因此并不会改变作品的权属性质。换言之，经过数字化处理的作品的权属仍属于著作权人，信息网络传播权仍属于原作品著作权人的专有权项，而非对作品进行数字化处理的加工者。著作权人既可以是作者本人，也可以是著作权人的权利继受人，因此著作权所有人可以包括作者和作者受让著作权的出版机构。倘若数字图书馆要取得作品的授权许可，还需要取得所有著作权人的同意。

（三）我国数字图书馆建设相关立法概况

如果没有法律制度的支持，数字图书馆的建设将举步维艰，数字图书馆可适用的法律法规为数字图书馆提供了重要的制度支持。我国数字图书馆可适用的法律法规大体可以分为三类：著作权法律法规、网络行业管理与安全管理法规和图书馆法律法规（详见附录）。其中《中华人民共和国公共文化服务保障法》的根本立法目的在于维护社会公共利益，因此与数字图书馆的增进社会福利的公共利益使命相一致，二者都有利于促进我国公共文化服务体系建设、提高群众精神文化素养、增加群众对民族文化的自信心和自豪感、发扬和传承中华优秀传统文化。[①]《中华人民共和国公共图书馆法》的制定将有利于我国公共图书馆事业的发展，发挥公共图书馆以及配套数字图书馆的功能，为满足广大人民群众的精神文化需求和提高广大人民群众的科学文化素质起到巨大的促进作用，最终推动社会整体文明程度的提升。[②]以上两部法律的制定为我国数字图书馆完成其促进知识和文化传播、增进社会福利的公益性使命提供了重要且最为

---

① 《中华人民共和国公共文化服务保障法》，中国人大网 http://www.npc.gov.cn/npc/xinwen/2016-12/25/content_2004880.htm。
② 《公共图书馆法草案》首次提请全国人大常委会审议，中国人大网 http://www.npc.gov.cn/npc/lfzt/rlyw/2017-06/23/content_2024020.htm。

直接的法律依据。

然而，我国数字图书馆相关的法律法规存在内容重复冲突、内容缺失与手段缺失的问题。[①] 我国与数字图书馆相关的信息资源优化配置政策很大一部分为部门规章，这些规章的制定往往从部门的切身工作出发，因此忽略了与其他部门之间的相互协调，导致出台的规章数量繁多，有些内容交叉甚至重叠冲突。随着信息网络技术的发展，新的信息资源不断更迭出新，新的著作权问题也随之产生，但我国现有的网络信息资源配置政策却存在明显滞后，对于新出现的事物及权利关系没有作出及时规制和保护，导致政策法规上的缺失与空白。此外，我国目前制定的相关法规政策偏重于鼓励和倡导，对保障执行所必需的限制、禁止与反对规定缺乏具体的规制，极大地削弱了法律法规的约束力和效率。[②]

（四）我国数字图书馆的著作权司法实践

除了技术参与与资源配置以外，著作权法律制度也在数字图书馆的建设过程中发挥重要的作用，著作权保护问题成为能否推动数字图书馆市场化和规模化发展的一个至关重要的决定性因素。从著作权法立法价值取向来看，著作权的立法初衷在于通过赋予著作权人一定的专有权和垄断性权利来鼓励其创作，以此达至增进文化繁荣的目的，并最终实现知识信息的社会传播与开发利用。数字图书馆是新技术时代下促进知识资源优化整合发展的产物，数字图书馆作为一种全新的知识整合与传播方式，其宗旨是将先进的数字技术、计算机技术和信息网络技术融入并渗透到知识信息传播与普及的过程中。由此可见，著作权立法宗旨与数字图书馆的建设目标是统一的，即增进知识的广泛传播与高效利用。然而，在数字图书馆的建设实践中却不尽如人意，著作权法中数字图书馆的合理使用空间受到了挤压与限缩，导致在信息利用方面著作权人私益与社会公共利益之间的矛盾凸显，在数字图书馆利用作品的建设与运营过程中的著作权纠纷问题日益尖锐。甚至学界有部分观点认为，著作权问题作为数字图书馆建设的瓶颈问题，已经超越技术等成为关乎其发展成败的最关键因素。[③]

在数字图书馆建设方面，我国的相关立法相较于司法审判实践稍显滞后。就已经审理的案件来看，结果大多倾向于强化著作权保护，而不利于数字图书馆

---

① 《图书情报工作》杂志社编：《网络环境下信息资源管理与利用》，海洋出版社2011年版，第41—42页。
② 卢泰宏、沙勇忠：《信息资源管理》，兰州大学出版社1998年版，第388—389页。
③ 王小会：《数字图书馆与版权保护》，国家图书馆出版社2008年版，第25页。

建设。大部分的判决都认为数字图书馆未经著作权人授权许可而将其作品放置于网络进行传播或在网页中使用其作品的行为属于侵犯著作权人信息网络传播权的侵权行为,判决结果充分体现了现行著作权法律制度与数字图书馆建设之间的不协调性。尤其近年来,我国司法实践中有关数字图书馆利用作品的著作权纠纷频发。例如:2002年4月,著名学者、教授陈兴良以基于其著作之上的信息网络传播权被侵犯为由将中国数字图书馆有限公司告上法院;2003年3月初,著名学者郑成思以未经授权使用其作品侵权了其著作权为由,将北京书生数字技术有限公司诉至法院;2007年8月,我国400名学者以未经作者许可对作品进行数字化利用构成著作权侵权为由将超星公司诉诸法院;同年12月,七位作家以数字化侵权为由将北京书生公司一纸状文诉至法院;2009年12月,女作家棉棉起诉Google未经其同意将其作品《盐酸情人》放在网上,侵犯了其著作权;2011年出版界人士集合知名作家联合发布《315中国作家讨百度书》,起诉百度侵犯其著作权等。从我国数字图书馆的著作权纠纷中可以看出,数字图书馆的开发建设受到了著作权法律制度的严格制约。

国内几家有影响力的包括书生公司、超星公司、维普公司等数字图书馆开发公司均相继卷入数字图书馆的侵权纠纷之中,这一系列案件警醒各公司,任何数字图书馆建设项目要想取得社会效益和经济收益,必须在著作权保护体系的框架内进行,否则必受诉累。数字图书馆建设如何解决著作权保护问题,如何在著作权人私益与社会公众利益之间取得平衡,再一次地引起了出版界、图书馆界和法学界的高度关注。

三、我国数字图书馆建设与科教兴国战略的协调与共生

实施科教兴国战略是党和国家做出的一项重大决策,是我国社会主义发展的基本国策。科教兴国战略的实施对我国的社会、经济、科技、文化、教育等方面的发展都具有重要的意义和深远的影响。21世纪是知识经济的时代,是信息技术的时代,数字图书馆将成为现代信息社会的数字资源数据中心,数字图书馆所具备的海量数字资源将带来一场信息领域的巨大变革,不仅使数字图书馆的事业发展上升到一个全新的高度,也将为我国科教兴国战略的实施助推一臂之力。

（一）科教兴国战略的实施为建设数字图书馆提供了动力与支持

科教兴国战略和数字图书馆发展之间具有相互的能动作用。科教兴国战略的实施为数字图书馆的建设与发展提供了有力的政策支持，同时，后者又将为广大人民群众的科研和教育提供必不可少的基础文化设施和文化传播渠道。数字技术和信息网络技术的运用为数字图书馆的建设提供了基本且必要的技术支撑，包容性的著作权法律制度将成为数字图书馆建设过程中的推进器。然而，现有著作权法不仅无法发挥数字技术在数字图书馆建设中的作用，还限制和阻碍了数字图书馆的建设进程，这仅不利于数字图书馆事业的发展，也与我国科教兴国基本国策的指导思想相背离。

1. 实施科教兴国战略是知识经济时代发展的必然选择

（1）科教兴国战略的提出与内涵

科教兴国战略建立在中国政府对冷战后期的国际形势变化作出深刻的分析之上。科教兴国战略的提出是对邓小平同志"科学技术是第一生产力"思想的全面落实。邓小平同志依据马克思主义的"科学技术是生产力"的论述，结合第二次世界大战之后科学技术迅猛发展的客观情况以及社会各个因素相互之间的作用，提出了"科学技术是第一生产力"的新论述。邓小平同志认为，科学和教育是四个现代化得以实现的基石，没有科学和教育的发展，四个现代化将只能成为一句不现实的口号，他强调："实现四个现代化，科学技术是关键，基础是教育。"自20世纪70年代后期至90年代中期，邓小平同志提出的关于科技发展的一系列论断，为我国科教兴国战略的形成奠定了坚实的理论与实践基础。在邓小平理论的指导下，中国共产党十二大、十三大、十四大均把科技与教育摆在了社会发展中十分重要的战略地位。1992年10月召开党的十四大，江泽民同志提出："必须把经济建设转移到依靠科技进步和提高劳动者素质的轨道上来。"在党的十四大报告中，首次将科技和教育优先发展的观点上升为全党共识，并以党的文件的形式确立下来。1995年，中共中央和国务院正式提出了实施科教兴国战略，强调科教兴国战略具有重要的地位和意义，并对这一战略的实施进行了具体的战略部署。[①]

中共中央、国务院于1995年发布的《关于加速科学技术进步的决定》明确

[①] 陈占安：《邓小平理论概论》，中央广播电视大学出版社2000年版，第151—152页。

界定了科教兴国的基本内涵:"科教兴国,是指全面落实科学技术是第一生产力的思想,坚持教育为本,把科技和教育摆在经济、社会发展的重要位置,增强国家的科技实力及向现实生产力转化的能力,提高全民族的科技文化素质,把经济建设转移到依靠科技进步和提高劳动者素质的轨道上来,加速实现国家的繁荣强盛。"[①]1996年,第八届全国人大第四次会议表决通过了《关于国民经济和社会发展"九五"计划和2010年远景目标纲要》,至此,科教兴国战略成为了我国的一项基本国策。2006年由国务院发布的《国家中长期科学和技术发展规划纲要(2006—2020年)》和2010年由中共中央、国务院印发的《国家中长期教育改革和发展纲要(2010—2020年)》成为我国新时期科教兴国战略实施的纲领性文件。

(2)科教兴国战略的实施为现代科技革命提供不竭动力

英国是工业革命的发源地,秉持善于发明创造的科学传统,英国成为19世纪世界上的工业强国,但是到19世纪末期,囿于科学和技术的不平衡发展以及工业竞争能力的衰弱,英国的旧日风光不再。德国具有悠久的科学传统和坚厚的技术基础,德国人向来崇尚理性,在重视理论基础的时,也兼顾对实践科研的开拓,德国的工业化进程充分证明了"科技是第一生产力"。直到现在,德国技术一直是世界范围中优质的代名词。200多年来,美国坚持科技强国、教育兴国的发展方针,实现了独立、建国和工业化的进程,成为世界上在经济、军事和科技等领域的头号强国。日本从明治维新以来,一直强调科学技术在国家发展中的重要作用,并在二战之后确立了"科技立国"和"教育立国"的治国方针,不断引进先进技术、培养人才,日本百年来的发展历史正是科学技术发展为第一生产力的真切体现。[②]从上文英国、美国、德国和日本的发展历程中,我们可以深刻地体会到,只有重视科技和教育的发展,才能带来生产力的发展,科技和教育为社会的发展提供了源源不断的动力。因此,实施以科技和教育发展为核心思想的科教兴国战略,是我国社会主义事业发展的必然选择。

在知识经济时代,科技革命是知识经济社会发展的第一生产力,继续贯彻实施科教兴国战略才能保障社会的进步与发展。在知识经济时代,科技革命是第一生产力,科学技术在社会经济发展中起着核心作用。邓小平的"科学技术是第

---

① 中共中央、国务院:《关于加速科学技术进步的决定》,中华人民共和国科学技术部。http://www.most.gov.cn/ztzl/jqzzcx/zzcxcxzzo/zzcxcxzz/zzcxgncxzz/200512/t20051230_27321.htm。
② 张屹山:《知识经济与科教兴国》,社会科学文献出版社2000年版,第25—33页。

一生产力"的理论认为，科技是凌驾于传统社会生产力之上的一种高效益的生产力，科技是中国的富国之本。科技是现代经济社会发展的第一要素，掌握先进科学技术的人才是社会发展的关键，因此，教育是社会经济发展的根本基础。在知识经济时代，科技是第一生产力，一个国家所拥有和掌握的知识创新和技术创新能力是一个国家综合国力的象征因素之一。创新的主体是人才，教育是培养科技人才的朝阳产业，我们不仅要加强科技这一独立生产要素的持续能动作用，还要提高人才这一科技活跃要素的影响。因此，继续坚定不移地贯彻实行以科技教育为核心的科教兴国战略，是中国求强图存、走向四个现代化的必然选择。

2. 科教兴国战略的实施为数字图书馆建设给予政策支持

数字图书馆建设方针的制定离不开国家文化教育政策的支持，一方面国家的文化教育政策为数字图书馆的建设提供政策支持，另一方面，数字图书馆的建设是国家文化政策最真实、最有力和最具体化的体现。

（1）数字图书馆建设需以科教兴国战略为依据

制定和探究数字图书馆的建设发展方针，应结合时代特点、国际形势、国家政策、经济目标、社会需求、发展现状和规律等因素。数字图书馆的建设方针和发展战略的定制，不是单纯依靠图书馆这一独立主体而决定，由于数字图书馆是一个跨领域、跨学科、跨行业的复杂系统，因此也不能局限于图书馆本领域之内，而应具有高瞻远瞩的长远眼光，与时俱进，抓住机遇，创新发展。

数字图书馆的建设方针与发展战略的制度必须符合国家科教兴国的总任务，要以国家科教兴国的基本国策为指导，服务于国家的文化教育的总目标，把满足社会信息文献的需求、促进社会数字化信息资源的传播、增进社会文化财富、加强社会精神文明建设作为根本出发点。

"十三五"期间的经济、政治和文化发展目标均是数字图书馆建设和开发战略的制定所要服务的目标和重要的依据。应结合数字图书馆自身的特性，制定科学的、具有效率的、切实可行的数字图书馆发展战略。当数字图书馆的建设与国家的经济、政治和文化等各方面与国家命运休戚相关的因素相结合时，数字图书馆事业的发展必定能获得强大的动力和政策支持，反之，如果它脱离了社会发展的实际，与社会前进的方向无法契合，那么也就难以得到相关的政策支持和依据，最终无法得以实现。

（2）数字图书馆建设是科教兴国战略的具体体现

为促进全社会的发展，实现社会现代化建设的伟大蓝图，应坚定不移地从上至下地贯彻落实科教兴国战略。在上，紧紧围绕科教兴国战略制定具体政策，进行规划部署；在下，将科教兴国相关政策和战略部署贯彻落实，将其融入民众的实际生产和生活中，将政策变为民众看得见摸得着的真正的社会福利。数字图书馆的建设便是科教兴国战略相关政策部署得以落实的体现。

数字图书馆的建设是邓小平同志的"大力发展信息资源，服务四个现代化建设"之指示的具体表现，是钱学森同志的"人类精神财富人人得以共享"之理论[1]的生动阐述，是培根的"知识应该像蜡烛一样照亮无数人"之理念的真实写照。建设数字图书馆应首先制定科学的发展方针，以科学的规划作为数字图书馆事业的制度，以自身的科技进步和技术能力作为硬件支撑推进发展，最终致力于服务四个现代化建设、深刻贯彻科教兴国战略实施、促进社会经济、教育、政治和文化等多方面深度发展。

中共中央自1995年正式提出科教兴国战略以来，逐渐将发展工作的重点从以经济建设为中心转移到深化体制改革的方向，数字图书馆的建设也需要以科教兴国战略作为有力支持，才能站得住脚，并且在建设过程中获得各方的助力与协作。数字图书馆之促进文化传播、增进社会福利的天然使命与科教兴国战略的发展目标具有协调统一性，一方面科教兴国战略为我国的经济发展产生了深远的影响，为我国数字图书馆的建设提供了必需的人才储备和政策支持，另一方面，数字图书馆的建设为科教兴国战略的长期实施提供了硬件设施基础，为民众的科技教育提供了客观的物质条件。[2]数字图书馆的开发和建设能够回应科教兴国战略实施的要求，即加速科技进步、提高民众文化素质，从而作用于经济建设之中，将精神财富转化为生产力，促进经济的新一轮深度持久发展。

（二）构建数字图书馆利用作品的著作权限制有利于科教兴国基本国策的实施

在知识经济时代，知识是生产的要素，而掌握知识的人才才是知识得以运用并被投入生产实践中的关键，因此加强对知识人才的教育是发展知识经济时代

---

[1] 钱学森：《情报资料、图书、文献和档案工作现代化及其影响》，《科技情报工作》1979年第7期。
[2] 吴汉东：《科学发展与知识产权战略研究》，北京大学出版社2012年版，第67—70页。

生产力的重要环节之一。未来各个国家能否持续长久地发展取决于各个国家的教育发展水平，也就是长期供给优秀人才、为生产力发展输入新鲜血液的能力。要促进国家的稳健发展，应坚定不移地长期实施科教兴国战略，大力发展教育产业，推动全民文化素质的提升。建设数字图书馆正是为这一目标的实现添加了动力、提供了保障。

1. 构建数字图书馆利用作品的著作权限制有利于促进教育现代化的进程

中华人民共和国教育部于 2012 年 3 月 13 日发布《教育信息化十年发展规划（2011—2020 年）》强调："以教育信息化带动教育现代化，是我国教育事业发展的战略选择。"[①] 规划进一步指出，在未来我国要建设城乡各级学校教育的信息化体系，促进教育信息资源的普及与共享，推动信息网络技术与教育、教学的深度融合，从而提高教学质量、促进教育公平，实现构建学习型社会和科教强国的战略目标。教育部又于 2016 年 6 月 24 日发布了《教育信息化"十三五"规划》，提出到 2020 年，基本建成"人人皆学、处处能学、时时可学"、与国家教育现代化发展目标相适应的教育信息化体系；基本实现教育信息化对学生全面发展的促进作用、对深化教育领域综合改革的支撑作用和对教育创新发展、均衡发展、优质发展的提升作用；基本形成具有国际先进水平、信息技术与教育融合创新发展的中国特色教育信息化发展路子。[②] 在"十二五"期间，我国的教育信息化环境已经大幅改善，但是我国在推进教育信息化方面仍然存在很多的问题，信息化区域发展水平存在很大的差异。未来在"十三五"规划期间，我国应继续大力推广"网络学习空间人人通"，使信息网络学习普及化，大力发展数字图书馆，使人人皆学、处处能学、时时可学成为现实，形成支撑学习型社会相适应的信息化服务体系。

（1）建设数字图书馆有利于增进以中文为主的信息资源的建设

数字图书馆能汇集并建立以中文信息为中心的各种信息资源库。目前，汉语在网络信息资源中遭遇了空前危机，互联网中以中文为主的信息资源十分匮乏，无法发挥中华文化在互联网上的文化优势，不利于中华文化在世界范围内的普及与传播。大力发展建设我国的数字图书馆工程，既可以抵御外来文化的侵蚀，还可以有效地宣传推广汉语言文化，这也是我国在文化教育方面的一项

---

① 教育信息化十年发展规划（2011—2020 年）。https://baike.baidu.com/item/教育信息化十年发展规划（2011—2020 年）/15188473?fr=aladdin。
② 《教育信息化"十三五"规划》发布。http://www.jyb.cn/china/gnxw/201606/t20160624_663313.html。

义不容辞的责任。互联网是一个可以跨越物理空间和地域边界的开放的全球文化信息资源平台，它加速了全世界各种文化的交融与学习，在一定程度上也成为文化强国对他国进行文化渗透的工具。以韩国为例，20世纪末到21世纪初，韩国政府大力推动文化产业发展的政策措施，确立了"文化立国"的发展战略并主攻海外。囿于国内市场的狭窄，韩国十分注重文化产业的海外市场，由于对文化产业的广泛理解和多行业发展布局，[①]韩国文化产业的发展和"韩流"文化的出口传播极大地拉动了韩国经济增长，增强了韩国的国家软实力。目前，韩国的文化产业已逐渐成为继金融业和房地产业之后又一拉动经济的支柱性服务产业。[②]

谁能够掌握并拥有丰富的信息资源和发达的信息网络，谁就能够在推广本国文化和世界传媒方面处于强势地位。据有关机构统计，目前，西方国家垄断着世界信息发布总量的80%，美国控制着世界3000个大型数据库的70%、世界访问最多的100个网站的94%、世界电视节目制作的75%。目前互联网上90%的信息是英文信息，中文信息仅占1%。西方国家占据着信息时代文化传播的制高点，向发展中国家倾销带有其政治模式、价值观念和生活方式的各类信息。网络时代的信息霸权和强势文化的冲击使文化交流失去了平等交互性，变成了单向渗透，潜移默化地影响着受众的感受和价值判断。[③]

数字图书馆能够利用现代的网络信息传播技术将中文信息资源在互联网上汇集形成大规模、高质量的中文为主的信息资源库，并通过网络传播向全球输出中文信息资源。20世纪80年代以来，我国就已经开始了中文数字信息资源库的建设，数字图书馆的蓬勃发展为用户提供了便捷的服务和丰富的中文信息资源。国家图书馆从2000年起开始投入数字化馆藏资源的开发，并不断地输出和发布数字化资源，数字化资源的建设总量已经从2007年的200TB发展为2010年的561.3TB（详见图5-2），数字资源发布总量从2007年的14.774TB发展为2010年的387.6TB，总量增长了27倍（详见图5-3）。[④]

在国家层面，我国还开发了中国高等教育文献保障系统（China Academic Library & Information System，简称CALIS），CALIS项目自1998年开始启动以

---

① 涉及领域包括影视、音乐、游戏、动漫、演出、广告、出版、卡通形象、创意设计、传统食品、传统工艺品、传统服饰等，还包括多媒体软件、网络和手机信息服务等高附加值和高增长潜力的行业。
② 韩国文化产业政策解读。http://www.sohu.com/a/35569049_216231。
③ 《信息资源开发和共享是当务之急》，中华人民共和国中央人民政府官方网站 http://www.gov.cn/zwhd/2005-11/16/content_99866.htm。
④ 《数字图书馆推广工程——国家数字图书馆资源建设概况》。http://www.ndlib.cn/szzyjs2012/201201/t20120113_57990.htm。

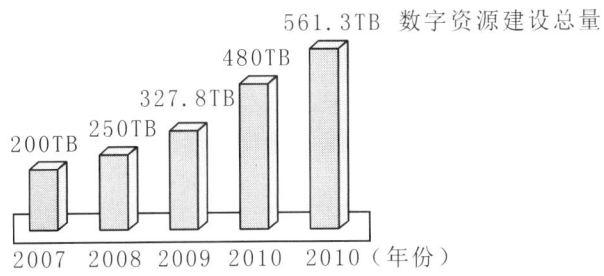

图 5-2　国家数字图书馆数字资源建设情况

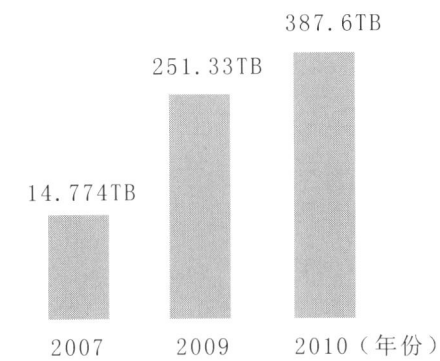

图 5-3　国家数字图书馆数字资源发布概况

来,开发了一系列具特色的数字图书馆系统,形成了完整的 CALIS 文献信息服务网络。此外,我国还建有大量的高校数字图书馆、区域数字图书馆和商业数字图书馆,极大地促进了我国以中文为主的信息资源的网络规模建设,提高了中文在对外文化交流中的作用,以及中文信息资源在国际科研中的影响力。

（2）建设数字图书馆有利于推动全民阅读,加强国民素质

党的十八大以来,以习近平同志为核心的党中央高度重视全民阅读在提升国民素质、建设社会主义精神文明中的重要性。2012 年 11 月,党的十八大报告中正式提出了开展全民阅读活动。在 2014 年至 2016 年期间,李克强总理的政府工作报告中连续三年提到"倡导全民阅读"。在 2017 年的政府工作报告中,"全民阅读"这一短语出现了 4 次,报告强调要大力推动全民阅读。从近年来的政府工作报告和党的报告中可以看出,对"全民阅读"使用的词语由"开展"变为"倡导",在今年上升为"大力推动",从字面上的用词可以看出政府的政策导向,党和政府进一步重申全民阅读的重要性,将全民阅读的推动力度进一步加强。数字图书馆的建设正是顺应了这一政策的实现,建设数字图书馆、开发文化

作品的数字化信息资源，将为推动全民阅读提供必不可少的客观条件，极大地推动全民阅读的普及和落实的进程。

从国家层面来看，建设数字图书馆，大力推进全民阅读可以促进国家创新能力的提升，助力国家迈向质量时代。说到质量时代，首先想到的是产品质量，这象征着一国商业发展的文明程度，当谈到产品质量时，总是会说到发展民族企业，因为这代表着企业在国际竞争中的民族尊严。产品的质量在另一方面正是企业文化、民族信念和国民素质的象征，一个缺乏文化素养的国家也不会生产出质量过硬的产品。在国民素质的提升中，教育起到关键作用，保持终身学习和终身阅读则是提升国民素质最便捷也是最有具有效率的方式，阅读不仅可以提升国民的文化素养、还可以磨炼国民的精神气魄、锻造国民的意志品格。

2016年12月由国家新闻出版广电总局发布的《全民阅读"十三五"时期发展规划》标志着我国首个国家层面的全面阅读规划的启动，至此中国迈向了全民阅读的新时代。在2017年的全国"两会"政府工作报告中提出了"推动中国经济发展进入质量时代"，代表我国的经济发展进入了从追求数量和规模的时代向追求质量的时代转变，我国的经济发展由粗放型发展模式向精细型的高精尖技术发展，信息技术驱动城市发展，新型智慧城市引领数字经济转型。读书在创新型国家建设中发挥着重要的驱动作用。从历史上来看，热爱读书的民族都具有非凡的创造力、不屈不挠的民族精神和厚重的文化底蕴，热爱阅读、重视知识的民族必定是强大的民族。根据《2015年全球数字阅读报告》显示，世界范围内读书最多的是犹太民族，人均每年阅读64本书，其次是俄罗斯，人均每年55本书，而中国人均每年只读4.56本书，印度人每人每周阅读10.7小时，时间最长，读书最多的国家是俄罗斯。从各国的数字阅读收入占比来看，保守的英国站在了数字化浪潮的前端，电子化阅读率全球领先，占比33.3%，美国第二，占比21%，其次是日本，占比16%，而中国仅仅占比3.1%（详见图5-4）。而经济发展落后的非洲，女性在移动设备上阅读的时间每月仅有27分钟，男性稍微多一点，每月也只有33分钟。以犹太民族为例，正是这种持之以恒的阅读习惯和学习精神，锻造其成为充满智慧和开拓精神的民族。自诺贝尔奖设立以来，数据截至2011年，诺贝尔奖得主犹太人占23%左右。由世界知识产权组织、康奈尔大学和英士国际商学院联合发布的《2016全球创新指数报告》中，排名前十的国家分别是瑞士、瑞典、英国、美国、芬兰、新加坡、爱尔兰、丹麦、荷兰和德国。其中欧洲国家占到8席，瑞士更是连续6年排名创新指数世界第一，这与欧洲人具有阅读思考的习惯和传统有一定的关系，国民阅读指数与国家的创新指数之间是正相关的关系，国民阅读率越高，国民的文化素养就越高，国家的创新能力就越强。

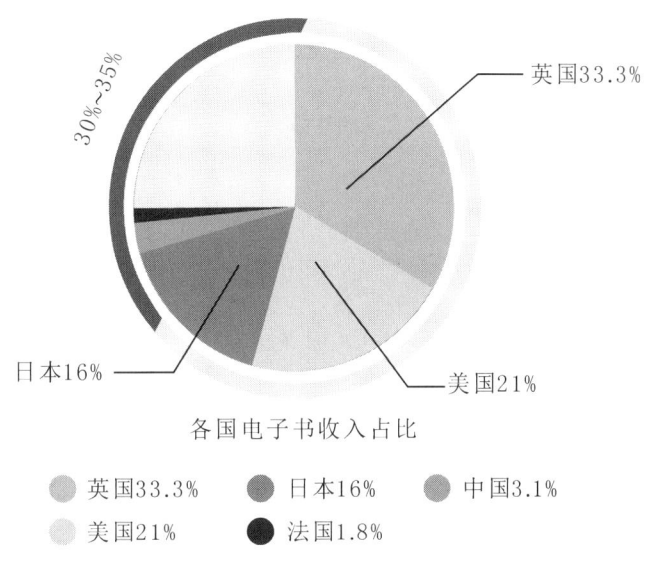

图 5-4　世界范围内各国电子阅读收入占比情况

从城市发展层面来看，热爱阅读的城市更加具有竞争力，建设数字图书馆、大力发展全民阅读可以极大地促进城市的竞争力，并保持城市的热情与活力。在由中国社会科学院发布的《中国城市竞争力报告 2016》中显示，在综合经济竞争力指数前十强的城市中，深圳排名第一。① 在联合国开发计划署发布的《2016 年中国城市可持续发展报告》中显示，深圳的可持续发展指标排名第 4（详见表 5-1）。② 在 2017 年 4 月出版的英国《经济学人》（The Economist）杂志中题为《深圳已成为创新温室》的报道中指出，今天的深圳，正在吸引着全球具有冒险和创新精神的各类企业家，发明和创新，正在把整个珠江三角洲变为一个先进的制造业的聚集地，大量的跨国公司都在密切关注着深圳的最新动态和发展趋势。在 2016 年的中国城市的国际专利贡献总量中，深圳傲视群雄排在了第一位，深圳已然成为新时代培育创新的温床（详见图 5-5），这与深圳持续了 18 年之久的深圳读书月活动不无关系。正是因为意识到热爱阅读的城市更具有竞争力，文化是一个城市发展的核心力之所在，2000 年开始，深圳市委、市政

---

① 《中国城市竞争力报告 2016》。http://ex.cssn.cn/ts/ts_scfy/201605/t20160531_3039354.shtml。
② 联合国开发计划署：《2016 年中国城市可持续发展报告：衡量生态投入与人类发展》。

府就开始组织每年 11 月份的深圳读书月活动,并于 2003 年确立了"文化立市"的发展战略,[①] 持续的学习热情为深圳的经济发展注入了新的活力和坚固的根柢。

表 5-1 中国城市可持续发展指数排序

指标城市		人类发展指数				城市生态投入指数								
						资源消耗指数			污染排放指数					
		人均GDP（元/人）	人均预期寿命（年）	人均教育年限（年）	预期教育年限（年）	人均建成区面积（平方米/人）	人均消费标准煤（吨标准煤/人）	人均供水量（吨/人）	人均化学需氧量排放量（千克/人）	人均氨氮排放量（千克/人）	人均二氧化硫排放量（千克/人）	人均氮氧化物排放量（千克/人）	人均工业固体废弃物产生量（吨/人）	人均生活垃圾清运量（吨/人）
1	北京	28525	81.81	11.5	14.37	64.42	3.17	84.78	4.1	0.65	3.66	3.65	0.47	0.34
2	上海	27776	82.29	10.58	14.26	64.11	4.57	130.79	7.76	1.7	7.76	10.2	0.79	0.31
3	广州	36650	81.34	10.55	15.4	79.13	4.2	153.24	9.75	1.45	4.85	4	0.38	0.33
4	深圳	42646	79.7	10.7	13.6	82.57	6.08	152.27	10.02	1.63	0.52	1.41	0.1	0.5
5	杭州	29614	81.56	9.88	14.22	55.67	4.97	74.42	7.74	1.31	9.11	6.97	0.81	0.37
6	南京	30679	82.17	10.82	14.56	89.34	5.99	148.98	9.75	1.71	12.86	12.66	2.13	0.32
7	天津	30019	81.08	10.2	14.25	48.65	5.37	53.57	7.17	1.26	13.79	14.93	1.14	0.14
8	成都	19974	78.2	9.75	13.15	41.86	4.92	64.55	7.77	0.93	3.85	3.28	0.31	0.3
9	武汉	27956	80.27	10.9	13.9	53.49	7.19	126.46	9.43	1.27	8.79	8.28	1.36	0.25
10	青岛	27535	80.98	9.66	13.52	54.28	2.23	51.57	3.75	0.65	10.07	6.76	0.96	0.11
11	宁波	28059	81.24	8.91	14.36	39.56	5.36	64.15	5.56	1.34	15.36	20.82	1.53	0.41
12	厦门	24770	80.04	10.07	15.77	79	4.4.1	109.86	6.83	1.44	4.28	2.47	0.27	0.37
13	重庆	13650	77.78	7.89	13.25	41.15	2.57	37.73	8.89	1.3	17.61	7.96	1.03	0.21
14	大连	31362	81.41	9.92	14.02	56.87	3	56.31	10.76	1.55	15.91	13.94	0.81	0.17

---

① 《国务院参事王京生:"全民阅读"4 次写进本届政府工作报告有何深意》。http://www.gov.cn/xinwen/2017-04/20/content_5187652.htm。

续表

15	沈阳	24493	80.01	11.5	15.47	56.21	1.87	69.11	2.73	1.57	16.75	10.04	0.98	0.32
16	长沙	30718	76.24	10.21	14	45.96	5.86	76.03	8.79	1.15	3.1	1.99	0.15	0.25
17	西安	18198	75.73	9.52	12.97	51	3.09	58.78	9.47	1.39	10.71	5.04	0.29	0.36
18	郑州	20822	78.4	10.32	12.8	44.08	3.71	36.43	3.62	0.9	11.16	12.56	1.49	0.2

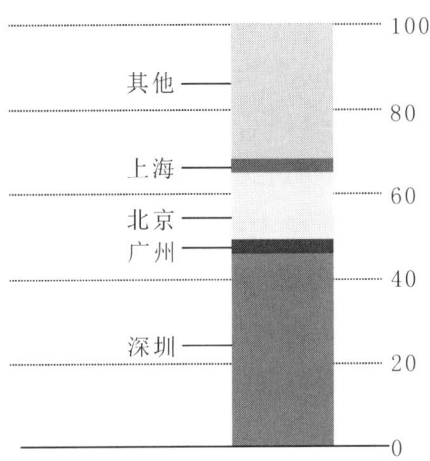

图 5-5　2016 年中国城市国际专利贡献指数分布图

从个人发展的层面来看，读书是个人可持续发展的推进器。建设数字图书馆可以为民众读书活动的开展提供便利，有效地保障公民的阅读权利，可以使民众通过读书这一最为基本的文化权利享受到文化所带来的无穷乐趣和精神财富。阅读可以不断地使人自我完善和丰富，人可以在书中找到强大的精神动力和生活激情，通过长期的阅读，人可以汲取丰富的知识和智慧。通过每一个人的精神面貌的变化，一个城市的精气神也会被细细地雕琢，从而发生潜移默化的改变，长久以往就会形成一个城市精神文明的质的飞跃，并作用于物质文明建设之中。

2. 构建数字图书馆利用作品的著作权限制有利于推动知识型产业的发展

（1）数字图书馆符合知识型产业的内涵与特征

何谓知识型产业，到目前世界范围内还未形成一个成熟的知识产业。知识型产业的概念最早出现在美国经济学家弗里茨·马克卢普于 1962 年发表的《美国的知识生产和分配》一书中，他认为，美国的知识产业包括教育、研究开发、传播业、信息设备和信息服务，他强调，知识和信息在经济的发展中发挥着重要作用。①伴随知识产品的逐渐丰富，知识的体现方式、体系结构和传播形式都发生了巨大的变化。知识产品的创造、生产和消费成为经济活动中的重要组成部分，带来了知识经济时代中知识和经济关系的深刻变化，这一方面使知识产品在质和量上发生了飞跃，另一方面引致了知识和经济的互动。

在知识经济时代，知识和知识产品成为经济发展的一股新鲜动力，并发挥着传统产品不可替代的作用，知识产业将成为最重要的支柱产业。在知识经济社会中最具有发展潜力和影响力的是高新技术产业，其中的"高"指的是高投入、高收益、高风险、高附加值、高人才配置和高速发展，"新"主要体现在技术的改进和创新方面。②2017年1月17日，工信部与发改委联合发布的《信息产业发展指南》指出，中国的信息产业收入将在"十三五"时期达到26.2万亿。③知识产业是高增长、高收益、高渗透的产业，知识产业高效益性在于其具有的低消耗和高产出的特征，信息化正在从新要素、新产业、新模式上推动中国新旧动能的转换。

数字图书馆是一个存在于虚拟空间之中，基于网络信息技术建设的超大规模、分布式、没有时间和空间限制、可无限扩张的知识网络系统，它能够将信息网络技术与图书馆业务相融合，实现不同载体之间的兼容，不同地理位置的信息资源通过网络被查询和传播。数字图书馆包含了传统图书馆的功能，还融入了新技术的特性，提供综合的信息服务功能，数字图书馆将成为未来的公共信息存储中心和传播枢纽。数字图书馆的主要优点在于：内存巨大且不占有物理空间、不易损坏，信息检索查阅方便，可以克服空间限制实现远程查阅和信息资源传递，同一信息可多人同时使用。文献的数字化极大地减少了书籍占用的物理空间，并且在维护费用上，数字图书馆的运营维护成本要远远低于传统图书馆，因为传统图书馆需要在人力和书籍以及图书馆的物理维护上花费一笔庞大的开销，数字图书馆则免去了这笔费用。但是在数字图书馆的建设和经营过程中，需要一批专业的技术人才和图书馆领域的人才不断地对数字图书馆进行维护和开发。这些充分体现了数字图书馆具有知识型产业的低消耗性、高收益性、高效率性、高附加值和高人才配置等特征。信息化、数字化、网络化将是未来图书馆的发展方向。

---

① [美]弗里茨·马克卢普：《美国的知识生产与分配》，中国人民大学出版社2007年版，第35页。
② 贾丽娟：《高新技术产业创新与发展战略研究》，中国经济出版社2010年版，第4—13页。
③ 工业和信息化部、国家发展改革委员会：《信息产业发展指南2017》。

(2)数字图书馆是知识经济时代的朝阳产业

伴随着全球信息技术革命的风潮,知识产业迅速崛起壮大。通常将文化教育、信息传播、智能智慧等专门对信息进行搜集、整理、分拣编排并为他人提供知识服务的知识产业称为智业。智业是知识经济时代最重要、最具有发展潜力和影响力的产业形式之一,数字图书馆作为一种全新的数字传播媒体,属于知识经济时代朝阳产业之智业的其中一种。

由中华人民共和国科技部高新司指导制定,并于 2005 年 12 月 26 日发布的《2005 中国数字媒体技术发展白皮书》阐述了我国数字媒体产业发展现状与未来趋势,确定了我国数字媒体内容和技术发展的重点领域,并以欧洲等国的成功经验给予我国启发,例如:欧盟为促进教育、文化和信息等领域的数字媒体内容和服务发展,于 1996 年提出了"信息 2000 计划(Project i2000)";爱尔兰政府于 2002 年制定《爱尔兰数字内容产业战略》;韩国文化观光部以将韩国发展成全球主要数字内容生产国,于 2001 年将数字内容产业定为国家策略发展的重点产业。[1]由此可见,数字媒体产业已成为全球范围内极具发展潜力和持久生命力的新兴产业,也是未来国际竞争和综合国力较量的重要力量。《白皮书》还对"数字媒体"这一概念作出了定义,指出数字媒体是建立在互联网基础上的内容作品的数字化呈现,并且通过构建配套的服务体系,将数字内容作品传输到最终用户的数字存储终端设备之中,数字媒体的传播也是一种数字作品的消费传播行为的展示过程。[2]《白皮书》中对"数字媒体"作出的全新定义强调了传播方式的改变,即由一对一实体传播转变为一对多的网络传播,因此光盘等具有物质载体的传播媒介在本质上属于传统的传播媒介,不具有数字化系统的性征,自然地被排除在了数字媒体的范畴在外。网络的运用是数字媒体传播方式的最显著特征,也是未来社会发展注重效率的必然选择,网络传输的高效性和便捷性符合了社会高速发展的特点,顺应了社会未来发展的趋势。

数字媒体传播主要运用数字媒体技术收集、存储、整合和传输信息资源,传播者与接受者之间的信息传播交流行为建立在数字代码的基础之上,完全摒弃了传统的物质实体传播的交流方式,采用了虚拟的非物质数字编码的传播方式,这种数字化的点对多传播方式具有交互性、整合性和不确定性等特点。[3]因

---

[1] 《2005 中国数字媒体技术发展白皮书发布》。http://www.arting365.com/news/others/2005-12-28/1135752900d113210.html。
[2] 《数字媒体技术白皮书发布——强调网络传播》http://tech.sina.com.cn/it/2005-12-26/1947802987.shtml。
[3] 杨亚萍:《数字媒体及其传播模式研究》,《甘肃科技》2009 年第 6 期。

此,从以上"数字媒体"的定义与特点来看,数字图书馆符合数字媒体的相关特性,具有数字传播媒体的法律属性,数字图书馆和其他诸如报纸、广播和电视一样,成为作品的传播媒体。

根据中国互联网络信息中心(CNNIC)于2017年8月4日在北京发布的第40次《中国互联网络发展状况统计报告》显示,截至2017年6月,我国网民规模已经达到7.51亿人,占了我国总人口的半数以上,互联网的普及率达到了54.3%,2016全年共计新增网民4299万人,增长率为6.2%,2017年上半年增长网民1992万人,中国网民人口总数相当于欧洲的整个人口总数(详细数据见图5-6)。①

图5-6 2017年中国网民规模和互联网普及率

根据世界互联网数据官方网站(Internet World Stats)显示,我国互联网普及率超过亚洲平均水平3.1个百分点,是欧洲普及率的3倍,是北美洲普及率的6.5倍(详细数据见图5-7和表5-2)。②

---

① 《第40次中国互联网络发展状况统计报告》,参见中国互联网络信息中心(CNNIC)官方网站。http://www.cnnic.net.cn/hlwfzyj/hlwxzbg/hlwtjbg/201701/t20170122_66437.htm。
② 数据来源于Internet World Stats。http://www.internetworldstats.com/stats.htm。

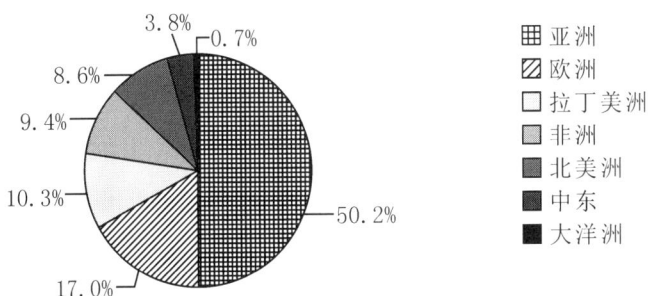

图 5-7　2017 年世界各大洲网络用户数据统计图

表 5-2　2017 年世界各大洲网络用户数据配比图

区　域	人口数量（2017年统计数据）	占世界人口百分比	截至2017年3月31日网络用户数量	2000—2017年增长百分比	占世界网络用户百分比
非洲	1246504865	16.6%	353121578	7722.1%	9.4%
亚洲	4148177672	55.2%	1874136654	1539.6%	50.2%
欧洲	822710362	10.9%	636971824	506.1%	17.0%
拉丁美洲	647604645	8.6%	385919382	2035.8%	10.3%
中东	250327574	3.3%	141931765	4220.9%	3.8%
北美洲	363224006	4.8%	320068243	196.1%	8.6%
大洋洲	40479846	0.5%	27549054	261.5%	0.7%
世界总量	7159028970	100.0%	3739698500	936.0%	100%

由以上数据可知，互联网作为大众媒体，无论是在用户规模还是使用习惯方面，无论是在我国还是全世界范围内，都称为当之无愧的传播主流媒体，占据了绝大部分的主流市场，成为传播媒介之首。数字图书馆作为新一代的信息资源传播媒介，将为我国智业的发展注入全新的动力。

建设数字图书馆将为科教兴国战略的实施提供强有力的文化基础硬件支持，将为全民文化素质的提升带来巨大的推动作用。我国的数字图书馆工程是一项多部门、多领域、多行业联合的高技术项目。数字图书馆的作用是巨大且广泛的：一方面，它不仅会从根本上改变我国信息资源的储存、传播、管理和开发利用的方式与手段，改善传统传播方式和利用方式的低效率性和低普及性，克服信息传播的传统物理空间和距离的困难，特别是对于文化发展较为落后、信息流通不畅和文化基础设施较为不发达的偏远地区，只要能够接通数字图书馆的网络链接，就能够享受到数字图书馆丰富的数字化馆藏资源，将丰富多彩的信息资源传播到全国各处,使全国人民分享技术进步带来的益处,做到真正意义上的非物质文化遗产资源的惠益共享;另一方面,数字图书馆的建设会带来相关产业的启动,尤其是信息产业、文化产业和版权产业的新发展,通过信息资源在各行各业广泛、有效地传播,从而带来各行业的可观的经济收益和社会效益。

现在正值我国经济转型和供给侧结构性调整的关键时期,应从经济发展模式、发展要素和路径进行调整,提高经济增长的质量和数量。《国家"十三五"规划纲要》中指出,"在现代互联网产业体系发展方面,实施'互联网+'行动计划,促进互联网深度广泛应用,带动生产模式和组织方式变革;在社会主义精神文明建设方面,要丰富文化产品和服务,推进文化事业和文化产业双轮驱动,实施重大文化工程,构建现代公共文化服务体系,加快发展现代文化产业,推进文化业态创新。以先进技术为支撑、内容建设为根本,推动传统媒体和新兴媒体在内容、渠道、平台、经营、管理等方面深度融合,建设'内容+平台+终端'的新型传播体系,打造一批新型主流媒体和传播载体"。[①]我国2017年的政府工作报告提出,要推动"互联网+"深入发展,促进数字经济加快成长,扩大在线教育等信息消费,让群众普遍受惠。[②]在这一背景下,建设与发展数字图书馆对我国经济结构转型和文化产业升级具有重要推动作用,然而建设数字图书馆信息资源的基本条件之一,是需要国家法律、法规及政策的支持。完善数字图书馆的著作权法律制度,对我国构建现代公共文化服务体系、推动文化产业变革具有重大现实意义。

第二节 我国数字图书馆利用作品的著作权限制的改良路径

现在正值我国《著作权法》第三次修订以及《中华人民共和国公共图书馆法》刚刚出台,无论今后的相关法律法规作何规定,数字图书馆建设的寻求效率

---

① 中共中央办公厅、国务院办公厅印发《国家"十三五"时期文化发展改革规划纲要》,载于中华人民共和国中央人民政府官方网站:http://www.gov.cn/zhengce/2017-05/07/content_5191604.htm。
② 《政府工作报告》(全文),载于中华人民共和国中央人民政府官方网站:http://www.gov.cn/premier/2017-03/16/content_5177940.htm。

与公平兼顾、维护利益平衡，都会是其中的应有之义。

一、完善信息资源共享语境下的数字图书馆合理使用制度

我国《著作权法》第二十二条第一款第（八）项为传统图书馆为实现其功能提供了合理使用之豁免[①]，《信息网络传播权保护条例》第七条专门针对数字图书馆设立了信息网络传播权的合理使用条款[②]，这是我国著作权法律法规首次针对图书馆数字著作权合理使用进行的立法设置，具有重要的立法价值和意义。然而以上条文对数字图书馆的合理使用范围作了极狭窄的设定，对合理使用的目的和对象都进行了严格限制。根据条文规定，只有通过信息网络向本馆馆舍内服务对象提供本馆收藏的合法出版的数字作品和依法为陈列或者保存版本的需要以数字化形式复制的作品才属于合理使用的范畴，这显然与数字图书馆信息资源共享的设立初衷相违背，无法发挥数字技术超越物理空间、时间限制和海量储存的优势，使数字图书馆无法发挥其重大的社会文化价值。要实现数字图书馆信息资源共享的最终目的，必须构建和完善我国信息资源共享语境下的数字图书馆合理使用制度。

（一）信息资源共享与数字图书馆

数字化信息资源建设和数字化信息资源服务是数字图书馆的基本职责和根本任务，数字图书馆的根本目标就是实现数字信息资源共享。尽管图书馆在人类社会诞生以来，信息资源共享的实践活动不断展开，但它在近年来才逐渐成为一个风行的专业术语。我国从 2002 年以来，由文化部、财政部在全国范围内共同组织开展了文化信息资源共享工程，这是一项重大的惠民工程，主要采用现代化的信息技术和数字网络技术，将优秀的中华文化同数字化信息资源的形式进行整合加工，并且依托各级公共图书馆、文化站等公共文化服务体系，通过互联网络进行传播，实现全国范围内的优秀文化自由的共建和共享。文化信息

[①] 《著作权法》第二十二条在下列情况下使用作品，可以不经著作权人许可，不向其支付报酬，但应当指明作者姓名、作品名称，并且不得侵犯著作权人依照本法享有的其他权利：……（八）图书馆、档案馆、纪念馆、博物馆、美术馆等为陈列或者保存版本的需要，复制本馆收藏的作品。

[②] 《信息网络传播权保护条例》第七条规定：图书馆、档案馆、纪念馆、博物馆、美术馆等可以不经著作权人许可，通过信息网络向本馆馆舍内服务对象提供本馆收藏的合法出版的数字作品和依法为陈列或者保存版本的需要以数字化形式复制的作品，不向其支付报酬，但不得直接或者间接获得经济利益。当事人另有约定的除外。

资源共享工程是政府保障公共文化服务的重要手段，是实现广大人民群众基本文化权益的重要路径，是"三个代表"重要思想的真实映现，是构建我国公共文化服务体系中具有战略性和基础性的重要组成部分。①

信息资源共享的概念出现在图书馆领域最早产生于美国的 20 世纪 70 年代，其中影响最为深远的是由美国图书馆学家肯特（Allen Kent）所提出的论断："资源共享最确切的含义是指互惠，即一种每个社会成员都拥有一些可以贡献给其他成员的有用的事物，并且每个成员都愿意和能够在其他成员需要时提供这些事物的伙伴关系。"肯特教授还指出："开展资源共享的前提条件是必须拥有足够可供共享的资源，并且具有共享资源的意愿和共享资源的计划。"② 20 世纪 80 年代，肯特教授对图书馆资源共享的概念理解被我国图书馆界学者所接受，但在概念理解和传播的过程中却发生了偏差，将"互惠"错理解为交换，将"信息资源共享"理解为文献资源共享。直到 20 世界 90 年代，由于数字技术与图书馆服务的相结合使得数字图书馆逐渐发展，文献资源共享的概念已经不能完全覆盖图书馆的业务范围，于是便开始采用信息资源共享的说法。信息资源共享是指，图书馆在自愿、平等、互惠的基础上，通过建立图书馆与图书馆之间的和图书馆与其他机构之间的各种合作、协作和协调关系，利用各种技术、方法和途径，开展共同揭示、共同建设和共同利用信息资源，以最大限度地满足用户信息资源需求的全部活动。③ 由此可见，数字图书馆信息资源共享的最终目标是满足群众日益增长的精神文化需求，满足最广大人民群众的基本文化权益。

信息资源是人类社会发展过程中重要的精神财富，是推动人类社会不断进步的力量，信息资源具有重要的社会作用。信息资源记载和保存了人类社会所有智慧的结晶，是人类借鉴前人经验生生不息、不断传承繁衍的成果。数字图书馆作为一种新时代的文化事物，具有保存和传播信息资源的基本社会职能和根本社会任务。数字图书馆是信息资源的传播者，其本质职能是传递和利用信息资源。列宁在《对于国民教育能够做什么》一书中对图书馆的本质职能作出了经典论述，他指出："一个公共图书馆引以自豪和引以为荣的并不是它拥有多少珍藏本，有多少 16 世纪的版本或者 10 世纪的手稿，而是图书在人民中间流传的广泛程度，在于图书馆吸引了多少新读者，如何迅速地满足读者对图书的各种需

---

① 《全国文化信息资源共享工程介绍》，国家数字文化网。http://www.ndcnc.gov.cn/gongcheng/jieshao/201212/t20121212_495375.htm。
② 程焕文、潘燕桃主编：《信息资源共享》，高等教育出版社 2004 年版，第 14 页。
③ 程焕文、潘燕桃主编：《信息资源共享》，高等教育出版社 2004 年版，第 15 页。

求,在于有多少书籍被读者带回了家中……"①列宁深入地阐释了图书馆的根本目的在于利用和传递信息资源。

信息是无限的,信息资源是有限的,信息资源是经过挖掘和整理的信息,因此人类知识的局限性决定了信息资源总量的有限性。然而人类对信息探索以及对信息资源的需求是无限的,人类社会的永恒发展性决定了人类对信息资源需求的无限性,充分认识到人类信息资源的有限性和人类对信息资源需求的无限性有助于正确认识数字图书馆在完成信息资源共享使命中的重要意义。满足人类对信息资源的需求是图书馆产生的根源和最大动力,实现数字信息资源共享是数字图书馆的最终目标。如前所述,图书馆本身的局限性使其无法完全承担满足人类社会信息资源传递和利用的基本职能,信息资源的有限性与人类对信息资源需求的无限性制约了图书馆的发展。而数字图书馆的发展克服了传统图书馆对时空的局限性,能够最大限度地满足人们对信息资源的无限需求,能够缩短有限信息资源与无限信息资源需求之间的差距,能够激发人们不断地在无限的信息中去探索更多的信息资源。因此,数字图书馆与信息资源共享具有协同共生性。在信息资源共享语境下,应完善数字图书馆利用作品的著作权限制制度,为数字图书馆完成信息资源共享的崇高使命扫清障碍。

(二)数字图书馆面对的合理使用制度障碍

一般而言,建设一个数字图书馆的步骤包括对收集整理的信息资料进行数字化处和将处理过的数字化信息资源通过信息网络传播给读者,这两个建设数字图书馆的步骤从本质上涉及了著作权人的复制权和信息网络传播权。因此在数字图书馆建设过程中应完善面向数字图书馆的复制权合理使用制度和信息网络传播权合理使用制度。我国《著作权法》第二十二条一列举的方式规定了12种合理使用的具体情形,其中第一款第(八)项为传统图书馆为实现其功能提供了合理使用之豁免,②《信息网络传播权保护条例》第七条专门针对数字图书馆设立了信息网络传播权的合理使用条款,③这是我国著作权法律法规首次针对图

---

① 《列宁全集》(第23卷),人民出版社1990年版,第365页。
② 《著作权法》第二十二条第一款规定:在下列情况下使用作品,可以不经著作权人许可,不向其支付报酬,但应当指明作者姓名、作品名称,并且不得侵犯著作权人依照本法享有的其他权利:……(八)图书馆、档案馆、纪念馆、博物馆、美术馆等为陈列或者保存版本的需要,复制本馆收藏的作品。
③ 《信息网络传播权保护条例》第七条规定:图书馆、档案馆、纪念馆、博物馆、美术馆等可以不经著作权人许可,通过信息网络向本馆馆舍内服务对象提供本馆收藏的合法出版的数字作品和依法为陈列或者保存版本的需要以数字化形式复制的作品,不向其支付报酬,但不得直接或者间接获得经济利益。当事人另有约定的除外。

书馆数字版权合理使用进行的立法设置,具有重要的立法价值和意义。然而该条文对数字图书馆的合理使用范围作了极狭窄的设定,对合理使用的目的和对象都进行了严格限制。根据该条规定,只有通过信息网络向本馆馆舍内服务对象提供本馆收藏的合法出版的数字作品和依法为陈列或者保存版本的需要以数字化形式复制的作品才属于合理使用的范畴,无论是数字图书馆数字化作品的来源还是传播的对象,都无法满足数字图书馆传播信息知识、普及教育和实现公众文化权利的基本功能。这显然与数字图书馆的设立初衷相违背,无法发挥数字技术超越物理空间时间限制和海量储存的优势,使数字图书馆在数字信息资源的数字化开发建设和信息网络技过程中均无法发挥其重大的社会文化价值。现行著作权法合理使用制度无疑为数字图书馆实施信息资源共享带来了阻碍。

(三)信息资源共享语境下的数字图书馆合理使用制度构建与完善

1. 重构合理使用立法模式:规则主义+要素主义

合理使用制度主要有两种立法模式,即规则主义模式和要素主义模式。这两种模式在具体适用中各有利弊。规则主义立法模式所采用的类型化具体列举方式,优点在于:对已有的各种合理使用情形进了详尽的罗列,明确易操作,在司法实践中可直接适用,利于保障司法的稳定性与统一性;缺点在于:由于是对已有可预估情形的罗列,因此必然地带有时代特征,法律的时滞性体现较为明显,在面对新技术所带来的新问题时,规则主义模式过于死板,缺乏对新问题的灵活处理规则,合理使用的调整空间缺失,法官没有自由裁量的余地。要素主义模式采用对合理使用的判定进行归纳概括为若干要素的做法,优点在于:当面对新的法律问题时,这种模式更具有灵活性,法官有足够的自由裁量空间根据具体个案结合判定要素进行综合权衡;缺点在于:对于美国这种具有悠久历史、司法经验成熟、法官拥有良好体系意识和理解能力的判例法国家而言,要素主义的局限性本身是可以克服的。[①] 但是对于意欲移植这种制度的国家来说,由于缺乏运用这种规则必备的成熟的法哲学体系和长期积累而成的司法经验,各要素规则的界定不甚明确,理念色调浓重,歧义较大。在面对千差万别的合理使用具体个案时,法官需要对每一种情形都进行具体裁量,但是由于合理性标准具有

---

① 李琛:《著作权基本理论批判》,知识产权出版社 2013 年版,第 208 页。

高度抽象性，因此在司法审判中主要依赖于法官对规则的理解与认识，这不仅会造成司法审判成本的增加，还不利于司法审判工作的稳定性。但是确定性并不是合理使用制度所追求的目标，而应是制度在实践中的理想运作结果，并且由于概念的高度抽象性和语言的多义性，绝对的确定性也是不存在的。因此，不能以确定性不足而否定合理使用原则的合理性。① 有鉴于此，规则主义与要素主义相结合的立法模式，将会在一定程度上解决两种模式各自的弊病，将法律解释的自由空间与法律明文规定的稳定性有机结合。这种立法模式的结合，不仅符合我国著作权法国际化的发展要求，还有助于发挥著作权合理使用制度之功效。②

在规则主义与要素主义相结合的立法模式中，二者的相互关系显得尤其重要。就二者之间是累积关系还是补充关系之疑问，笔者认为，要素应是对规则的补充。《欧盟的信息社会版权指令》和我国台湾地区的"著作权法"都采用了规则主义和要素主义结合的混合式立法模式，但是这二者都是将规则和要素视为累积关系，即在判定具体个案是否构成合理使用时，需要满足要素和规则双重条件。根据台湾地区的"著作权法"规定，被告在主张合理使用时需要跨越两道门槛，首先要证明使用行为属于法定情形，③ 再次要证明这种行为本身具有合理性。④《欧盟信息社会版权指令》第 5 条对著作权限制做了穷尽式的列举，所有的限制例外都应当按照三步检验法的规定确定合法性。⑤《欧盟信息社会版权指令》和我国台湾地区"著作权法"的立法模式过于严苛，在具体个案的分析中，既要符合法条所列举的情形，又要再次接受三步检验法的审视，既缺乏灵活性，又没有发挥确定性的优势。笔者认为，相对理想的合理使用立法模式是将规则与要素相结合，并不是在规则的基础上进行要素的二次判断，而是为了克服规则主义模式所带来的时滞和呆板，在规则没有预见并作出规定的情形下，用要

---

① 朱理：《著作权的边界——信息社会著作权的限制与例外研究》，北京大学出版社 2011 年版，第 50 页。
② 黄玉烨：《著作权合理使用具体情形立法完善之探讨》，《法商研究》2012 年第 4 期。
③ 我国台湾地区的"著作权法"第四十四条至第六十三条列举了各种合理使用的具体情形，主要包括有立法、行政、司法、地方或中央机关等执行公务之需要，学校授课教育目的之必要，图书馆、博物馆、历史馆、科学馆、艺术馆或其他文教机构供公众使用作品之需要，为报道、评论、教学、研究或其他正当目的之必要，为视觉障碍者、听觉机能障碍者谋福利之目的，合法电脑程式著作重制物之所有人因配合其所使用机器之需要，新闻杂志报道或网路有关政治、经济或社会上时事问题之论述的需要，个人使用之需要等。
④ 我国台湾地区的"著作权法"第六十五条第二款规定，著作之利用是否合于第四十四条至第六十三条规定或其他合理使用之情形，应审酌一切情状，尤应注意下列事项，以为判断之基准：（1）利用之目的与性质，包括系为商业目的或非营利教育目的；（2）著作之性质；（3）所利用之质量及其在整个著作所占之比例；（4）利用结果对著作潜在市场与现在价值之影响。
⑤ [英]埃斯特尔·德克雷：《欧盟版权法之未来》，徐红菊译，知识产权出版社 2016 年版，第 255—260 页。

素判断作出补充。即针对法律没有进行罗列的情形,在审判实践中,行为人可以援引合理使用判定要素进行抗辩,法官需要就具体个案结合判断要素作出综合权衡,即便法律未就所涉情形进行列举,但是如果根据要素判断后条件契合的,仍可以认定构成合理使用。

2. 引入合理使用"四要素"判定标准和转换性使用理论

合理使用的判定标准是著作权法中的重难点问题,一直以来也是实务界、理论界的研究重点。笔者认为,可引入美国的合理使用"四要素"判定标准,即在列举式规定的基础上增加合理使用的一般性判定规则。根据《美国版权法》第107条之规定,法官在个案中判断具体情形是否构成合理使用是必须考量以下四大要素:(1)使用作品的目的与性质;(2)被使用作品的性质;(3)使用作品的程度;(4)对被使用作品造成的影响。法官需结合每个特定案件根据这四大因素分别判断,进行综合权衡。美国合理使用"四要素"判定规则,尤其是转换性使用理论在数字图书馆案中的成功,为构建信息资源共享语境下的数字图书馆合理使用制度提供了借鉴。

转换性使用的目的是为了增加作品新的表达形式,着重实现新的功能和价值。因此,法院在判定使用者使用作品的行为是否构成转换性使用时,不应就不同的使用目的进行歧视性区分,只要使用行为满足了转换性使用的核心要素——转换性使用是付有创造性的,以新的方式或出于新的目的,赋予原作非出于替代之作用的全新价值,实现与原作完全不同的新的传达与功能,那么在就到底是何种新的表达意义的审视上,法院应保持中立态度。

需要强调的是,无论是公益性图书馆还是营利性图书馆,其宗旨都是为了促进文化繁荣和精神文明建设,其根本目的在于维护社会公众的利益。对待数字图书馆的法律性质和法律地位问题,应秉持数字图书馆的公益性法律性质,全面认识数字图书馆的多重权利主体地位。随着社会的不断发展和技术的进步,将数字技术运用于图书馆建设与服务中是为了更加高效地为读者提供优质的服务,而非改变数字图书馆的公益性本质,数字图书馆的公益性应该增强而不是减弱。同时,在解决数字图书馆的著作权问题时,应对数字图书馆提供的服务性质作细致区分,根据不同的消费需求对数字图书馆的部分营利性服务做区别处理,从而保障数字图书馆的正常运作和业务的良性开拓。

首先数字图书馆应秉持公益性,保证公众基本的公共阅读服务。国际图联强调:"数字的不是不同的。"国际图联指出:"公众使用数字形式的作品不应该收取额外的费用,每个人都可以利用公共借阅服务通过网站及远程登录的方式浏览到可供使用的版权材料。"所以,对于已经进入公有领域或者著作权人表示允许其作品在数字环境中免费传播的作品,数字图书馆应该免费提供给公众。其次,数字图书馆使用作品进行数字资源建设的过程中,如果使用作品的行为符合转换性使用的要素,赋予了作品新的功能与意义,那么应该认定构成合理使用。具体而言,对于数字图书馆自行开发建设的用于公共借阅和馆际互借时的导航和检索工具,如果使用了享有著作权的作品,但是赋予了作品片段新的导航和检索的功能,应认定数字图书馆使用作品的行为为合理使用,并且数字图书馆应该免费向用户提供该项服务。对于包库全文阅读服务,如果作品已经进入公有领域,则应尽量为用户免费提供;如果使用的作品尚未进入公有领域,在向公众提供之前必须取得著作权人的同意。此外,数字图书馆还应不断地加强工作人员的技能培训,利用丰富的信息资源开展更多的数字图书馆增值服务,例如委托检索、情报分析、专题查阅等,并就不同的增值服务制定相应的规范。针对不同的用户需求通过用户实名注册的方法对其进行分类处理与分别收费,不仅可以满足不同的需求层次,还能为数字图书馆的长期运营带来更多的经济效益。

3. 改进我国面向数字图书馆的合理使用制度

(1) 明确规定数字图书馆享有著作权限制的资格条件

我国著作权法没有对数字图书馆作出明确定义,应就其定义与功能作出明确界定,并明确厘定可享有著作权限制的数字图书馆的资格条件。明确数字图书馆的定义与功能,能够有助于辨认数字图书馆的性质,从而判断哪些数字图书馆符合享有著作权限制的资格条件。不可能所有的数字图书馆均享有著作权限制,只有那些具有公共服务功能、具有公益性质的图书馆才可享有著作权限制。公益性并不是简单地非商业性,而应与数字图书馆的公共服务功能相联系。简单地将公益性理解为非商业性已不合时宜,如果商业性数字图书馆行使了公共服务功能,也应符合享有著作权限制的资格条件。因此,在对数字图书馆的权利义务的设置过程中,在相关利益权衡的设计考量中,应斟酌数字图书馆的不同性质的信息服务,将其提供的服务按照不同的性质进行区别讨论。一方面,坚持数字数字图书馆的公益性主体性质不动摇;另一方面,在解决数字图书馆的著作权问题时,应对数字图书馆提供的服务性质作细致分析,根据不同的消费需求和不同的情况,对数字图书馆的部分营利性服务做特性处理,从而保障数字图书馆的正常运作和业务的良性开拓。在对数字图书馆使用作品进行数字资源建设过程中，如果使用作品的行为符合转换性使用的要素，赋予了作品新的功能与意义，那么应该认定构成合理使用。

（2）保障数字图书馆获取信息资源的合理使用

数字图书馆的最终目标是实现信息资源共享，实现这一目标的前提必须要求数字图书馆获得足够数量的信息资源。没有充足的数字信息资源，那么数字图书馆的功能和目的的实现就变得无从谈起。我国现行的《著作权法》和《信息网络传播权保护条例》只允许图书馆为陈列和保存版本之需要才可以复制本馆馆藏或者以数字化形式复制馆内作品，这样的规定过于简单，数字图书馆可适用的合理使用范围也过于狭窄，限制了数字图书馆功能的发挥和目标的实现。有鉴于此，建议将公共图书馆的已发表作品以及公共传播的在线作品的数字化保存纳入合理使用的范畴。

（3）保障数字图书馆传播信息资源的合理使用

数字图书馆的根本目的在于传递和利用数字信息资源。我国《著作权法》明确规定图书馆只享有陈列和保存版本此唯一合理使用情形，排除了图书馆为教学、个人学习、研究、欣赏以及馆际互借和文献传递之目的的合理使用，而这些范畴的合理使用正是数字图书馆实现其传递和利用信息资源的合理使用，应将这些范畴纳入数字图书馆的合理使用情形之中。建议增加数字图书馆为教学、研究目的，为个人学习、研究和欣赏之目的，以及数字图书馆文献传递的合理使用，同时使用相应的技术措施对传递的作品的使用方式和使用期限进行控制，将对著作权人可能的影响降到最低。数字图书馆应针对用户的文献传递及检索咨询请求制定严格的业务操作规范，指导工作人员进行专业的业务操作，保障著作权人的合法权益得到有效的保护。

此外，针对保护著作权的技术措施已被纳入了法律保护的范畴，然而技术保护措施与合理使用、表达自由、首次销售原则等其他著作限制制度发生了冲突，过度的技术保护措施使平衡著作权利益的著作权限制制度有被吞噬的危险。我国目前著作权法关于技术保护措施的规定并不全面，一方面缺少控制作品访问的技术保护措施，也没有对规避技术保护措施的设备、装置的生产、使用和销售问题的规定，另一方面未对技术保护措施的做出任何的限制。我国《信息网络传播权保护条例》第12条规定了规避技术保护措施的情形，但是范围过于狭窄，并且将数字图书馆排除在了合理使用范围之外。倘若数字图书馆没有法律依据来规避技术保护措施,那么技术措施势必会成为数字图书馆建设和运行过程中的一大障碍。因此,建议将非营利性的数字图书馆、档案馆和教育机构出于教育和研究之目的以及为个人学习及研究之目的规避技术保护措施而获取作品纳入合理使用的范畴之中。

二、构建面向数字图书馆扶助贫困的法定许可制度

(一)数字图书馆应深入参与农村文化扶贫之中

根据国家统计局 2017 年 2 月 28 日发布的《中华人民共和国 2016 年国民经济和社会发展统计公报》显示,截至 2016 年底,我国总人口(不含港澳台地区)达到 13.82 人,其中农村户籍人口为 5.89 亿人,占我国总人口 42.65%。[①] 我国作为一个农业人口大国,扶助农村地区脱离贫困是我国改革开放以来的社会热点问题,也是我国社会主义现代化建设必须解决的重点、难点问题。李克强总理在 2017 年的政府工作报告中强调,未来要继续深入实施精准扶贫、精准脱贫。然而,彻底改变农村的贫困局面,不仅要从经济建设上加以扶植,更要加强对农村人口的文化智力开发。哈佛大学教授塞缪尔·亨廷顿在《文化的重要作用——价值观如何影响人类进步》一书中指出,文化是致富过程中的重要因素,文化能够改变国民心态,形成积极的心理模式和价值观,进一步地影响人类的进步。[②] 因此,为促进国民心态的转变,应动用一切可用的手段,那么新的思维模式也将按照可预见的程度得到传播和采用。贫困不仅仅是一种经济现象,更是一种文化现象,经济贫困的背后隐含着文化贫瘠的隐忧,文化贫困体现为文化知识落后、思维方式落后、价值观念以及心态的落后。倘若无法改变农村落后的文化环境和精神面貌,就无法从根本上使农村摘掉贫困的帽子。

农村的贫困现状很大程度上是由于我国城乡二元结构所造成,城乡二元结构是我国社会和经济发展的一个严重阻碍,城乡的资源配置差异和城乡之间的户籍壁垒不但会造成城乡断裂的社会两极化发展,更会使城市发展失去依托。城乡二元结构不仅体现在经济建设方面,也体现在文化发展方面。根据《中华人

---

① 国家统计局:《中华人民共和国 2016 年国民经济和社会发展统计公报》。http://www.stats.gov.cn/tjsj/zxfb/201702/t20170228_1467424.html.
② [美]塞缪尔·亨廷顿、劳伦斯·哈里森主编:《文化的重要作用——价值观如何影响人类进步》,新华出版社 2010 年版,第 327—341 页。

民共和国文化部 2016 年文化发展统计公报》显示，1995 年、2000 年、2005 年、2010 年、2014 年、2015 年和 2016 年县及县以下城市的和地区文化事业费在全国文化事业费中占比分别为 26.8%、26.7%、26.7%、36%、49.9%、48.3% 和 51.9%（见图 5-8）。2016 年，县以上城市和地区文化单位的文化事业费总计 371 亿元，占全国文化事业费 48.1%，同比上年降低 3.6 个百分点，县及县以下文化单位文化事业费总计 333.62 亿元，占全国文化事业费 43.3%，同比上年上升了 3.6 个百分点（见表 5-3）。① 一直以来国家给予城市的文化资源配置都多于且优于农村地区，城市居民能够比农村居民享受到更多的公共文化设施和福利，直到 2016 年县及县以下城市和地区的文化事业费终于实现了反超。然而，在县以下地区，用于改善农村地区基础文化设施建设的政府投入仍旧十分有限。② 打破城乡的文化不平衡发展、缩短城乡文化差异，必须促进贫困地区的公共文化建设，加快文化下乡进程，以文化带动发展。

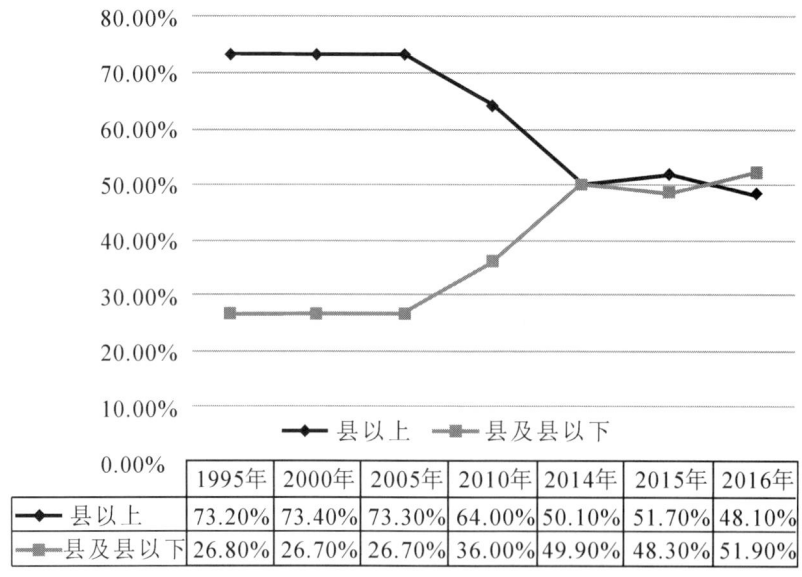

图 5-8　全国文化事业费城乡分布占比情况

---

① 中华人民共和国纽约总领事馆：《中华人民共和国文化部 2016 年文化发展统计公报》。http://www.fmprc.gov.cn/ce/cgny/chn/whsw/zgwhxx/dtxw/t1461801.htm.
② 陈前恒、方航：《打破"文化贫困陷阱"的路径——基于贫困地区农村公共文化建设的调研》，《图书馆论坛》2017 年第 6 期。

表 5-3　全国文化事业费城乡支出情况

单位：亿元

年份 支出方向	1995 年	2000 年	2005 年	2010 年	2014 年	2015 年	2016 年
县以上	24.44	46.33	98.12	206.65	292.12	352.84	371.00
县及县以下	8.95	16.87	35.70	116.41	291.32	330.13	399.68

作为信息网络时代公共文化主体的中国国家数字图书馆，应肩负起传播知识文化、增进社会福利的天然使命，担任起文化扶贫的主力军重任。我国《信息网络传播权保护条例》（以下简称《条例》）第九条设立了针对农村地区扶贫的法定许可使用情形，为数字图书馆的文化下乡和扶贫帮扶计划的开展提供了法律依据，在一定程度上促进了农村贫困地区文化基础设施建设的改善。但是，该条款在适用和具体执行过程中仍然存在很多问题，法律条文的模糊性和抽象性都给实际操作带来了障碍。

（二）我国数字图书馆扶助贫困适用法定许可制度的困境

《条例》第九条在实际适用中的困境主要在于：相关概念模糊不清导致条款的可操作性不强，配套措施的缺失以及"选择退出"机制的设置使条款不具有强制性。

1. 条款操作性不强

《条例》第九条成为目前我国数字图书馆开展扶助贫困工作的主要法律依据，也是唯一的法律依据。该条款所规定的法定许可构成对信息网络传播权的限制，这在一定程度上为农村地区的信息资源传播和文化普及起到了积极的促进作用。但是该条款的规定过于模糊，规定不甚明确，造成了数字图书馆的工作开展困难重重。

第一，条款规定的受众范围不甚明确。《条例》第九条将许可使用的受众范围限制在农村地区的公众，然而条款开篇就表明，法定许可使用的直接目的是为扶助贫困，满足贫困地区人民群众的基本生存技能、劳动技术和精神文化需求。我国还有很多贫困县，除开农村地区之外，城镇地区也存在着大量的贫困人口。如果将扶贫范围只限制在农村地区，以地域划分来区分是否贫困将会使扶贫工作以偏概全，无法广泛开展。

第二，条款没有明确界定法定许可的地域范围。《条例》第九条规定信息传播的地域范围仅为农村地区，但是"农村"并不是一个行政区域划分。农村一词，最早起源于俄文，有垦荒、在树林开辟耕地等意义，是以农业生产为主要职业的居民的居住地。农村是与城市相对应的一种地域概念，也是一个历史范畴，①它并不是严格意义上的行政区域概念。明确"农村地区"的定义是确立法定许可制度地域范围的重点。

第三，条款未对使用作品的范围作出明确规定。《条例》第九条指出，所提供的作品为已经发表的种植养殖、防病治病、防灾减灾等与扶助贫困有关的作品和适应基本文化需求的作品。从条文所列举的作品种类可以看出，可提供的作品主要涉及贫困地区和农村地区的基本生存和劳动技能相关知识，但是条文使用了"等"字采取了开放式的立法态度，并将作品范围扩大至满足群众基本文化需求的作品。然而，怎样的作品属于基本文化需求的范畴，法律没有具体的标准，面对海量的图书，数字图书馆只能选择一本一本地去判断。用抽象的概念来指挥具体工作的操作，标准不清是一个巨大的障碍，也给实际工作带来了很大的困难。

针对以上问题，应对《条例》第九条适用的受众人群范围、地域范围以及可提供作品的范围作出明确的界定，或者制定相关行业惯例或工作指南予以说明，从而为数字图书馆扶助贫困工作的开展提供具有操作性的规范性依据。

2. 条款不具有强制性

首先，我国《著作权法》没有规定强制许可制度，②仅通过法定许可来对合理使用进行补充，这就排除了通过行政主管机关根据特殊情况进行具体情况具体分析的可能性。

其次，我国《著作权法》法定许可相关条款③和我国《信息网络传播权保护条例》第九条均没有关于法定许可具体操作办法、执行程序、侵权救济措施和实现途径的内容。法条仅作出"应当……不得……"的命令性规定，却没有对违反上述规定的惩处办法和救济方式作出说明，这样一来，法条的强制性将大大减弱。诚如德国法学家耶林所指出的，没有国家强制力的法律规则是一把不燃烧

---

① 李宇军：《农村》，长征出版社1998年版，第1—11页。
② 著作权强制许可使用，是指在特定条件下，由著作权主管机关根据情况，将对之发表作品进行特殊使用的权利授予申请获得此项权利的使用人的制度，在国际著作权公约中，又被称为强制许可证，属于一种非自愿的许可情形。著作权强制许可起源于1909年美国版权法，我国并没有在法律上确定著作权的强制许可制度。
③ 具体参见我国《著作权法》第二十三条、三十三条、四十条、四十二条、四十三条。

的火，是一缕不发亮的光。法律实质上是通过政治组织社会的强力而体现的一种社会控制制度。①

再次，我国法定许可相关条款中还加入了著作权人可以声明不适用和公告期内提出适用异议的规定，这实际上是构建了一套"选择退出"的授权许可机制，"选择退出"机制最早产生于斯堪的纳维亚国家所创制的延伸性集体管理制度的概念之中。②笔者认为，在法定许可制度中加入"选择退出"机制不尽合理。从法理上来看，法定许可作为非自愿许可，顾名思义，是指对作品的使用情形由法律直接规定，不得依照著作权人的意思进行选择，在法定许可规定中加入"选择退出"的规定本身从逻辑上就是自相矛盾的，这不仅会动摇法定许可制度的根基，还会对该制度发挥限制著作权之功效造成极大的不确定因素。③从实践中来看，亚当·斯密在《国富论》中提出的后人称之为"经济人假设"的理论指出，理性人都是自利的，每一个人的利益都会促使他趋利避害，自利影响着个人言行。④在经济社会中，一方面，著作权人本身也是一个经济人，寄希望于通过销售更多的作品获取更多的经济利益，随着著作权人的法律意识和权利意识的增强，越来越多的权利人选择通过传统授权许可方式来保障其协商议价的权利，从而实现作品商业价值的最大化。另一方面，掌握着大量作品资源的出版商本质上属于企业性质，企业始终将实现利润最大化放在第一位，如果没有法律制度的支撑，对于一项没有任何商业利润，但是惠及社会，且不会对企业利益和作品的商业价值带来任何损害的公益性事业，企业也不会投入太多热情。即便是出于社会责任感或者其他压力表示暂时的支持，但由于缺乏物质驱动力，这种支持也不会长久。因此，无论是出自著作权人之意，还是出版商之意，作品都会因为"选择退出"而不受法定许可的限制，"选择退出"机制使法定许可形同虚设。

---

① [美]罗斯科·庞德：《通过法律的社会控制》，商务印书馆2013年版，第42页。
② 原文参见 Lionel Maurel. Bibliothèques numériques: le défit du droit d'auteur. pp.216—217. 所谓延伸性集体管理是指，当一个著作权集体管理组织在某一特定领域具有了足够广泛的代表性，即可以自动代表这一领域的所有权利人的利益对其进行集体管理。倘若某一著作权人不愿意服从这一个著作权集体管理，则需要以书面明文形式表示不接受集体管理组织管理其作品的意愿，退出著作权集体管理。著作权延伸性集体管理制度最早产生于斯堪的纳维亚国家，主要包括有丹麦、挪威、芬兰、瑞典和冰岛五个国家，具体法律规定参见《丹麦著作权法》第50条至第52条、《芬兰著作权法》第26条、《冰岛著作权法》第15a条、《挪威著作权法》第36条和《瑞典著作权法》第3a章。
③ 黄玉烨、舒晓庆：《扶助贫困法定许可制度探究》，《中国社会科学院研究生院学报》2014年第5期。
④ [英]亚当·斯密：《国富论》，牟善季、谢士新、文熙译，武汉大学出版社2009年版，第57页。

（三）构建面向数字图书馆扶助贫困法定许可制度的具体方案

1. 面向数字图书馆扶助贫困法定许可制度释义

一方面，由于我国《著作权法》没有强制许可制度，因此也就失去了使用人向著作权主管机关根据特殊情况申请作品特殊使用的可能。换言之，由于我国著作权法体系中不存在由行政机关保障作品在特殊情况投入使用的规定，从而导致数字图书馆利用作品开展扶助贫困工作常常沦为空谈。另一方面，我国法定许可制度中特有的"选择退出"机制赋予了权利人拒绝许可的权利，使非自愿许可变得不再非自愿，而变成了默示许可，这与法定许可制度的立法初衷相违背。曾有观点认为通过对现行著作权法的法定许可制度进行改良，即建立特殊性法定许可制度的方式来解决数字图书馆的获权问题。① 鉴于此，笔者认为应巩固法定许可制度的根基，重现法定许可制度应有的强制性，同时出于将对著作权人的影响降到最低的考量，应对现有法定许可制度进行调整，构建面向数字图书馆扶助贫困的法定许可。

具体而言，面向数字图书馆扶助贫困的法定许可是指，为扶助贫困，通过信息网络向乡及乡以下地区、国家级贫困县或者具有贫困县户籍或非贫困县的其他农村户籍的公众免费提供中国公民、法人或者其他组织已经发表的种植养殖、防病治病、防灾减灾等与扶助贫困有关的作品和满足基本文化需求的作品，公共图书馆应当在提供前就拟提供的作品及拟支付报酬的标准向国家著作权行政管理部门或其指定的机构申请审批。对行政审批结果有异议的，相关主体可以提出行政复议。

2. 面向数字图书馆扶助贫困法定许可的制度构建

面向数字图书馆扶助贫困法定许可制度的构建目的在于满足数字图书馆扶助贫困工作的开展，为促进贫困地区人口及农村人口的文化智识开发，以文化发展带动脱贫致富。因此，在构建面向数字图书馆扶助贫困法定许可中，应对法定许可使用的目的、受众范围、使用区域范围、作品内容以及作品使用方式作出明确的规定。

（1）数字图书馆扶助贫困法定许可的使用目的

我国著作权法中有关法定许可的规定，可以追溯于《保护文学和艺术作品的

---

① 马海群：《面向数字图书馆的著作权制度创新》，知识产权出版社 2001 年版，第 118—119 页。陶鑫良、袁真富：《网络时代著作权许可制度的创设》，《中国知识产权报》2004 年 11 月 9 日。

伯尔尼公约》(以下简称《伯尔尼公约》)的相关规定,《伯尔尼公约》第九条第二款提出使用作品的"三步检验法"标准,即成员国法律可以规定对作品的复制使用,但必须严格遵循三个条件:第一,使用必须限于特定情形;第二,使用不得损害作品的正常使用;第三,使用不得损害作者的合法利益。[①]《伯尔尼公约》第十一条第二款规定,成员国可以通过立法对著作权人行使专有权利设置限制条件,但是这些限制不得侵犯作者的人身权利,也必须保留作者获得报酬的权利。[②]《伯尔尼公约》第十三条第一款规定,成员国可以对音乐作品的作者行使其专有权予以限制,但是必须保留作者获得公正报酬的权利。[③]

根据以上条款之规定可以总结出《伯尔尼公约》对成员国设置法定许可规定的限制:首先,《伯尔尼公约》强调,对著作权人专有权行使而采用的限制性规定仅适用于作出这些规定的成员国内部;其次,《伯尔尼公约》对成员国设置法定许可的目的、适用条件以及适用程序等具体问题没有作出硬性规定,仅仅只强调了设置著作权限制制度的最低要求,即遵循"三步检验法"的标准;最后,针对作者权利行使限制的范围,《伯尔尼公约》明确指出,不得涉及作者精神权利和获得公正报酬的权利范畴,也就是说,法定许可的权利客体范围只能是作者的财产权利,并且必须保留作者的获取报酬权。

法定许可制度是一种出于维护公共利益之目的的著作权权利限制制度,在维护公共利益、促进产业发展的同时,应平衡对著作权这一私权的保护。因此在构建面向数字图书馆扶助贫困的法定许可时,应对该法定许可的适用作出严格的限制,避免肆意扩大该法定许可的适用范围而背离了法定许可制度设置的目的与初衷。需要强调的是,面向数字图书馆扶助贫困的法定许可的立法目的在于扶助贫困,促进农村地区和贫困地区的经济和文化发展,满足农村地区和贫困地区群众的基本文化需求。

(2)面向数字图书馆扶助贫困法定许可的适用范围

1)数字图书馆扶助贫困法定许可的受众范围

削弱贫困、减少贫困一直以来都是一个全球性的重大问题,世界上最早从法律制度上重视贫困问题的国家是英国,早在16世纪末,英国就颁布了《伊丽莎白济贫法》用来专门治理贫困问题。实施精准扶贫、精准脱贫的关键在于明确界

[①] 《伯尔尼公约》第9条第2款。
[②] 《伯尔尼公约》第11条第2款。
[③] 《伯尔尼公约》第13条第1款。

定贫困、制定贫困评价标准、准确鉴别贫困人群、探究贫困人群和贫困地区致贫之根本，进而有的放矢地制定反贫困政策与方针。贫困是一个涉及哲学、社会学、经济学和政治学的模糊概念，它具有抽象性和不确定性。同时，它又是一个过程，随着时间、空间和人们的思想观念不断地变化着。谈到对贫困问题的研究，不得不提到英国行为科学的先驱者本杰明·西伯姆·朗特里，他将贫困定义为一个家庭的收入不足以维持家庭人口最基本的生存活动要求的状态。[①] 根据《梅里曼·韦伯斯特词典》的解释，贫困是缺乏通常的或社会可接收的货币量或物质财富的状态。从以上的解释均可以看出，贫困的定义建立在人们对流通货币，即物质的拥有上。

贫困可以区分为宏观贫困和微观贫困：宏观贫困指区域整体意义上的贫困，例如，地区贫困、农村贫困、贫困县等；微观贫困是指个体意义上的贫困，即贫困人口和贫困家庭等。数字图书馆扶助贫困的法定许可旨在解决贫困问题，在制度构建中应对贫困作出具体区分、区别对待。从宏观贫困的角度来看，应明确此种法定许可受众的地域范围；从微观贫困的角度来看，应明确此种法定许可受众的群体范围。

从宏观贫困的角度来看，面向数字图书馆扶助贫困法定许可制度的地域范围应限定在乡及乡以下地区和国家级贫困县。贫困地区和农村地区是两个不同的概念，农村地区不一定都是贫困地区，有的贫困地区也并不属于农村地区。考虑到扶贫脱贫和三农问题均是关系到我国国计民生的重大问题，笔者认为农村地区和贫困地区均应纳入可适用法定许可的地域范围内。首先界定农村地区的含义，根据《中华人民共和国宪法》第三十条，我国的行政区域划分主要类型有省（自治区、直辖市）、县（市）、乡。[②] 县属于城市，行政区划第三级，即县以下属于农村，乡、镇、村、组为农村的建制。由此得出，农村地区指的是行政区划中乡及乡以下地区。其次，面向数字图书馆扶助法定许可的地域范围还应该包括贫困县，贫困县指的是符合国家级贫困县标准并经国务院扶贫开发领导小组办公室认定的832个国家级贫困县。[③]

---

① 樊怀玉等：《贫困论：贫困与反贫困的理论与实践》，民族出版社2002年版，第42—43页。
② 《中华人民共和国宪法》第三十条规定，中华人民共和国的行政区域划分如下：（一）全国分为省、自治区、直辖市；（二）省、自治区分为自治州、县、自治县、市；（三）县、自治县分为乡、民族乡、镇。直辖市和较大的市分为区、县。自治州分为县、自治县、市。自治区、自治州、自治县都是民族自治地方。
③ 由国务院扶贫开发领导小组办公室发布的《关于促进电商精准扶贫的指导意见中》指出，截至2016年年末，我国有832个国家级贫困县，12.8个贫困村。

从微观贫困的角度来看，构建面向数字图书馆扶助贫困法定许可制度的目的在于扶助贫困，上文已经说明农村地区和贫困地区均应纳入适用范围内，那么相应地，农村人口和贫困人口也应纳入适用范围内。也就是说，特殊性法定许可的受众应限制在具有贫困县户籍或非贫困县的其他农村户籍的公众。

为保障地域范围和群体范围内的受众能够有效地使用作品，换言之，为了防止受众范围之外的其他人获取作品从而对著作权人的利益造成实质性损害，使用人应采取必要的技术保护措施对作品的使用入口进行控制。① 在信息网络环境中，技术保护措施之中的用户管理措施可以有效保障合法用户的权利，限制非法用户的入侵，保证数据的安全。身份验证和访问限制是网络用户管理的基本措施。具体而言，在数字图书馆扶助贫困工作开展中，针对贫困人群和农村人群，技术措施主要需要解决的是身份认证问题，一般采用的办法有动态口令、卡片密钥、签名指纹或者用户名加密码设置的方式来确认客户机与服务器的相互身份。每一个公民的身份证号都捆绑了其户籍信息，数字图书馆可以采取实名认证和实名登陆的管理办法来确定用户是否属于受众范围，然后用户通过设置私人密码防止其他人盗用身份证号登陆使用作品。因此，使用用户实名认证登陆加密码设置的办法可以有效保障数字图书馆面向贫困人群和农村人群开展扶助贫困工作。针对贫困县和乡及乡以下地区，每一个地理位置都联系着一个网络 IP 地址，可以采取仅限特定 IP 地址的访问限制办法来保障数字图书馆面向贫困地区和农村地区开展扶助贫困工作。

2）面向数字图书馆扶助贫困法定许可的作品范围

面向数字图书馆扶助贫困法定许可所提供的作品是中国公民、法人或者其他组织已经发表的种植养殖、防病治病、防灾减灾等与扶助贫困有关的作品和满足基本文化需求的作品，其中涉及两个问题：第一，作品的内容限制；第二，作品作者的国籍限制。

针对第一个问题，面向数字图书馆扶助的法定许可的立法目的在于扶助贫困，促进农村地区和贫困地区的经济和文化发展，满足农村地区和贫困地区群众的基本文化需求。文化需求是一个见仁见智的概念，每个人对文化的需求也不会属于同一个层次。根据《条例》第九条，可使用的作品应与种植养殖、防病

---

① 《信息网络传播权保护条例》第十条第四款规定：依照本条例规定不经著作权人许可、通过信息网络向公众提供其作品的，还应当采取技术措施，防止本条例七条、第八条、第九条规定的服务对象以外的其他人获得著作权人的作品，并防止本条例第七条规定的服务对象的复制行为对著作权人利益造成实质性损害。

治病、防灾减灾等与扶助贫困和基本文化需求相关。条款所列举作品内容均与农村地区所从事的生产劳动、农村地区的生活环境、地理特征休戚相关,是农村人口开展生活生产所必备的基本知识。正是由于这些基础文化知识的缺乏,导致农村地区无法进行科学生产,造成生产力低下,这也是农村地区致贫的主要原因之一。因此,为扶助贫困所提供的作品应限于可以直接起到扶助贫困、提高生产力之作用的作品,即与农村根本生存知识、基本劳动技能和基础文化需求有关的作品。

针对第二个问题,《条例》第九条规定可提供的作品仅限于中国公民、法人或者其他组织发表的作品,这里涉及作品作者的国籍限制问题。实际上,各国根据各自基本国情设置有不同的法定许可适用情形,[①]扶助贫困是我国的一项公益性政策,也是我国独有的一种法定许可适用情形。《伯尔尼公约》强调,成员国对著作权人专有权行使而采用的限制性规定仅适用于作出这些规定的成员国内部。如果将面向数字图书扶助贫困的法定许可使用的作品延伸至外国作品则有悖于《伯尔尼公约》的规定。此外,我国对通过信息网络传播外国作品的规制应适用《民法通则》第一百四十二条以及国务院发布的《实施国际著作权条约的规定》第十三条的"授权许可"的规定,即报刊转载外国作品,应事先取得著作权人的授权,但是,转载有关政治、经济等社会问题的时事文章除外,也就说网络上转载和摘编外国作品应当获得著作权人的授权许可。综上所述,面向数字图书馆扶助贫困的法定许可所提供的作品应限定为中国公民、法人或者其他组织发表的作品。

(3)面向数字图书馆扶助贫困法定许可的适用方式

面向数字图书馆扶助贫困法定许可介于法定许可和强制许可之间,将国家著作权行政机关的审批和相关主体的行政复议相结合,既可以打破一般法定许可特定情形的呆板设置,允许国家行政审批机关根据具体情况进行裁定,使法定许可制度更加具有灵活性和变通性,同时给予了著作权人就作品授权和许可使用费标准提出复议的权利,一定程度上体现了对意思自治原则的遵循。

相比较现行著作权法所规定的诸种一般法定许可而言,扶助贫困法定许可制度去除了"选择退出"机制,以行政审批程序取而代之,可以从根本上改善法

[①] 例如,《德国著作权法》第 46 条规定的法定许可情形指为宗教、培训和教学目的而将已出版的短篇或单篇的语言作品、音乐作品、艺术作品等编入集体作品中,为此而复制或传播的。《苏俄民法典》第 495 条规定作曲家利用已出版的文学作品创作有文字的音乐作品,在工业产品中利用造型工艺作品和摄影作品的术语法定许可情形。参见吴汉东《著作权合理使用制度研究》,中国人民大学出版社 2013 年版,第 133—134 页。

定许可制度名不符实的窘境。以行政裁决加审批的方式取代权利人可以声明不适用和公告期内提出适用异议的立法方案，实质上是对非自愿许可的一种本质回归，有利于巩固法定许可制度的根基，强化法定许可的强制性和威慑力。如此一来，就要求适用面向数字图书馆扶助贫困法定许可需要经过严格的审批程序，也就是说该法定许可的适用条件和主体的资格条件十分的严苛。鉴于此，应将特殊性法定许可的适用主体限定为由国家财政资金支持，履行传播信息文化、增进社会福利之使命的公益性图书馆。

相较于强制许可而言，面向数字图书馆扶助贫困法定许可不要求使用人必须事先与著作权人协商，并且在著作权人无正当理由拒绝后才能向有关行政审批部门提出申请这一步骤，这大大缩短了数字图书馆通过自愿许可方式获取授权的时间，有效地降低了交易成本，提升了为获得海量作品授权的交易效率，为数字图书馆扶贫工作带来了便利。

（4）面向数字图书馆扶助贫困法定许可费用收取办法

法定许可与强制许可合称为非自愿许可，无论是采纳了强制许可概念的英美法系国家还是采取法定许可概念的大陆法系国家，对非自愿许可的定义基本一致，指在法律规定的特殊情形下使用作品无须取得著作权人的许可，但必须向著作权人支付合理报酬。相比较传统著作权授权许可模式，非自愿许可剥夺了著作权人禁止许可和就许可使用费进行协商议价的权利，很大程度上会妨碍著作权人经济利益最大化的实现。但是面对社会公众，著作权人在享受权利的同时，也应承担与这一权利相联系的某种限制，才能负责地行使其权利并使著作权的目的实现的可能性最大化，作为一个社会人，著作权人同时也肩负着社会责任，出于社会公共利益之考量所设置的非自愿许可制度具有其存在的合理性和必要性。基于以上缘由，为兼顾著作权人之私人利益和社会公共利益的平衡，为将对著作权人的不利后果降到最低，在著作权法律制度相对成熟的国家，均从立法层面对非自愿许可的适用条件、适用方式和救济途径作出了具体的设计和严格的规定。各国根据各自具体国情采取的办法分别有：使用前事先通告、设置严格的执行程序、设置专门机构进行救济以及完善集体管理组织等。[①] 所有这些办法的根本落脚点在于，如何保障著作权人获取公正合理的报酬。这其中涉及两个问题：第一，如何保障著作权人获取报酬权之权利的实现；第二，什么

---

① 管育鹰：《我国著作权法定许可制度的反思与重构》，《华东政法大学学报》2015年第2期。

是公正合理的报酬。

对于在具体情况中设立一个公正的报酬很难有一个普遍的标准，对此问题，只能界定何为严重的不公正。因此在立法层面上，立法者们有意识地不对报酬问题作出具体的规定，而是设立了报酬的下限，保留了最低保障标准。关于报酬，则必须通过合同来约定。在计划经济体制中，进行资源分配的权力被掌握在国家手中，可期盼的正义为分配正义，这就不存在基于契约自由为基础的平衡正义。自由国家的法律秩序不会对自由市场和契约自由来调整形成的价格给予过多的干预，法律只进行框架性构建，并且赋予公民当有的自决权，立法者根据当时当地的制度文化、法律文化、意识形态、思想习惯和发展态势等因素赋予每个人应当的权利能力和行为能力。[①]任何人都无法做到准确地计算什么价格或者报酬才是绝对公正的，但是他们可以做到评估在那一时刻什么是对他们有价值的，并且与对方的益处权衡揣度、协商妥协，最终通过合同形式达成共识。应该清楚地认识到，合同不是双方的对抗与分庭抗礼，而是双方利益的联合与共赢。合同只有存在明显不公正或者瑕疵，在明显违反法律或者道德时，才由法律规范来进行调整。

关于法定许可使用费收取办法，美国秉持兼具灵活性和实事求是的原则，将法定许可使用费留给当事人来协商确定[②]，或者由行政主管部门根据具体情况进行裁决。[③]具体体现为：（1）法定许可使用费一般由当事人约定优先；（2）已经确定的版税和实施条款根据公平原则和情势变更原则可做适当调整；（3）仲裁决定在最大可能尊重双方意思自治的基础之上，依据市场原则作出；（4）当事人之间的个别关系不会对公众合理获得信息资源的权利带来影响。[④]上述四点可以归纳为四大原则——约定优先原则、灵活变更原则、尊重市场原则和公益优先原则，这四大原则对我国法定许可制度的改革具有重要的借鉴意义。

笔者认为，针对许可费用的确定问题，可以参照美国版权法的做法，将法定许可使用费留给当事人来协商确定，或者由行政主管部门根据具体情况进行裁决。而国家仅对法定许可费用给出一个最低标准，或者一个可兼顾稳定性和灵活性的价格区间。这个许可费用标准是在对著作权市场情况进行充分调研，并对数字图书馆文献资源用户使用情况、用户点击量、下载数量，对著作权人可能

---

① ［德］伯恩·魏德士：《法理学》，丁晓春、吴越译，法律出版社 2013 年版，第 161—165 页。
② 《美国版权法》第 803 条。
③ 《美国版权法》第 805 条。
④ 李永明、曹兴龙：《中美著作权法定许可制度比较研究》，《浙江大学学报（人文社会科学版）》2005 年第 4 期。

造成的经济影响等多方面因素进行综合权衡的基础上所制定的。国家版权局应该通过网络或其他方式对许可费用标准予以公示,指定著作权集体管理组织为许可使用费的管理机构。指定组织应将数字图书馆文献资源用户使用情况、用户点击量、下载数量、许可使用费收取情况和分配情况定期在网络上进行公布,定期向国家版权局汇报工作情况,并实时根据市场的变动情况对许可使用费收取办法做出调整和完善。

自"国家八七扶贫攻坚计划"实施以来,我国的扶贫事业取得了骄人的成绩,按照农村现行贫困标准总计减少了 7 亿多贫困人口,我国扶贫工作的成果标志着我国人权事业的巨大进步。[①]由国家统计局发布的《2016 年国民经济和社会发展统计公报》显示,2016 年我国农村贫困人口仍有 4335 万人,持续的扶贫攻坚是一个不容忽视的客观社会问题。农村地区贫困的根源在于生产力水平低下,缺乏科学的文化指引,因此加强贫困地区的文化建设尤其重要,数字图书馆应肩负起传播文化知识的重任。《条例》第九条为数字图书馆扶贫工作的开展提供了一定的法律依据,但由于条款的模糊性规定和配套措施的缺失,导致该条在实际运用中存在诸多困难。有鉴于此,建议在《条例》第九条的基础上进行完善调整,构建面向数字图书馆扶助贫困法定许可,明确使用的目的、适用范围、适用方式和许可费用收取办法,为数字图书馆扶贫工作的开展扫清著作权法律障碍,从而推动我国农村地区和贫困地区的经济和文化发展,最终实现到 2020 年贫困县全部摘帽迈入全面小康的目标任务。

三、构建面向数字图书馆的著作权延伸性集体管理制度

著作权集体管理模式是目前解决海量许可问题之国际通例,是指依靠著作权集体管理组织来运行操作,著作权集体管理组织经著作权人的授权,以自己的名义行使后者的相关权利,主要包括有代替著作权人与使用者签订著作权许可使用合同,向使用者收取许可使用费用,然后向著作权人转付许可使用费用。我国目前的著作权集体管理制度存在着很多缺陷,无法应对信息网络技术带来的挑战。结合我国的实际需求和数字技术的特性,对著作权延伸性集体管理制

---

① 中华人民共和国国务院新闻办公室:《发展权:中国的理念、实践与贡献》白皮书。http://www.scio.gov.cn/zfbps/32832/Document/1532315/1532315.htm。

度进行探讨，以期推动我国数字图书馆的建设与发展。

（一）我国著作权集体管理制度的现状检视

《著作权集体管理条例》对我国著作权集体管理组织的法律性质、主张权利的方式、权利范围、组织设立以及使用作品付酬标准的确定和争议解决办法等方面做出了规定，标示着我国著作权集体管理制度的引入与开始构建。我国著作权集体管理制度在法制环境、运行模式及硬件条件方面都存在着缺陷，具体包括有：著作权集体管理相关法律法规不完善、著作权集体管理组织运行模式不成熟以及著作权集体管理制度普及度和认可度欠缺。据此，应从完善著作权集体管理法律法规、优化著作权集体管理运行模式以及加强著作权集体管理人才建设和宣传力度等方面，对我国著作权集体管理制度进行改良。

1. 著作权集体管理相关法律法规不完善

首先，从我国著作权集体管理相关法律法规来看，虽然我国《著作权集体管理条例》已经颁布实施十余年，但存在着法律规定不尽完善、条款解释不甚明晰、收费标准无章可循、监察机制实质缺位等问题。其次，我国的著作权集体管理组织以非商业性的社会团体为主，虽然具有一定的行政色彩，但是由于缺乏政策支持和制度保障，在运作和执行过程中强制性欠缺。据此，可以考虑通过法律途径赋予著作权集体管理组织一定的垄断权，此做法在欧盟国家不乏先例，例如：法国于1995年在集体管理中实施自愿许可基础上的强制性，将自愿许可基础之上的强制性集体管理引入影印复制权集体管理之中；①欧盟理事会在1993年的《卫星指令》中规定，著作权集体管理组织是唯一能够行使电缆转播权的机构。②我国可以在著作权集体管理制度发展的起步阶段，适度加大国家干预，尤其是将法定许可使用费的收取工作交由著作权集体管理组织来完成。国家就是强力，同时国家的行动应受到一种法律原则的约束。③加大国家干涉以增强著作权集体管理组织的强制性之做法仅适用于其建设初期，以此来树立著作权集体管理组织的权威性和社会影响力。当著作权集体管理组织已经逐渐成熟且具有规模之后，则应对该类组织进行去行政化改革，即将该类组织的商业运营交还市场。

---

① 张若群：《网络作品集体管理制度初探》，《知识产权》2000年第2期。
② 王艺：《网络传播与著作权集体管理》，《知识产权》2000年第2期。
③ [法]狄骥：《法律与国家》，冷静译，中国法制出版社2010年版，第5—6页。

2. 著作权集体管理组织运行模式存在不足

我国目前的著作权集体管理组织，如中国音乐著作权协会、中国摄影著作权协会以及中国音像著作权集体管理协会均实行会员制。会员制有利于开展著作权管理工作，加强机构的凝聚力，但是采取会员制的反面意味着非会员著作权人无法受著作权集体组织的管理。我国著作权集体管理组织在注重自身规范性建设、维护会员权利的同时，也不能忽视对非会员著作权人的吸收、服务与指引。此外，我国目前的著作权集体管理组织以作品类型进行区分①，这种划分方式和构建模式并不能应对数字环境中多元化创作客体的新形势。例如交互式多媒体制作会利用现有的文字作品、音乐作品、美术作品以及视听作品等，这涉及向多个著作权集体管理组织获取作品使用授权的问题。由于我国没有统一的著作权集体管理机构，使用者不仅要面临烦冗的权利获取程序，还要面对各著作权集体管理组织之间许可使用费标准不一、标准不清等问题。②据此，面对信息网络技术的发展，应不断完善著作权管理模式，将著作权集体管理的范畴延伸至非会员著作权人，加强著作权集体管理组织之间的协调共融，建立统一且明确的著作权许可使用费征收标准，以应对数字环境下的著作权新问题。

3. 著作权集体管理制度普及度和认可度欠缺

我国的著作权集体管理组织大多为非商业性机构，不存在组织营利性之考虑。当著作权人权利遭到侵害时，由于上述营利性考量之缺位、竞争意识之失位以及保护工作开展之懈怠，集体管理组织往往不会及时助力著作权人之维权，加之部分作者法律意识淡薄，甚少依靠集体管理组织来管理其作品。如此也造成了著作权集体管理组织在我国目前的尴尬处境。我国现行各种著作权集体管理组织中属中国音乐作品协会发展尚入正轨，但从其发布的官方数据来看，截至 2016 年底，我国加入该协会的大陆会员仅超过 8500 人③，这对于我国规模庞大的著作权人群体来说，仅仅只是冰山一角。著作权集体管理组织作为著作权集体管理制度的执行主体，无法获得广大著作权人的认可，意味着著作权集体管理制度无法得以有效实施，这也直接说明了著作权集体管理制度的普及度和

---

① 根据作品类型划分，我国已经建立了五个著作权集体管理组织：中国音乐著作权协会、中国文字著作权协会、中国音像著作权集体管理协会、中国摄影著作权协会和中国电影著作权协会，分别管理音乐作品、文字作品、摄影作品和电影作品等。
② 笔者对中国音乐著作权协会、中国文字著作权协会、中国音像著作权集体管理协会、中国摄影著作权协会和中国电影著作权协会官方网站发布的作品使用支付报酬办法进行比对分析，发现各协会根据作品类型、使用方式、使用数量、使用时间等标准设置了各异的许可流程、使用费征收比例、付酬计算公式以及支付方式等，不仅程序繁冗，而且标准不清，缺乏体系。
③ 《音乐作品公示说明》，中国音乐著作权协会官方网站 http://www.mcsc.com.cn/ash-1604.html。

认可度还很低。未来应从数量和质量上加强著作权集体管理组织的建设,加大著作权集体管理宣传力度,增进民众对著作权集体管理组织的认可度以及其自身的著作权保护法律意识。

由世界知识产权组织和中国国家版权局于 2009 年 12 月在京共同举办的"数字环境下版权和相关权集体管理研讨会"强调了著作权集体管理制度在解决网络版权问题中的关键作用。[①]虽然我国目前的著作权集体管理制度面对不能有效应对网络技术的挑战,但是著作权集体管理的在著作权管理方面的作用仍不可或缺。面对数字技术和网络时代的挑战,著作权集体管理的管理模式、授权方式、许可使用费的收取和分配机制等方面都需要进行调整与完善,我们迫切需要引入新的理念来对传统的著作权集体管理模式进行改革,以适应数字网络技术发展的需求。

(二)构建针对数字图书馆的著作权延伸性集体管理制度的适应性分析

1. 著作权延伸性集体管理的起源与性质内涵

延伸性集体管理制度的概念最早产生于斯堪的纳维亚国家,主要包括有丹麦、挪威、芬兰、瑞典和冰岛五国,之后被俄罗斯等国家将其纳入相关法律之中,具体参见《丹麦著作权法》第 50 条至第 52 条[②]、《芬兰著作权法》第 26 条[③]、《冰岛著作权法》第 15a 条[④]、《挪威著作权法》第 36 条[⑤]和《瑞典著作权法》第 3a 章[⑥]。在北欧国家,延伸性集体管理制度创设之初是基于解决广播电视节目播放中的音乐作品使用困境之需求,即广播产业发展中作品使用的海量许可问题。20 世纪 60 年代,随着广播电视逐渐普及,出于节目播出效果之优化,在某一节目制作过程中难免会使用其他音乐作品,这涉及大规模的使用许可。当时北欧各国试图通过强制许可来解决上述问题,然而这一建议遭到了著作权

---

① "数字环境下版权和相关权集体管理研讨会"强调:"著作权集体管理制度是著作权体系的重要组成部分,是衡量一个国家著作权管理、保护水平的重要标志。在数字和网络技术高速发展的今天,集体管理可能是解决网络环境下版权问题的关键。"
② Loi codifiée sur le droit d'auteur 2010(loi consolidée n° 202 du 27 février 2010)(Danemark). http://www.wipo.int/wipolex/fr/details.jsp? id=7394.
③ Décret n° 574 du 21 avril 1995 relatif au droit d'auteur(Finland). http://www.wipo.int/wipolex/en/text.jsp? file_id=201828.
④ Loi n° 73 du 29 mai 1972 sur le droit d'auteur(telle que modifiée jusqu'à la loi n° 97 du 30 juin 2006)(Islande). http://www.wipo.int/wipolex/fr/details.jsp? id=7312.
⑤ Loi sur le droit d'auteur(Loi n°2 du 12 mai 1961 relative aux œuvres littéraires, scientifiques et artistiques)(version consolidée 2015)(Norvège. http://www.wipo.int/wipolex/fr/details.jsp? id=15949.
⑥ Loi n°1960:729 concernant le droit d'auteur sur les oeuvres littéraires et artistiques(Suède). http://www.wipo.int/wipolex/fr/text.jsp? file_id=129540.
(以上分别为各国著作权法在世界知识产权组织官网上的文本)

人群体的强烈反对,著作权人担心强制许可会剥夺他们禁止他人使用作品的权利,从而将著作权这一排他性私权转变为非排他性的报酬请求权。出于对自身利益的维护,著作权人提议以集体管理的方式解决这一问题,经过拉锯式的数轮协商,延伸性集体管理制度最终诞生,并被纳入北欧各国的著作权法之中。① 所谓延伸性集体管理是指,当著作权集体管理组织在某一特定领域具有了足够广泛的代表性,即可自动代表该领域所有权利人的利益并对其进行集体管理。这种集体管理具有广泛性,对所有的著作权人(集体组织会员和非会员)均有效,即将著作权集体管理延伸适用于非会员著作权人。倘若某一著作权人不愿意服从该类著作权集体管理,则需要以书面明文形式表明其不接受该类管理,以示退出。②

传统著作权集体管理主要建立在集体管理组织与著作权人之间签订的著作权管理合同基础之上,因而具有信托性质,应界定为带有信托性质的民事法律关系。与此相对,延伸性集体管理的建立依据来自于法律的规定而非当事人约定,换言之,根据延伸性集体管理制度,集体管理组织可以直接依据法律的规定在未取得著作权人许可的情况下,许可他人使用非会员著作权人的作品,非会员著作权人因此丧失了禁止许可的权利,仅享有获酬权,这属于著作权限制的特征。著作权延伸性集体管理制度体现出两面性:一方面,会员著作权人通过授权协议将权利自愿转移给著作权集体管理组织让其代为行使;另一方面,这种权利转移的方式又延伸至并未加入著作权集体管理组织的非会员头上。③ 那么,所涉著作权集体管理组织必须在特定领域具有相当的代表性能够代表足够数量的著作权人之利益,这是延伸性集体管理模式运作的前提条件之一。

2. 著作权延伸性集体管理在北欧国家的实施现状

(1)丹麦

丹麦有大量的著作权集体管理组织,其中 COPY—DAN 就是一个典型的延伸性集体管理执行主体。COPY—DAN 成立于 1977 年,集聚并领导着七个活跃的著作权集体管理组织④和相关权利人协会。根据 19 个与政府部长签订以及 2500 个与地方政府、私营企业和机构签订的协议,COPY—DAN 为 4500 所教育

---

① 斯特夫·范贡佩:《视听档案即孤儿作品的解放困境》,IRISplus:《欧洲视听法律观察》2007(04),第1—8页。
② 莱昂内尔·莫雷尔:《数字图书馆:著作权的挑战》,第216—217页。
③ D.热尔韦斯:《著作权集体管理的角色变化》,in Gervais. 2006,第28页。
④ 分别是:TV for Mariners、Educational Copies、AV-Copies for Education、Cable-TV、Pictorial Art、Business Copies 和 Blank Tape。

机构以及所有丹麦国家机构提供服务。由于能够代表广大著作权人的利益，COPY—DAN 自然地成为著作权延伸性集体管理的执行主体。《丹麦著作权法》授予 COPY—DAN 代表所有权利人（会员著作权人和非会员著作权人）之利益与使用者签订协议，并收取和分配使用费的权力。在法律的支持下，COPY—DAN 建立了良好的行政管理、财务监督和技术运行机制，例如，由 COPY—DAN 所领导的每一个集体管理组织必须提供两名代表，组成 Joint Collecting Society 共同对 COPY—DAN 的使用费管理和分配工作进行监督，这极大地提高了 COPY—DAN 的工作效率。①

（2）芬兰

KOPIOSTO 成立于 1978 年，集聚了芬兰 45 个② 在著作权保护领域活跃的机构。根据《芬兰著作权法》相关规定，KOPIOSTO 在以下领域可执行延伸性集体管理：复制（第 13 条）、广播电视节目的记录（第 14 条）和重播（第 25 条）。③ 著作权人委托各种著作权集体管理组织对其作品进行管理，这些著作权集体管理组织再将委托转交给 KOPIOSTO。一般机构若想成为 KOPIOSTO 的成员，必须经过官方登记并上报其会员和作品保护情况。芬兰发展成熟的著作权集体管理制度为 KOPIOSTO 执行延伸性集体管理提供了有利的制度环境和基础条件，KOPIOSTO 所集聚的众多著作权保护机构，保障了其在相关领域的广泛

---

① 丹尼尔·热尔韦斯：《加拿大著作权许可制度的适用：实施问题及原则》，《为加拿大遗产部撰写的研究报告》，渥太华大学法学院，2003 年 6 月，第 53—55 页。
② 数据来源于 KOPIOSTO 官方网站最新统计，分别为：Akava – Confederation of Unions for Professional and Managerial Staff in Finland, Animation Clinic – Finnish Animation Association, Association for Local Papers Editors-in-Chief, Central Association of Finnish Photographic Organizations, Finnfoto, Elvis – The Finnish Society of Composers and Lyricists, Finnish Association of Directors of Photography in Television, Finnish Association of Science Editors and Journalists, Finnish Composers' Copyright Society Teosto, Finnish Musicians' Union, Finnish Playwrights and Screenwriters Guild, Finnish Society of Cinematographers, Forum Artis, The Joint Organization for Associations of Finnish Artists, Freelance Media Workers´ Association, Grafia-Association of Visual Communication Designers in Finland, GRAMEX, Copyright Society of Performing Artists and Phonogram Producers in Finland, Society of Swedish Authors in Finland（SFS）, The Artists' Association of Finland, The Association of Finnish Film Directors（SELO）, The Association of Finnish Illustrators, The Association of Finnish Radio- and TV Commentators, The Finnish Association of Magazine Editors-in-Chief, The Finnish Association of Non-fiction Writers, The Finnish Association of Translators and Interpreters（SKTL）, The Finnish Comics Professionals, The Finnish Critics' Association, The Finnish Union of authors writing for children, youngsters and young adults, The Guild of Finnish Editors, The Society of Finnish Composers, The Swedish speaking Actors Union of Finland（FSS）, The Union of Finnish Writers, The Union of Journalists in Finland（UJF）, Theatre, Film and Television Designers, Trade Union for Theatre and Media Finland, Union of Dance and Circus Artists Finland, Union of Film and Media Employees Finland, Union of Finnish Actors, Union of Finnish Radio and TV Journalists, Union of Theatre Directors and Dramaturgs Finland, Visual Artists´ Copyright Society KUVASTO, Publishing organisations, Finnish Association for Scholarly Publishing, Finnish Association of Technical Publishers, Finnish Periodical Publishers' Association（FPPA）, The Finnish Book Publishers' Association, The Finnish Music Publishers' Association（FMPA）, The Finnish Newspapers Association. http://www.kopiosto.fi/kopiosto/kopiosto_in_brief/en_GB/member_organisations_1/.
③ 芬兰著作权法的官方文本地址：Loi sur le droit d'auteur finlandaise, Loi n°404 du 8 juillet 1961, amendé e par la Loi n o 365 du 25 avril 1997, en ligne：http://www.unesco.org/culture/copy/copyright/finland/fr_sommaire.html.

代表性。据统计，KOPIOSTO 的会员著作权人超过 5 万人，提供服务的人群中包括 180 万位大学生、130 万位公务员、1.8 万位教堂负责人以及 443 个城市里的将近 29 万名职员和 3000 个企业。①

（3）冰岛

冰岛的著作权集体管理制度与其北欧邻国有所不同，冰岛的著作权集体管理组织必须经文化与教育部长同意才可代表著作权人利益对其作品进行管理。Fjölis 原本是成立于 1985 年的一个普通著作权集体管理组织，1992 年修订的《冰岛著作权法》第 15a 条创设了著作权延伸性集体管理制度，在这次立法改革的基础上，冰岛文化与教育部长通过发布政府规章将著作权延伸性集体管理制度扩大适用于数字领域。据此，从 1996 起，Fjölis 可以代替所有著作权人授权许可对文字作品进行数字化处理。Fjölis 可提供的数字许可证范围仅限定于与大学达成扫描协议，可提供的复印许可证的机构和部门的类型包括：国家定期支持的小学、中学、大学和所有其他教育设施、音乐学校、私立学校、中央政府行政部门、地方政府行政部门，合唱团，冰岛州教会等。服务对象共计小学 193 所、中学 35 所、大学 9 所、大约 75000 名学生、8000 名音乐学校学生及员工，约 12500 名中央政府雇员，约 13000 名地方政府雇员以及 20 个合唱团。②

3. 著作权延伸性集体管理适用于数字图书馆建设的优势

著作权延伸性集体管理模式能够有效解决数字图书馆的海量资源授权许可以及孤儿作品的授权许可问题。针对没有加入任何著作权集体管理组织的非会员著作权人以及享有著作权保护，但很难、甚至无法找到其著作权人的孤儿作品而言，通过传统的授权方式和著作权集体管理模式都无法取得开发数字资源所必需的海量授权许可。③延伸性集体管理制度可以适用于特定领域内除明文表示退出的著作权人之外的所有著作权人，这有效地解决了传统著作权集体管理组织的下列问题：无法覆盖所有权利持有人、只能被动等待著作权人加入，普及度不高导致成员数量和管理效果极其有限等。

相较法定许可，著作权延伸性集体管理制度为那些希望自己掌握对作品的控制和获取商业利益之权利的著作权人设置了"选择退出机制"。延伸性集体管理在斯堪的纳维亚国家的著作权立法中，被视作为一种比合理使用、法定许可

---

① 丹尼尔·热尔韦斯：《加拿大著作权许可制度的适用：实施问题及原则》，《为加拿大遗产部撰写的研究报告》，渥太华大学法学院，2003 年 6 月，第 58—60 页。
② 数据来源于 IFFRO. https://www.ifrro.org/members/fj%C3%B6l%C3%ADs.
③ J.F.德巴诺特：《INA 基金在其网站上所开发项目的著作权》，法国 Legipresse. n°232（2006）. 第 93—94 页。

和强制许可等限制力稍弱的著作权权利限制制度,①它并非对著作权人更为严格地限制或者对著作权人权利的弱化。与此相反,其目的在于通过发挥法定许可制度的优势提高著作权交易的效率,同时通过著作权集体管理制度加强对著作权人作品的保护与管理,并且保障著作权人获取报酬的权利和退出的权利。著作权延伸性集体管理的设置初衷在于解决大规模许可的困境,应对因著作权集体管理模式的普及程度不高,著作权人不知晓或不能轻易地被联络到或由于其他客观原因无法加入集体管理组织的情形,而不是建立一种强制性的著作权集体管理。从本质上来说,延伸性集体管理制度赋予著作权人的是一种介乎于传统集体管理制度和法定许可之间的自治性,延伸性集体管理制度仍然以私法自治原则为基础,并非以法定安排替代私人自治。

在新技术时代,信息网络技术改变了作品的传播和利用方式,大量的作品以数字化形式出现在网络。在数字图书馆资源建设过程中,海量作品的授权许可问题和公众的文化需求形成了不可调和的激烈冲突,而著作权延伸性集体管理制度能够有效缓解这一矛盾。英国于2014年10月通过立法正式确认了著作权延伸性集体管理,根据英国一份数字环境下的知识产权制度建议报告指出,解决紧迫的集中许可问题是英国引入著作权延伸性集体管理制度的关键原因。报告强调,延伸性集体管理制度可以拓宽海量作品的许可渠道,使用者会因此降低侵权风险,创作者可以因此增加经济收益,消费者也可以因此带来更好的用户体验。②美国曾试图以相关主体之间和解协议的方式提出类似的解决机制,而非立法机关的安排。在Google数字图书馆案中,Google提出的和解协议所创设的"选择性退出"(opt-out)机制③实际上是一个类似于延伸性集体管理的机制。然而美国司法部认为,案件争议是关于谷歌有没有展示它所扫描的图书片段的权利,但和解协议实际上是给予了Google在数字图书市场的垄断权,协议已经超出了案件争议的范畴。最终出于美国政府对该协议乃对集体诉讼机制之滥用的担忧,2011年3月美国纽约南部地区联邦法院法官再次驳回了已经进行了三次修改的和解协议。④虽然在Google数字图书馆案中,"选择退出机制"以一种

---

① 梁志文:《著作权延伸性集体许可制度的移植与创新》,《法学》2012年第8期。
② 熊琦:《著作权延伸性集体管理制度何为》,《知识产权》2015年第5期。
③ 根据该机制,如果出版社或制作者不想让自己的作品出现在Google的图书馆计划中,则必须向Google提交申请,要求Google将其作品从图书馆计划中移除,并给予一定赔偿。如果未提出删除申请的,则被视为同意加入图书馆计划,日后美国不能再对Google提起诉讼,Google也不给于赔偿,但是日后会分享图书收入利益。
④ 詹姆斯·萨默斯:《点燃亚历山大现代图书馆》,《大西洋月刊》,2017年4月20日。

和解协议的形式出现,并没有上升至普适性规则和法律制度的层面,但是著作权延伸性集体管理的理念已经开始植根。

(三)构建面向数字图书馆著作权延伸性集体管理制度的具体内容

域外法律制度的移植,不能仅仅只是对域外法律规则的形式再现,而是要在研究其法律理念的基础上实现文化再造。[①]为保障延伸性集体管理制度能够充分发挥效用,既满足社会大众对信息资源的文化需求,又维护著作权人的合法权益和经济利益,从而实现著作权利益平衡,我国引入面向数字图书馆的著作权延伸性集体管理制度必须进行本土化考量,首先完善我国的著作权集体管理制度,继而进行具体的制度搭构。

1. 我国引入延伸性著作权管理制度的争议厘清

随着数字作品的传播和数字版权产业的发展,著作权延伸性集体管理的概念引起我国理论界的关注,支持和反对的声音各执一边。有观点认为延伸性集体管理制度未经非会员著作权人的同意就发放许可证的行为是对著作权私权属性的颠覆,是对私法自治和信托基本原理的违反。[②]笔者认为,著作权法的根本目的在于通过增加全社会的知识总量进而增进社会福利,作者价值的实现应体现在社会总体价值的增长之中。延伸性集体管理制度保留了作者的获取报酬权和选择退出的权利,秉持了私法自治的前提基础,并结合信息网络传播的特点和数字版权产业发展的需求提出了一种全新的著作权管理机制。还有观点认为,我国移植延伸性集体管理制度具有一定的合理性,延伸性集体管理制度便于作品的利用,也有利于保护非会员著作权人的利益。[③]笔者对此观点表示赞同,传统的著作权许可模式和著作权集体管理模式无法满足网络环境中大量的作品使用之需求,不仅取得集体管理组织会员著作权人的授权许可需要耗费大量成本,取得非会员著作权人的许可更是难上加难。著作权延伸性集体管理可以大大提高授权许可的交易效率,减少交易成本,更加快速且确定地为数字图书馆提供范围更加广泛的作品许可证。同时,延伸性著作集体管理制度可以极大地保障非会员著作权人权利并促进其经济利益的实现。

上文已经论述,我国的著作权集体管理制度存在着运行模式不成熟、认可度

[①] 吴汉东:《知识产权法律构造与移植的文化解释》,《中国法学》2007年第6期。
[②] 蒙柳:《数字图书馆的版权许可问题及对策》,《当代经济》2010年第17期。
[③] 胡开忠:《构建我国著作权延伸性集体管理制度的思考》,《法商研究》2013年第6期。

不高的问题，因此受保护的范围仅限于极少数的会员著作权人。在我国数字图书馆的实际建设中，要取得非会员著作权人的许可，除却高昂的许可费，还包括高昂的间接成本，如资源收集建设小组的工资及日常经费等。并且当一部作品之上具有多重权利人时，取得授权许可的难度就更高，其成本更大。因无法寻找到权利人且囿于潜在侵权之风险，大量的孤儿作品无法被数字化开发，使得我国丰富的优秀作品被尘封，阻碍了创造性的激发和社会的进步。引入延伸性集体管理制度将使公众接触到更多的优秀作品，非会员著作权人也将享有与会员著作权人同等的待遇和保护，不仅可以增强对著作权人权益的保护，还可以有效地遏制侵权行为的发生。此外，通过设置"选择退出机制"，给以著作权人自决权，当著作权人明确表示不希望通过著作权集体管理组织管理其作品并行使其权利时，著作权人可以明文申请退出。

2. 构建我国面向数字图书馆著作权延伸性集体管理制度的前提

域外制度的本土化，不仅要考虑该项制度在域外适用的成败得失，还要考量我国是否具备引入该项制度的法制土壤，以及我国是否具有与该制度相配合的硬件设施和人文环境。倘若不顾及社会发展基础和现有制度体系的客观现状而仓促引入，不仅不能发挥制度的最优价值，还有可能引发负面效应。相比较立法所要规制的风险，引入一项制度本身也是具有风险的。2005年我国《著作权集体管理条例》的出台加快了我国著作权集体管理组织的建设步伐，但我国长期存在着著作权集体管理组织公众认可度不高，缺乏代表性等问题。主要原因在于：第一，我国集体管理组织是由政府在缺乏市场动力的背景下，为增强集体管理组织的市场支配力通过立法形式所构建的；第二，为了解决大规模著作权许可的乱象，快速实现集中许可制的构建，我国著作权集体管理组织的成立跳过了冗长的市场博弈过程，直接通过政府干预形成了统一的许可机制。[①]这种做法有效地解决了我国著作权交易市场形成初期由于著作权交易媒介缺失所导致的困境，但是在著作权交易模式和产业样态日趋多样化的境况下，并非由权利人真正控制的集体管理组织因缺乏代表性易形成行政垄断，从而导致其怠于关注各方意见。

笔者认为，延伸性集体管理制度在解决数字图书馆资源建设海量许可问题上固然有其优势，但是引入面向数字图书馆的著作权延伸性集体管理制度，首

---

① 熊琦：《著作权延伸性集体管理制度何为》，《知识产权》2015年第5期。

先要完善我国的著作权集体管理制度，这并不是对延伸性集体管理制度的摒弃，而是为其培植制度土壤。延伸性集体管理制度的构建初衷乃秉持私法自治之基本原则，并在此基础上进行补充，相关主体之间的意思表达并非被取消，而是在其他环节得以体现。

3. 构建面向数字图书馆著作权延伸性集体管理制度的具体方案

（1）指定实施延伸性集体管理制度的主体

根据《瑞典著作权法》第42a条之规定，延伸性集体管理制度要求其实施主体为必须能够代表足够数量的权利人之利益的著作权集体管理组织。由此可见，能够执行延伸性集体管理的著作权集体组织应受到严格的条件限制。代表数量足够多的权利人指该著作权集体管理组织在特定领域内所能代表的权利人在全部权利人中占有十分重大的比例。[①]延伸性集体管理制度所要建立的模式不仅及于会员著作权人，还涉及非会员著作权人，因此其执行主体必须受到严格限制，必须能够代表多数著作权人的利益，反映多数著作权人的意志，它必须是专业且高效率的、具备专业团队和专业业务素养的组织。据此，可由相关国家政府机构，例如国家版权局指定集体管理组织来执行延伸性集体管理。

（2）将适用范围严格限定为公益性数字图书馆的数字化资源建设

延伸性集体管理制度实质上是一种著作权限制制度，是介于法定许可和合理使用之间的一种折中办法，既弥补了合理使用中将营利性数字图书馆排除在外的缺陷，又阻止了法定许可对私法自治的完全侵蚀。延伸性集体管理制度应和合理使用与法定许可一样，只能适用于与公共利益相关的公益性事业。根据《丹麦著作权法》的规定，延伸性集体管理制度可以适用于公共图书馆、档案馆、博物馆为非商业目的进行的复制。公益性数字图书馆[②]属于公共文化服务机构，与公共利益有着密切的关联，将延伸性集体管理制度适用于公益性数字图书馆的建设，有利于促进数字图书馆的建设，维护社会公共利益。

（3）详细规定著作权人的"选择退出机制"

针对不愿意加入集体管理制度中的非会员著作权人利益的保护，应确保其享有自决权、获取报酬权以及选择退出的权利。为了保障著作权人以上权利的实现，著作权集体管理组织应加大宣传，通过多方媒体渠道，使著作权人获悉作

---

① 斯特夫·范贡佩：《视听档案即孤儿作品的解放困境》，IRISplus：《欧洲视听法律观察》2007（04），第4页。
② 公益性数字图书馆是指为保障公民的基本文化权利、缩小社会文化鸿沟，不以营利为目的，主要由国家财政支持，以追求社会效益、服务社会大众为目的的数字图书馆，这种数字图书馆免费向用户提供部分数字资源，或对用户进行实名制等分级注册管理，或对一定局域网内的特定用户进行个性化服务。

品被使用的情况,然后作出是否退出的选择,并且退出程序应尽可能地方便、快捷。

(4)确立公平合理的许可使用费收费标准、收取和分配办法

对于非会员著作权人而言,确立公平合理的许可使用费收费办法和分配机制是保障其经济利益的关键。因此,在构建延伸性集体管理制度过程中,应充分考虑非会员著作权人的利益,给予会员著作权人和非会员著作权人平等的待遇。孤儿作品著作权问题是我国数字图书馆建设中的一项严峻挑战,例如我国自2012年启动的"民国时期文献保护计划"①实施过程中,不可避免涉及大量孤儿作品的使用问题。我国《著作权法(修订草案送审稿)》第五十一条是针对孤儿作品数字化使用的专门条款,采用了"使用者勤勉查找+指定公共机构审批+使用费提存"的模式,②但是该条只进行了框架性规定,具体操作未予说明。就实践来看,一方面我国著作权登记制度的缺失和著作权信息的匮乏给使用者查找带来一定困难;另一方面,找到孤儿作品权利人的概率往往较低,一律付费使用的做法将提高公益性数字图书馆的建设成本。笔者建议根据我国具体情况就权利人查找方式、公共机构审批方式和使用费计算、支付方式进行适应性变通。使用者可通过以下途径展开"勤勉查找":搜索现有著作权登记系统、查找作品复制件上的相关联系人、公告,所查资料应建档留存。在公共机构审批时,针对公益性数字图书馆可采取备案制,即公益性图书馆需向指定公共机构备案,就查找著作权人和孤儿作品使用等情况进行说明,继而直接使用作品。在使用费计算和支付方面,使用者需留下可靠联系方式,一旦著作权人出现,在对使用行为进行合理甄别的基础上决定付费与否。若使用属于合理使用范畴,则无须付费;若使用不构成合理使用,则应及时按照法律规定标准支付费用。此外,指定公共机构应建立孤儿作品登记制度,对孤儿作品的查找和使用情况以及最新查找标准及时进行网上公示。

我国目前的著作权集体管理制度存在着诸多缺陷,无法有效应对信息网络技术带来的挑战。为解决数字图书馆资源建设中的海量许可问题,应结合我国数字图书馆建设与发展的实际需求和数字技术的特性,引入面向数字图书馆的

---

① 民国时期文献保护计划,民国时期文献保护网。http://mgwxbh.nlc.cn/bhjh/mgwxbhjh/。
② 《著作权法》第三次修订草案送审稿第五十一条规定:著作权保护期未届满的已发表作品,使用者尽力查找其权利人无果,符合下列条件之一的,可以在向国务院著作权行政管理部门指定的机构申请并提存使用费后以数字化形式使用:(一)著作权人身份不明的;(二)著作权人身份确定但无法联系的。前款具体实施办法,由国务院著作权行政管理部门另行规定。

著作权延伸性集体管理制度。在此之前，必须首先完善我国的著作权集体管理制度。始终重视私权保护和私法自治的基本原则，增加集体管理组织的数量与类型，建立准确、公开、科学的许可费分配机制。在此基础上进一步构建面向数字图书馆的著作权延伸性集体管理制度，从而推动我国数字图书馆的建设与发展。

四、构建针对数字作品传播的信息网络传播权权利穷竭制度

随着数字时代的到来，为满足日益加快的社会节奏和日益旺盛的社会需求，越来越多的作品以数字形式在网络上进行交易和传播开来。数字技术在促进作品自由流通的同时，也伴随着著作权侵权的风险。但是对著作权给予过强的保护，又将影响数字版权产业的发展和作品的传播。能否在数字环境中适用针对传统发行权设计的限制制度——首次销售原则，成为二手数字作品市场之生存所必须解决的问题。美国与欧盟法院就此议题在各自判决中均表达了立场，就美欧判例的不同态度进行分析，对填补我国数字作品转售行为在法律制度方面的空白具有重要的制度建构意义。

（一）我国数字作品转售立法现状

我国著作权立法中没有明确提出规制作品转售行为的首次销售原则，但在学术理论和司法实践上对发行权首次销售原则并无分歧。笔者选取中国裁判文书网、北大法宝、北大法意、无讼案例等裁判文书数据库，以"权利穷竭""权利用尽""首次销售原则"和"发行权一次用尽原则"为关键词进行检索，得到相关主题知识产权案件共 101 件。在这些案件的判决中，法官大多对发行权首次销售原则予以了承认，[①]但在具体适用该理论时，由于我国著作权法没有明文规定，因此法官只有在相关的法律条文中找寻法律依据，时有发生法律依据不统一、不恰当的情况。以（2013）赣中民四初字第 96 号判决书为例，在该判决书中，法官肯定了著作权权利穷竭理论，但由于我国没有就发行权首次销售原则

---

① 囿于篇幅，笔者于此处列举经典案例 8 则：（2013）赣中民四初字第 96 号、（2013）筑知民初字第 126 号、（2014）黔高民三终字第 7 号、（2003）鄂民三终字第 18 号、（2012）沪一中民五（知）终字第 312 号、（2012）徐民三（知）初字第 15 号、（2016）苏 05 民终 6718 号、（2016）浙 0108 民初 2827 号。在以上案例的判决中，法官均承认了发行权首次销售原则的适用，在判决书中或采用"首次销售原则"，或采用"发行权一次用尽原则"，或采用"著作权权利穷竭"等字样。

作出明文规定，法官在找寻理论依据时，将《著作权法》第四十三条第二款的法定许可情形之一解释为著作权权利穷竭理论的体现。①该做法存在明显不当，著作权权利穷竭只涉及著作权产品，并不涉及著作权本身。又如在（2003）鄂民三终字第18号判决书中，法官在审理美术作品原件首次销售后著作权人权利是否穷竭的问题时，援引《著作权法》第十八条的规定，指出著作权人的展览权在原件出售后穷竭。②此外，我国著作权法没有针对发行权首次销售原则的法律条文，但在1992年9月国务院颁布施行的《实施国际著作权条约的规定》第十四条，针对出租权是否穷竭作出了明文规定，根据规定，在著作权的发行权穷竭后，出租权并未穷竭。③

综上所述，我国著作权立法中没有针对实体作品发行权之首次销售原则的明文规定，针对数字作品转售的法律规制更是空白。这直接导致司法实践缺乏法律依据或者法律依据不恰当、不统一的情形，严重损害了司法审判的权威性和确定性。

（二）数字环境下首次销售原则适用之域外司法实践

虽然针对数字作品转售问题我国法律没有明文规定，但是欧美司法实践早已有前车之鉴，针对首次销售原则可否适用于数字作品转售行为之中，欧盟司法实践态度不一，或认为数字作品转售因侵犯了复制权而不应使用首次销售原则，④或认为无须区分传统有形载体和数字无形载体的传播，应同样适用首次销售原则。⑤

---

① 原文参见（2013）赣中民四初字第96号判决书：根据知识产权"权利穷竭"理论，当知识产权人或其许可的人将产品合法投入市场后，其他人再次分销的行为不受权利人的控制，即不需要征得权利人同意。但适用"权利穷竭"理论应有法律的明文规定。《著作权法》第四十三条第二款规定："广播电台、电视台播放他人已发表的作品，可以不经著作权人许可，但应当支付报酬。"该规定即是著作权"权利穷竭"理论的体现。
② 原文参见（2003）鄂民三终字第18号判决书：根据《著作权法》第十八条规定，一件美术作品原件所有权的转移，不视为作品著作权的转移，但美术作品原件的展览权由原件所有人享有……晴川公司取得了壁画原件的所有权及展览该原件的展览权，其如何行使或是否行使上述两项权利既无合同约定，也无相关的法律规定，只要晴川公司不违反《民法通则》第六、第七条、第七十一条和《著作权法》第十八条的相关规定，作为美术作品原件的所有人，在法律规定的范围之内全面行使其上述支配美术作品原件的权利时，就应享有排除他人干涉、不受限制的权利。
③ 《实施国际著作权条约的规定》第十四条：外国作品的著作权人在授权他人发行其作品的复制品后，可以授权或者禁止出租其作品的复制品。
④ Capitol Records LLC v. ReDigi Inc., No. 12-cv-95（RJS）, F. Supp. 2d 640-661（S.D.N.Y. March 30, 2013）. （本案例的案卷编号）
⑤ CJEU, 3 juillet 2012, UsedSoft v. Oracle, C128/11. （本案例的案卷编号）

1. 美国法院：首次销售原则不适用于数字环境

在美国国会唱片公司诉瑞迪基公司（Capitol Records v. ReDigi）案①中，瑞迪基公司的经营业务是在数字领域为用户提供进行数字音乐作品复制件转售的交易平台，并从成交额中提取一定比例的佣金。瑞迪基公司通过建立云储存交易平台，使用户可以通过其提供的特定软件"媒介经理"扫描并识别用户电脑内的数字音乐复制件是否属于在苹果数字商店（iTunes）上合法购买的商品，若符合标准，用户则可以将该数字音乐作品复制件放置到瑞迪基公司提供的云储存中进行销售，如果经过软件识别该作品复制件是从其他途径下载，则被认为是不适合再次出售的。一旦用户选择将文件售出，软件通过"上传+删除原复制件"技术将出让人储存设备中的数字音乐作品复制件永久删除，出让人不得再接触该特定音乐文件。原告美国国会唱片公司认为被告瑞迪基公司的这一系列行为构成了版权法意义上的复制和发行，因此侵犯了其版权。瑞迪基公司以合理使用提出对复制权侵权的抗辩，以首次销售原则提出对发行权的抗辩。美国联邦地区法院于2013年3月30日作出判决否定了被告的抗辩。

首先，美国联邦地区法院从出卖人上传数字作品复制件到瑞迪基公司的服务器和买受人从瑞迪基公司的服务器下载数字作品复制件到个人储存设备这两个行为的性质分析，指出这两个行为的发生即告数据复制的开始，这两个行为的完成表明一个新的复制件被创造了出来，而原始文件仍然存在于出卖人的储存设备之中，导致该原始文件不复存在的是"媒介经理"软件之后的删除行为，并不是原始文件本身的转移。因此数字作品转售的行为侵犯了原告的复制权。针对被告提出的合理使用的抗辩，法院从《美国版权法》第107条的合理使用四要素分析得出，合理使用不能为被告提供侵犯复制权行为的正当性抗辩。

其次，基于美国联邦地区法院已经认定瑞迪基公司的行为侵犯了美国国会唱片公司的复制权，因此首次销售原则不能成为涉案侵权行为的抗辩。法院认为，用户不可能将其持有的"特定的复制件"放到瑞迪基公司提供的云储存交易平台上销售，瑞迪基公司并不是使用户获得特定的物质载体，而是使用户获得了在新的物质载体上复制的权利。换言之，首次销售抗辩仅仅局限于物质载体。

法院还强调，有物质载体的作品复制件会随着时间和使用逐渐损耗，购买一

---

① Capitol Records LLC v. ReDigi Inc., No. 12-cv-95（RJS），F. Supp. 2d 640-661（S.D.N.Y. March 30, 2013）.（本案例的案卷编号）

个已经使用过的复制件总是不如新的那么有吸引力。数字信息则不具有损耗性,可以很完美地被复制到接收者的电脑中,这个"被使用过的"复制件就会像新的一样令人渴望。时间、空间、损耗、成本不再成为文件移动的障碍,因为数字复制件可以几乎在瞬间被传送到全世界的任何一个角落而花费最少的努力和可以忽略不计的成本。在数字世界里,"被使用过的"复制件比有形载体复制件的市场竞争力更加强大,也将对其带来更加严峻的风险与挑战。因此发行权首次销售原则不能适用于数字环境中。

2. 欧盟法院：数字作品转售适用首次销售原则

在欧盟的甲骨文公司诉用软公司（UsedSoft v.Oracle）案[①]中,甲骨文公司是一家致力于研究并发行计算机程序的公司,用户与甲骨文公司签订许可合同后便可以直接使用电脑在甲骨文公司的网站下载计算机程序复制件。许可合同中涉及的使用权包括在服务器上永久储存程序复制件,并使一定数量的用户（最多只允许 25 名）进入到服务器下载该程序复制件到个人工作站的记忆库中。

用软公司的业务是贩卖计算机程序的二手许可。2005 年 10 月起,用软公司的网站推出一款名为"甲骨文公司特价"的商品,主要贩卖从与甲骨文公司签订许可合同的一手用户手中取得的超出其个人需求的计算机程序复制件的多余用户名额,并向顾客声明所涉许可仍然有效,许可来源的合法性有公证书予以确认。据此,用软公司的客户在未取得甲骨文公司的计算机程序复制件,即未在甲骨文公司的交易平台上取得计算机程序使用许可的情形下,可在用软公司的交易平台上购买二手许可后,直接在甲骨文公司的网站下载该计算机程序。

甲骨文公司向慕尼黑第一中级法院提起起诉,请求判令用软公司停止上述行为,法院支持了甲骨文公司的主张。用软公司在败诉后向慕尼黑高级法院提起上诉,上诉请求被驳回。上诉法院认为,用软公司的行为侵犯了甲骨文公司依据《欧盟 2009/24/EC 号计算机软件保护指令》（以下简称《计算机软件保护指令》）第 4 条第 1 款[②]所享有的独占性复制权。随后用软公司向德国联邦最高法院提出再审请求,德国联邦最高法院将本案提交欧盟法院请求释明。

德国联邦法院提出的问题主要有三个：第一,不具有著作权人授予的计算机程序复制件使用权的用软公司的客户,可否以计算机程序复制件发行权穷竭为

[①] CJEU,3 juillet 2012,UsedSoft v. Oracle,C128/11.（本案例的案卷编号）
[②] 《欧盟 2009/24/EC 号计算机软件保护指令》第 4 条第 1 款。

不侵权抗辩，主张其为《计算机软件保护指令》第 5 条第 1 款[①]意义上的"复制件的合法受让人"？第二，如果上述回答是肯定的，那么当甲骨文公司的用户在取得甲骨文公司授权后，通过从网上下载程序取得复制件，是否意味着依照《计算机软件保护指令》第 4 条第 2 款计算机程序复制件的发行权即告穷竭？第三，如果以上回答是肯定的，那么二手许可买家可否同样依《计算机软件保护指令》第 4 条第 2 款[②]和第 5 条第 1 款，在一手买家取得权利人授权从网上下载复制件，并在转售之后将复制件删除或者不再使用的情况下，同样主张计算机程序复制件发行权穷竭？

欧盟法院于 2012 年 7 月 3 日作出裁决，就上述问题给予答复：（1）客户在支付与计算机程序复制件经济价值相当的对价后，即从计算机程序权利人处被授予了无期限限制地使用该程序复制件的权利，根据《计算机软件保护指令》第 4 条第 2 款的规定，权利人对该程序复制件的发行权穷竭。（2）该计算机程序复制件的二手买家或任何在后受让人均可被视为《计算机软件保护指令》第 5 条第 1 款意义上的程序复制件合法受让人，从而根据《计算机软件保护指令》第 4 条第 2 款主张发行权穷竭。

欧盟法院首先从"销售"的界定出发，指出客户下载计算机程序复制件和签订使用许可合同这两个行为都是基于复制件这一个标的物之上，甲骨文公司将计算机程序复制件投入流通和签订使用许可合同旨在使其客户可以永久地、在支付价款后使用复制件。因此，当著作权人将计算机程序复制件转移给客户，并且双方签订使用许可合同，则构成计算机程序复制件的首次销售，以上两个行为应该被视作一个整体，最终导致了所涉计算机程序复制件所有权的转移。法院进一步指出，计算机程序复制件所有权的转移导致其发行权穷竭。计算机程序复制件的转售也意味着使用许可的转售，据此，二手买家及之后的所有买家均被视为计算机程序复制件的合法受让人，都可以主张发行权穷竭。此外，法院强调为了防止对权利人复制权的侵犯，无论是物质载体还是非物质载体的复制件，一手买家应在转售后不再使用复制件或使复制件不能再被使用。虽然这在

---

① 《欧盟 2009/24/EC 号计算机软件保护指令》第 5 条第 1 款。根据《计算机软件指令》第 5 条第 1 款规定：除合同另有约定除外，如果计算机程序的复制是合法受让人在使用计算机程序时的必要复制，且在使用时符合程序的设计目的，包括以修正错误为目的的必要复制，则不要求取得权利人的授权。

② 《欧盟 2009/24/EC 号计算机软件保护指令》第 5 条第 1 款。根据《计算机软件指令》第 4 条第 2 款规定：程序复制件在欧共体内有权利人亲自或经由权利人同意后进行首次销售后，该复制件的发行权在欧共体内用尽，权利人控制程序复制件的出租权除外。

现实中很难实现，因为很难验证一手买家是否留存复制件，是否在转售后有继续使用，为了解决这一问题，法律允许权利人采取诸如安全秘钥等技术保护措施。

根据欧盟法院作出的回复，德国联邦最高法院于2013年7月20日作出判决[3]支持了用软公司的请求，法院认为被许可人支付金钱对价后获得对计算机程序复制件无期限限制的使用权，依据《德国著作权法》第69d条第1款该复制件发行权穷竭，且在后二手买家使用该复制件的权利不得被任意排除。

由上可见，对数字环境下首次销售原则的适用，美国和欧盟做出了不同的选择。当前，我国正在进行《著作权法》的再次修改，二手数字作品交易的兴起将对数字出版产业带来重大且深远的影响，深入讨论该问题具有重要的理论价值和实践意义。首次销售原则能否适用于数字环境，数字作品转售行为的性质为何，数字作品转售行为是否合法，如何促进数字环境下作品的传播，都是值得我们深入研究并且从立法上予以解决的问题。

（三）数字环境下首次销售原则的适用困境

如果说首次销售原则的设立使有用的知识在社会中得到持续的传播，这仅仅只是该规则制定所期待达到的法效果，而非制定一项法律规则的根本原因。在法律法效果规定的背后，隐藏着一个定义或一种类型描述。①因此，要解决首次销售原则能否在数字环境中适用之疑问，必须要厘清首次销售原则的法理基础和产生原因。

1. 首次销售原则仅适用于传统的发行权

著作权法最初的保护内容是作品的印制权和重印权，著作权的起源与发展有赖于对作品附着于有形物质载体的呈现。传统著作权法关注的核心是复制权，体现了"复制权中心主义"，著作权其他权项的设置都是围绕复制来展开，发行权的设立也是基于复制权而产生。《保护文学艺术作品伯尔尼公约》也并未明确设定发行权，而是以"出版"一并规制了复制与发行行为。②基于此，许多国家未明确对发行权进行规定，或是选择将复制和发行合并作一权项规定，或是将发行权隐含在复制权之中。究其原因，在传统的复制技术条件下，作品权利

---

① [德]卡尔·拉伦茨：《法学方法论》，商务印书馆2015年版，第139—140页。
② 《伯尔尼公约》第3条规定，出版是以复制件的制作方式向公众传播作品，并且复制件的发行在数量和方式上必须满足公众的合理需要。

人授权出版商将作品呈现在物质载体上并复制一定的数量，这一系列行为本身是为发行作品而为，复制和发行往往一并发生，仅仅只是制作作品复制件而不发行是毫无意义的。

然而仅设复制权，不对发行权作规定，将会产生另一种困境。设立传统复制权的最初设想是，作者复制作品必定是为了发行，这两个行为具有牵连性，因此作者授权出版作品则表示其本身具有发行作品复制件的意愿。如果将"复制"和"发行"分离来看，作者许可他人制作若干复制件单纯只为个人收藏，并没有发行该复制件的意思表示，他人在获得作者授权复制却没有授权发行的情况下将作品复制件对外出售，那么作者该如何寻求法律上的救济？此时要解决的问题是，该如何规制他人未取得权利人同意将作品复制件投入流通并损害了后者经济利益的行为。为此，法律设立"发行权"以解决该问题，一方面对复制权的行使给予补充，另一方面对著作权人提供更加充分的保护。这样一来新的问题又出现了，在取得著作权人许可将作品复制件投入市场后，如果作者对复制件后续的转售仍然主张其发行权，则偏离了发行权的设立是对复制权的补充这一初衷，最终演变为著作权人对买受人就作品复制件所有权和有形财产合法流通的干涉，导致发行权与所有权之间的冲突。为了对发行权的行使进行补充，法律又设置"首次销售原则"，在保证了著作权人从其作品复制件的发行中获得合理对价后，使其不得再干涉复制件之后的转售行为，发行权穷竭的问题只涉及对作品原作或复制品的不断销售的监督。①具言之，首次销售原则实质上是对作品原件和复制件所有权的确认，是对发行权和所有权冲突问题的处理，它并不是著作权法一种独立的限制制度，而是针对发行权的行使作出的必要补充和合理解释。

2. 数字作品转售行为的性质不属于发行行为

数字作品转售行为是否属于传统意义上的作品发行行为，学界观点不一。肯定的观点有"买卖交易说""下载说"和"所有权转让说"。"买卖交易说"认为，数字作品提供商将著作权人的数字作品放置于服务器平台供用户付费下载，用户在支付对价后，将数字作品从提供商的服务器下载至个人存储设备中，这一过程的结束即告买卖交易的完成。依此看来，信息网络传输行为与传统的发行行为并无实质差别，完全可以确定数字转售行为仍然属于著作权法意义上的发行行为。②"下载说"将数字作品的传输方式分为"在线不下载"和"下

---

① [西班牙]德利娅·利普希克：《著作权和领接权》，联合国教科文组织中国对外翻译出版公司2000年版，第138页。
② 何炼红、邓欣欣：《数字作品转售行为的著作权法规制》，《法商研究》2014年第5期。

载",指出只有在"下载"的情况下才产生作品的数字复制件,因此只有在"下载"的情况下才适用首次销售原则。①"所有权转让说"认为,发行权的核心特征在于作品原件或复制件的"所有权转让",无关乎作品载体是有形还是无形,数字环境中的发行必然含有转让作品复制件所有权的意思表示,其受众可以通过取得复制件无限期地自主享受作品内容,因此数字作品转售行为受发行权调整。②笔者认为,以上三种观点均在一定程度上忽略了信息传输行为的技术属性,怠忽了数字作品的传输、下载与传统意义上的作品复制件所有权转移之间存在的本质技术性差别。认为数字作品转售行为不属于传统发行行为的观点则更加注重对信息网络传输行为技术细节的细致辨析。例如,有学者指出下载行为所引起的作品传输方式是单一且终极的,即该行为只能导致下载者一人获得作品复制件,而并不是服务器的控制者面向公众进行的主动复制;③凡数字作品的传输必然首先涉及复制,一旦数字文件开始传输,数据就从原先的储存设备复制到另一储存设备中,最终受让人得到的复制件并非原始服务器中的特定件。④因此,网络传播行为与传统的发行行为有着显著的差别,不可将二者等同视之,数字作品的转售不属于发行权调整的范围。

对于发行权与信息网络传播权之间的关系,各国立法持有不同立场。美国版权法未就信息网络传播行为作单独立法,而是通过发行权和司法判例来弥补这种立法缺失。欧盟与世界知识产权组织持不同意见,根据《世界知识产权组织版权条约》(以下简称《版权公约》)第 6 条⑤和《欧盟信息社会版权指令》"重述"第 28 条的规定⑥,发行权只适用于有形载体,"重述"第 33 条指出,发行权权利穷竭不适用于网络环境中。欧盟国家的判例也表明,发行权只涉及以书籍、唱片、磁带、CD 盘等有形样本呈现的作品⑦,权利穷竭只针对发行权,复制权不可穷竭。⑧基于这一前提,数字作品的网络传播不属于发行权的调整范畴,法

---

① 梁志文、蔡英:《数字环境下的发行权穷竭原则——兼评欧盟法院审理的 Oracle 公司诉 UsedSoft 公司案》,《政治与法律》2013 年第 11 期。
② 何怀文:《网络环境下的发行权》,《浙江大学学报(人文社会科学版)》2013 年第 9 期。
③ 王迁:《论网络环境中发行权的适用》,《知识产权》2001 年第 8 期。
④ 管育鹰:《版权领域发行权用尽原则探讨》,《法学杂志》2014 年第 10 期。
⑤ 《世界知识产权组织版权条约》第 6 条。
⑥ Le 28e considé rant de la directive de 2001 sur la socié té de l'information.《欧盟信息社会版权指令》"重述"第 28 条指出:本指令所实施的著作权保护包括控制被纳入物质载体的作品之发行的独占性权利,实际上这是一种对作品有形复制件的发行的专有控制权。
⑦ Pour la mise en ligne de fichiers musicaux TGI Paris, 3e ch., 23 mai 2001; Gaz. Pal. 2002, 2, somm.p.1661, obs.Noguier.(本案例的案卷编号)
⑧ TGI Paris, 3e ch., 30 juin 2009; Propr. Intell. 2009, p.373, obs.A. Lucas/ CA Douai, 6e ch., 26 janv. 2009, pré c. Note 237.(本案例的案卷编号)

律未明确将数字发行纳入发行权的定义之中。那么，数字作品的转售是否符合发行的构成要素，发行权又能否适用于数字环境？笔者认为，回答这些问题还需澄清和阐明发行权的内涵与外延。

根据《版权公约》第 6 条的规定①，发行权是指著作权人向公众提供作品原件或复制件的权利。发行权的要件包括：（1）发行权的客体为作品原件或者复制件，通常要求在物理上是有形的；（2）发行行为的提供方式要求公众转移该原件或者复制件的物理载体的所有权；（3）发行行为不包括复制行为，发行权和复制权是两个独立的概念。

针对发行权之"原件和复制件"的解释，1976 年《美国版权法》第 102 条第 1 款指出，版权保护的条件之一是作品被固定在有形表达载体之上。②《版权公约》第 6 条和《世界知识产权组织表演和录音制品条约》第 8 条分别对作者、表演者和录音制品制作者的发行权作出了规定，并在条约所附的声明中指出，条文中"原件和复制件"专指可作为有形物品投放流通的固定的原件复制品。③可见，"固定"和"有形载体"均为判断是否构成发行权中复制的要件。基于以上规定，对于"固定"和"有形载体"的解释，学界主要持两种观点：一种观点认为发行权中所指的"固定"，其对象为有形物体，只能是有形的复制件，通过互联网来传输的权利属于著作权人的另一项独立权利，不能纳入发行权之列。④依此观点，"固定"和"有形载体"应结合起来，缺一不可。另一种观点认为固定是指作品可以以稳定的方式在一段持续的时间范围内被呈现、复制和传输，只要作品被固定，有形的复制件就已形成，"有形物"不一定仅指复制件必须从物理形态上具有形状或体积，而是指复制件满足了"固定"的要求，据此，网络传输可以被包括在发行权之中。⑤该观点将"固定"看作是"有形载体"的构成要件，认为如何解释"固定"才是"有形"存在的前提。事实上，"固定"与"有形载体"都是对发行权客体"复制件"的修饰，该观点割裂了"有形载体"和"复制件"这两个概念之间的关系。

笔者认为，数字作品的转售不属于发行权的范畴，将发行权扩大适用于数字

---

① 《世界知识产权组织版权条约》第 6 条规定：发行权指文学和艺术作品的作者应享有授权通过销售或其他所有权转让形式向公众提供其作品原件或复制品的专有权。
② 《1976 年美国版权法》第 102 条第 1 款。
③ 《世界知识产权组织表演和录音制品条约》第 2 (e) 条、第 8 条、第 9 条、第 12 条和第 13 条；《世界知识产权组织版权条约》第 6 条和第 7 条。
④ 吴汉东：《无形财产权基本问题研究》，中国人民大学出版社 2013 年版，第 274 页。
⑤ 薛红：《纳入版权保护体系的网络传输》，《中国法学》1998 年第 3 期。

环境中的信息传输是不恰当的,理由如下:

第一,从语义上来看,《版权条约》对第 6 条和第 7 条所附的声明原文中所用"fixed copies"应理解为固定件或特定件,这里的"fixed"应作形容词"固定的"或"特定的"理解,而非动词"固定"理解。声明中所述"固定的"和"有形的"均是对流通媒介的修饰,将"固定"的对象限于有形物体更符合条文的原意,而将"固定"和"有形载体"理解为补充关系是不恰当的,"固定"并不是"有形载体"的修饰,两者之间应是"和(and)"的关系。"图书"不是著作权法保护的原创作品,它只是原创作品得以表达和呈现的载体或复制品,作者创造出具有独创性的作品,然后通过各种形式的有形载体或复制品将作品表达出来,并投入流通,可利用的复制品形式包括有图书、磁带、微缩胶片、CD 盘等。有的原创作品可能没有能够体现它的复制品,有的复制品体现的也可能不是原创作品,因此,独创性作品和有形载体必须通过固定的方式融合在一起,才能形成发行权中所述的"原件或复制件"这一客体。由此看来,将"固定"理解为是对"有形载体"的修饰,认为只要作品被固定,有形的复制件就已形成,从而将信息传输纳入发行权的内容中是不成立的。

第二,从历史上看,版权法中设立"固定"的要件旨在保护信息的稳定长久交流。根据美国的版权保护制度,作品的固定是一个必要条件。最初的版权法所提及的"固定作品的物质载体"使人联想到作者与受众相对直接交流的传播媒介。[①]根据这一观点,没有直接的交流材料则不受到版权法的保护,因此只有在作品被纳入一定的有形物上并可以普遍地被公众所感知的情形下,作品才受到版权法的保护。针对"固定"这一概念,最早的系统性阐释见于 1908 年美国最高法院"怀特史密斯"案的判决中,美国最高法院基于对"复制品"的狭义理解认为,"固定"仅限于人可以感知或者阅读的复制品。[②]直到 1976 年《美国版权法》对"作品的固定"有了更加明确和完整的规定。《美国版权法》第 102 条第 1 款规定,受保护的作品必须是被固定在有形表达载体之上的作品,该载体可以是"已知的或以后发明的",只要该作品"能够被感觉、复制或采用直接或接触机器或装置被交流",就可以被认定为"固定"。作品的固定主要包括两种形式,分别为复制品和唱片。针对"复制品"的解释,《美国版权法》第 101 条将

---

① [美]罗伯特·P.墨杰斯等:《新技术时代的知识产权法》,齐筠等译,中国政法大学出版社 2003 年版,第 293 页。
② 李明德:《美国知识产权法》,法律出版社 2014 年版,第 255—258 页。

其定义为"固定作品的物质载体","唱片"指固定录音的有形物质。[①] 通过这些有形物质载体,无形的作品才得以呈现和表达,才可以直接或者间接借助机器、设备而被感知、复制或者传达。因此,根据1976年《美国版权法》的规定,发行权只适用于固定在有形物质载体上的作品。

第三,从法律解释学的角度来看,将"有形"解读为并非基于传统认识上占有一定物理三维空间,即长、宽、高的解释,还包括由数字技术生成被固定在网络空间里,并从时间维度上看来被稳定地提供使用的形式,是对法律文本中"固定"一词作出的扩张解释。然而扩张解释必须在可能文义的范围内,法条含义的扩张也应当受到一定的限制,即在文义的射程范围之内,如果逾越了可能文义的范围,就不再属于狭义法律解释方法,而进入漏洞填补范畴。[②] 进一步分析何为有形,根据《现代汉语词典》:有形是指具有一定的形体或形式。根据《汉英大词典》:有形的解释包括 tangible(可触碰的)、visible(可见的)、material(物质的)。由此看来,事物的存在能否被人的眼、耳等感觉器官所感知,是无形与有形的区别,能被眼、耳等感觉器官感知即是有形,不能即是无形。无形可以是客观存在的物质,可以是意识层面的非物质,也可以是以能量等形式存在的概念或意识形态等。因此,有形的解释并不能延伸至无法被感觉器官所感知的虚拟网络环境,只针对有形物质载体的发行权不能适用于数字环境。

第四,从所有权转移的角度来看,不能把发行这一概念理解为对作品内容的再现,而应当理解为对有形的作品附着物进行的传播[③],发行行为的实质是作品原件或复制件的所有权转移。学者们在谈及所有权的权能时,一般认为,所有权的权能包括占有、使用、收益和处分[④],所有权赋予所有权人占有该物的权利[⑤],基于占有的可能性,所有权的客体主要体现为有形物。[⑥] 就网络传输的实质看来,在作品输出发生后,该信息仍存在于输出计算机的内存或储存设备之中,并未发生有形载体的实际转移,尤其是数字作品传播具有易于高品质复制的特性,即使数字作品复制件交付完成,出让人对于原储存在其数据设备中的数字作品,仍未丧失支配能力,当出让人开始将数字作品通过网络传输给买受

---

① 《1976年美国版权法》第101条。
② 王利明:《法律解释学》,中国人民大学出版社2011年版,第136页。
③ [德]M.雷炳德:《著作权法》,张恩民译,法律出版社2004年版,第228—230页。
④ 王泽鉴:《民法物权(通则·所有权)》,中国政法大学出版社2001年版,第154—155页。谢在全:《民法物权论》,中国政法大学出版社1999年版,第122—125页。王利明:《物权法论》,中国政法大学出版社2003年版,第258—265页。
⑤ [德]哈里·韦斯特曼:《德国民法基本概念》,中国人民大学出版社2014年版,第130页。
⑥ 梅夏英:《物权法·所有权》,中国法制出版社2005年版,第80—83页。

人的同时，数字作品的数据即开始复制，当交付完成之时，即产生了一个全新的数字作品复制件，出让人授予的并非原来储存在其设备中的特定原始复制件，而是通过数字技术生成的一个新的高品质复制件。换句话说，数字网络是一个主要用于以复制品形式传输信息的系统，数字环境的信息传输完全建立在复制基础上。[①]这不仅包含传统意义上的发行行为，还是发行行为和复制行为的集合，传统的发行权概念很难涵盖信息网络传输。

综上，"发行"不能延伸至虚拟的数字环境，数字作品的转售不属于发行行为的范畴，不能适用传统的首次销售原则。

（四）数字环境下改良适用首次销售原则的必要性分析

尽管上文已证，首次销售原则是针对传统发行权的行使所作的必要补充，不能适用于数字环境，但是在数字时代，仍然需要一个平衡数字作品各方权利人之间利益的机制，以满足数字作品消费者权益保护及二手数字作品产业的生存和发展之需求。

1. 维护著作权人、使用者和消费者利益平衡之需要

如前所述，首次销售原则作为发行权的必要补充和合理解释，调和了作者之著作权保护和复制件所有人之物权保护之间的矛盾，使著作权与物权二者的价值得以平衡地体现。然而首次销售原则乃是根据传统发行权的性质特征制定的发行权之限制机制，在数字环境中并不能适用。承认首次销售原则在数字环境的不可适用性，并不代表数字环境中不需要一个平衡数字作品各方权利人之间利益的机制。在数字作品转售问题上，设立信息网络传播权权利限制制度所要解决的问题是如何既不妨碍买受人对数字作品复制件的自由处分权，又不侵害著作权人的利益。

对于著作权人而言，数字技术给他们带来了更加便捷的作品传播途径，同时使他们面临着更容易被非法复制的风险。传统的著作权法通过复制权和发行权控制有形复制件的流通，在数字环境下，有形媒介的消失赋予了作品开发一种全新的形式，而信息网络传播使得作品也可以更容易地扩散到世界各个角落。数字作品复制件所涉及的传输有别于传统物质载体复制件的单纯交付，由于数字环境下无形载体的普遍应用，使得数字作品的传输还伴随有复制。实质上，数

---

① 吴汉东：《知识产权制度变革与发展研究》，经济科学出版社2013年版，第151页。

字作品的每一次传输,都导致一个全新的复制件产生,数字作品复制件传输的起始就是数据开始从一个媒介向另一个媒介复制的口令。最终导致的结果是,出卖人仍未失去对数字作品原有复制件的占有,并可以继续转售该复制件获取收益。因此,在尚未诞生有效技术保护措施和成熟的商业模式的情形下,对数字作品转售行为的宽容将助长非法复制行为的发生,影响著作权人作品的市场开发,从而损害著作权人的合法利益。

对于数字作品复制件的消费者而言,他们和传统物质载体复制件的消费者一样,在支付了合理对价之后,就应当享有对产品的自由处分权,当他们在购买了数字产品复制件之后,日后希望将产品转售也是完全可以的。不能因为技术的发展使他们丧失了作为所有者的处分权和作为使用者的合理期待。

面对社会公众,信息网络传播权人在享受权利的同时,也应承担与这一权利相联系的某种限制,才能负责地行使其权利并使著作权的目的实现的可能性最大化。在数字环境之中,在给予知识产权充分保护的前提下,是否能够发挥网络在传播知识方面的作用,方便社会公众接触先进的知识,从而提升全社会的创新和创造能力,是面对数字技术和网络技术对知识产权保护提出的全新挑战时,所要解决的重点问题。立法者需要思考的是,既然通过设置首次销售原则限制传统发行权,那么应当如何针对信息网络传播的特性设置一个信息网络传播权穷竭原则。

2. 建立知识产权法与市场之间良性互动机制之需要

创设数字环境下的首次销售原则有利于处理知识产权法与市场的关系。知识产权法可以解决市场机制失灵时的财富分配问题,然而商业首先要解决的是市场问题,知识产权法作为弥补机制不可能取代市场。知识产权法应与市场形成一种良性互动机制,知识产权法律保护应当充分发挥其激励法的功效,鼓励市场创新,促进产业发展,而不是仰仗法律赋予的特权打击新事物的产生,最终导致市场惰性,遏制新的商业模式的开发。

数字作品供应商的命运主要有两种:以美国 Napster 案为例,一种是,司法实务对 Napster 这一新兴数字作品共享平台持排斥态度,认为其存在侵权而不被法律所允许;另一种是,在 Napster 之后出现了一些被法律所允许的唱片公司,以付费的方式提供有限的产品,最终因为内容缺乏吸引力无法吸引用户而夭折。[①] 如此看

---

① [美]保罗·戈斯汀:《著作权之道——从古登堡到数字点播机》,金海军译,北京大学出版社 2008 年版,第 164—169 页。

来，需要解决的问题不单纯是现有法律的适用问题，而是新技术带来了新的交易方式，而这种新的交易方式在成熟的商业模式尚未形成的情形下缺乏可规制的办法。但是如果一定要在传统的交易方式中强行寻求解决，认为在传统的规范中寻找不到解决方法就不接受这一新事物，或者将传统处理方法牵强附会的安在数字环境中，都是荒谬的。数字环境中非法传播的盛行很大程度上是因为合法市场的缺失，单靠现有规范是无法解决这一问题的。

数字技术的发展是一个既成的事实，当前传统市场秩序正在被打破，新的市场规则尚未建立，如果单纯以现有规范作出"一刀切"的处理，则是以知识产权保护为名，通过消除数字市场竞争，对传统版权产业抱残守缺，阻碍新的技术和商业模式的创新。创设数字环境下的首次销售原则并不是放弃法律的规制，或抛弃知识产权，而是要实现规制的平衡，尤其对知识产权来说，要确保创新和发展的机会不受旧有工业的威胁。①

（五）数字环境下首次销售原则适用的出路——创设信息网络传播权有限用尽原则

解决数字作品转售问题需着重考量数字作品的技术特性，即相比较传统作品而言，数字作品具有易复制性和无损耗性。一方面，数字作品的易复制性使得数字作品的数量可以十分容易且几乎不计成本地增加，从而影响到作品的市场竞争性；另一方面，无损耗性使得在市场上流通的数字作品的数量基本上不会因损耗而减少，而且可以永久保持如新，这将影响作品在市场上的潜在持续生命力。因此，要探寻数字环境下首次销售原则的出路，还应结合信息网络的技术特性，创设信息网络传播权有限用尽原则。

1. 信息网络传播权有限用尽原则的内涵

站在消费者的角度，权利应当用尽；站在著作权人的角度，希望权利永恒。有学者将数字作品转售行为定性为著作权法意义上的发行行为，并出于对社会公众与权利人利益平衡以及数字传播技术特性的考量，提出建立数字发行权有限用尽原则，具体体现为著作权人可以在规定的次数和范围内要求使用者转让

---

① ［美］劳伦斯·莱斯格：《思想的未来》，李旭译，中信出版社 2004 年版。

数字作品时取得其许可并返还自身一定比例的转让费。[①]笔者就针对数字作品转售行为设置有限用尽原则的做法表示赞同，但就数字作品转售行为的性质界定和有限用尽原则的具体设置而言，笔者持不同意见。首先，数字发行权有限用尽原则的前提是将数字作品转售行为定性为发行行为，这与笔者前文所述将数字作品转售行为界定为信息网络传播行为的立场相左。其次，数字发行权有限用尽原则规定著作权人在一定的次数内对数字作品转售享有许可权和收费权，这涉及海量许可的问题，在实践中是否具有可操作性还需斟酌。有鉴于此，基于权益平衡的思虑，笔者认为应创设信息网络传播权有限用尽原则，具体体现为：通过合法有效的"上传加删除"技术措施，在保障数字作品数量未增加的情况下，允许消费者在一定期限内自由处分该数字作品，规定期限一旦届满，该数字作品不得再被转售，即附条件附期限的权利用尽原则。

（1）竞争性考量：附条件用尽原则

正如美国国会唱片公司诉瑞迪基公司案中法官所言：有物质载体的作品复制件会随着时间和使用逐渐损耗，数字信息则不具有损耗性，时间、空间、损耗、成本不再成为文件移动的障碍，数字复制件可以几乎在瞬间被传送到全世界的任何一个角落而花费最少的努力和可以忽略不计的成本。[②]在数字世界中，"被使用过的"复制件比有形载体复制件的市场竞争力更加强大，也将对其带来更加严峻的风险与挑战。数字作品转售客观上导致了一个新的复制件的产生，因此权利人将面临作品被非法复制的风险，作品数量的增加将对其在市场上的竞争带来威胁。对此应通过设置信息网络传播权附条件用尽原则加以规制，如果用户想要转售数字作品，就必须防止这种非法复制的发生。附条件用尽原则是指，只有在用户履行了防止非法复制发生的勤勉义务之后，才可以主张权利用尽原则。一旦协助义务被违反，转售人将不得主张权利用尽原则，著作权人则可以依据《著作权法》的规定对数字作品转售人主张信息网络传播权之侵害以寻求救济。

如欧盟法院在甲骨文公司诉用软公司案中所述，事实上验证数字作品消费者在转售后是否没有留存复制件、是否有尽到防止非法复制发生的勤勉义务并

[①] 何炼红、邓欣欣：《数字作品转售行为的著作权法规制》，《法商研究》2014年，第22—28页。
[②] Capitol Records LLC v. ReDigi Inc., No. 12-cv-95（RJS）, F. Supp. 2d 640-661（S.D.N.Y. March 30, 2013）.（本案例的案卷编号）

非易事①,单纯依靠出售者的自觉删除不仅不现实,在面临侵权诉讼时,还会带来取证难题。为此,法律允许权利人采取相关的技术保护措施。就著作权如何在飞速发展的数字环境中继续生存问题,国际出版商协会著作权理事会的法律顾问查尔斯·克拉克表示:技术问题要由技术解决。在他看来,问题的关键并不是如何阻止人们获取和使用数字作品,毕竟技术的进步和社会的发展是著作权法的宗旨,毋宁说问题的核心是如何控制数字作品的获取和使用。②我国《著作权法》明确了对技术措施的保护,《信息网络传播权保护条例》进一步明确了技术措施的定义,指出技术措施主要是控制对作品的非法利用和接触。③因此,用技术去应对技术本身对著作权造成的威胁,也许是更有效率的办法。

就目前的技术发展来看,数字作品转售中的数量增加问题可以通过"上传+删除"技术得到解决。亚马逊公司于2013年1月29日获得的公开号为US8364595 B1的专利④和苹果公司于2013年3月7日获得的公开号为US20130060616 A1的专利⑤为数字作品二手市场的构建提供了技术支撑。根据上述两项专利的权利说明书,所涉专利用于管理包括电子图片、电子书、数字音乐、电影、计算机应用程序在内的数字作品在不同用户之间方便、快捷的转移,该专利通过技术解决数字环境中低成本、高保真的非法复制问题,允许合法获得访问权限的用户将购买的数字作品转移给另一用户。从技术细节上看,虽然数字作品转售最终转移的并非原始特定件,而是由数字技术生成的全新复制件,但是解决数字作品转售的问题不必完全拘泥于传统作品保护的思路。从最终效果来看,交易完成后,卖方失去了数字作品复制件,二手买家获得了数字作品复制件,"上传+删除"技术使数字作品转售实现了与传统物质载体作品交易结果一样的对作品数量的控制,保障了数字作品在转售行为中的唯一性和竞争性。这一方面消除了因数字技术的发展对著作权人的权利行使所带来的不利影响;另一方面,相较于传统方式而言,数字传输和数字交易的低廉成本能够更有效地促进数字作品的广泛传播和市场销量,从而使对构建数字作品二手市场的期待成为一种可能。

---

① CJEU, 3 juillet 2012, UsedSoft v. Oracle, C128/11.(本案例的案卷编号)
② [美]保罗·戈斯汀:《著作权之道——从古登堡到数字点播机》,金海军译,北京大学出版社2008年版,第163—184页。
③ 《信息网络传播权保护条例》第二十六条规定:技术措施,是指用于防止、限制未经权利人许可而浏览、欣赏作品、表演、录音录像制品的或者通过信息网络向公众提供作品、表演、录音录像制品的有效技术、装置或者部件。
④ 专利名称为:Secondary market for digital objects,参见http://www.google.com/patents/US8364595。
⑤ 专利名称为:Managing access to digital content items,参见http://www.google.com/patents/US20130060616。

（2）损耗性考量：附期限用尽原则

数字作品二手市场与传统物质载体作品二手市场的一个本质不同，在于传统物质载体作品会随着时间的流逝和使用次数的增加而逐渐损耗，甚至逐渐走向消亡。为了延长物质载体作品的使用寿命，在产品存续期间，消费者需要花费一定成本进行维护和保养，如若不然，产品在二手市场上的吸引力则会大打折扣。此外，随着产品物质载体的逐渐损耗，在市场上流通的产品数量会因此减少，当新的需求达到一定数量的时候，出版商则会对产品进行再版或者再次发行，以补足市场上的需求空白，作品版权的生命力也借此得以持久维持。

然而数字作品的产品品质基本上不具有损耗性，并且可以被长时间高保真地保存，这将导致在市场上流通的数字作品的产品数量很难减少，需求的减少必将带来供给的疲软，这既不利于著作权人的利益实现，也不利于促进市场的繁荣。因此，可通过技术措施对数字作品的转售设置期限。具体而言，消费者在购买数字作品之后，可以在一定的期限内（该期限约等于传统物质载体作品存续的一般期限）通过"上传+删除"技术附条件地转售该产品。在设置的期限届满后，技术将自动阻止消费者进行上传，则该产品无法被再次转售。倘若消费者希望继续对作品进行转售，则需要对数字作品的呈现方式进行升级续费。

在传统作品的交易中，由于作品必须通过一定载体才能得以呈现，因此著作权人要想获得经济收益，必须与物质载体销售商合作，并给予销售商一定的收益。在数字作品交易中，虽然作品的呈现方式发生了变化，但是作品必须附着于一定的载体才能投入市场这一点是不变的。数字作品得以呈现的载体主要有阅读软件、硬件设备和网络储存平台，针对数字作品的无损耗性问题，可以尝试向数字作品阅读软件、网络储存平台的提供商和硬件设备的制造商统一收取一定比例的费用，从而弥补数字作品著作权人所承受的损失。针对购买且下载的数字作品，续费的方式主要包括对阅读软件版本的升级和数字作品硬件设备的更新换代；针对购买但不下载的在线数字作品，续费的方式主要是对个人网络储存平台的维护。具体做法是：在数字作品硬件设备的出厂价中，阅读软件和网络储存平台的升级续费中，综合考虑数字作品的制作成本、市场定价、传统作品的维护费等因素，附加一定的费用，并在设备出售或软件及平台升级之后，提供商或制造商把附加的费用转交给统一的管理组织，最终使著作权人获益。该做法一方面可以保障著作权人的经济利益，消缓数字作品二手市场对一手市场的直接竞争，维持作品版权的持续生机，另一方面又可以给予消费者以选择，使他们获得与传统物质载体作品消费者一样的合理期待。

2. 信息网络传播权有限用尽原则的立法建议

第一，明确发行权与信息网络传播权之间的界限。如前所述，发行行为的提供方式要求公众转移作品原件或者复制件的物质载体的所有权，信息网络传播行为与传统的发行行为有着显著区别。为防止将数字作品转售行为混淆为发行行为，建议在我国《著作权法》第三次修订时明确发行权的调整对象仅包括附着于有形载体的原件和复制件，将《著作权法》第十条第（六）项修改为"发行权即以出售或者赠予方式向公众提供作品的有形载体的原件或者复制件的权利"，以此清晰地区分发行行为与信息网络传播行为，并在此基础上构建信息网络传播权相关机制。这样一来既可以防止对传统发行行为和信息网络传播行为作出"一刀切"的处理，还有利于根据数字环境的特殊技术性征构建相关机制，从而推动数字二手市场的繁荣和文化产业的革新与多元发展。

第二，在《著作权法》中确立发行权首次销售原则。一直以来，我国理论界和司法实务界对发行权首次销售原则的适用持肯定态度，但我国《著作权法》并未明确规定这一原则，立法的缺失使得首次销售原则的适用缺乏法律依据。《著作权法》第十条第（六）项对发行权的定义为：以出售或者赠予方式向公众提供作品的原件或者复制件的权利。建议在该条中增加"首次"二字，将本条修改为"以首次出售或者赠予方式向公众提供作品的原件或者复制件的权利"。此外，在《著作权法》第二章第四节"权利的限制"一节中确立发行权首次销售原则为对传统作品转让行为的限制，并明确规定该种限制仅适用于对附着于有形载体的原件和复制件的转售，从而将不具有物质载体的数字作品排除在规制范畴之外。

第三，在《著作权法》中创设信息网络传播权有限用尽原则。在明确厘定发行权和信息网络传播权之间界限，并且明文规定发行权首次销售原则的前提下，还应规定信息网络传播权有限用尽原则，以此规制数字作品转售行为。建议在《著作权法》第四节"权利的限制"部分专门增加"信息网络传播权有限用尽原则"条款，具体为"通过合法有效的技术措施，在保障数字作品数量未增加的情况下，数字作品的买受人可以在一定期限内转售该数字作品，规定期限一旦届满，该数字作品不得再被转售"，并规定该原则不得被任意排除。如此一来，数字作品复制件的消费者也可以享有同传统物质载体复制件的消费者一样的自由处分权，这样既满足了消费者的合理期待，也在一定程度上维护了著作权人的经济利益，保障了双方的利益平衡。

第四，通过法律解释的形式明确举证责任的分配，使信息网络传播权有限用尽原则具有可操作性。根据信息网络传播权有限用尽原则的内涵，转售人只有在履行了防止非法复制发生的勤勉义务之后，才可以主张权利用尽，否则不得以信息网络传播权有限用尽原则来对抗权利人提出的侵权诉讼。有鉴于法律解释具有及时性、灵活性及高效益等独特优势，因此建议通过法律解释的方法明确规定，由主张有限用尽原则的转售人负责举证证明其履行了协助义务，倘若举证不能或举证不力，将由其承担不利风险。如此既有利于解决权利人举证难的问题，也有助于督促转售人为免受诉累主动采用手段取证，间接加强了消费者的守法意识，起到了良好的法律宣传作用。

第五，完善针对技术措施的规定，明确权利人可以采取技术措施的条件、种类和限度。技术问题还需技术解决，面对数字技术的挑战，信息网络传播权有限用尽原则的适用需要佐以技术措施的保障实施，因此应确立技术措施的法律地位，同时设置技术保护措施的例外制度，完善技术措施的相关规定。

就数字作品转售行为能否适用首次销售原则之问题，我国著作权立法没有明文规定。美国和欧盟法院对此在各自司法判例中表明了不同立场，双方所持截然相反的态度，使首次销售原则在数字环境中的适用路径模糊不清。通过对发行权首次销售原则的法律基础和产生原因展开分析，得出首次销售原则实质上是针对发行权作出的合理解释和必要补充，仅能适用于传统的发行权，数字作品转售行为在性质上属于信息网络传输行为，不受发行权的调整，因此无法适用首次销售原则。基于维护著作权人和消费者之间利益平衡、促进数字版权产业发展的考量，应当根据数字技术的性质特征创设信息网络传播权有限用尽原则，在附条件和附期限的情况下允许消费者转售数字作品。当前，正值我国《著作权法》修改之际，立法上应当有前瞻性。因此，在修法中应明确发行权与信息网络传播权之间的界限，确立发行权首次销售原则和信息网络传播权有限用尽原则。同时，为保障信息网络传播权有限用尽原则的适用，还应明确举证责任的分配，完善技术措施的相关规定，以此为我国数字版权产业和二手数字作品产业的蓬勃发展保驾护航。

五、我国数字图书馆利用作品著作权授权机制优化

（一）以区块链技术应用构建数字版权保护新模式①

互联网已经渗透到人们生活的方方面面，文娱活动的互联网化催热了数字内容需求，越来越多的作品以数字形式在网络上进行交易和传播，我国的数字版权产业发展已具有相当规模。然而，数字技术在促进作品自由流通的同时，也伴随着版权侵权的风险。数字技术的发展从本质上颠覆了传统技术环境中以控制为核心的版权保护模式。数字技术的发散性和网络环境的"去中心化"特质严重削弱了版权人对作品传播的控制力，由此导致版权利益分配失衡，数字版权纠纷频发。技术问题还需要技术来解决，要突破传统版权商业模式和利益分配机制的困境，需以革命性技术为突破口，采用区块链技术化解数字版权强保护和促进数字作品传播之间的冲突，以此建构一种全新的数字版权保护模式。

1. 区块链技术应用于数字版权领域的缘起

区块链本质上是一个集分布式网络、共识机制、加密算法、智能合约、权限许可、价值和资产等要素为一体的分布式去中心化账本技术。②简而言之，区块链技术将单一记账模式转变为全民参与记账模式，使每一个接入区块链的设备节点都能获得完整的账本数据库，并参与到区块链账本的建构与发展中。区块链技术顺应了互联网生态"平权化"和"开放化"的发展趋势，为解决现有数字版权"看门人"保护机制失效之困境提供了新的路径。

（1）传统"看门人"保护机制失效

面对大范围的版权违法时，法律是十分脆弱的，其执法效果和规范作用也十分有限。面对这种境况，许多执法机构便依靠其他辅助执法方式。例如：在传统技术环境中，一方面传播技术的限制和作品呈现方式之物质载体的使用使作品传播的速度和广度仍然在可控范围内；另一方面，出版商、发行商、广播电台和电视台等信息传播的中间媒介起到了控制作品传播的"看门人"的作用，从而实现对作品传播和使用的控制。

---

① 为保障论述的连贯性与用词的统一性，本小节均采用"版权"一词。
② 唐文剑、吕雯：《区块链将如何重新定义世界》，机械工业出版社2016年版，第55页。

然而，信息网络技术的发展完全颠覆了这种传统版权保护机制，传统信息传播媒介的消失使"看门人"制度逐渐瓦解。一方面，在传统出版环境中，作者原则时通过以授权许可的方式获得信息传播"看门人"的协助才能实现作品的经济利益。然而数字技术革新了传统"点到面"的传播模式，交互性成为网络环境中作品传播的最典型特征。通过交互创作，任何人都可以通过多样的创作方式成为版权人，从而摆脱"看门人"的集中管控，"看门人"的角色逐渐被弱化。由此产生了新的问题，针对呈现形式多样的数字出版物，其版权归属和作品完成时间往往在实践中难以得证，例如：难以明确交互式多媒体作品的权利主体，从而也无法确认其权利归属。另一方面，网络传播的便捷性、广泛性、高效性极大地削弱了"看门人"对信息传播的垄断效能。网络传播突破了传统作品的知识产权地域性特征，不仅使作品获取的路径不易被确认，也使版权侵权主体、侵权行为和侵权责任的认定、追踪和惩处更加复杂。

（2）"去中心化"交易模式符合互联网发展趋势

互联网的前身为阿帕网（ARPANET），是一个隶属于美国国防部高级计划署的内部网络。中央控制式的网络在20世纪60年代得到广泛使用，这种网络的明显弱点在于：一旦中央控制系统遭到外来攻击，整个网络都会陷入瘫痪。为解决这一难题，美国当时的激进派经济学家保罗·巴兰提出了一种全新的网络理论，即抛弃中央控制操作数据传输的传统方式，在网络中建立不同站点进行数据的分组交换传送。虽然最初的阿帕网是由美国国防计划署指导建立，主要服务于美国军队，但是美国国防部于1990年正式取消阿帕网，使其回归到计算机科学服务之中，成为现在的互联网。[①] 互联网建立的历程显示，"去中心"可以使信息更安全、传播更高效，而这也是互联网永恒的主题。从这一层面来看，互联网化即去中心化。

信息网络技术的发展打破了传统技术环境中以控制为核心的版权商业模式。在前互联网时代，版权交易需要依赖于第三方，即物质载体销售商和国家依法设立的各种传播机构，国家对作品物质载体销售商和传播机构的运行均进行着严格管控。据此，作品的传播和复制也在作者的掌控之内，不会有传播和复制泛滥情形的发生。正是由于这种可控性，版权产业的整个产业链有序运作着，法律能够通过设置规则在产业链的各个环节进行调控和规制，以保障相关利益的

---

① 《再谈去中心化——互联网化即中心化》。http://www.woshipm.com/it/254171.html。

平衡。在网络环境中，作品传播不再依靠物质载体，而是依托于以字节表示的一段 0 和 1 的数字流二进制虚拟的数字介质，版权人失去了原本物质载体和传播机构所赋予的对作品复制和传播的控制能力。①互联网"去中心化"的思维方式浸入到版权交易市场，改变了金融行业、出版行业的交易和经营模式，数字出版必须进行"去中心化"的厘革。概言之，互联网版权交易模式与利益平衡机制的重构不仅应顺应互联网"去中心化"的发展趋势，还必须回应互联网"去中心化"所导致的版权人控制力弱化的困境。

2. 区块链技术应用于数字版权领域的实践案例

近年，一些欧美技术公司已经着手通过将区块链技术应用于数字版权领域，试图解决数字作品权属不明、版权交易复杂的困境。从实践效果来看，区块链技术有利于加强版权保护、提高版权交易效率，并为这些欧美技术公司带来了更多的资本市场融资。

（1）美国 Blockai 公司：区块链技术和版权登记确权

2016 年，美国旧金山的 Blockai 技术公司推出了一种全新的版权服务，宣称要利用区块链技术帮助艺术家保护知识产权。这家公司后更名为"Binded"，并将其服务重点从提供技术登记确权转移为创建具有法律效力的记录，并希望通过在区块链上永久有效地记录版权信息来为数字内容创作者的权利提供保护。截至 2017 年 6 月，该公司融资总额达到 150 万美元，投资人包括来自日本、美国的报社、游戏公司、风投公司和基金会等。②Blockai 的首席执行官 Nathan Lands 表示，在美国国会图书馆进行了作品版权登记的艺术家人数极少，造成版权登记普及率低的很大一部分原因在于，艺术家们无力承担版权登记的高昂成本。而 Blockai 的目标正是通过区块链技术创建作品创作的证据、明晰作品权利归属、使艺术家不用再忍受官方版权登记所需的高昂成本而享有知识产权保护。Lands 指出："未来理想的系统是用一个全球化的数据库来证明作品版权和收取版权费，使人们可以用最简单的方法达到最好的效果。"③

Blockai 公司所提供的是一个图片共享平台，通过区块链为用户提供加密注册、确权认证和侵权追踪服务。权利人只需进行一些简单的拖放操作就可以对

---

① 孟兆平：《网络环境中版权保护体系的重构》，北京大学出版社 2016 年版，第 18—19 页。
② 莱斯特·科尔曼：《比特币区块链版权助力 Blockai 在品牌重塑过程中筹得 95 万美金》。
③ 奥卢塞贡·奥贡代吉：《Blockai 使用比特币区块链保护知识产权》。

作品进行登记，时间戳①会对所有的版权数据进行记录，并生成版权认证证书使其转变为价值。一旦发生侵权行为，系统会自动识别并将版权登记证书副本发送给侵权人。Blockai 所提供的服务不仅为使用者提供了数字作品的使用来源路径，也为作品的权利人提供了侵权追责的依据。

（2）欧洲 DECENT：区块链技术和版权交易

2015 年成立的 DECENT 是一个基于区块链技术的分布式自运行组织，不受任何第三方干预，其系统中的通信流通过区块链机制获得时间戳，进而通过安全并值得信赖的数字内容分享平台，为不同的行业、组织或企业提供一个垂直整合的系统，同时专注于灵活性和可持续发展。②DECENT 基于区块链技术所提出的这种全新的商业模式极大地改善了数字内容分发和交易市场。具体而言，这种商业模式通过以实现数据共享为目的，以去中心化的区块链技术使网络平台中分布的不同角色按照预设的智能合约，共同拥有和建设这个网络，从而打造一个无第三方网络中介，能使作者把握自主权的、无边界的信息和数据流，DECENT 极大地降低了数字版权的交易成本。DECENT 的创始人及首席执行官 Matej Michalko 在 2016 年于上海举办的全球跨媒体创新峰会上发表题为《区块链技术构建新经济蓝图》的演讲时表示，区块链技术是未来网络发展的方向，他对于网络共享和版权处理都将起到巨大的推动作用，未来 DECENT 将继续致力于区块链在数据能源领域的应用与研发。③

3. 区块链技术为数字版权保护带来的新机遇

区块链技术的应用为数字版权产业发展带来新的曙光和机遇。2017 年 7 月，我国首个去中心化开放式数字版权交易平台 One Fair 成立，旨在使用区块链技术为广大的艺术创作者、草根艺术家、知名艺术家提供一个安全方便、公开透明的艺术创作品版权申请、评价、管理和交易平台。One Fair 的成立标志着区块链技术在我国数字版权产业应用的开端。区块链技术的去中心化、不可逆、防篡改、共识机制、时间戳和智能合约等特性，可以有效解决我国数字版权产业发展中存在的版权登记缺失、版权权属不明、侵权举证艰难、版权交易效率低等问题。

---

① 时间戳是指一个能对一份数据在某个特定时间之前进行存在性证明的、完整的、可验证的、具有唯一性的数据，通常是一个标识某一时刻的字符序列。
② DECNET. 巴比特. http://www.8btc.com/decent.
③ DECENT 创始人及首席执行官马杰：《区块链技术构建新经济蓝图》，广电新媒 http://www.dvbcn.com/2016/12/08-135629.html。

（1）时间戳克服版权登记缺陷和侵权举证难题

根据我国现行法律，对作品实行自愿登记，登记不是享有著作权的必要条件。虽然版权登记不是获得版权保护的必要条件，但是在版权纠纷中，版权登记能够作为版权权属的有力证明。从我国版权登记实际操作来看，存在着如下缺陷：第一，登记成本较高，根据中国版权保护中心发布的版权登记收费标准，依据作品的类型和篇幅不同，登记费用每件在100~500元之间不等，[①]而大部分的版权人由于对版权登记程序不了解则会选择由知识产权中介代办登记，具体费用动辄上千元，且不计算其他的时间和人力成本；第二，登记程序冗长，一般需要至少三十个工作日，且需要提交各种繁杂的材料（具体流程详见图5-9）；第三，法律证明力不足，我国的版权登记统一由中国版权保护中心和各省市自治区版权局受理，但由于版权机构仅针对申请人提交的材料进行形式审查，无法对作品产生的来源、路径进行事实性的追踪，因此，在版权纠纷中仍需法院就登记情况进行进一步查实，这在一定程度上削弱了版权登记的证明力。数字作品传播的无形性、版权侵权行为的隐蔽性、网络侵权的技术性、网络司法制度的缺失以及网络侵权技术侦查手段的复杂性，导致了数字版权领域侵权举证难度大、维权成本高。

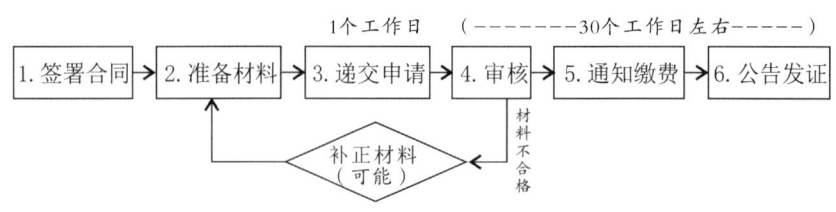

图5-9 版权登记流程图

区块链由一连串的数据区块串联而成，每个数据区块都包含区块头和区块体两部分，每一次信息的生成、发布、接收和流通都会被封装进区块体，并在区块头加盖时间戳记录在案，再通过密码学哈希算法对各区块体进行链接，从而形成完整的区块链（具体参见图5-10）。[②]由此可见，支持区块链版权登记和版权追踪的两个重要工具就是时间戳和哈希数值。一旦作者通过身份注册，区块链就能够通过时间戳和哈希数值完整地记录作者创作作品的整个过程，并对每

---

① 参见《中国版权保护中心著作权自愿登记收费标准》。
② 张岩、梁耀丹：《基于区块链技术的去中心化数字出版平台研究》，《出版科学》2017年第6期。

一个时间点提供存在证明,从而实现版权归属的清晰性和可追踪性。区块链的不可篡改特性,能够让版权保护变得愈加简单和低成本,通过完全自动的自信任方式,使每一个人都可以对任意的数据信息进行快捷登记和备案,实现数字版权的集体维护。

图 5-10　区块链结构简图

（2）共识机制降低数字版权保护的管理成本

区块链技术能够有效解决数字版权侵权泛滥、版权集中保护效率低的问题。一方面,区块链颠覆了传统记账的中心模式,较之传统模式,区块链中的信息输入不是由某一节点完成,而是由所有节点共同记录,并且每一节点都可以获得完整的账本,倘若要改动账本上的记录,则需要改动所有节点储存的记录备份,这几乎不可能实现。另一方面,上文提到的哈希加密算法是一种保证信息不可篡改的单向密码体制,通过哈希算法对每一个交易区块的信息进行加密,并把输入的内容压缩成一串由字母和数字组成的代码,这个代码是不可逆的,即无法通过输入代码反推出原本的信息。因此,哈希数值可以对每一个区块进行独一无二地标识,从而实现对区块信息的准确记录、精准追踪。区块链的去中心化分布式网络和哈希算法加密技术共同创建了一套共识机制,从而解决了版权交易的安全问题,实现了版权交易的自信任,即从依靠第三方公信力转变为对自主维护的机器信任,极大地降低了数字版权保护的管理成本,提升了版权保护的效率与效果。

（3）智能合约提升版权交易效率

创作工具的普及和简易化以及信息网络的高效性,使创作主体数量急剧增加,类型向多元化方向发展。一边是著名作家群体和媒体集团,他们所创作的畅销书、音乐作品、影视作品具有较高的市场商业价值,因此对版权经济利益的要求较高,希望沿用传统的版权许可模式,严格控制作品的传播和使用;另一边是年轻的新锐作家和创作者,例如网络作家、网络歌手等,他们主要出于兴趣或者提高知名度而进行创作,因此对版权经济利益没有过多期待,相反地希望通过互联网可以将作品传播得更加广泛,这部分人群则倾向于以开放的方式促进作品的传播。据此,创作主体的多元化带来了针对互联网作品传播的不同诉求。传统出版模式无法满足互联网中个性化的传播需求,也无法实现版权价值的最优。

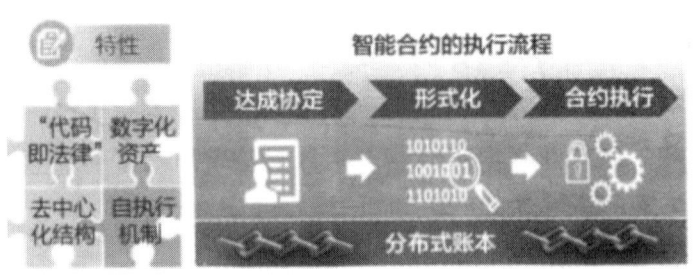

图 5-11　智能合约的执行流程

所谓智能合约,是指根据区块链可编程的特点,将合同变成代码形式输入区块链中,并在约定的条件下自动执行。作者可以通过输入信息设置个性化的合同条款,当出现使用对象时,区块链系统会自动进行有效条件判定,当一个预先编好的条件被触发时,智能合约执行相应的合同条款(参见图 5-11)。[①] 区块链采用基于协商一致的规范和协议——一套公开透明的算法,以"机器信任"取代对人的信任,任何整个系统中的所有节点设备都能在去中心化的环境中自由安全地交换数据,免受任何人为干预的影响。智能合约的应用既完成了对数字作品使用来源的追踪,降低了版权交易的成本,也实现了版权的精确付费,保障了版权人的经济利益。

4. 区块链技术应用于数字版权领域所面临的挑战

虽然人们对区块链技术在数字版权的应用前景充满期待,但是在区块链技术的发展道路上,仍然存在一些其他阻碍因素。

(1) 区块链版权登记模式的合法性

与国家权版权局下发的版权登记证书相比,虽然由区块链平台中的时间戳和哈希数值生成的版权认证更加精准且更具有效率,但是若区块链版权登记模式不能符合法律规定的登记标准范畴,那么区块链技术所提供的版权证明很难得到法律机构的认可,其法律效力和证明力不足以使其成为版权纠纷中的有力

---

① 张健:《区块链:定义未来金融与经济新格局》,机械工业出版社 2016 年版,第 131—132 页。

证据。

但是从实践看来,将区块链技术应用于数字版权保护中是值得期待的。一方面,国家正在积极推动区块链技术在版权保护方面的应用。2016年2月3日,中关村区块链产业联盟正式成立,并将成为我国区块链技术和产业创新的重要平台和载体。①2016年10月,工信部发布《中国区块链技术和应用发展白皮书(2016)》,指出区块链技术的应用将在数字版权保护的司法取证中逐渐发挥作用②,这为我国区块链技术的发展提供了政策支持。另一方面,我国司法实践表明,目前,北京、深圳、广州、杭州等地法院对可信时间戳证据持开放态度,采信率较高。③在判决中,时间戳证据通常可作为权属证据或侵权证据的补强证据。时间戳证据具有实时追踪、可靠性高、成本低等特点,符合《中华人民共和国电子签名法》关于数据电文的要求,在知识产权权属确认、侵权取证等领域具有广泛的应用前景。区块链技术应用于数字版权领域也许会完全改变全球知识产权保护和交易格局,就如同当网络传播的边际成本接近于零时,数字作品的发行和传统作品的发行变得完全不同。当版权登记的成本接近于零时,极有可能诞生一个庞大的"微作品"交易市场。法律制度的滞后性可能是主要障碍之一,但是法律不可能停滞新技术革命的步伐。

(2)版权保护与信息资源共享之间的冲突

信息资源记载和保存了人类社会所有智慧的结晶,是人类借鉴前人经验生生不息、不断传承繁衍的成果。信息是无限的,然而信息资源是有限的,信息资源是经过人类挖掘和整理的信息,因此人类知识的局限性决定了信息资源总量的有限性。然而人类对信息探索以及对信息资源的需求是无限的,人类社会的永恒发展性决定了人类对信息资源需求的无限性,充分认识到人类信息资源的有限性和人类对信息资源需求的无限性有助于平衡版权保护与信息资源共享之间的冲突。区块链技术视域下的数字版权交易平台并非以版权强保护为核心,区块链技术的去中心化和平权化特点需要广大的参与节点共同构建一个分布式的共识机制,这其中包括作者、数字作品的读者以及出版商。区块链技术的诞生

---

① 中关村区块链产业联盟正式成立。http://www.zgc.gov.cn/dt/fwdt/98643.htm。
② 工信部《中国区块链技术和应用发展白皮书》(2016)。http://www.useit.com.cn/thread-13618-1-1.html。
③ 参见广东省深圳市龙岗区人民法院(2008)深龙法民初字第5558号民事判决书,广东省深圳市宝安区人民法院(2012)深宝法知民初字第906号民事判决书,广东省广州市天河区人民法院(2012)穗天法知民初字第777号民事判决书,广东省广州市中级人民法院(2013)穗中法知民终字第1224号民事判决书,浙江省杭州市中级人民法院(2013)浙知终字第192号民事判决书,浙江省杭州市滨江区人民法院(2014)杭滨知初字第20号民事判决书,广东省广州市中级人民法院(2012)穗中发民三初字第397号民事判决书,广东省高级人民法院(2013)粤高法民三终字第753号民事判决书。

是对共享经济和参与式文化作出的回应，区块链数字版权保护与交易模式将信息内容集散整合到一个全面高效的综合服务平台，它可以极大地发挥数字技术在参与式文化中的效用和价值。

伴随互联网技术的飞速发展，信息的体现方式、体系结构和传播形式都发生了巨大的变化，给传统的版权商业模式和保护机体发起严峻挑战。区块链等革命性技术的应用将为数字版权的保护提供新的思路，为数字版权产业发展带来新的机遇。在发挥区块链技术巨大价值的同时，应清楚认识到技术本身的问题与缺陷，不断完善相关法律制度，构建一个健康有序的数字版权产业发展模式。

（二）完善授权要约模式以解决数字图书馆授权问题

鉴于授权要约具有动力不足、可操作性和普及性不强、保障机制不完善等缺陷，笔者提出以下建议。第一，从立法层面引入授权要约模式。上文已经说明著作权法中缺少对授权要约模式的明文规定，影响了实际运作中的效率。现行《著作权法》第二十四条只提出使用他人作品应当同著作权人订立许可使用合同，但是未就授权的具体形式予以规定，笔者建议在《著作权法》中加入授权要约这种著作权许可使用合同方式，即作为该条的补充条款，将授权要约模式以法律形式确立下来。第二，规范授权要约合同的内容。大部分作者不一定都具备充足的法律专业知识，无法独立对著作权授权要约进行编拟，因此，为保障授权要约模式的有效实行，应对著作权授权要约合同的基本内容作出规范，为选择采用授权要约模式的权利人作出引导，打消普通作者的畏惧和担忧。具体而言，授权要约合同的内容可参考著作权法关于著作权许可使用合同的规定，根据《著作权法》第二十四条，许可使用合同的内容包括许可使用的权利种类、授权范围（地域范围、期限范围）、许可使用费的支付方式和标准以及违约责任等。第三，增加不履行授权要约情形时的处罚规定。我国《著作权法》第五十四条规定："当事人不履行合同义务或者履行合同义务不符合约定条件的，应当依照《中华人民共和国民法通则》《中华人民共和国合同法》等有关法律规定承担民事责任。"我国合同法未就著作权许可使用合同作出专门规定，因此针对著作权授权要约合同的违约责任认定，只可适用合同法中违约责任的一般规定。有鉴于此，可在著作权法中增加对著作权许可使用合同当事人违约情形的处罚规定，进而增加条款在实践中的操作性，使数字图书馆利用作品时可以找到具体的法律条文和法律依据有效地开展工作，不会因为得不到法律的支持或者因为法律规定的模糊性而裹足不前。

（三）变通著作权补偿金制度以解决数字图书馆授权问题

无论是在法学界还是在图书馆界的学者看来，在数字图书馆著作权补偿金制度设置方面应选择报酬请求权体系，摒弃权利许可体系。[1]著作权补偿金制度设计的初衷在于弥补著作权人因私人复制技术普及、管理失控所遭受的经济利益损失，这项制度归根结底是为著作权人所设计，旨在创设一套全新的利益分配机制。此外，在权利许可体系中，获取权利人许可是数字图书馆能否利用作品的前提，这对于数字图书馆利用作品开发数字资源是不利的。而报酬请求权体系以补偿为核心，省去了授权许可的烦琐过程，可以促进作品利用的效率。著作权补偿金制度能否有效地解决数字图书馆的问题，能否得到科学的建立，有效地执行，还需要进行具体地设计，首要解决的问题是明确著作权补偿金制度适用的范围，以及该种制度以何种形式所呈现。有国家通过了司法判例的方式建立了针对数字图书馆利用作品的著作权补偿金制度，例如，德国联邦法院在1999年2月25日所作的判决中指出，图书馆出于个人研究之目的使用作品，并以数字形式发送作品的行为不必征得著作权人的同意，但是应向其支付相应的补偿金。[2]在德国、日本等实施了公共借阅权的国家，在实行著作权补偿金制度时，大多采取由国家财政支持的方式。例如《日本著作权法》第38条第5款规定："将电影胶卷等视听资料提供给公众使用的视听教育机构（营业目的除外），在政令规定的范围内，或从事听觉障碍等福利工作时，按照前一条的规定，当把已经公开发表的电影作品无偿复制外借给公众时，这种外借行为是可以被允许的。但是，该借出机构向电影作品的权利人提供应有数额的补偿金。"[3]也就是说，图书馆进行音像制品外借服务无需取得许可，但必须支付权利人相应的补偿金。一方面，公共借阅权主要针对的是实体图书馆提供的纸质图书的外界服务，和数字图书馆的技术特性不相符合，另一方面，我国没有公共借阅权制度，也没有实行补偿金制度，图书馆也不可能通过征税方式补偿著作权人的利益，我国构建面向数字图书馆的著作权补偿金制度需要进行一定程度的变通。

---

[1] 秦珂：《版权补偿金制度和数字图书馆版权问题》，《情报理论与实践》2005年第2期。
[2] 李农：《德国的公共借阅权制度》，《情报杂志》2004年第4期。
[3] 《日本著作权法》（昭和四十五年五月六日法律第四十八号，最终改正平成二八年一二月一六日法律第一〇八号）第38条第5款。

著作权补偿金制度的设置涉及补偿金征收的比例问题，还需要国家提供经费支持，因此关系到国家行政制度、财政制度、税收制度等之间的沟通协调，关系到国家各个系统之间的统筹协作，所以是一个牵一发而动全身的复杂问题。就我国目前的行政能力、行业发展和管理水平以及社会公众的认知程度来看，实行著作权补偿金制度还欠缺土壤。但是面对数字技术带来的各种著作权问题，著作权补偿金制度不失为一种具有效率、能够实现利益公平分配的良策。就目前来看，可以引入著作权补偿金制度的基础上对这一机制进行变通。

著作权补偿金制度旨在对著作权人因私人复制造成的损失而进行补偿，现有的补偿金制度都是根据复制设备和复制载体的流通情况向复制设备和复制载体的制造商征收费用，制造商又将这些费用加到复制设备和复制载体的销售价中。运用到数字图书馆的数字资源建设之中，可以委托著作集体管理组织向从事数字图书馆建设的机构收取费用，公益性数字图书馆，即由国家财政资金支持的数字图书馆，作为数字化信息资源的集合中心，是社会文化知识开发、传播和利用的综合平台，以传播文化、传递科学、启迪教育为己任[①]，因此，公益性数字图书馆与营利性的数字图书馆的收费标准应作出区分。具体而言，公益性的数字图书馆在进行数字资源建设之始，可向著作权集体管理组织提出费用减免的申请，著作集体管理组织根据申请对图书馆的性质和数据库的运营模式进行审核，如果符合公益性的特质，则批准减免；对于营利性的数字图书馆，则不存在减免的问题。此外，对于营利性的数字图书馆开发移动客户端应用程序或者网络客户端应用程序提供营利性服务的，可以采取著作权补偿金制度中对复制设备和复制载体收费的相同做法，对下载应用程序收取费用。具体表现为，在传统作品的交易中，由于作品必须通过一定载体才能得以呈现，因此著作权人要想获得经济收益，必须与物质载体销售商合作，并给予销售商一定的收益。在数字作品交易中，虽然作品的呈现方式发生了变化，但是作品必须附着于一定的载体才能投入到市场这一点是不变的。可以尝试向移动客户端的智能便携设备的应用软件和网络客户端的计算机应用程序的制造商和开发商统一收取一定比例的费用，从而弥补数字作品著作权人所承受的损失。这样一来，既可以保障著作权人的经济利益不受损害，也可以充分发挥数字图书馆的社会价值，同时也维护了公共利益和公众的基本文化权利。

---

① 余彩霞：《GATS 与我国图书馆的公益性服务》，《图书馆理论与实践》2003 年第 6 期。

(四)以著作权代理模式解决数字图书馆授权问题

著作权代理模式与著作权集体管理模式并无太大区别,都是通过第三方中介实现著作权人的授权,使用者通过第三方中介获取使用作品的权利,但是二者具有本质上的差别。著作权集体管理模式是著作权集体管理组织以自己的名义行使权利,具有信托性质;而著作权代理模式中,著作权代理机构与著作人之间是代理的关系,著作权人将自己部分财产权利委托给著作权代理机构以被代理人的名义来行使,并且代理机构会从中收取一定比例的代理费作为提供服务的收入。

著作权代理公司与著作权集体管理组织都为著作权交易提供了市场,在主要的工业化国家,著作权信息供求的中介主要以"私主体"形式出现,具有独立的主体地位,更加重视中介自由交易。我国则主要以"公主体"形式出现,换言之,著作权集体管理组织作为行政管理单位的一部分,执行的是相关行政命令,不具有独立的主体地位,重视的是国家对交易的干预。实践表明,发达国家的"私主体"运作模式比我国的"公主体"模式更好。[①] 在此,著作权代理公司的性质即为私主体,其主要功能在于促进著作权市场的自由交易,避免了著作权集体管理模式中行政色彩过强的弊端。此外,我国《著作权集体管理条例》第七条对著作权集体管理组织的设立主体作出了限制,即限于依法享有著作权或者与著作权有关的权利的中国公民、法人或其他组织。[②] 然而著作权代理公司是著作权交易的市场经济主体,任何自然人和法人只要到当地的工商局注册成立公司,继而到版权注册中心登记即可成立著作权代理公司。著作权代理公司与著作权人签订委托协议后,可以自主从事著作权交易,业务范围涉及著作权交易、保护和诉讼等,因此避免了著作权集体管理模式中根据作品类型区分业务范围所导致的各组织间缺乏统筹交叉的弊端。有鉴于此,著作权代理公司是现实市场的选择,为解决我国数字图书馆利用作品的海量许可问题提供了新的路径。

为提高数字图书馆的利用作品的著作权许可效率,可以由图书馆界内成立专门面向整个图书馆界的著作权代理公司负责解决数字图书利用作品建设数字化资源的著作权许可问题。一方面,为数字图书馆的建设选取聘用掌握知识产

---

① 吉宇宽:《图书馆合理分享著作权利益诉求研究》,中国社会科学出版社2015年版,第111页。
② 参见《著作权集体管理条例》第七条:依法享有著作权或者与著作权有关的权利的中国公民、法人或者其他组织,可以发起设立著作权集体管理组织。

权法律知识和图书馆知识的专业人才，负责著作权交易等公司业务，同时不断引进掌握数字图书馆知识和信息资源共享工程的人才，不断壮大人才队伍。另一方面，数字图书馆在资源建设和运作过程中，也要加强对信息资源的管理及信息资源知识产权的管理，协调各个图书馆之间的协调和互通有无，不断更新、汇总著作权人信息。数字图书馆专设的著作权代理公司是为数字图书馆利用作品获权设立的图书馆界自己的公司，因此，后者与数字图书馆之间应建立高度的相互信任，著作权代理公司可以与数字图书馆在图书馆的服务器中设置著作权管理系统，对著作权作品的使用情况进行监控，这既有利于维护作者获得报酬权，有为数字图书馆获得许可节省了成本，提高了交易效率。

我国正着手打造全国文化信息共享工程，依托各级公共图书馆、文化馆等公共文化设施，将数字技术应用于中华优秀文化的保护与传承中，对传统信息资源进行数字化加工和整合，实现文化信息共建共享。数字图书馆信息资源涉及文字、图片、影视、音乐等不同类型作品，著作权代理公司可以根据不同作品类型有针对性地设立管理文字、音乐、影视等不同作品的管理部分，各部门负责相关类型作品的著作权获权工作，保障分工明晰，授权渠道畅通。此外，由中共中央办公厅、国务院办公厅于2004年发布的《关于加强信息资源开发利用工作的若干意见》强调，要加强信息资源的公益性开发利用和服务，制定政策，引导和鼓励企业、公众和其他组织开发信息资源，开展公益性信息服务，重视发挥中介机构的作用；加大向农村、欠发达地区和社会困难群体提供公益性信息服务的力度。[①]数字图书馆秉持公益性服务的原则，在数字资源建设过程中应享有优惠待遇。因此，对于由国家财政支持的数字图书馆在作品复制和传播方面应享有著作权优惠待遇。

著作权代理公司是以法律为基础设置的行业，是朝阳产业，没有法律和政府的支持则无法顺利运行，政府应该是著作权代理模式的最主要推动者，同时不断健全相关的法律体系、完善著作权交易程序，使著作权贸易更加规范化、制度化和高效化。

---

① 《中共中央办公厅 国务院办公厅关于加强信息资源开发利用工作的若干意见》。http://www.caf.ac.cn/html/xxh/201354/20466.html。

本章小结

从著作权制度的政策性角度来看，实施科教兴国战略是党和国家做出的一项重大决策，是知识经济时代发展的历史选择，是我国社会主义发展的基本国策。科教兴国战略和数字图书馆发展之间具有相互的能动作用，二者具有协同性。科教兴国战略的实施为数字图书馆的建设和开发提供了有力的政策支持，数字图书馆又将为我国科教兴国战略的实施助以一臂之力，为广大人民群众的科研和教育提供必不可少的基础文化设施和文化传播渠道。然而，现有著作权法不仅无法发挥数字技术在数字图书馆建设中的作用，还限制和阻碍了数字图书馆的建设进程，这不仅不利于数字图书馆事业的发展，也与我国科教兴国基本国策的指导思想相背离。构建数字图书馆利用作品著作权限制有利于促进教育现代化的进程、增进以中文为主的信息资源的建设、推动全民阅读，加强国民素质，还有助于推动我国知识型产业的发展，最终为科教兴国战略的长久持续实施起到能动的反作用。

随着数字技术和信息网络技术的发展与普及，人们对知识以数字图书馆形式呈现和传播的需求越来越强烈。虽然目前而言，我国尚未直接对数字图书馆进行规定，但是相关的法律法规也为数字图书馆的建设提供了一定的法制环境。并且，伴随着数字图书馆经营者的不断探索，也形成了许多成功的数字图书馆经营模式，或在现有著作权法体系下通过法律允许的方式获得授权，或创造性地运用合同法或者民法规定开创新的授权许可机制，以此解决数字图书馆数字资源建设和用户服务中的著作权问题，但是这些数字图书馆运作模式从根本上来看，更多的是一种策略选择，而非从法律制度层面解决问题。采取通过授权模式解决权利获取问题也是出于对法律缺失这一现实所迫的无奈选择，从实践来看，还需从法律制度革新中寻求对问题的根本解决。

本章立足于我国数字图书馆建设的实际情况和客观条件，对我国现有的数字图书馆的法制环境、司法实践以及运作模式进行了介绍。从目前情况来看，在没有法律支持的情况下，我国数字图书馆建设困难重重。因此，为建设我国的公共文化服务体系，构建信息资源文化共享工程，应大力发展数字图书馆，丰富数字图书馆的信息资源。一方面完善我国数字图书馆可适用的著作权限制制度，构建我国信息资源共享语境下的数字图书馆合理使用制度，完善合理使用一般条款，建构面向我国数字图书馆的合理使用制度、面向数字图书馆扶助贫困的法定许可制度和针对数字作品传播的信息网络传播权权利穷竭制度；另一方面，不断完善我国的著作权集体管理，构建面向数字图书馆的著作权延伸性集体管理制度，并且整合数字图书馆利用作品的授权许可机制，可以采取优化授权要约模式、著作权补偿金制度以及著作权代理模式来为我国数字图书馆的授权问题提供新的解决途径。此外，要突破传统版权商业模式和利益分配机制的困境，还需以革命性技术为突破口，采用区块链技术化解现有数字版权保护的困境。

结 语

　　数字图书馆是信息技术发展的产物，是整个社会信息变革的必然结果，更是数字时代中人类知识的重要载体和信息服务的重要枢纽。数字图书馆的使命是保障公民获取信息和知识的自由、保障公民阅读学习和受教育的权利，并最终实现社会福利的增加。因此，就法律性质来看，数字图书馆是一项公益性事业。然而，数字图书馆的建设受到了现有著作权法的制约，导致数字图书馆利用作品的著作权纠纷频发，在传统著作权法律制度中并不能寻得有效的解决办法。产生这些纠纷的主要原因在于数字图书馆在数字资源开发与获取过程中，缺乏可适用的著作权限制。同时，我国数字图书馆相关的法律法规存在内容重复冲突、内容缺失与手段缺失的问题。随着信息网络技术的发展，新的信息资源不断更迭出新，新的著作权问题也随之产生，但我国现有的网络信息资源配置政策却存在明显滞后，对于新出现的事物及权利关系没有作出及时规制，导致政策法规上的缺失与空白。

　　国家"十三五"规划指出，"在现代互联网产业体系发展方面，实施'互联网+'行动计划，促进互联网深度广泛应用，带动生产模式和组织方式变革；在社会主义精神文明建设方面，要丰富文化产品和服务，推进文化事业和文化产业双轮驱动，实施重大文化工程，构建现代公共文化服务体系，加快发展现代文化产业，推进文化业态创新"。在这一背景下，建设与发展数字图书馆对我国经济结构转型和文化产业升级具有重要推动作用，围绕数字图书馆利用作品的著作权限制展开研究，对我国构建现代公共文化服务体系、推动文化产业变革具有重大现实意义。通过研究分析，无论是从实践还是理论上来讲，构建面向数字图书馆利用作品的著作权限制都具有正当性和合理性。现在正值我国《著作权法》第三次修订以及《中华人民共和国公共图书馆法》刚刚出台，构建面向数字图书馆利用作品的著作权限制，兼顾数字图书馆建设中的效率与公平、维护利益平衡，都应是题中之义。

　　目前，虽我国法律尚未直接对数字图书馆进行规定，但伴随着数字图书馆经营者的不断探索，也形成了许多成功的数字图书馆经营模式，或在现有著作权法体系下通过法律允许的方式获得授权，或创造性地运用合同法或者民法规定开创新的授权许可机制，以此解决数字图书馆数字资源建设和用户服务中的著作权问题，但是这些数字图书馆运作模式从根本上来看，更多地是一种策略选择。采取通过优化授权模式解决权利获取问题也是出于对法律缺失这一现实所迫的无奈选择，从实践来看，还需从法律制度革新中寻求对问题的根本解决。本书从面向数字图书馆的合理使用、面向数字图书馆扶助贫困的法定许可、针对数字作品传播的信息网络传播权权利穷竭、面向数字图书馆的延伸性著作权集体管理以及数字图书馆可适用的授权许可机制为角度，尝试为数字图书馆的建设扫清著作权制度障碍。以期为数字图书馆利用作品的著作权限制研究贡献绵薄之力，为我国数字图书馆著作权问题的后续研究之路铺上一块小小的新石头。

参考文献

一、中文文献

（一）中文译著

[1] 恩格斯：《自然辩证法》，郑易里译，生活·读书·新知三联书店 1950 年版。

[2]［西班牙］德利娅·利普希克：《著作权和领接权》，联合国教科文组织中国对外翻译出版公司 2000 年版。

[3] 联合国科教文组织编写《版权基本知识》，中国对外翻译出版公司 1984 年版。

[4]［澳］布拉德·谢尔曼、［英］拉昂内尔·本特利：《现代知识产权法的演进——英国的历程（1760—1911）》，金海军译，北京大学出版社 2012 年版。

[5] 马克思：《资本论：政治经济学批判》，人民出版社 1953 年版。

[6]［法］孟德斯鸠：《论法的精神》，商务印书馆 2014 年版。

[7]［美］Joan Van Tassel：《数字权益管理——传媒业与娱乐业中数字作品的保护与盈利》，人民邮电出版社 2009 年版。

[8]［美］莱曼·雷·帕特森、斯坦利·W.林德伯格：《版权的本质：保护使用者权利的法律》，法律出版社 2015 年版。

[9]［美］保罗·戈斯汀：《著作权之道——从古登堡到数字点播机》，金海军译，北京大学出版社 2008 年版。

[10]［美］谢尔登·W.哈尔彭、克雷格·艾伦·纳德、肯尼思·L.波特：《美国知识产权法原理》，商务印书馆 2013 年版。

[11]［美］E.博登海默：《法理学：法律哲学与法律方法》，邓正来译，中国政法大学出版社 1998 年版。

[12]［古希腊］柏拉图：《理想国》，中国华侨出版社 2012 年版。

[13]［古希腊］亚里士多德：《政治学》，颜一、秦典华译，中国人民大学出版

社 1999 年版。

［14］［古罗马］西塞罗：《论义务》，译林出版社 2015 年版。

［15］［古罗马］马可·奥勒留：《沉思录》，中央编译出版社 2008 年版。

［16］［德］耶林：《为权利而斗争》，商务印书馆 2016 年版。

［17］［德］M.雷炳德：《著作权法》，张恩民译，法律出版社 2004 年版。

［18］［德］伯恩·魏德士：《法理学》，丁晓春、吴越译，法律出版社 2013 年版。

［19］［澳］彼得·达沃豪斯、约翰·布雷思韦特：《信息封建主义》，刘雪涛译，知识产权出版社 2005 年版。

［20］［德］古斯塔夫·拉德布鲁赫：《法哲学》，王朴译，法律出版社 2013 年版。

［21］［美］斯蒂文·沙维尔：《法律经济分析的基础理论》，赵海怡、史册、宁静波译，中国人民大学出版社 2012 年版。

［22］［美］拉齐恩·萨丽：《哈耶克和古典自由主义》，秋风译，贵州人民出版社 2003 年版。

［23］［美］劳伦斯·莱斯格：《谁绑架了文化创意——打造知识共享的自由文化》，刘静怡译，早安财经文化有限公司 2008 年版。

［24］［美］塞缪尔·亨廷顿、劳伦斯·哈里森：《文化的重要作用》，新华出版社 2010 年版。

［25］［英］罗伯特·D.帕特南：《使民主运转起来——现代意大利的公民传统》，王列、赖海榕译，中国人民大学出版社 2015 年版。

［26］［美］兰德斯：《国富国穷》，新华出版社 2010 年版。

［27］［法］孟德斯鸠：《论法的精神》，商务印书馆 2014 年版。

［28］［英］约翰·密尔：《论自由》，许宝骙译，商务印书馆 2014 年版。

［29］［美］约翰·罗尔斯：《正义论》，何怀宏等译，中国社会科学出版社 1988 年版。

［30］［美］理查德·A.波斯纳：《法理学问题》，苏力译，中国政法大学出版社 2002 年版。

［31］［美］罗纳德·哈里·科斯：《论生产的制度结构》，盛宏、陈都译，三联书店上海分店 1994 年版。

［32］［澳］黄有光：《福利经济学》，周建明等译，中国友谊出版公司 1991

年版。

[33] [美]阿兰·兰德尔:《资源经济学:从经济角度对自然资源和环境政策的探讨》,施以正译,商务印书馆1989年版。

[34] [法]夏旺斯:《制度经济学》,暨南大学出版社2013年版。

[35] [英]洛克:《政府论(下篇)》,商务印书馆2015年版。

[36] [澳]彼得·德霍斯:《知识财产法哲学》,商务印书馆2008年版。

[37] [澳]斯蒂芬·巴克勒:《自然法与财产权理论:从格劳秀斯到休谟》,周清林译,法律出版社2014年版。

[38] [法]卢梭:《社会契约论》,商务印书馆2015年版。

[39] [荷]约斯特·斯密尔斯、玛丽克·范·斯海恩德尔:《抛弃版权——文化产业的未来》,刘金海译,知识产权出版社2010年版。

[40] [美]劳伦斯·莱斯格:《思想的未来》,李旭译,中信出版社2004年版。

[41] [英]埃斯特尔·的克雷:《欧盟版权法之未来》,徐红菊译,知识产权出版社2016年版。

[42] [英]康福斯:《唯物主义与辩证方法》,郭舜平、郑翼棠译,生活·读书·新知三联书店1956年版。

[43] [美]劳伦斯·莱斯格:《代码》,李旭译,中信出版社2004年版。

[44] [美]博茨曼、罗杰斯:《共享经济时代互联网细微下的协同消费商业模式》,上海交通大学出版社2015年版。

[45] [美]曼昆:《经济学原理》,李旭译,机械工业出版社2003年版。

[46] [英]弥尔顿:《论出版自由》,吴之椿译,商务印书馆2013年版。

[47] [美]弗里茨·马克卢普:《美国的知识生产与分配》,中国人民大学出版社2007年版。

[48] [美]罗斯科·庞德:《通过法律的社会控制》,商务印书馆2013年版。

[49] [英]亚当·斯密:《国富论》,牟善季、谢士新、文熙译,武汉大学出版社2009年版。

[50] [法]狄骥:《法律与国家》,冷静译,中国法制出版社2010年版。

[51] [美]罗伯特·P.墨杰斯等:《新技术时代的知识产权法》,齐筠等译,中国政法大学出版社2003年版。

[52] [美]谢尔登·W.哈尔彭、克雷格·艾伦·纳德、肯尼思·L.波特:《美

国知识产权法原理》，商务印书馆 2013 年版。

［53］［法］狄骥：《法律与国家》，冷静译，中国法制出版社 2010 年版。

［54］［德］哈里·韦斯特曼：《德国民法基本概念》，中国人民大学出版社 2014 年版。

（二）中文著作

［1］王泽鉴：《民法物权·通则·所有权》，中国政法大学出版社 2001 年版。

［2］谢在全：《民法物权论》，中国政法大学出版社 1999 年版。

［3］王利明：《物权法论》，中国政法大学出版社 2003 年版。

［4］王利明：《法律解释学》，中国人民大学出版社 2011 年版

［5］吴汉东：《知识产权法学》，北京大学出版社 2014 年版。

［6］吴汉东：《知识产权总论》，中国人民大学出版社 2013 年版。

［7］吴汉东：《著作权合理使用制度研究》，中国人民大学出版社 2013 年版。

［8］吴汉东：《知识产权制度变革与发展研究》，经济科学出版社 2013 年版。

［9］吴汉东：《科学发展与知识产权战略研究》，北京大学出版社 2012 年版。

［10］吴汉东：《无形财产权基本问题研究》，中国人民大学出版社 2013 年版。

［11］张文显：《法理学》，高等教育出版社 1999 年版。

［12］崔国斌：《著作权法：原理与案例》，北京大学出版社 2014 年版。

［13］冯友兰：《中国哲学简史》，赵复三译，中华书局 2015 年版。

［14］郑成思：《版权法》，中国人民大学出版社 2009 年版。

［15］何贵忠：《版权与表达自由：法律、制度与司法》，人民出版社 2011 年版。

［16］宋慧献：《版权保护与表达自由》，知识产权出版社 2011 年版。

［17］中央政法各机关联合办公厅编印：《马恩列斯论法律及革命法制的建设》，中央政法各机关联合办公厅 1952 年版。

［18］李步云、高全喜：《马克思主义法学原理》，社会科学文献出版社 2014 年版。

［19］黄锫：《法律经济学：方法论、理论脉络及应用》，浙江大学出版社 2008 年版。

［20］张乃根：《法经济学：经济学视野里的法律现象》，上海人民出版社 2014 年版。

[21] 施惠玲:《制度伦理研究论纲》,北京师范大学出版社 2003 年版。

[22] 李增刚:《新政治经济学导论》,上海人民出版社 2008 年版。

[23] 吴伟光:《数字技术环境下的版权法危机与对策》,知识产权出版社 2008 年版。

[24] 李明德:《欧盟知识产权法》,法律出版社 2010 年版。

[25] 李明德:《美国知识产权法》,法律出版社 2014 年版。

[26] 于玉:《著作权合理使用制度研究——应对数字网络环境挑战》,知识产权出版社 2012 年版。

[27] 尤杰:《在私有与共享之间——对版权与表达权之争的哲学反思》,上海交通大学出版社 2014 年版。

[28] 李琛:《著作权基本理论批判》,知识产权出版社 2013 年版。

[29] 黄国彬:《著作权例外与图书馆可适用的著作权例外》,知识产权出版社 2011 年版。

[30] 孟兆平:《网络环境中著作权保护体系的重构》,北京大学出版社 201 年版。

[31] 马海群:《面向数字图书馆的著作权制度创新》,知识产权出版社 2001 年版。

[32] 陈占安:《邓小平理论概论》,中央广播电视大学出版社 2000 年版。

[33] 张屹山:《知识经济与科教兴国》,社会科学文献出版社 2000 年版。

[34] 张乃根:《国际贸易中的知识产权法》,复旦大学出版社 2007 年版。

[35] 贾丽娟:《高新技术产业创新与发展战略研究》,中国经济出版社 2010 年版。

[36]《图书情报工作》杂志社编:《网络环境下信息资源管理与利用》,海洋出版社 2011 年版。

[37] 卢泰宏、沙勇忠:《信息资源管理》,兰州大学出版社 1998 年版。

[38] 王小会:《数字图书馆与版权保护》,国家图书馆出版社 2008 年版。

[39] 程焕文、潘燕桃主编:《信息资源共享》,高等教育出版社 2004 年版。

[40]《列宁全集》(第 23 卷),人民出版社 1990 年版。

[41] 李宇军:《农村》,长征出版社 1998 年版。

[42] 樊怀玉等:《贫困论:贫困与反贫困的理论与实践》,民族出版社 2002 年版。

[43] 张怀涛等主编:《网络环境下图书馆的发展》,[香港]天马图书有限公司 2002 年版。

[44] 文剑、吕雯:《区块链将如何重新定义世界》,机械工业出版社 2016 年版。

[45] 张健:《区块链:定义未来金融与经济新格局》,机械工业出版社 2016 年版。

[46] 吉宇宽:《图书馆合理分享著作权利益诉求研究》,中国社会科学出版社 2015 年版。

[47] 任宁宁:《数字图书馆版权利益平衡机制研究》,经济管理出版社 2012 年版。

[48] 朱理:《著作权的边界——信息社会著作权的限制与例外研究》,北京大学出版社 2011 年版。

[49] 全红霞:《网络环境著作权限制的新发展》,吉林大学出版社。

[50] 王迁:《网络环境中的著作权保护研究》,法律出版社 2011 年版。

[51] 刘春田:《知识产权法》,中国人民大学出版社 2009 年版。

[52] 冯晓青:《知识产权法利益平衡理论》,中国政法大学出版社 2006 年版。

[53] 薛红:《网络时代的知识产权法》,法律出版社 2000 年版。

[54] [汉]董仲舒:《春秋繁露》,中华书局 1975 年版。

[55] 梅夏英:《物权法.所有权》,中国法制出版社 2005 年版。

(三)中文论文

[1] 张平:《数字图书馆建设中的法律问题及对策研究》,《国家图书馆学刊》2004 年第 4 期。

[2] 云凤羽:《数字图书馆公益性的秉持》,《科技情报开发与经济》2007 年第 4 期。

[3] 陈传夫、冉从敬:《数字图书馆法律属性初探》,《图书馆论坛》2003 年第 12 期。

[4] 郑成思:《图书馆、网络服务商、网络盗版与"利益平衡"——中国社科院七位学者维权实践的理论贡献》,《社会科学管理与评论》2005 年第 3 期。

[5] 王爱霞、王鸿信:《数字图书馆的法律地位及数字作品的权利归属》,《情报杂志》2005 年第 12 期。

[6]张平:《数字图书馆建设中的法律问题及对策研究》,《国家图书馆学刊》2004年第4期。

[7]秦珂:《数字图书馆的法律地位及其版权问题》,《图书馆学刊》2001年第3期。

[8]薛虹:《网络内容提供者的版权侵权责任》,《知识产权》2000年第2期。

[9]刘茵茵:《网络内容提供者的版权侵权责任研究》,《法制与社会》2009年第12期。

[10]江向东:《〈数字千年版权法〉立法实践及其对图书情报工作的影响》,《福建师范大学学报》2002年第2期。

[11]张平:《数字图书馆建设中的法律问题及对策研究》,《国家图书馆学刊》2004年第4期。

[12]王兰英:《从美国数字图书馆的建设进展看我国数字图书馆的建设思路》,《现代情报》2003年第9期。

[13]程光:《台湾数字图书馆的发展与启示》,《情报资料工作》2001年第6期。

[14]陈宇青、彭仁贤:《21世纪数字图书馆联盟:香港JULAC(大学图书馆长联席会)实例》,《图情工作》2003年第9期。

[15][日]胜本正晃:《权利的合理使用》,《独协法学》,1977年,转引自吴汉东《著作权合理使用制度研究》,中国人民大学出版社2013年版,第112页。

[16]黄玉烨:《知识产权利益衡量论——兼论后TRIPs时代知识产权国际保护的新发展》,《法商研究》2004年第5期。

[17]黄玉烨:《知识产权与其他人权的冲突及其协调》,《法商研究》2005年第5期。

[18]黄玉烨:《著作权合理使用具体情形立法完善之探讨》,《法商研究》2012年第4期。

[19]黄玉烨、舒晓庆:《扶助贫困法定许可制度探究》,《中国社会科学院研究生院学报》2014年第5期。

[20][英]R.F.沃尔、杰里米·菲利普斯:《版权与现代技术》,《国外法学》1984年第6期。

[21]吴汉东:《科技技术、国际贸易与著作权保护——关于当代著作权制度发展变革趋势的分析》,《黑龙江省政法管理干部学院学报》1999年第1期。

［22］李扬：《数据库特殊权利保护制度的缺陷及立法完善》，《法商研究》2003年第4期。

［23］王迁：《"索尼案"二十年祭——回顾、反思与启示》，《科技与法律》2004年第4期。

［24］王迁：《版权法保护技术措施的正当性》，《知识产权》2011年第4期。

［25］王迁：《论网络环境中发行权的适用》，《知识产权》2001年第8期。

［26］张平：《网络环境下著作权许可模式的变革》，《华东政法大学学报》2007年第4期。

［27］李永明、曹兴龙：《中美著作权法定许可制度比较研究》，《浙江大学学报（人文社会科学版）》2005年第4期。

［28］薛红：《纳入版权保护体系的网络传输》，《中国法学》1998年第3期。

［29］管育鹰：《我国著作权法定许可制度的反思与重构》，《华东政法大学学报》2015年第2期。

［30］陶鑫良：《网上作品传播的"法定许可"适用探讨》，《知识产权》2000年第4期。

［31］张力：《合理使用、法定许可抑或其他——论数字图书馆使用作品的行为模式选择》，《图书馆情报知识》2004年第4期。

［32］王秀丽：《授权要约：数字版权贸易的新模式》，《出版发行研究》2008年第9期。

［33］曹新明：《关于权利弱化与利益分享理论之研究——一种新的知识产权理论范式》，《中南财经政法大学研究生学报》2007年第1期。

［34］张今：《数字环境下私人复制的限制与反限制——以音乐文件复制为中心》，《法商研究》2005年第6期。

［35］张平、张韬略：《数字环境下版权授权方式研究》，《网络法律评论》2005年第7期。

［36］吴晓萍、周显志：《创作共用：一种新的鼓励自由创作的版权许可制度》，《知识产权》2005年第3期。

［37］宗诚：《创作共用模式在我国数字图书馆建设中的适用性探讨》，《图书馆建设》2011年第7期。

［38］韦景竹：《创作共用信息共享机制的特征分析及其评价》，《情报理论与实践》2010年第7期。

[39] 钱学森：《情报资料、图书、文献和档案工作现代化及其影响》，《科技情报工作》1979 年第 7 期。

[40] 徐文伯：《建设中国数字图书馆工程，开创中华文化光辉的未来》，《中国图书馆学报》1999 年第 5 期。

[41] 杨博勇：《六作家诉世纪互联公司侵犯著作权案》，电子知识产权 2000 年第 2 期。

[42] 丁旭芳：《论数字图书馆著作权问题的解决》，《图书馆建设》2005 年第 6 期。

[43] 陈前恒、方航：《打破"文化贫困陷阱"的路径——基于贫困地区农村公共文化建设的调研》，图书馆论坛 2017 年第 6 期。

[44] 赵秀玲：《数字环境下版权和领接权限制和例外——国际图书馆界的观点》，《版权公报》2003 年第 2 期。

[45] 管育鹰：《版权领域发行权用尽原则探讨》，《法学杂志》2014 年第 10 期。

[46] 张若群：《网络作品集体管理制度初探》，《知识产权》2000 年第 2 期。

[47] 王艺：《网络传播与著作权集体管理》，《知识产权》2000 年第 2 期。

[48] 梁志文：《著作权延伸性集体许可制度的移植与创新》，《法学》2012 年第 8 期。

[49] 熊琦：《著作权延伸性集体管理制度何为》，《知识产权》2015 年第 5 期。

[50] 吴汉东：《知识产权法律构造与移植的文化解释》，《中国法学》2007 年第 6 期。

[51] 蒙柳：《数字图书馆的版权许可问题及对策》，《当代经济》2010 年第 17 期。

[52] 胡开忠：《构建我国著作权延伸性集体管理制度的思考》，《法商研究》2013 年第 6 期。

[53] 张岩、梁耀丹：《基于区块链技术的去中心化数字出版平台研究》，《出版科学》2017 年第 6 期。

[54] 秦珂：《版权补偿金制度和数字图书馆版权问题》，《情报理论与实践》2005 年第 2 期。

[55] 李农：《德国的公共借阅权制度》，《情报杂志》2004 年第 4 期。

[56] 余彩霞：《GATS 与我国图书馆的公益性服务》，《图书馆理论与实践》

2003年第6期。

[57]何炼红、邓欣欣：《数字作品转售行为的著作权法规制》，《法商研究》2014年第5期。

[58]梁志文、蔡英：《数字环境下的发行权穷竭原则——兼评欧盟法院审理的Oracle公司诉UsedSoft公司案》，《政治与法律》2013年第11期。

[59]何怀文：《网络环境下的发行权》，《浙江大学学报（人文社会科学版）》2013年第9期。

[60]李颖：《网络环境下版权法的修改——美国〈知识产权与国家信息基础设施〉白皮书简析》，《情报杂志》1999年第10期。

[61]杨亚萍：《数字媒体及其传播模式研究》，《甘肃科技》2009年第6期。

[62]邱耕田、万峰峰：《论社会发展的普遍受益原则》，《求索》2001年第2期。

（四）中文判例

[1]陈兴良诉数字图书馆著作权侵权纠纷案。北京市海淀区人民法院（2002）海民初字第5702号/2002.06.27。

[2]郑成思诉北京书生数字技术有限公司侵犯著作权纠纷案。北京市第一中级人民法院（2005）一中民终字第3463号/2005.06.10。

[3]北京市第一中级人民法院民事判决书（2011）一中民初字第1321号。

[4]（2003）鄂民三终字第18号民事判决书。

[5]（2013）赣中民四初字第96号民事判决书。

[6]（2013）筑知民初字第126号民事判决书。

[7]（2014）黔高民三终字第7号民事判决书。

[8]（2003）鄂民三终字第18号民事判决书。

[9]（2012）沪一中民五（知）终字第312号民事判决书。

[10]（2012）徐民三（知）初字第15号民事判决书。

[11]（2016）苏05民终6718号民事判决书。

[12]（2016）浙0108民初2827号民事判决书。

[13]广东省深圳市龙岗区人民法院（2008）深龙法民初字第5558号民事判决书。

[14]广东省深圳市宝安区人民法院（2012）深宝法知民初字第906号民事判

决书。

[15]广东省广州市天河区人民法院（2012）穗天法知民初字第777号民事判决书。

[16]广东省广州市中级人民法院（2013）穗中法知民终字第1224号民事判决书。

[17]浙江省杭州市中级人民法院（2013）浙杭知终字第192号民事判决书。

[18]浙江省杭州市滨江区人民法院（2014）杭滨知初字第20号民事判决书。

[19]广东省广州市中级人民法院（2012）穗中法民三初字第397号民事判决书。

[20]广东省高级人民法院（2013）粤高法民三终字第753号民事判决书。

（五）中文法律法规及官方文件

[1]《互联网信息服务管理办法》。

[2]《中华人民共和国著作权法》。

[3]《信息网络传播权保护条例》。

[4]《中华人民共和国宪法》。

[5]《中华人民共和国合同法》。

[6]《中华人民共和国公共文化服务保障法》。

[7]《中华人民共和国公共图书馆法》。

[8]《中华人民共和国信托法》。

[9]国际图联关于在数字环境下版权问题的立场（2000）。

[10]"台湾著作权法"。

[11]工业和信息化部，国家发展改革委《信息产业发展指南》（2017）。

[12]《著作权法第三次修订草案（送审稿）》。

[13]《实施国际著作权条约的规定》。

[14]《中国版权保护中心著作权自愿登记收费标准》。

[15]《中华人民共和国著作权集体管理条例》。

[16]《中共中央办公厅 国务院办公厅关于加强信息资源开发利用工作的若干意见》。

（六）中文网站及其他

[1]高文.数字图书馆——概念与挑战.http://www.ccnt.gov.cn/digilib.

[2]中国国家数字图书馆官方网站 http://www.nlc.cn/.

[3]超星读书官网 http://book.chaoxing.com/.

[4]读秀专题图书馆官方网站 http://zt.duxiu.com/.

[5]万方官方网站 http://www.wanfangdata.com.cn/.

[6]中国知网官方网站 http://www.cnki.net/.

[7]郑成思."数字图书馆"还是"数字公司"[N].人民法院报.2005年7月11日.B02.

[8]关于数字图书馆版权保护研究若干重要问题的思考.http://www.doc88.com/p-4435803243487.html.

[9]国内外数字图书馆的发展.https://wenku.baidu.com/view/8fe34fafddccda38366baf95.html.

[10]英国国家图书馆数字图书馆项目.http://www.bl.uk/services/ric/diglib.

[11]吴汉东.知识产权VS.人权：冲突、交叉与协调.中国知识产权报2016年第1期。

[12]制度耦合的概念.MBA智库百科.

[13]制度冲突的概念.MBA智库百科.

[14]2016年中国音乐产业发展报告.中音数协音乐产业促进会。

[15]2016年中国数字内容产业全景数据解读.腾讯研究院。

[16]习近平.好作品应把社会效益放首位，与经济利益统一.中国新闻网.http://www.chinanews.com/cul/2014/10-16/6685880.shtml.

[17]陶鑫良、袁真富.网络时代著作权许可制度的创设.中国知识产权报2004年11月9日。

[18]第一只螃蟹.最后一根稻草：光明新闻。http://www.gmw.cn/01ds/2004-09/22/content_105978.htm.

[19]IT与版权界共推授权要约模式齐力打造版权授权高速公路.http://xuewen.cnki.net/CJFD-ZGCB200410031.html.

[20]中国音乐著作权协会协会服务.中国音乐著作权协会官方网站.http://www.mcsc.com.cn/sS-12.html.

[21] 中国文字著作权协会官方网站. http://www.prccopyright.org.cn/staticnews/2010-01-28/100128145635437/1.html.

[22] 中共中央、国务院.关于加速科学技术进步的决定. 中华人民共和国科学技术部. http://www.most.gov.cn/ztzl/jqzzcx/zzcxcxzzo/zzcxcxzz/zzcxgncxzz/200512/t20051230_27321.htm.

[23] 教育信息化十年发展规划（2011—2020年）. https://baike.baidu.com/item/教育信息化十年发展规划（2011—2020年）/15188473?fr=aladdin.

[24] 教育信息化"十三五"规划（发布）. http://www.jyb.cn/china/gnxw/201606/t20160624_663313.html.

[25] 韩国文化产业政策解读. http://www.sohu.com/a/35569049_216231.

[26] 信息资源开发和共享是当务之急. 中华人民共和国中央人民政府官方网站. http://www.gov.cn/zwhd/2005-11/16/content_99866.htm.

[27] 数字图书馆推广工程——国家数字图书馆资源建设概况. http://www.ndlib.cn/szzyjs2012/201201/t20120113_57990.htm.

[28] 中国城市竞争力报告2016（发布）. http://ex.cssn.cn/ts/ts_scfj/201605/t20160531_3039354.shtml.

[29] 联合国开发计划署.2016年中国城市可持续发展报告：衡量生态投入与人类发展.

[30] 国务院参事王京生."全民阅读"4次写进本届政府工作报告有何深意. http://www.gov.cn/xinwen/2017-04-20/content_5187652.htm.

[31] 2005中国数字媒体技术发展白皮书发布. http://www.arting365.com/news/others/2005-12-28/1135752900d113210.html.

[32] 数字媒体技术白皮书发布——强调网络传输. http://tech.sina.com.cn/it/2005-12-26/1947802987.shtml.

[33] 第40次中国互联网络发展状况统计报告.中国互联网络信息中心（CNNIC）官方网站. http://www.cnnic.net.cn/hlwfzyj/hlwxzbg/hlwtjbg/201701/t20170122_66437.htm.

[34] 中共中央办公厅、国务院办公厅印发.国家"十三五"使其文化发展改革规划纲要.中华人民共和国中央人民政府官方网站. http://www.gov.cn/zhengce/2017-05/07/content_5191604.htm.

[35] 2017年政府工作报告（全文）. 中华人民共和国中央人民政府官方网站

http://www.gov.cn/premier/2017-03/16/content_5177940.htm.

[36]国家数字图书馆工程.中国国家图书馆.中国国家数字图书馆官方网站.http://www.nlc.cn/newstgc/.

[37]2014—2022年中国数字图书馆市场现状调研分析及发展趋势报告[R].中国产业调研网.

[38]数字图书馆推广工程——国家数字图书馆资源建设概况.http://www.ndlib.cn/szzyjs2012/201201/t20120113_57990.htm.

[39]中国高等教育文献保障系统官方网站.http://home.calis.edu.cn/calisnew/calis_index.asp?fid=1&class=1.

[40]北京大学图书馆官方网站.http://lib.pku.edu.cn/portal/cn/bggk/bgjs/lishiyange.

[41]湖北省图书馆.湖北数字图书馆官方网站.http://portal.library.hb.cn.

[42]湖北省数字图书馆推广工程建设稳步推进.http://portal.library.hb.cn/wps/portal/Home/Library/LibraryDetail.

[43]辽宁省图书馆官方网站.http://www.lnlib.com/web/guest.

[44]中国基础设施工程.http://cnki.net/gycnki/gycnki.htm.

[45]公共图书馆法草案首次提请全国人大常委会审议.中国人大网.http://www.npc.gov.cn/npc/lfzt/rlyw/2017-06/23/content_2024020.htm.

[46]我国数字图书馆解决版权问题的实践与研究.超星数字图书馆.http://old.chaoxing.com/zhuanti/15/moshaoqiang.htm.

[47]超星数字图书馆喜获35万作者签约授权.http://old.chaoxing.com/copyright/index.html.

[48]专家观点.超星数字图书馆.http://old.chaoxing.com/zhuanti/15/zj_zcs.htm.

[49]制作数字化制品著作权使用费标准(试行).

[50]全国文化信息资源共享工程介绍.国家数字文化网.http://www.ndcnc.gov.cn/gongcheng/jieshao/201212/t20121212_495375.htm.

[51]中华人民共和国国家统计局.中华人民共和国2016年国民经济和社会发展统计公报.http://www.stats.gov.cn/tjsj/zxfb/201702/t20170228_1467424.html.

[52]中华人民共和国纽约总领事馆.中华人民共和国文化部2016年文化发展统计公报.http://www.fmprc.gov.cn/ce/cgny/chn/whsw/zgwhxx/dtxw/t1461801.htm.

[53] 中华人民共和国国务院新闻办公室. 发展权: 中国的理念、实践与贡献白皮书. http://www.scio.gov.cn/zfbps/32832/Document/1532315/1532315.htm.

[54] 中国音乐著作权协会基本会情. http://www.mcsc.com.cn/mIL-5.html.

[55] 中国文字著作权协会官方网站. http://www.prccopyright.org.cn/staticnews/2010-01-28/100128145635437/1.html.

[56] 中国音像著作权集体管理协会官方网站. http://www.cavca.org/gyxh.php.

[57] 中国电影著作权协会官方网站. http://www.cfca-c.org/jt_show.php?up=46&id=1.

[58] 音乐作品公示说明. 中国音乐著作权协会官方网站. http://www.mcsc.com.cn/ash-1604.html.

[59] 民国时期文献保护计划. 民国时期文献保护网. http://mgwxbh.nlc.cn/bhjh/mgwxbhjh/.

[60] 再谈去中心化——互联网化即中心化. http://www.woshipm.com/it/254171.html.

[61] DECNET.巴比特. http://www.8btc.com/decent.

[62] DECENT创始人及首席执行官马杰: 区块链技术构建新经济蓝图. 广电新媒. http://www.dvbcn.com/2016/12/08-135629.html.

[63] 中关村区块链产业联盟正式成立. http://www.zgc.gov.cn/dt/fwdt/98643.htm.

[64] 工信部. 中国区块链技术和应用发展白皮书（2016）. http://www.useit.com.cn/thread-13618-1-1.html.

二、外文文献

（一）外文著作

[1] Lionel Maurel. *Bibliothèques numériques: le défit du droit d'auteur*.

[2] L. Ray Patterson, Stanley W. Lindberg. *The Nature of Copyright: A Law of Users' Right*. 1991.

[3] Martin Senftleben. *Copyright, Limitations and the Three-Step Test: An Analysis of the Three-Step Test in International and EC Copyright Law*. The Hague Law International. 2004.

[4] Sam Ricketson, *The Three-Step Test, Deemed Quantities, Libraries and Closed Exceptions. Strawberry Hills, Australia*: Center for Copyright Studies, 2002.

[5] Robert Burrell, Allison Coleman.*Copyright Exceptions: The Digital Impact.* Cambridge University Press. 2005.

[6] Henri Poincaré. *Science et Méthode.* Flammarion, 26 Rue Racine, Paris.

[7] François Ost, *Droit et intérêt,* vol. 2, Entre droit et non-droit : l'intérêt, Bruxelles, Publications des Facultés Universitaires Saint-Louis, 1990, p. 10-11.

[8] T.M.Scanlon. *The Difficulty of Tolerance: Essays in Political Philosophy.* Cambridge University Press. 2003.

[9] André LUCAS, Henri-Jacques LUCAS, Agès LUCAS-SCHLOETTER. *Traité de la Propriété Littéraire et Artistique.* Paris: LexisNexis. 2012.

[10] Colombet, *Grands principes du droit d'auteur et des droits voisins dans le monde. Approche de droit comparé*, UNESCO, 1987.

[11] J. H. Merryman et A. Elsen.*Law, Ethics and the visual Arts*.3 ème édition, Kluwer Law International, 1998.

[12] D. Gervais.*The changing role of copyright collectives.*in Gervais. 2006.

[13] J.-F. Debarnot.*Les droits des auteurs des programmes du fonds de l'INA exploités sur son site Internet.*Legipresse n°232 . 2006.

[14] M. Peters.*The legal perspective on exhaustion in the borderless era: consideration of a digital first sale doctrine for online transmissions of digital works in the United States.* in Global Copyright. 2010.

（二）外文论文

[1] Vannevar Bush.*As we may think.*The Atlantic Monthly, 1945, July.

[2] Thomas R. Kochtanek. *How close are we to realizing Vannevar Bush's dream of the Memex?* University of Missouri Columbia, USA.

[3] Robert E.Kahn and Vinton G.Cerf.*The Digital Library Project Volume I: The world of Knowbots (DRAFT), an Open Architecture For a Digital Library System and a Plan For Its Development.*Corporation for National Research Initiatives, March 1988.

[4] Gary Marchionini and Hermann Maurer. *The Roles of Digital Libraries in Teaching and Learning.* COMMUNICATIONS OF THE ACM. April 1995/Vol. 38, No. 4. 67-75.

[5] Teresa Hackett. *Exceptions and limitations in copyright vital for South country*. Third World Network. March 2009.

[6] Martin Senftleben. *The International Three-Step Test：A Model Provision for EC Fair Use Legislation*. https：//www.jipitec.eu/issues/jipitec-1-2-2010/2605/JIPITEC%202%20-%20Senftleben-Three%20Step%20Test.pdf.

[7] Masse, Isabelle. *Droit d'auteur, photocopillage, numérisation*. Bulletion des bibliothèques de France.

[8] Game, Valérie. *Numérisation：aspects juridiques*.

[9] Carole A.George. *Testing the barriers to digital libraries：A study seeking copyright permissions to digitize published words*.

[10] Stefan Bechtold. *Digital rights management in the United States and Europe*. American Journal of Comparative Law, 2004（52）：323.

[11] Titiriga, Remus, The "Jurisprudence of Interests"（Interessenjurisprudenz）*from Germany：History, Accomplishments, Evaluation*. International Journal of Law, Language and Discourse, Volume 3.1, June 2013, pp. 55-78.

[12] Ronald Inglehart and Wayne Baker. *Modernization, Cultural Change, and the Persistence of Traditional Values*. American Socio Logical Review, February 2000.

[13] Alexandre Zollinger. *Les bibliothèques numériques, ou comment concilier droit à la culture et droit d'auteur*. La Semaine Juridique Entreprise et Affaires n° 25, 21 Juin 2007, 1784.

[14] Hannibal Travis. *Google Book Search and Fair Use：Tunes for Authors, or Napster for Books*? 61 U. Miami L. Rev. 87./Hannibal Travis. Building Universal Digital Libraries：An Agenda for Copyright Reform. 33 Pepp. L. Rev. 761.

[15] Rosemary Coombe. The Cultural Life of Intellectual Property. Authorship, Appropriation, and the Law, *Durham and London. Duke University Press.* 转引自［荷］约斯特·斯密尔斯，玛丽克·范·斯海恩德尔著，刘金海译. 抛弃版权——文化产业的未来［M］. 知识产权出版社，2010.

[16] James Somers. *Torching the Modern-Day Library of Alexandria*. The Atlantic Monthly. Apr 20, 2017.

[17] Huet Jérôme. *Droit de l'information：la liberté documentaire et ses limites*. Recueil Dalloz.

[18] J.H.Reichman and Pamela Samerlson. *Intellectual Property Right in Data*. 50 Vanderbilt Law Review. 1997.

[19] Stefan Bechtold. *Digital rights management in the United States and Europe*. American Journal of Comparative Law, 2004（52）:323.

[20] Lionel Maurel. *Droit d'auteur et création dans l'environnement numérique: des conditions d'émancipation à repenser d'urgence*. Mouvements, La découverte, 2014,（Contre-）Pouvoirs du numérique, 3（n79）, p.100-108.

[21] Mireille Buydens et Séverine Dusollier. *Les exceptions au droit d'auteur: évolution dangereuses*. Dans Communication commerce électronique（n°9 2001）.

[22] Clarice Castro. *The song of the sirens. Information*, Communication&Society. Volume 16, 2013-Issue9, Pages 1441-1455.

[23] Alexandre Zollinger.*Les bibliothèques numériques, ou comment concilier droit à la culture et droit d'auteur*. La Semaine Juridique Entreprise et Affaires n°25, 21 Juin 2007, 1784.

[24] Mireille Buydens et Séverine Dusollier. *Les exceptions au droit d'auteur: évolution dangereuses*.Dans Communication commerce électronique（n°9 2001）.

[25] HOLGER POSTELM, JEAN-LUC PIOTRAUT. *The Fair Use Doctirne in the U.S.American Copyright Act and Similar Regulations in the German Law*. 5 Chi.-Ken J. Intell. Prop., 142, 2006. 转引自于玉. 著作权合理使用制度研究——应对数字网络环境挑战[M]. 知识产权出版社2012版.

[26] Pierre N. Leval. *Toward A Fair Use Standard* . Harvard Law Review. Vol 103. 1990.

[27] Jed Rubenfeld. *The Freedom of Imagination: Copyright's Constitutionality*. 112 Yale L.J. October 2002.

[28] E. Dreyer.*Le dépôt légal : essai sur une garantie nécessaire au droit du public à l'information*, Thèse, Paris, LGDJ, 2003, p. 257.

[29] Stef Van Gompel. *Les archives audiovisuelles et l'incapacité à libérer les oeuvres orphelines*. IRISplus, Observations juridiques de l'Observatoire européen de l'audiovisuel, 2007-04.

[30] James Somers. *Torching the Modern - Day Library of Alexandria*. The Atlantic Monthly. Apr 20, 2017.

(三) 外文判例

[1] CapitolRecords LLC v. ReDigi Inc., No. 12-cv-95 (RJS), F. Supp. 2d 640-661 (S.D.N.Y. March 30, 2013).

[2] Universal City Studios, Inc, .v.Sony Corporation of America, 480 F. Supp. 429 at 435 (CD Cal1979).

[3] The Authors Guild, Inc., et al.v.Google Inc. No.05 CV-8136 (United States District Court Southern District of New York); The McGraw-Hill Companies, Inc.v. Google Inc. No.05 CV-8881 (United States District Court Southern District of New York).

[4] Kelly v. Arriba Soft Corp., 336F.3d811 (9th Cir.2003).

[5] Cour de cassation, Assemblée plénière, Microfor c. Le Monde, 30 octobre 1987, N° de pourvoi: 86-11918.

[6] Tribunal de grande instance de Paris 3è mechambre, 2è mesection Jugement du 18 décembre 2009.

[7] Federal Supreme Court (BGH), 1 ZR 69/08.

[8] Grote Van Dale v. Romme (1991) Netherland Jur. 608.

[9] Feist Publications v. Rural Telephone 499 US340 (1991).

[10] Dior v. Evora, Hoge Raad, 20 octobre 1995, N.J., 1996, n°682.

[11] Dalloz 1999, 581, note KAMINA, R.I.D.A., Avril 2000, p. 374.

[12] Terroristenbild, Landgericht Berlin, 26 mai 1977, G.R.U.R. 1978, p. 108.

[13] Gyles v. Wilcox, (1741) 26 Eng.Rep. at 490.

[14] Folsom v. Marsh, 9 F. Cas. 342 (C.C.D.Mass. 1841)(No.4901).

[15] Jane Ginsburg, Chronique des USA (II), RIDA, avril 1999, p. 126.

[16] Sony Corporation of America v. Universal City Studios, Inc. 464 U.S. 417 (1984).

[17] Harper&Row, Publishers, Inc., et al. v. Nation Enterprises et al., 471 U.S. 539, at 562 (1985).

[18] Campbell v. Acuff-Rose Music, Inc. 510 U.S. 569 (1994).

[19] Suntrust Bank v. Houghton Mifflin Co., 268 F. 3d 1257, 1267 (11th, Cir.

2001).

[20] A&M Records, Inc. v. Napstet, Inc., 114F. supp. 2d 896 (N. D. Cal., 2000), 55 U.S.P.Q.2d 1780.

[21] A&M Rceords, Inc. v. Napster, Inc., 239 F. 3d 1004, C. A.9 (Cal.), 2001, 57 U.S..P.Q.2d 1729.

[22] Perfect 10, Inc. v. Amazon.com, Inc., 508F.3d.1146 (9th Cir.2007).

[23] Bill Graban Archives v. Dorling kindersley Ltd., 448 F. 3d 605 (2d Cir. 2006).

[24] Capitol Records LLC v. ReDigi Inc., No. 12-cv-95 (RJS), F. Supp. 2d 640-661 (S.D.N.Y. March 30, 2013).

[25] CJEU, 3 juillet 2012, UsedSoft v. Oracle, C128/11.

[26] Pour la mise en ligne de fichiers musicaux TGI Paris, 3e ch., 23 mai 2001: Gaz. Pal. 2002, 2, somm.p.1661, obs.Noguier.

[27] TGI Paris, 3e ch., 30 juin 2009: Propr. Intell. 2009, p.373, obs.A. Lucas/ CA Douai, 6e ch., 26 janv. 2009, pré c. Note 237.

[28] BGH.Urteil v.20.07. 2013, Az.I ZR 129/08 Usedsoft II.

（四）外文研究报告

[1] Kenneth Crews. *Études sur les limitations et exceptions au droit d'auteur en faveur des bibliothè ques et des services d'archives.* OMPI. SCCR/17/2. 26 août 2008.

[2] M. Sam Ricketson. *Étude de l'OMPI sur les limitations et les exceptions au droit d'auteur et aux droits connexes dans l'environnement numé rique.* SCCR/9/7. 5 avril 2003.

[3] P. Bernt Hugenholtz, Ruth L.Okediji. *Conceiving an International Instrument on Limitations and Exceptions to Copyright.* March 06, 2008.

[4] Kenneth Crews. *Ré sumé de l'é tude sur les limitations et exceptions relatives au droit d'auteur en faveur des bibliothè ques et des services d'archives: version actualisé e et ré visé e* (SCCR/30/3).

[5] Severine Dusollier. *Copyright and access to information in the digital environment.* A study Prepared for the Third UNESCO Congress on Ethical, Legal and Societal Challenges of Cyberspace, Infoethics, 2000.

[6] *Human Development Report* 1990. Oxford University Press. 1990.

[7] Report of the Register of Copyright on the General Revision of the U.S.Copyright Law 1961.

[8] François Stasse. *Rapport au ministre de la culture et de la communicationsur l'accès aux œuvres numériques conservées par les bibliothèques publiques*. Avril 2005.

[9] Henry Jenkins. *Confronting the Challenges of Participatory Culture*: Media Education for the 21*st Century*. MacArthur Foundation Report on Digital Media and Learning. 2009.

[10] Register's Report on the General Revision of the U. S. Copyright Law (1961).

[11] Patricia Aufderheide, Peter Jaszi, Bryan Bello, Tijana Milosevic. Copyright, Permissions, and Fair Use among Visual Artists and the Academic and Museum Visual Arts Communities. A Report to the College Art Association. February 2014.

[12] Hélène Bosc. La Budapest Open Access Initiative (BOAI) pour un libre accès aux résultats de la recherche. Terminal, L'Harmattan, 2003.

[13] Application d'un régime de licence collective étendue en droit canadien: principes et questions relatives à la mise en oeuvre. Étude établie pour le ministère du Patrimoine canadien par M. Daniel Gervais. Faculté de droit, Université d'Ottawa. Juin 2003.

（五）外文法律法规及官方文件

[1] Manifeste de l'Association Internationale des Association de Bibliothècaires et des bibliothèques (IFLA) pour les Bibliothèques Numériques, 36C/20, 6 octobre 2011.

[2] Convention de Rome.

[3] Convention de Berne.

[4] Agreement on Trade-Related Aspects of Intellectual Property Rights.

[5] World Intellectual Property Organization Copyright Treaty.

[6] WIPO Perfomances and Phonograms Treaty.

[7] Directive 2001/29/EC du Parlement européen et du Conseil du 22 mai 2001 sur l'harmonisation de certains aspects du droit d'auteur et des droits voisins dans la société de l'information.

[8] IFLA. Limitations and Exceptions to Copyright and Neighbouring Rights in the

Digital Environnement：An international Library Perspective. March2001.

［9］Nouvelle-Zélande. Copyright Act 1994（reprinted as at 1 March 2016）.

［10］Népal. Loi sur le droit d'auteur, 2059（2002）.

［11］Slovaquie. Act No. 618/2003 Coll. on Copyright and Rights Related to Copyright（as amended up to Act No. 453/2008 Coll.）.

［12］Suède. Act on Copyright in Literary and Artistic Works（1960：729）.

［13］Emirats arabes unis. Loi fédérale n° 7 de 2002（promulguée le 1er juillet 2002）sur le droit d'auteur et les droits connexes.

［14］Australie. Copyright Act 1968（consolidated as of June 27, 2015）.

［15］La nouvelle loi du Liban sur le droit d'auteur.

［16］Albanie. Loi n°35/2016 du 31 mars 2016 sur le droit d'auteur et les droits connexes.

［17］Le droit d'auteur de l'Angola.

［18］Autriche. Loi fédérale concernant le droit d'auteur sur les oeuvres littéraires et artistiques et les droits connexes（Loi sur le droit d'auteur）.

［19］Bulgarie. Loi sur le droit d'auteur et les droits voisins（telle que modifiée en 2009）.

［20］Cap-Vert. Décret-loi n° 1/2009 du 27 avril 2009 qui redéfinit la Loi du droit d'auteur.

［21］Chypre. Législation de 1976 à 1993 sur le droit d'auteur［loi n° 59 du 3 décembre 1976, modifiée par la loi n° 18（I）de 1993］.

［22］Congo. Loi n°24/82 du 7 juillet 1982 sur le droit d'auteur et les droits voisins.

［23］Croatie. Loi sur le droit d'auteur et droits connexes et lois sur les amendements de la loi sur le droit d'auteur et les droits connexes（JO n° 167/2003, n° 79/2007 et n° 80/2011）.

［24］Djibouti. Loi n°114/AN/96/3e L relative à la protection du droit d'auteur.

［25］Grèce. Loi n° 2121/1993 sur le droit d'auteur, les droits voisins et les questions culturelles（modifiée en dernier lieu par la loi n° 2435 du 2 août 1996）.

［26］Indonésie. Loi n° 19 du 29 juillet 2002 sur le droit d'auteur.

［27］Kenya. Loi sur le droit d'auteur（chapitre 130）（version consolidée 1989）.

［28］Mali. Loi n° 08-024 du 23 juillet 2008 fixant le régime de la propriété littéraire et artistique en République du Mali.

［29］Lesotho. Ordonnance de 1989 sur le droit d'auteur（Ordonnance n°13 de 1989）．

［30］Mongolie. Loi de la Mongolie sur le droit d'auteur et les droits connexes（modifiée en dernier lieu le 19 janvier 2006）．

［31］Copyright Act Chapter 68 Laws of the Federation of Nigeria 1990.

［32］Oman. Décret royal n° 65/2008 promulguant la Loi sur le droit d'auteur et des droits connexes.

［33］Portugal. Code du droit d'auteur et droits connexes（modifié jusqu'à la loi n° 16/2008 du 1 avril 2008）．

［34］Slovenia. Loi du 30 mars 1995 sur le droit d'auteur et les droits voisins.

［35］Sri Lanka. Loi n° 36 de 2003 sur la propriété intellectuelle.

［36］République arabe syrienne. Loi n° 12/2001 sur le Droit d'auteur en Syrie.

［37］Tunisie. Loi n° 2009-33 du 23 juin 2009，modifiant et complétant la Loi n° 94-36 du 24 février 1994，relative à la propriété littéraire et artistique.

［38］Rwanda. Loi n° 31/2009 du 26/10/2009 portant protection de la propriété intellectuelle.

［39］Congo. Loi °24/82 du 7 juillet 1982 sur le droit d'auteur et les droits voisins.

［40］Islande. Loi n° 73 du 29 mai 1972 sur le droit d'auteur（telle que modifiée jusqu'à la loi n° 97 du 30 juin 2006）．

［41］Copyright Act Chapter 68 Laws of the Federation of Nigeria 1990.

［42］Code de la Propriété Intellectuelle（La France）．DALLOZ. Édition 2015.

［43］U.S. Copyright Act of 1976.

［44］Digital Millennium Copyright Act.

［45］U.S.Constitution.

［46］EIFL. Response by Electronic Information for Libraries：European Commission Green Paper Copyright in the Knowledge Economy.

［47］Déclaration du Droit de l'Homme et du Citoyen de 1789.

［48］Universal Declaration of Human Rights.

［49］International Covenant on Economic，Social and Cultural Rights/ICESCR.

［50］Conseil const. n°2009-580 DC du 10 juin 2009，Loi favorisant la diffusion et la protection de la création sur internet （Rec. Cons. Const. 107）.

［51］La Constitution de la France du 4 octobre 1958.

［52］Conseil. const. Décision n°2013-370 QPC du 28 février. 2014. M. Marc S. et autre（Exploitation numérique des livres indisponibles）（JO. 2 mars 2014, p. 4120）.

［53］WIPO. Office of the High Commissioner for Human Rights. Intellectual Property Rights and Human Rights. Sub-Commission on Human Rights resolution 2000/7.

［54］Droit d'auteur de l'Allemagne.

［55］Directive （CE） n°96/9 du 11 mars 1996 concernant la protection juridique des bases de données.

［56］ConventionEuropéenne des droits de l'homme.

［57］Act Dealing with Copyright and Related Rights （Copyright Act, as amended up to Act of June 23, 1995）.

［58］Loi codifiée sur le droit d'auteur 2010 （loi consolidée n° 202 du 27 février 2010）（Danemark）.

［59］Décret n° 574 du 21 avril 1995 relatif au droit d'auteur （Finland）.

［60］Loi n° 73 du 29 mai 1972 sur le droit d'auteur （telle que modifiée jusqu'à la loi n° 97 du 30 juin 2006）（Islande）.

［61］Loi sur le droit d'auteur （Loi n°2 du 12 mai 1961 relative aux œuvres littéraires, scientifiques et artistiques）（version consolidée 2015）（Norvège）.

［62］Loi n°1960:729 concernant le droit d'auteur sur les oeuvres littéraires et artistiques（Suède）.

［63］Directive 2009/24/EC du Parlement Européen et du Conseil du 23 avril 2009 concernant la protection juridique des programmes d'ordinateur.

［64］日本著作権法（昭和四十五年五月六日法律第四十八号，最终改正平成二八年一二月一六日法律第一〇八号）.

附　录

一　美国数字图书馆创世计划第二期工程数字图书馆分类

（一）以人为中心的研究

研究机构	研究对象	研究内容
斯坦福大学	功能强大的浏览器	研究具有强大检索和导航功能的无线连接手持信息浏览器
哥伦比亚大学	图片、视频等信息资源个性化检索技术	根据病人的个人记录和资料查找分布式医学资料，为疾病治疗提供实时的最新资料，打造个性化的检索和显示工具
卡内基梅隆大学	视频信息	根据用户的时间顺序、地理位置顺序和录制顺序要求从异构的分布式网络中获取相关信息资源
加州大学伯克利分校、圣巴巴拉分校	亚历山大数字图书馆	构建人性化的网络教学环境，使学生从异构的网络中获取学术资源
南卡州大学、洛瓦大学、佐治亚州立大学	针对学生定制	专为社会学和经济学专业学生服务的网络实验图书馆，便于学生获取网上教育资源
马里兰大学	针对儿童定制	为满足特定年龄层儿童的学习需要，研究制定适合儿童浏览阅读的数字化资源学习工具

（二）基于内容收集的研究

研究机构	研究对象	内容特点
加州大学伯克利分校	科学、数学、工程和技术教育数字图书馆（SMETE 项目①）	将多个分布式学科信息门户通过资源整合建立成统一的数字信息资源，向各层次的学生和教师提供高质量的科学、数学、工程与技术教育资料
密歇根大学	国家录音资料库	收藏具有重大利益实施的录音资料，探索在网络环境下录音资料的转化、保存、检索和著作权保护的技术和方法
宾夕法尼亚大学	数据出处与修改	研究对电子文献从产生到每次修改的存储方法和查询技术
约翰斯·霍普金斯大学	数字化工作流程管理	通过对美国流行音乐乐谱进行数字化转化，研究数字化工作流程的管理办法
肯塔基大学、不列颠图书馆	残破、濒临损毁的手稿或原始文献	利用数字化技术对残旧、遭遇损毁的手稿等原始资料进行恢复和保存
丹佛大学、现代语言学会、波士顿艺术博物馆	人文科学数字图书馆	研究数字图书馆用户使用的基本问题

（三）以系统为中心的研究

研究机构	研究对象	内容特点
斯坦福大学	安全、优质和可靠性研究	对馆藏资源的变化进行自动检测，设置故障报警系统，保障馆藏的安全，并进行资源的质量监控
哈佛——麻省理工学院数据中心	虚拟工作区	构建虚拟数据中心管理共享社会科学资源

---

① 全国科学、数学、工程和技术教育数字图书馆（SMETE）项目，是 1998 年由美国国家科学基金会（NSF）资助启动，于 2001 年完成。该项目是美国网络基础设施建设中的重要组成部分，为美国的科学技术交流和全面教育实施产生了重大的积极影响。

续 表

加州大学伯克利分校	分类系统	将自动产生的分类体系与手段编制的分类结合进行结合统一
亚利桑那大学、国家医院图书馆等	学术出版物的新模式	研究出版系统的新模式,促进学术资源和信息的传播利用

二 各国图书馆法设置情况

国 家	法律法规名称	颁布及修改情况
美国	《图书馆服务与建设法》	1956 年颁布全国性的《图书馆服务法》,并于 1964 年将其修订为《图书馆服务与建设法》。
日本	《图书馆令》	1899 年颁布《图书馆令》,后于 1906 年和 1933 年进行了两次修订。
瑞典	《图书馆法》	1905 年通过第一个图书馆法,在经济上对图书馆予以支持,1930 年又通过新的图书馆法,增加对各省、市的援助,并决定建立市政区图书馆来帮助小的居民区,1966 年又颁布新的图书馆法强调把图书馆投资放到基层居民区。
捷克斯洛伐克	《公共图书馆法》《全国图书馆组织法》	1919 年颁布的《公共图书馆法》和 1959 年颁布的《全国图书馆组织法》。
比利时	《图书馆法》	1921 年颁布。
丹麦	《公共图书馆法》	1920 年颁布。
芬兰	《公共图书馆法》《图书馆法》	1928 年颁布的《公共图书馆法》和 1962 年颁布的《图书馆法》。
挪威	《图书馆法》《学校公共图书馆法》	1935 年颁布的《图书馆法》和 1971 年颁布的《学校公共图书馆法》。
匈牙利	《图书馆法》	1956 年颁布。

三 我国互联网信息资源配置相关法律法规

内容	发布年份	发布机构	法律法规
互联网管理	1996	邮电部	《中国公用计算机互联网国际联网管理办法》
	1997	国务院	《中华人民共和国计算机信息网络国际联网管理暂行规定》
	1997	邮电部	《中国公众多媒体通信管理办法》
	1997	国务院信息办	《中国互联网络域名注册暂行管理办法》
	1998	国务院信息办	《中华人民共和国计算机信息网络国际联网管理暂行规定实施办法》
	1999	信息产业部	《电信网间互联管理暂行规定》
互联网信息资源配置与传播	1999	国家广播电影电视总局	《关于加强通过信息网络向公众传播广播电影电视类节目管理的通告》
	2000	新闻办、信息产业部	《互联网站从事登载新闻业务管理暂行规定》（已作废）
	2000	信息产业部	《关于互联网中文域名管理的通告》
	2000	信息产业部	《中国互联网络域名管理办法》
	2002	信息产业部	《互联网IP地址备案管理办法》
互联网信息资源主题相关权利保护	1991	国务院	《计算机软件保护条例》
	1999	全国人民代表大会	《合同法》
	2000	最高人民法院	《最高人民法院关于审理审理计算机网络著作权纠纷那件适用法律若干问题的解释》
	2002	信息产业部	《互联网出版管理暂行规定》
	2004	信息产业部	《中华人民共和国电子签名法》
	2005	国家版权局、信息产业部	《互联网著作权行政保护办法》
	2006	国务院	《信息网络传播权保护条例》
	2009	信息产业部	《软件产品管理办法》
	2010	全国人大常委会	《著作权法》

续　表

互联网信息资源服务管理	2000	国务院	《互联网信息服务管理办法》
	2001	信息产业部	《互联网电子公告服务管理规定》
	2001	卫生部	《互联网医疗卫生信息服务管理办法》
	2001	国家药品监督管理局	《互联网药品信息服务管理暂行办法》
	2005	新闻办、信息产业部	《互联网新闻信息服务管理规定》

四　我国数字图书馆可适用的法律法规及相关法律文件

分　类	名　称
著作权法律法规	《著作权法》
	《著作权法实施条例》
	《著作权集体管理条例》
	《信息网络传播权保护条例》
	《计算机软件保护条例》
	《互联网著作权行政保护办法》
	《关于审理著作权民事纠纷案件适用法律若干问题的解释》
	《著作权行政处罚实施办法》
	《关于审理涉及计算机网络著作权纠纷案件适用法律若干问题的解释》
网络行业管理与安全管理法规	《中国公用计算机互联网国际联网管理办法》
	《中华人民共和国计算机信息网络国际联网管理暂行规定》
	《中华人民共和国计算机信息网络国际联网管理暂行规定实施办法》
	《互联网站从事登载新闻业务管理暂行规定》
	《互联网信息服务管理办法》
	《互联网上网服务营业场所管理办法》
	《互联网出版管理暂行规定》
	《互联网文化管理暂行规定》
	《互联网等信息网络传播视听节目管理办法》
	《计算机信息系统安全保护条例》
	《计算机信息网络国际联网保密管理规定》
	《计算机病毒防治管理条例》
	《电子认证服务管理办法》

续　表

网络行业管理与安全管理法规	《互联网网络域名细则》
	《互联网域名注册暂行管理办法》
	《中文域名争议解决办法》
	《关于审理因域名注册、使用而引起的知识产权民事纠纷案件的若干指导意见》
	《最高人民法院关于审理涉及计算机网络域名民事纠纷案件适用法律若干问题的解释》
	《互联网络域名管理办法》
图书馆法律法规	《中华人民共和国公共文化服务保障法》
	《中华人民共和国公共图书馆法》

五　数字图书馆用户注册协议

1. 总则

1.1 本协议中的数字图书馆（以下简称网站）所提供的服务由×××提供（以下简称服务提供方）。

1.2 此协议适用于规范本网站和实名注册的用户（以下简称用户）之间的行为和关系，以保护用户和网站双方的合法权益。

1.3 您要成为数字图书馆在线实名注册用户，在注册过程中，根据提示可以选择"同意"的操作，当点选"同意"按钮时即视为您已仔细阅读本条款的所有内容，同意接受本协议条款的所有规范包括接受本网站根据服务需要对本协议条款随时所做的任何修改，并愿意受其约束。

1.4 如果您对本协议的任何条款或者将来随时可能修改、补充的条款有异议，您可选择"不同意"按钮，不注册成为本网站的用户。

1.5 本协议条款内容变更或补充，将随时在网站上发布通知、公告、声明或其他类似内容，数字图书馆不承担通知到个人的义务，用户在享受各项服务时应当及时关注协议和服务的变化情况。

1.6 本协议适用于网站为用户提供的各种服务。当用户使用网站某一特定服务时，如该服务另有单独的服务条款、指引或规则，用户应同时遵守本协议条款和该服务另行约定的相关服务条款、指引或规则等。

1.7 本系统所提供的服务将完全按照其发布的章程、服务条款和操作规则严格执行。用户选择同意所有注册条款并完成注册程序，即能成为网站的正式用户。

2. 服务内容

2.1 本网站将为用户提供包括但不限于文献检索、在线数字资源浏览、用户信息认证等各种在线服务，具体服务内容由网站根据实际情况进行提供，并在提供服务时，另行约定服务条款、指引或规则。

2.2 对于收费的网络服务，网站会在使用之前给予用户明确的提示，只有用户根据提示确认其愿意支付相关费用后才能使用该收费网络服务。如用户拒绝支付相关费用，网站将不向用户提供该收费网络服务。

2.3 本网站仅提供相关的网络服务，除此之外与相关网络服务有关的设备（如个人电脑、手机及其他与接入互联网或移动网有关的装置）及所需的费用（如为接入互联网而支付的电话费及上网费、为使用移动网而支付的手机费）均应由用户自行负担。

3. 信息注册

3.1 用户在注册时必须提供真实、完整及准确的个人资料或者单位资料（如果用户是组织），并及时更新。用户名的注册与使用应符合网络道德，遵守中华人民共和国的相关法律法规。用户名或昵称中不能含有威胁、淫秽、谩骂、非法、侵害他人正当权益等有争议性的文字。如发现用户账号中含有不雅文字或不恰当名称的，网站保留取消其用户资格的权利。

3.2 本网站数据库统一用户管理系统，有权对用户提交的信息的真实性进行核实。核实的办法包括但不限于将用户注册时提交的信息与"全国公民身份证号码查询服务中心"系统进行核验。用户提供的信息如果不真实，网站保留取消其用户资格的权利，剥夺用户在网站享有的一切权益；如果还造成其他后果，网站将保留进一步进行法律追究的权利。数字图书馆有权对用户的权限进行设定和调整。

3.3 用户注册成功后，须保护好自己的账号信息，因用户本人泄露而造成的任何损失由用户本人负责。

3.4 用户账号的所有权归数字图书馆，用户仅享有使用权。

3.5 用户通过本网站得到并使用的网络服务不能作其他非法用途。

4. 使用规则

4.1 遵守中华人民共和国相关法律法规，包括但不限于《中华人民共和国著作权法》《中华人民共和国反不正当竞争法》《信息网络传播权保护条例》《中华人民共和国计算机信息系统安全保护条例》《计算机软件保护条例》《最高人民法院关于审理涉及计算机网络著作权纠纷案件适用法律若干问题的解释（法释〔2004〕1号）》《全国人大常委会关于维护互联网安全的决定》《互联网电子公告服务管理规定》《互联网新闻信息服务管理规定》《互联网著作权行政保护办法》和《信息网络传播权保护条例》等有关计算机互联网规定和知识产权的法律和法规、实施办法。

4.2 用户对其自行发表、上传或传送的内容负全部责任，所有用户不得在数字图书馆任何页面发布、转载、传送含有下列内容之一的信息，否则数字图书馆有权自行处理，同时不负有通知用户的义务：（1）违反宪法确定的基本原则的；（2）危害国家安全，泄露国家机密，颠覆国家政权，破坏国家统一的；（3）损害国家荣誉和利益的；（4）煽动民族仇恨、民族歧视，破坏民族团结的；（5）破坏国家宗教政策，宣扬邪教和封建迷信的；（6）散布谣言，扰乱社会秩序，破坏社会稳定的；（7）散布淫秽、色情、赌博、暴力、恐怖或者教唆犯罪的；（8）侮辱或者诽谤他人，侵害他人合法权益的；（9）煽动非法集会、结社、游行、示威、聚众扰乱社会秩序的；（10）以非法民间组织名义活动的；（11）含有法律、行政法规禁止的其他内容的。

4.3 当第三方认为用户在网站上发表或上传信息侵犯其权利，并根据《信息网络传播权保护条例》或者相关法律规定向网站发送权利通知书时，用户同意网站可以自行判断决定删除涉嫌侵权信息，除非用户提交书面证据材料排除侵权的可能性，网站将不会恢复上述删除的信息。

4.4 如用户在使用网络服务时违反上述任何规定，网站有权要求用户改正或直接采取一切必要的措施（包括但不限于删除用户张贴的内容、暂停或终止用户使用网络服务的权利）以减轻用户不当行为而造成的影响。

4.5 用户随时可以根据网站提供的功能对个人信息进行维护。

4.6 网站不对用户所发布信息的删除或储存失败负责。

4.7 用户在享受服务时不应干扰或扰乱网络服务，不得盗用他人账号信息，须遵守所有使用网络服务的网络协议、规定、程序和惯例。

4.8 用户若在网站上散布和传播反动、色情或其他违反国家法律的信息，网站的系统记录有可能作为用户违反法律的证据，并终止其在本网站的相关服务。

4.9 用户的授权行为：对网站而言，只要使用了正确的用户账号和密码信息，无论是谁登陆均视为已经得到注册用户本人的授权。

5. 服务暂停、变更与中止条款

5.1 鉴于网络服务的特殊性，网站有权因需要随时变更、中断或终止部分或全部的网络服务。

5.2 网站有权判定用户的行为是否符合服务提供方注册条款、免责条款，如果用户违背了注册条款和免责条款的规定，则有权中断用户的服务。

5.3 由于网站服务需要定期或不定期地对提供网络服务的平台或相关的设备进行检修或者维护，如因此类情况而造成网络服务在合理时间内的中断，网站无需为此承担任何责任，但应尽可能事先进行通告。

5.4 如发生下列任何一种情形，网站有权随时中断或终止向用户提供本协议项下的网络服务而无需对用户或任何第三方承担任何责任：（1）用户提供的个人资料不真实；（2）用户违反本协议中规定的使用规则；（3）网站服务提供方认为其他不适宜的地方。

5.5 账号或身份信息被其他人冒用或盗用时，用户可通过网站提供的申诉途径与网站取得联系，提交相关材料，并经网站核实后修正个人资料，恢复账号的正确使用。

5.6 用户对后来的条款修改有异议，或对服务提供方的服务不满，可以行使如下权利：（1）停止使用网站提供的网络服务。（2）告知网站停止对自己服务。服务结束后，用户使用网络服务的权利马上终止，网站服务提供方不对用户承担任何义务和责任。

6. 用户隐私制度及保护

6.1 本网站承诺对用户资料实行保密，未经合法用户授权时，保证不对外公开或向第三方提供其注册资料，但以下情况除外：（1）事先获得用户的明确授权；（2）根据法律有关规定，或者行政、司法机构的要求，向第三方或者行政、司法机构披露；（3）按照相关政府主管部门的要求；（4）为维护社会公众的利益；（5）如果用户出现违反中国有关法律或者网站政策的情况，需要向第三方披露；（6）为提供用户所要求的产品和服务，而必须和第三方分享用户的个人信息；（7）不可抗力所导致的用户信息公开；（8）由于本系统硬件和软件的能力限制，所导致用户信息的公开；（9）如有符合资格的知识产权投诉人并已提起投诉，应被投诉人要求，向被投诉人披露，以便双方处理可能的权利纠纷；

6.2 在不泄露用户隐私资料的前提下，数字图书馆有权对整个用户数据库进行以研究或运行监控等目的的统计与分析。

7. 用户账号、密码和安全性

7.1 用户一旦注册成功，即为网站的合法用户，用户权限（用户信息）只允许用户本人使用，用户不得将其账号信息转让、出借或给予他人使用。

7.2 每个用户都要对其以账号信息进行的所有活动和事件负全责。

7.3 用户若发现任何非法使用用户账号或存在安全漏洞的情况，请立即通知服务提供方。因黑客行为或用户的保管疏忽等情况导致账号信息遭他人非法使用，网站不承担责任。

8. 著作权声明

8.1 本网站的文字、图片、音频、视频等著作权均归数字图书馆、作者或者其他权利人共同享有，未经数字图书馆许可，不得任意转载。

8.2 数字图书馆特有的标识、版面设计、编排方式等著作权均属数字图书馆享有，未经许可，不得任意复制或转载。

8.3 使用数字图书馆的任何内容均应注明出处及署上作者姓名，按法律规定需要支付稿酬以及其他费用的，应当通知数字图书馆、作者与其他权利人及支付稿酬，并独立承担一切法律责任。

8.4 数字图书馆将按照法律的授权或者权利人的授权对所有入库的数字资源进行使用、许可使用。对于可能超出网站权限范围的资料的使用将采取限制性传播的技术措施，用户必须予以尊重；如果用户需要使用需要权利人进一步授权的资料，必须事先跟本网站联系，解决著作权问题后方可使用。

8.5 恶意转载或者以其他方式使用数字图书馆内容的，数字图书馆保留将其诉诸法律的权利。

9. 有限责任

9.1 用户明确同意其使用数字图书馆网络服务所存在的风险及一切后果将完全由用户本人承担，网站和服务提供方对此不承担任何责任。

9.2 服务提供方无法保证网络服务一定能满足用户的要求，也不保证网络服务的及时性、安全性、准确性。

9.3 对于因不可抗力或数字图书馆不能控制的原因造成的网络服务中断或其他缺陷，服务提供方不承担任何责任，但将尽力减少因此而给用户造成的损失和影响。

9.4 对于数字图书馆向用户提供的下列产品或者服务的质量缺陷本身及其引发的任何损失，服务提供方无须承担任何责任：（1）数字图书馆向用户免费提供的各项网络服务；（2）数字图书馆向用户赠送的任何产品或者服务。

9.5 数字图书馆有权于任何时间暂时或永久修改或终止本服务（或其任何部分），而无论其通知与否，服务提供方对用户和任何第三人均无需承担任何责任。

10. 信息通告

10.1 本协议项下所有的通知均可通过重要页面公告、电子邮件或常规的信件传送等方式进行；该通知于发送之日视为已送达。

10.2 服务提供方可通过网站对外正式公布用户通告。

11. 法律适用及争议解决

本服务条款之效力和解释均适用中华人民共和国之法律。如服务条款之任何一部分与中华人民共和国法律相抵触，则该部分条款应按法律规定重新解释，部分条款之无效或重新解释不影响其他条款之法律效力。用户和服务提供方一致同意凡因本网站服务所产生的纠纷双方应协商解决，协商不成任何一方可提交服务提供方所在地法院诉讼裁决。

12. 附则

12.1 本协议的订立、执行和解释及争议的解决均应适用中华人民共和国法律。

12.2 如本协议中的任何条款无论因何种原因完全或部分无效或不具有执行力，本协议的其余条款仍应有效并且有约束力。

12.3 本协议解释权及修订权归数字图书馆所有。

12.4 ×××既是本网站服务的提供方，也是承担网站各项权利和义务的法人单位。

我同意以上注册协议　　　　　　　　我不同意以上注册协议

关于附件几个条款的说明：

1. 关于1.1条的说明。该条是对服务标的的说明，有必要针对提供服务的类型以及未来的发展进行适当的概括。概括时要充分考虑用户账户注册适用的范围。

2. 关于 3.2 条的说明。这一条的拟定与因是否采用实名注册而有所区别，上述条款采用的策略是实名制，但是属于先注册，网站保留查验真实性的权利。实名制对网站的管理能力是一个考验，故采取此种注册方法。

3. 关于 4.2—4.4 条的说明，这三款是对用户自行上传信息的管理，如果网站不提供此项服务，可以考虑重新拟定这些条款。

六　图书馆参考咨询业务规范

第一章　总则

第一条　工作性质及服务对象

参考咨询工作是指咨询馆员以文献为依据解决读者在使用图书馆时遇到的疑难问题。

图书馆参考咨询服务对象主要有中央国家机关、国家各部委、科研院所、高校、企事业单位、社会团体、图书馆界及社会公众。

图书馆咨询业务由专门参考咨询室承担。

第二条　参考咨询业务类型及要求

1.简单辅导性咨询

［工作内容］

简单辅导性咨询是指咨询馆员利用身边检索工具，以口头解答方式即可当即解决读者通过到馆、电话、电子邮件等方式提出的有关文献的使用和查找问题。

对于口头咨询无法解决的，应向读者说明可以通过书面方式提出申请。

［质量要求］

（1）严格遵守《国家图书馆员工文明行为规范》及《国家图书馆业务工作监督考核办法》中的相关规定，接待读者使用规范用语。

（2）咨询馆员根据馆藏解答读者问题。

（3）熟悉咨询室收藏范围、重要藏书的内容及来源；以及重要文献的馆内外分布情况。

（4）咨询室准备必要的查询工具及读者便览。提供必备资料作为咨询的根据,并向读者提供必要文献资料。

(5)对需要通过提供较多文献解答的咨询应请读者以书面方式提出申请,并向其说明相应收费标准。遵照收费的服务相关规定执行。

(6)口头咨询应在参考咨询管理系统中的快速咨询中填写。

2.专题委托咨询

通过定题检索、跟踪服务、编制专题书目、收集资料汇编或撰写文献综述等形式解答读者深层次专题文献咨询。

[工作内容]

(1)专题咨询:根据用户需求,围绕一个主题,为用户提供相关书目索引、文献资料及文献知识等。

(2)事实性查询:根据用户需求,查询包含在一种或多种文献资料中的具体信息,如某一事件、人物、图片、典故语录、事物起源、统计数据、法律法规等。

(3)定题跟踪:根据用户特定的信息需求,利用图书馆的各种馆藏文献资源以及互联网资源为用户定期或不定期地连续地提供其所需的文献信息的服务。

(4)文献综述:在全面检索文献的基础上,根据用户需求加以分类、整理、总结,依靠丰富的文献资源和资深咨询人员的经验,以文献为依据,撰写指定主题的文献综述报告。

[质量要求]

(1)对需要通过提供较多文献解答的咨询应请读者以书面方式提出申请,并向其说明相应收费标准。收费的服务相关规定执行。

(2)通过当面接谈、读者电子邮件或信函等正确了解读者需求,并通过签署委托书方式与读者达成服务协议。委托书或服务协议书文字表达要清晰准确,避免歧义。

(3)通过接谈或分析读者需求要解决4个主要问题:了解用户身份和咨询的目的;请求的主题;已经掌握的资料;对所需文献的限制(文种、年限等)。

(4)针对用户问题及要求,使用电子型和印刷型资源检索查询所需文献,检索、查询文献要尽量全面、准确。

(5)选择多种与课题的学科领域及文献类型相适应的检索工具实施检索,下载检索结果并提交给用户,供用户挑选,根据挑选结果提供原文。如用户调整或追加检索要求,重复上述步骤。

(6)将查询结果用书面文字答复用户。查询结果要全面完整,包括所用检索资源及下载的检索结果（文献题录项目尽量完整）。对于未能查询到结果的咨询课题要注明已经查询过的文献信息源。需要提供相关原始文献支持的咨询委托，应附上相应文献纸本复印件或电子版（打印件）。

（7）应在与用户约定的时间范围内完成咨询委托。

（8）咨询结果提交读者前，需请交高级咨询馆员审核，审核通过方能提交给读者。

（9）建立咨询档案。咨询完成后应将咨询委托内容、咨询过程及咨询结果等填写在参考咨询管理系统中。

第二章 委托咨询服务业务流程及注意事项

第三条 业务流程

咨询人员在接谈用户的委托咨询时，应认真、全面、细致、准确地了解读者所需咨询服务的内容和要求，将用户委托请求填写到相应的"专题书面咨询委托服务书"或"参考咨询管理系统"中；然后根据用户的需求，通过相应检索手段和科学检索方法，依靠各种信息源，查找读者所需文献信息；按照与用户商定的方式交付咨询结果；最后根据读者提出咨询的方式和内容将咨询过程记录进"参考咨询管理系统"；具体参见"图一 委托咨询服务业务流程图"。

第四条 注意事项

1. 接受委托之前，需要与用户充分沟通，了解用户所需资料的用途、已经掌握的资料，以及需要查询的资料的时间范围、文献类型等。

2. 接受委托之后需要认真填写"专题书面委托服务书"或"参考咨询管理系统"，委托单位或委托人、联系电话、委托课题及具体要求、接办人、承办人、收费情况、委托日期、完成日期为必填项目。用户指定的关键词及具体要求尤其要填写清楚。

3. 到馆委托的，专题书面委托服务书需要用户签字确认。电话或 email 委托的，需要告知用户须知的内容。

4. 在检索过程中遇到问题需要与用户及时沟通，切忌主观臆断，根据自己的判断替用户做决定。

5. 注意咨询进度的控制，一项咨询由多人共同完成的，项目负责人要控制咨询进度，及时结题。

6. 委托项目较大，历时时间较长，或者委托内容复杂，双方的责权需要明确的，应当另外签订委托合同。委托合同双方签字盖章后原件由科组统一保管。

7. 用户的委托项目需要保密的，咨询馆员有义务为用户保守秘密。

第三章 咨询档案管理
第五条 咨询档案管理

1. 本部分所指咨询档案是指社科咨询组每位成员接受用户委托完成的咨询档案。

2. 咨询档案是记录用户委托、检索过程、咨询结果、收费情况等反映咨询全过程的载体，咨询完成后填写到参考咨询档案管理体统中。

3. 提交时间：咨询档案应在每月 10 日（如遇节假日顺延至周一）提交上一个月已结题的档案。

第四章 附则

第十一条 本规范自 XXXX 年 XX 月 XX 日起生效。

第十二条 本规范解释权在咨询组。

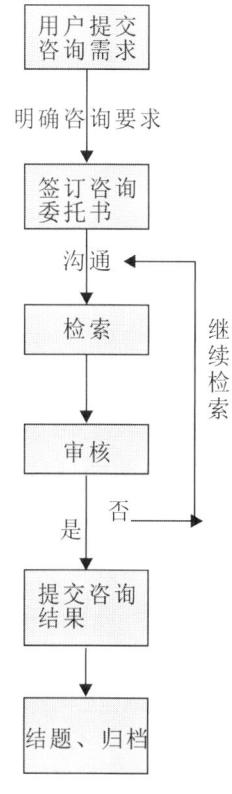

图一 委托咨询服务业务流程图

七 馆藏文献复制证明业务操作规范

一、业务流程

1. 处理申请

1.1 到馆咨询：需求明确的由委托人填写纸本申请单或由咨询馆员根据读者口述在系统上自建申请单；需求不明确的，引导用户查看服务介绍页面，并指导读者明确需求后提交申请。

1.2 电话咨询：指引到主页上的服务介绍页面，指导读者如何在需求明确后提交申请。

1.3 邮件咨询：应当在接到咨询的当天下班前回复邮件，以确认收到邮件申请，回复邮件中应当注明咨询馆员的姓名和联系电话。

1.4 参考咨询管理系统中的申请单：值班人员应在当天下班前认领并通过邮件或电话回复读者，确认收到申请。申请不属于本科组业务的，通知科组长或业务辅导员转发给相关科组并通知读者相关科组的联络人和联络方式。无效申请或者重复申请的，认领后可作中止结题处理。

2. 确认委托

咨询馆员应当通过邮件、电话或当场通知用户是否接受委托。确认接受委托的，应当告知承办人姓名和联系方式；无法接受用户委托的，应当向用户说明原因。委托项目较大，历时较长，或者委托内容复杂，双方的责权需要明确的，应当另外签订委托合同。委托合同双方签字盖章后原件由科组统一保管。

3. 课题分析及检索

3.1 咨询馆员应根据用户委托复制的清单进行分析，判断清单是否清楚明确。清单缺题名、作者、出处等详细信息影响复制的，应当让用户补充。

3.2 复印清单中的文献应在我馆 OPAC 中进行检索，确定是否有纸本馆藏以及能否提供复印。复印清单中有文献无纸本馆藏或无法提供复印的，应及时联系用户说明原因，可以向用户提供备选方案如提供馆藏数据库相应文献下载打印。

3.3 打印文献清单可以根据文献类型判断使用的馆藏数据库，不确定的可以在相应数据库中进行试检。

4. 复制

4.1 复印：在 OPAC 中检索以确定文献的馆藏地，如馆藏有多个复本，复印文献提取顺序依次为阅览室、基藏库、保存本；提取文献后标明复印内容，交由复印工作人员制作复印件。

4.2 数据库下载打印：根据用户提供的文献清单选定数据库下载原文并打印，并按照数据库格式导出相应的文献目录清单。

5. 出具文献复制证明报告

完成文献复制后，按照馆藏文献复制证明报告模板完成文献复制证明报告。

6. 报告审核

检索报告完成后，应当提交具有审核资质的咨询馆员审核。

审核员对报告作形式审查，确保报告编号、检索人、完成日期无误，证明内容、说明项目、附件前后一致，无遗漏及互相矛盾之处。重点审核证明内容和说明项是否一致，附件清单是否按要求出具（详见质量规范）。

审核结果应当向承办人反馈,以免反复出现类似疏漏。

7. 交付证明报告

审核后的证明报告电子版应当发给委托人确认,确保委托单位无误。同时将费用清单和付款方式一并告知委托人。

经委托人确认后的证明报告连同附件和复制结果打印盖章,报告正文落款处、附件起始处单独盖章,报告正文和所有附件盖连缝章,确保每页纸上均有红章的一部分。

委托人付款后,将盖章后的证明报告连同所有附件交付给委托人。

当面交付的,应当及时开具收据,交由取件人,并告知开发票地点。

快递交付的,应当开具收据后按用户的要求开具发票,确保发票抬头、发票项目、金额无误后连同报告材料一同快递给委托人。并发邮件提醒注意查收,同时告知快递单号。

8. 结题归档

报告交付给用户后应当及时结题归档。

参考咨询管理系统中结题,应当完整填写咨询处理阶段的内容,如实填写费用情况、付款方式、交付方式,上传检索报告终稿,确认无误后结题。

给号登记表应当填写结题日期、金额、费用情况、付款方式,有合并付款等特殊情况应当备注。

最后,将填写完整的申请单或从系统导出的咨询档案打印后存档。

二、质量规范

1. 委托单

必填项1:委托单位(或委托人)、地址、联系人、电话、email地址,以便及时联系用户。

必填项2:委托方承诺与保证,用户需要签字盖章并填写委托时间。

必填项3:复制文献信息(或另附的文献清单),应当包括需要复制的文献题名、作者、详细出处等重要信息,以便准确找到所需内容。

必填项4:复制要求,应当选择复制方式和复制内容及提交报告的份数。

必填项5:咨询结题部分,包括委托时间、完成时间、接办人、承办人、收费情况、支付方式和提交方式。

必填项1—4,由委托人填写,也可在委托人在场的情况下由咨询馆员代为填写。用户可直接填写电子版委托单，用户要求对书籍进行整本复印的，则必须要求用户手工填写《国家图书馆馆藏文献复制证明委托单》，并签字确认。

必填项 5 由咨询馆员填写。

通过参考咨询管理系统提交委托的，咨询馆员需要检查委托人填写的委托信息情况，委托项目名称必须包含文献类型和复制方式，修改规范后保存。

用户拒绝填写委托单中的必填项的，不能接受委托。

2. 复制制作要求

复印：馆藏纸质文献复印只能提供我馆馆藏目录检索系统（以下简称 OPAC）中可以检索到的文献，OPAC 检索不到的文献不能提供复印。

报纸文献复印要求：应当复印报头和用户需要的相应页面，用户需要的内容为下半版的，应当同时复印上半版的内容。保证报头信息、统一刊号和版次信息必须完整。

期刊和专著文献复印要求：应当复印封面、版权页、目录页、用户需要的页面。

数据库下载打印：不能在多种文献整合的检索平台上检索并下载打印原文。根据用户提供的清单，核对篇名、作者、出处无误后下载原文，原文应当保存在档案服务器中。如果相应数据库不提供下载原文的（如龙源期刊网），则需在数据库文章打开页面直接打印。如果常用数据库中没有检索到用户所需文献的情况下，应当确保已经检索过馆藏其他各种相关数据库。

3. 证明报告

证明报告应当按照报告模板出具，每项内容必须据实填写，不能按读者要求随意修改咨询报告模板或内容。更不能在用户起草的材料上直接盖章。读者有特殊要求，承办人及项目负责人无法处理的，交由科组长和业务辅导员决定。

报告编号：由四位数字年份+NLC+GCZM+四位数字报告流水号组成，每一个报告号对应一份证明报告，不能出现同一个报告号有两份以上不同的证明报告。

证明内容：证明附件中资料为国家图书馆馆藏文献复制件，读者可在国家图书馆阅览该文献。

委托单位：应当和用户提供的委托单一致。

检索报告人：参与该份报告的咨询馆员，两个以上的咨询馆员合作完成的，按完成工作的主次列明。

说明：共三项，根据模板按照实际情况进行填写。

（一）完成该份报告的机构简介；

（二）应当写明复制方式，并核实复制件内容与原件相同。复制方式应当根据实际情况写明复印或扫描打印；复制件对应写明复印件或扫描打印件。

（三）复制文献资料的统计信息，应当注明合计篇数和页数，页数应当按复制件纸张类型分别列明。

报告日期：报告日期为完成检索报告的时间，不能按用户要求随意修改。

附件：包括复制清单和文章原文。复制清单应当写明是复印件或打印件。

4. 复印文献清单要求

报纸文献清单：必须包括详细出处（报纸名称，年、月、日，以及版次信息），国内统一刊号，索书号（或条码号），馆藏子库，复印内容。

期刊文献清单：必须包括详细出处（期刊名称，年卷期），ISSN 号，索取号（或条码号），馆藏子库，复印内容。

专著文献清单：必须包括题名、著者、出版项、ISBN 号、索取号（或条码号），馆藏子库，复印内容。

打印文献清单要求：应包含来源数据库名称及通过数据库下载文献清单。

文章原文的顺序应当和目录清单的顺序完全一致。作为附件的原文必须由本馆工作人员复印或下载打印，不能使用用户提供的复印件或电子版原文制作证明报告。

三、注意事项

1. 用户沟通

咨询馆员在咨询处理的各个阶段应当及时与用户沟通，切忌主观臆断，根据自己的判断替用户做决定。特殊要求和沟通结果需邮件确认。尤其是咨询费用的产生，应当尽到提醒义务，并得到用户的认可后再进行操作。

2. 咨询进度

咨询馆员要注意咨询进度的控制，按照与用户约定的交付时间完成咨询，合理控制检索、准备附件、完成检索报告的过程。一项咨询由多人共同完成的，项目负责人要控制咨询进度，及时结题。

3. 复印件

作为证明报告附件的复印件必须由本馆工作人员复印完成，不能在用户自行复印或自行从复制处取出的复印件上盖章出具证明。

4. 否定性结论

不能给用户出具无检索结果的否定性报告。遇到与现有业务不同的咨询需求，交由科组长、业务辅导员、高级参考咨询岗共同讨论决定。

5. 盖章

纸质报告和复制件应经用户确认之后再盖章。

6. 收费

应当按收费标准严格收费。用户要求折扣或讨价还价，承办人及项目负责人无法处理的，交由科组长和业务辅导员决定。

无论用户是否需要，收费后必须向用户开具收据，用户不要或者无法给用户提供的，将开具的收据交由科组长保管。

7. 涉密文献问题

咨询馆员遇到读者要求复制涉密文献的需谨慎处理，如咨询馆员不能确定是否能提供应报请科组长和业务辅导员研究决定。

8. 咨询中止

用户中止委托的，根据不同情况处理：在复制开始之前中止委托的，可作中止处理，直接中止结题，咨询费用为0，并在备注项注明中止原因。在复制开始之后终止委托的，应当按照实际完成情况收取复制费，再做结题处理。在完成检索报告打印盖章后中止委托的，应当收取证明费、附件费、复印（打印）费后中止委托并做结题处理。

9. 保密问题

咨询馆员有义务为用户保守秘密，不能向委托人以外的单位或个人提供用户的委托内容、检索报告等材料。其他单位或个人声明已得到该用户许可的，需要出具原委托人签字盖章的知情同意书。

10. 咨询档案

咨询档案的存档要求详见档案整理规范。